BAC 2021 **Anglais** B1 > C1

1re • Term
Cycle Terminal

# Shine Bright

Spécialité LLCE

## Langues, littératures et cultures étrangères




Sous la direction de **Corinne Escales**

**Corinne Escales**
IA – IPR
Académie de Versailles

**Catherine Baudry**
Professeure certifiée
Maison d'Education de la Légion d'honneur, Saint-Denis

**Clotilde Bellamy**
Professeure agrégée
Lycée Jean Jaurès, Châtenay-Malabry

**Isabelle Brefort**
Professeure agrégée
Lycée Jean-Baptiste Corot, Savigny-sur-Orge

**Cyril Dowling**
Professeur agrégé
Lycée Ernest Ferroul, Lézignan-Corbières

**Cindy Ferrere**
Professeure certifiée
ND les Oiseaux, Verneuil sur Seine

**Lynda Itouchène**
Professeure agrégée
Lycée Jean-Jacques Rousseau, Sarcelles

**Johan Jolier**
Professeur certifié
Lycée Dumont d'Urville, Maurepas

**Gérald Kenny**
Professeur agrégé
Lycée Saint-Sernin, Toulouse

**Estelle Martin**
Professeure agrégée
Lycée du Parc Impérial, Nice

**Kelly Morckel**
Professeure agrégée
Lycée Sainte Odile, Lambersart

**Rebecca Oudin-Shannon**
Professeure agrégée
Lycée Jules Ferry, Versailles

**Caroline Owers**
Professeure agrégée
Lycée Thomas Edison, Lorgues

**Sophie Robin-Boudjenane**
Professeure certifiée
Lycée Louis Bascan, Rambouillet

**Cécile Sempéré-Brun**
Professeure agrégée
Lycée Raynouard, Brignoles


SPEAKEASY NEWS

Nathan

# Focus sur.... la spécialité LLCE Anglais

**L'enseignement de spécialité LLCE Anglais vise une exploration approfondie et une mise en perspective des aspects linguistiques, littéraires et culturels des pays anglophones, ainsi qu'un enrichissement de ta compréhension de ton rapport aux autres et de tes représentations du monde. Il a également pour objectif de te préparer à l'enseignement supérieur et à la mobilité dans un espace européen et international élargi.**

**Le programme du cycle s'organise autour de 5 thématiques : *Imaginaires et Rencontres* en 1re ; *Arts et débats d'idées, Exploration et construction de soi* et *Voyages, territoires, frontières* en Term. Le niveau attendu est B2 en fin de 1re et C1 en fin de Term.**

| | B2 | C1 |
|---|---|---|
| **Écouter** | • Je peux comprendre des conférences et des discours assez longs et même suivre une argumentation complexe si le sujet m'en est relativement familier.<br>• Je peux comprendre la plupart des émissions de télévision sur l'actualité et les informations. Je peux comprendre la plupart des films en langue standard. | • Je peux comprendre un long discours même s'il n'est pas clairement structuré et que les articulations sont seulement implicites.<br>• Je peux comprendre les émissions de télévision et les films sans trop d'effort. |
| **Lire** | • Je peux lire des articles et des rapports sur des questions contemporaines dans lesquels les auteurs adoptent une attitude particulière ou un certain point de vue. Je peux comprendre un texte littéraire contemporain en prose. | • Je peux comprendre des textes factuels ou littéraires longs et complexes et en apprécier les différences de style.<br>• Je peux comprendre des articles spécialisés et de longues instructions techniques même lorsqu'ils ne sont pas en relation avec mon domaine. |
| **Interagir à l'oral** | • Je peux communiquer avec un degré de spontanéité et d'aisance qui permet une interaction normale avec un locuteur compétent dans la langue cible.<br>• Je peux participer activement à une conversation dans des situations familières, présenter et défendre mes opinions. | • Je peux m'exprimer spontanément et couramment sans trop montrer que je cherche mes mots.<br>• Je peux utiliser la langue de manière souple et efficace pour des relations sociales ou professionnelles.<br>• Je peux exprimer mes idées et opinions avec précision et lier mes interventions à celles de mes interlocuteurs. |
| **Interagir à l'écrit** | • Je peux interagir avec plusieurs personnes, relier mes contributions aux leurs et gérer les malentendus ou les désagréments, à condition que les autres évitent un langage compliqué, me laissent du temps et soient coopératifs.<br>• Je peux mettre en valeur la signification de faits, d'événements et d'expériences, justifier des idées et coopérer efficacement. | • Je peux comprendre les intentions et les implications de contributions sur des questions complexes et abstraites et je peux m'exprimer clairement et avec précision et adapter avec souplesse mon langage et mon registre de façon efficace.<br>• Je peux gérer efficacement les problèmes de communication et les problèmes culturels qui surviennent, en clarifiant et en donnant des exemples. |
| **Parler en continu** | • Je peux faire des descriptions claires et détaillées sur une grande gamme de sujets relatifs à mes centres d'intérêt.<br>• Je peux développer un point de vue sur un sujet d'actualité et expliquer les avantages et les inconvénients de différentes possibilités. | • Je peux présenter des descriptions claires et détaillées de sujets complexes, en intégrant des thèmes qui leur sont liés, en développant certains points et en terminant mon intervention de façon appropriée |
| **Écrire** | • Je peux écrire des textes clairs et détaillés sur une grande gamme de sujets relatifs à mes intérêts.<br>• Je peux écrire un essai ou un rapport en transmettant une information ou en exposant des raisons pour ou contre une opinion donnée. | • Je peux m'exprimer dans un texte clair et bien structuré et développer longuement mon point de vue.<br>• Je peux écrire sur des sujets complexes dans un essai ou un rapport, en soulignant les points que je juge importants.<br>• Je peux écrire différents types de textes et adopter un style adapté au destinataire. |
| **Médiation** | • Je peux transmettre de façon fiable des informations détaillées et des arguments, issus de textes complexes mais bien structurés, dans mes domaines d'intérêt.<br>• Je peux inviter les participants à réagir aux idées des uns et des autres ou leur demander de développer leur pensée et de préciser leurs opinions.<br>• Je peux développer les idées des autres et les relier à un raisonnement cohérent, en considérant les deux côtés d'un problème.<br>• Je peux contribuer à la création d'une culture communicative commune en adaptant ma façon de procéder, apprécier différentes idées, impressions et points de vue, et inviter les participants à réagir aux idées des uns et des autres.<br>• Je peux donner la signification de propos et de points de vue importants sur des sujets de mon domaine d'intérêt, à condition que les participants clarifient si besoin est. | • Je peux médier une culture communicative commune en gérant les ambigüités, en montrant que je suis sensible à différents points de vue, et en dissipant les malentendus.<br>• Je peux communiquer des informations significatives de façon claire, aisée et précise, et expliquer de la même façon des références culturelles.<br>• Je peux être persuasif avec tact. |

*Volume complémentaire avec de nouveaux descripteurs du CECRL, février 2018*


ISBN 978-209-178158-7

# Bienvenue dans ton manuel de Shine Bright 1re • Term Spécialité LLCE

Tu as choisi cette spécialité afin d'approfondir ta connaissance du monde anglophone et de continuer à progresser dans ta maîtrise de la langue. Ce manuel t'accompagnera dans cette découverte passionnante !

## Pourquoi un manuel de cycle ?

Même si chaque année du cycle a ses thématiques propres (*cf.* p. 2), le principe de l'enseignement de spécialité est qu'**il se déploie sur les deux années du cycle terminal**.

**Tu as donc deux ans pour enrichir tes connaissances et appréhender les enjeux de cet enseignement**, avant d'aboutir aux épreuves du baccalauréat qui peuvent porter sur les thématiques de première comme de terminale.

C'est pourquoi un manuel de cycle est particulièrement adapté : ses contenus ont été pensés afin de **t'amener progressivement vers le niveau de connaissances et de compétences attendu** en fin de terminale.

## Que vas-tu découvrir dans ce manuel ?

• L'enseignement de LLCE Anglais n'est pas uniquement littéraire, mais **vise à te donner des clés historiques et culturelles pour comprendre et appréhender le monde anglophone.** C'est dans cette optique que nous avons conçu les différents chapitres que tu vas découvrir, ce qui inscrit résolument ses contenus dans le monde d'aujourd'hui.

• **Pour chaque thématique du programme**, tu découvriras **des problématiques variées à travers trois *Files* et un *Snapfile***. Par ailleurs, tu trouveras à la fin de ton manuel des **doubles pages *Landmarks***, conçues de manière visuelle et synthétique pour te donner **les repères historiques et culturels indispensables**.

## Quels outils te sont proposés pour préparer les épreuves finales du baccalauréat ?

Afin de t'accompagner pas à pas vers la réussite de ces épreuves, ton manuel te propose des pages pour...

**... t'informer :** le guide du lycéen te dit tout sur le calendrier et le détail des épreuves que tu auras à passer, que tu abandonnes la spécialité en fin de première ou que tu la conserves en terminale.

**... te fournir des outils méthodologiques :** les pages Objectif BAC et à la fin de ton manuel te donneront les clés pour aborder les épreuves écrites et orales sereinement.

**... t'entraîner :** à la fin de chaque *File*, des pages Vers le BAC te permettront de mener une réflexion sur les problématiques soulevées par les documents, de t'entraîner à la traduction et à la synthèse à partir de documents du chapitre, d'approfondir la thématique grâce à des documents complémentaires et de t'exercer en vue de l'épreuve orale d'anglais et du Grand oral.

**... t'évaluer :** pour chaque thématique du programme, tu disposeras d'un sujet type Bac assorti de conseils méthodologiques. Et en plus, un sujet de bac est proposé pour chaque *File* en téléchargement (à demander à ton professeur !).

**... réfléchir à la suite de ton parcours :** l'année de terminale est aussi le moment de préparer ton orientation. Pour t'aider dans ta réflexion, nous avons rassemblé des témoignages de professionnels susceptibles de nourrir ton projet et de te permettre de faire le lien entre l'enseignement de spécialité LLCE anglais et des cursus d'études supérieures, voire des métiers.

Nous te souhaitons un voyage culturel et linguistique passionnant avec Shine Bright 1re • Term Spécialité LLCE

Les auteurs

## Pour découvrir et comprendre

**Dans ton manuel,** chaque chapitre comporte plusieurs pages de documents pour découvrir et approfondir les différents enjeux de la problématique.

### À quoi sert la page d'ouverture ?

- Elle te permet de découvrir la **problématique de l'unité**, en lien avec une thématique et un axe du programme, et d'annoncer le projet final que tu auras à réaliser.
- Un premier document te permet ensuite de **plonger dans le vif du sujet.**

### Comment fonctionnent les autres pages de documents ?

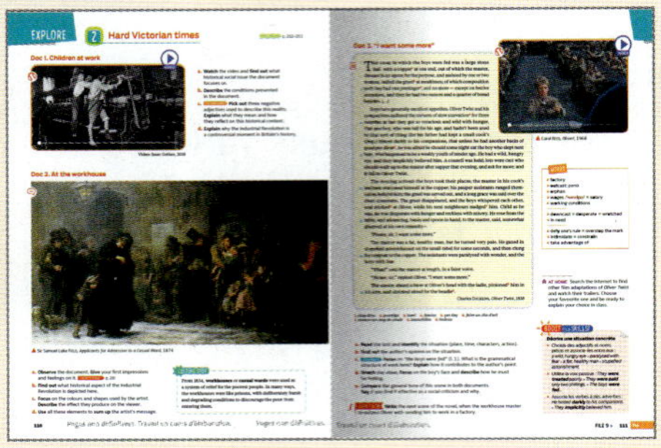


- Chaque page ou double page traite d'un des aspects de la problématique de départ à travers plusieurs documents authentiques. Elle propose des activités de réception, de production et de médiation.
- La rubrique ***Your task*** te propose une tâche à réaliser suite à l'étude d'un ou plusieurs document(s). Pour cette tâche, deux ***Ways*** sont parfois présentés afin de te laisser le choix. Cette tâche est toujours accompagnée d'une boîte ***Boost your skills*** pour t'aider à améliorer ta production.
- Les rubriques ***Going further*** et ***At home*** te donne des pistes pour approfondir en classe ou à la maison.

### Comment fonctionnent les *Snapfiles* ?

- Ces chapitres **plus courts** sont toujours centrés sur une œuvre littéraire en montrant ce qu'elle nous apprend sur une société et/ou une période donnée. Ils te permettront de **découvrir des textes de genres variés** (pièce de théâtre, roman dystopique, roman d'aventure, etc.).

### Comment les pages Landmarks s'articulent-elles avec les *Files* ?

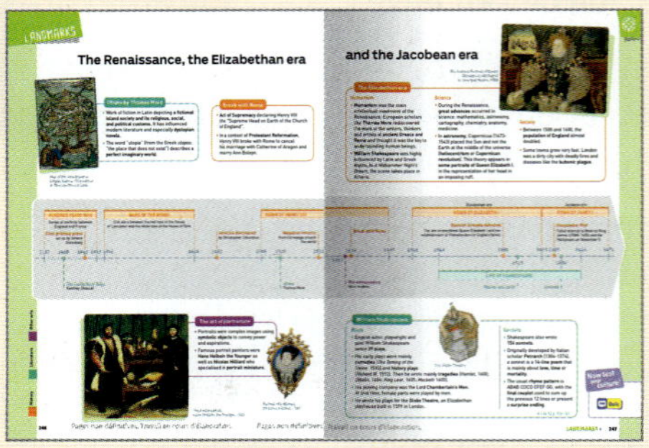


- Ces pages te proposent **une vision synthétique** des événements historiques, sociaux et culturels d'une période dans un pays ou une aire anglophone donné. Dans les dossiers, des renvois à ces pages te permettent de compléter, d'éclairer ou d'approfondir l'étude des documents.
- Elles peuvent aussi **te donner des pistes lors de la construction de ton dossier personnel** et être **un outil précieux pour préparer l'oral.**

## Pour maîtriser la langue

**Quels outils sont à ta disposition pour approfondir ta maîtrise des outils linguistiques ?**

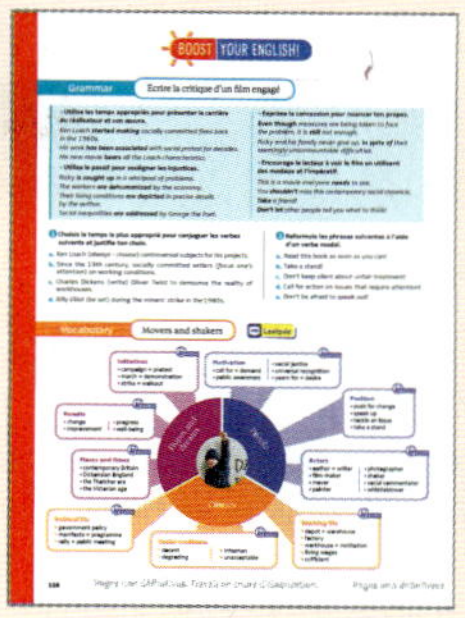

- Au sein des pages de documents, un **travail linguistique en contexte** est présent via des des questions GRAMMAR VOCABULARY PHONOLOGY SPELLING et STYLE
- Les outils grammaticaux utiles à la réalisation de la tâche finale sont **récapitulés de manière synthétique** afin de te permettre de **les mobiliser à bon escient**.
- Le lexique de chaque dossier est également récapitulé grâce aux **cartes mentales de vocabulaire** et aux **activités interactives de mémorisation** sur via EXO Lexiquiz.

## Pour progresser et t'évaluer

**À quoi servent les pages « Vers le Bac » ?**

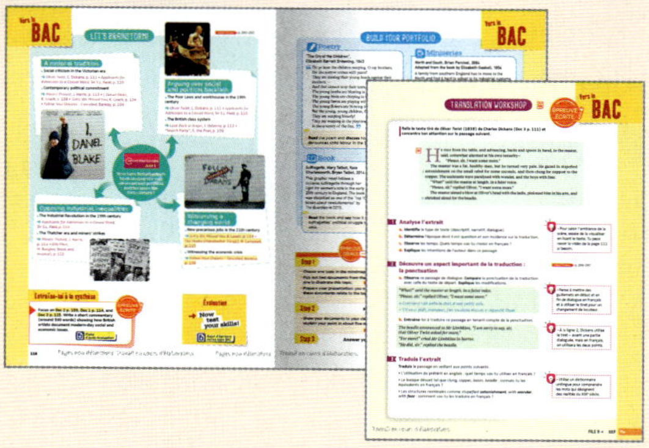

▶ Ces pages te proposent une palette d'outils pour t'entraîner aux différentes épreuves du bac :

- **La synthèse** grâce à un entraînement à partir de documents du dossier et à un sujet complémentaire pour t'évaluer dans les conditions réelles
- **La traduction** via un atelier d'initiation dans chaque dossier de première et une page d'approfondissement des différents procédés appliqués à un document du dossier en terminale.
- Un entraînement progressif à la constitution et à la présentation d'un dossier documentaire en vue de **l'épreuve orale d'anglais** et à la présentation d'une question de connaissance en vue du **Grand oral.**

**Quels autres outils sont à ta disposition dans ton manuel ?**

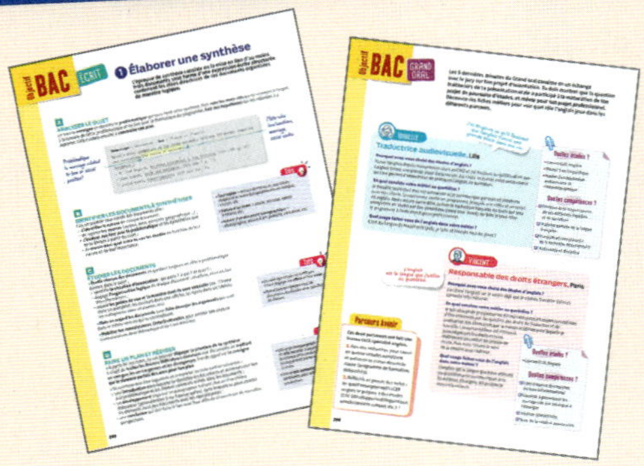

▶ À la fin de ton manuel, tu disposes d'un dossier **Objectif Bac** très complet avec :

- **une explication pas à pas de chaque épreuve** (synthèse, construction et présentation du dossier personnel et Grand oral) associée à des conseils méthodologiques.
- **Des fiches métiers** avec des interviews de professionnels et **un travail de réflexion sur ton orientation**.

## Les pictos de ton manuel

- Compréhension de l'oral
- Compréhension de l'écrit
- Expression orale en continu
- Expression écrite
- Expression orale en interaction
- Expression écrite en interaction
- MÉDIATION : Médiation écrite ou orale
- VIDÉO / AUDIO : Document vidéo ou audio
- EXO Lexiquiz : Activités pour mémoriser le vocabulaire
- Fiche ou sujet bac téléchargeable sur le site compagnon
- AUDIO / VIDÉO : Lien vers un document sur Internet (vidéo, audio ou texte)
- OBJECTIF BAC : Renvoi aux pages de méthodologie en fin de manuel
- LANDMARKS : Renvoi aux pages *Landmarks* en fin de manuel

# SOMMAIRE 1re

- Thématique du programme
- Axe d'étude

# SOMMAIRE Tle

● Thématique du programme
● Axe d'étude

# SOMMAIRE Tle

## LANDMARKS

## LES REPÈRES HISTORIQUES ET CULTURELS ESSENTIELS



## Objectif BAC

## DES FICHES PRATIQUES POUR PRÉPARER LES ÉPREUVES DU BAC

### VERS L'ÉPREUVE ÉCRITE



### VERS L'ÉPREUVE ORALE



### VERS LE GRAND ORAL

# LA TERMINALE VERS LE BAC

## Vos disciplines

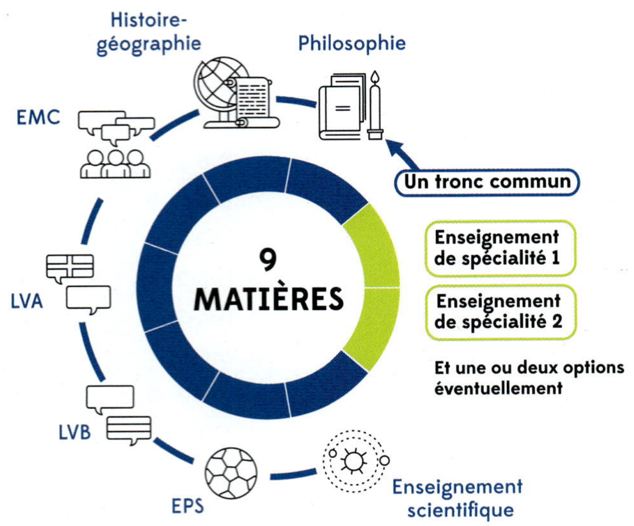


## Votre calendrier*

| | |
|---|---|
| **Fin Mars** | Deux épreuves écrites de spécialités |
| **3ᵉ trimestre** *Dates au choix de votre lycée* | Épreuves de contrôle continu (E3C) |
| **Juin** | Épreuve écrite de Philosophie et « Grand Oral » |

* Informations mises à jour en mars 2020

## Toutes importantes, les disciplines seront évaluées et compteront dans votre note du Bac*

### Le bulletin
**10 % DE LA NOTE**

**Vos bulletins** pour valoriser votre travail régulier de première et terminale — **Coefficient 10**

### Les épreuves communes de contrôle continu (E3C)
**30 % DE LA NOTE**

*Dont épreuve de spécialité arrêtée en première*
**Coefficient 5**

**Histoire-Géographie et Enseignement scientifique**
Épreuves écrites
**Coefficient 5**
**pour chaque matière**
y compris E3C de première

**LVA et LVB**
Épreuves écrites et orales
**Coefficient 5**
**pour chaque langue**
y compris E3C de première

**EPS**
Évaluation tout au long de l'année
**Coefficient 5**

### Les épreuves terminales
**60 % DE LA NOTE**

*Dont notes des Épreuves anticipées de français passées en première*
**Coefficient 10**

Une épreuve écrite de 3 ou 4 heures pour **vos deux enseignements de spécialité**

**+ Numérique et Sciences Informatiques, Physique-Chimie Biologie et écologie et SVT**
Une épreuve pratique de 1 heure

**+ Arts, Langues littérature et cultures étrangères et régionales**
Une épreuve orale

**Coefficient 16**
**pour chaque enseignement de spécialité**

**Philosophie**
Épreuve écrite de 4 heures — **Coefficient 8**

**Le « Grand Oral »**
20 minutes de préparation
+ 20 minutes d'épreuve

› Sur une question adossée à l'une de vos spécialités
› Échange sur votre projet d'orientation

**Coefficient 10**

**Total des coefficients 100**

* Informations mises à jour en mars 2020

# ... PUIS VERS LE SUPÉRIEUR

## Les grands itinéraires de l'Enseignement supérieur

Université · Lycée · Ecole

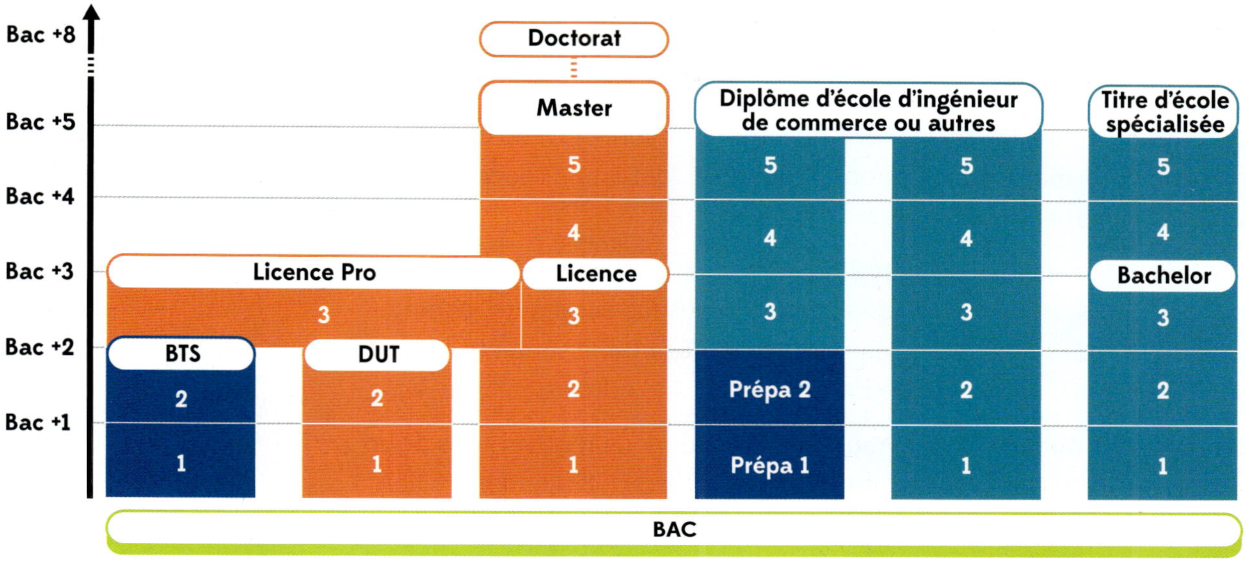


## Ils témoignent de leur première année après le Bac

**THÉO,**
Première année de licence de Sciences de la Vie

« J'ai choisi l'Université car elle offre plusieurs parcours d'études et des matières nouvelles pour moi. Même si nous sommes plus encadrés que je ne l'imaginais, il faut travailler en autonomie et bien s'organiser entre les cours théoriques et les TP. J'espère partir en échange à l'étranger dès la L3. »

**ZINEB**
Première année de Prépa économique et commerciale

« Je voulais faire une école de commerce. Je craignais la prépa, j'en ai discuté avec des profs pendant les Portes ouvertes qui m'ont convaincue que je pouvais y arriver. Chaque semaine, 31 heures de cours, des colles orales, des devoirs sur table, et beaucoup de boulot à la maison pour assimiler des contenus volumineux très vite. Mais je ne regrette pas ! Il y a beaucoup de solidarité dans la classe. C'est stimulant. »

**MAELLE,**
IUT Info-Comm

« Grâce à mon dossier, j'ai pu entrer en IUT : un cursus court à l'Université, bien encadré avec la possibilité de poursuivre mes études. Je découvre des disciplines théoriques (marketing, droit...) et pratiques (graphisme, infographie...). C'est passionnant. J'ai hâte de débuter mon premier stage ! »

**DIMITRI,**
IFSI

« J'ai toujours voulu être infirmier en bloc opératoire. Mon dossier était un peu juste mais ma motivation et mes activités associatives m'ont permis de réussir l'entretien d'entrée. On alterne les cours théoriques et cliniques à la Fac ou dans l'IFSI et on a beaucoup de travail. J'ai effectué un premier stage et je suis encore plus motivé ! »

**SARAH,**
École d'ingénieur

« J'aimais les sciences et les TP au lycée, je voulais devenir ingénieure sans savoir dans quel domaine. J'ai réussi à intégrer une école généraliste qui me permettra de me spécialiser plus tard. Dans l'école, j'apprécie les projets en groupe, l'accès permanent à un matériel de pointe et la vie associative. »

Un lien ONISEP utile pour votre orientation
*Ma première année en...*

Nathan onisep

# PARCOURSUP, QU'EST-CE QUE C'EST ?

**C'est la plateforme nationale de préinscription à l'enseignement supérieur pour tous les élèves de terminale. En 2019, 97% des bacheliers généraux ont reçu au moins une proposition.**

## 1 UN LARGE CHOIX DE VŒUX NON HIÉRARCHISÉS ET DES INFORMATIONS

**Quasiment toutes les formations du supérieur** sont sur Parcoursup (15.000 formations !) avec de très **nombreuses informations** et des possibilités de contacts directs pour **poser vos questions** sur les contenus, les critères d'examen des vœux, les débouchés.

Vous disposez de **10 vœux (et 20 sous-vœux)** : soyez **réaliste** et **ambitieux** (tentez des filières sélectives !). Tous les candidats, comme vous, déposent de nombreuses candidatures : les établissements vont très loin dans leurs classements pour proposer une admission

**Les attendus nationaux et locaux** sont là pour vous motiver (pas pour vous inquiéter), tout comme les questionnaires d'auto-évaluation en lien avec une formation spécifique.

*Astuce*

**Pas besoin de hiérarchiser vos vœux** et l'établissement de la formation que vous demandez n'est pas informé de vos autres vœux.

Enfin, vous avez **le droit à l'erreur** : il existe de nombreuses passerelles en cours de formation et un changement d'orientation est possible pour tous les Bac + 1 qui sont accueillis sur Parcoursup.

## 2 UNE PROCÉDURE AVEC UN CALENDRIER PRÉCIS ET DES OBLIGATIONS

Calendrier et check-list

**Un calendrier**
Ce calendrier vous laisse du temps de réflexion, coordonné avec le Bac et adapté à votre intégration dans le Supérieur.

**Des modalités d'inscription**

- Pour constituer votre dossier personnel à partir de votre INE, vous fournissez :
  - des informations sur votre état civil,
  - vos coordonnées, celles de vos représentants légaux (si vous êtes mineurs),
  - des informations sur votre scolarité passée en complément de celles fournies par votre lycée (bulletins de 1ère et Term, Fiche Avenir avec les appréciations de vos enseignants et l'avis du chef d'établissement).
  - Vous rédigez un **Projet de formation motivé** personnalisé adapté à chaque formation.
  - Vous remplissez soigneusement la rubrique « **Mes activités et centres d'intérêt** » qui peut renforcer vos candidatures.
- Vous envoyez les documents complémentaires que demandent parfois certaines formations.

*À savoir*

Le respect de la procédure par tous les élèves et les établissements est la condition de son bon fonctionnement.

## 3 DES ENSEIGNANTS QUI ÉTUDIENT VOTRE DOSSIER ET VOUS RÉPONDENT

**Parcoursup n'est pas un robot ni un algorithme qui déciderait de votre orientation !**
**Toutes les formations vous répondront** mais pas forcément en même temps : **surveillez les réponses** (sms, mail...) et votre compte Parcoursup.

**N'oubliez pas de répondre** à chaque proposition dans les délais indiqués. Si plusieurs propositions vous sont faites il vous faudra choisir puis valider votre choix final et **vous inscrire définitivement**.

# VOUS INFORMER SUR LES FORMATIONS

## UNE DÉMARCHE À ANTICIPER

Votre démarche d'orientation ne doit évidemment pas attendre l'ouverture de Parcoursup.

Vous ne savez pas encore vraiment ce que vous voulez faire mais vous aimez bien l'anglais ?

Vous avez déjà plusieurs idées, par exemple « *J'aimerais travailler à l'international* » ou « *pour un média* » ?

Vous avez une idée assez nette de ce que vous voulez faire : « *Je veux travailler dans le tourisme* » ou « *Je veux être enseignant(e) d'anglais* » ?

## S'INFORMER AVEC L'ONISEP

Dans tous les cas, **vous devrez vous informer sur les formations, leurs contenus, leurs modalités** (durée, sélective/non sélective, privée/publique, possibilité d'alternance ou de poursuite d'études, proximité…) et **leurs débouchés**.

L'ONISEP (**Office national d'information sur les enseignements et les professions**) vous fournit toute l'info sur les métiers et les formations :

- Le site onisep.fr, notamment la rubrique *Ma première année en…*
- monorientationenligne.fr vous met en contact avec un conseiller par téléphone, mail ou par tchat.
- Le site *Terminales* à retrouver sur orientation-lycees.fr
- Des revues, des guides, des Salons…
- Vous disposez de beaucoup de sources d'informations potentielles : contacts sur Parcoursup, Journées Portes Ouvertes, salons, forums, sites, Semaines de l'orientation et bien entendu vos enseignants, et les conseillers près de chez vous…

Notez bien que vos motivations pour une formation ou des débouchés ainsi que vos démarches d'orientation vous seront aussi utiles lors du Grand Oral.

## FOCUS SUR… des formations et métiers en lien avec votre spécialité

### DES ÉTUDES FACILITÉES PAR LA SPÉCIALITÉ LLCE ANGLAIS

Site Horizons sur orientation-lycees.fr

- **Licences** Sciences du langage, Information et communication, LLCE (langues, littératures et civilisation étrangères et régionales), LEA (Langues étrangères appliquées) Lettres, Langues, Sciences politiques…
- **Classes préparatoires** littéraires, commerciales ; **Instituts d'études politiques** ; **Écoles de commerce**…
- **BTS** Communication, Édition, Tourisme, Management, Commerce, Négociation et digitalisation de la relation client, Gestion…
- **DUT** Information-communication, Gestion des entreprises et des administrations, Gestion logistique et transport…

onisep

Nathan

# L'ÉPREUVE ÉCRITE

## EN PREMIÈRE

Les élèves qui abandonnent la spécialité LLCER en fin de 1re

### SYNTHÈSE D'UN DOSSIER DOCUMENTAIRE

- L'épreuve de fin de 1re consiste en la synthèse d'un dossier documentaire composé de trois documents, dont au moins un document littéraire et un document iconographique, liés à l'une des thématiques du programme de 1re (Imaginaires ; Rencontres).
- Deux ou trois questions ou consignes t'aideront à bien analyser les documents en vue de la synthèse. Ta production devra faire au moins 300 mots.

3e trimestre de 1re

2 h

- Note sur 20 points
- Niveau attendu : B2

**Critères d'évaluation de la synthèse**

- Qualité du contenu (prise en compte des différents documents ; capacité à les analyser, à les interpréter et à les rattacher à la thématique et à l'axe d'étude du programme ; apport de connaissances (inter) culturelles)
- Cohérence de la construction du discours (clarté et structuration de la production ; recours à une approche comparative des documents)
- Correction de la langue écrite (maîtrise grammaticale et orthographique)
- Richesse de la langue (variété et niveau de précision du lexique et des structures employés)

## EN TERMINALE

### SYNTHÈSE D'UN DOSSIER DOCUMENTAIRE ET TRADUCTION

L'épreuve écrite de terminale est constituée de deux parties :

- **La synthèse d'un dossier documentaire** composé de trois à quatre documents, dont au moins un texte littéraire et un seul document iconographique, liés à l'une des thématiques du programme de cycle terminal (Imaginaires ; Rencontres ; Arts et débats d'idées ; Expression et construction de soi ; Voyages, territoires, frontières).
- Ta synthèse sera guidée par deux ou trois consignes et devra faire environ 500 mots.
- **La traduction** en français d'un passage de l'un des textes du dossier.
- Tu auras le droit d'utiliser un dictionnaire d'anglais non encyclopédique.

Mars de l'année de Term

4 h

- Note sur 20 points (16 pour la synthèse et 4 pour la traduction)
- Niveau attendu : B2 > C1

**Critères d'évaluation de la synthèse**

▸ voir les critères de l'épreuve de 1re

**Critères d'évaluation de la traduction**

- Qualité de la traduction (clarté, transmission correcte des éléments du texte d'origine)
- Respect du style de l'auteur
- Correction de la langue écrite (maîtrise grammaticale et orthographique)

# LES ÉPREUVES ORALES

## L'ÉPREUVE ORALE D'ANGLAIS

### PRÉSENTATION DU DOSSIER PERSONNEL

Mars de l'année de T[erm]

20 min sans préparation

- Pour cette épreuve, tu devras avoir préparé un **dossier personnel**. Composé de 6 à 8 documents textuels et/ou iconographiques, il devra se rattacher un ou plusieurs thématiques du programme du cycle terminal (Rencontres ; Imaginaires ; Arts et débats d'idées ; Expression et construction de soi ; Voyages, territoires, frontières).
- Tu remettras ce dossier à l'examinateur et tu auras alors **10 minutes** pour en justifier les choix et en exprimer la logique interne, c'est-à-dire comment il répond à la problématique que tu auras posée au départ.
- L'examinateur te posera ensuite des questions pendant environ **10 minutes**.

- Jury : un enseignant d'anglais
- Note sur 20 points
- Niveau attendu : B2 > C1

**Critères d'évaluation**

- Expression orale (organisation, pertinence et fluidité du discours)
- Interaction orale (capacité à argumenter et à relancer une discussion)
- Correction de la langue orale (correction de la prononciation et de l'accentuation)
- Richesse de la langue (variété et niveau de précision du lexique et des structures employés)

## L'ÉPREUVE ORALE TERMINALE

### LE GRAND ORAL

Juin de l'année de Terminale

40 min dont 20 min de préparation

- Pour cette épreuve, tu devras avoir préparé une question liée au programme de cycle terminal de chacune de tes spécialités (prises isolément ou de manière transversale).
- Le jour de l'épreuve, tu présenteras au jury tes deux questions sur une feuille signée par tes professeurs. Le jury en choisira une et tu disposeras alors de **20 minutes** pour préparer ton oral, pendant lesquelles tu pourras réaliser, si tu le souhaites, un support que tu remettras ensuite au jury (support non évalué).
- Tu auras ensuite **5 minutes** pour présenter ta question au jury en anglais ou en français. Cette présentation se fera sans note et debout.
- Suite à ta présentation, le jury aura **10 minutes** pour te poser des questions pour t'amener à approfondir ou à préciser ta pensée. Cet échange peut aussi porter sur d'autres éléments du programme de spécialité. Tu pourras rester debout ou t'asseoir.
- Pour conclure, tu auras **5 minutes** pour expliquer au jury en quoi la question traitée éclaire ton projet de poursuite d'études, voire ton projet professionnel.

- Jury : 2 enseignants
- Note sur 20 points

**Critères d'évaluation**

- Qualité orale (débit, fluidité, variations et nuances du discours)
- Qualité de la prise de parole en continu (clarté, pertinence, efficacité de la prise de parole)
- Qualité des connaissances (maîtrise des connaissances, capacité à les mobiliser à bon escient)
- Qualité de l'interaction (capacité à répondre aux questions et prendre l'initiative dans l'échange)
- Qualité et construction de l'argumentation (maîtrise des enjeux du sujet, capacité à argumenter de manière construire et raisonnée).

# COMPRENDRE ET GÉRER SON STRESS

**Comprendre le stress, identifier ce qui le déclenche et apprendre à le gérer pour ne plus en être victime est primordial pour aborder les années de 1re et Term.**

## 1 QU'EST-CE QUE LE STRESS ?

Le stress est d'abord une réaction de l'organisme à une agression brusque. Face à un danger, notre cerveau déclenche une production d'hormones qui vont mobiliser nos différents organes le plus rapidement possible. Le stress, qui existe chez tous les animaux, est donc avant tout fait pour échapper à des prédateurs (« réels » ou « dans notre tête » : échec, dispute, punition...).

## 2 LE STRESS EST UN SIGNAL

- Sous l'emprise du stress, nous n'arrivons plus à réfléchir correctement et nous n'agissons pas de manière adaptée. Notre créativité disparaît et l'esprit s'embrouille.
- Lorsque nous ressentons du stress et qu'il n'y a pas de « vrais » prédateurs, le stress est un signal nous indiquant que nous ne pensons pas de manière adéquate et que nos réactions et comportements risquent d'être inadaptés.
- Tout comme la douleur, le stress est un signal désagréable qui nous alerte que quelque chose ne tourne pas rond.

*Conseil*

Analyse les annotations sur tes copies, repère les erreurs que tu as faites et réfléchis à la manière de les éviter à l'avenir.

## 3 COMMENT LE STRESS SE MANIFESTE-T-IL ?

Tout comme les animaux, nous avons trois manières différentes d'échapper aux prédateurs :

| Comportement à adopter | La fuite | La lutte | L'inhibition |
|---|---|---|---|
| -1- Reconnaitre et accepter son état de stress, verbaliser | « Je me sens stressé(e) et anxieux(se). Pour le moment, je ne suis pas en état d'organiser, de gérer, de faire face... » | « Je suis en colère, c'est pour ça que je veux avoir raison à tout prix. Pour le moment, je ne suis pas en état de... » | « Pour le moment, je n'ai pas l'énergie pour décider ou agir... » |
| -2- Respirer | Consciemment, avec l'abdomen, de manière sonore et en ralentissant le rythme, prolonger l'expiration, compter mentalement, bâiller... | Consciemment, avec l'abdomen, de manière sonore et en ralentissant le rythme, prolonger l'expiration, compter mentalement, bâiller | Consciemment, avec l'abdomen, de manière sonore et en ralentissant le rythme, prolonger l'expiration, compter mentalement, bâiller... |
| -3- Évacuer par le corps | Marcher en balançant fort les bras, faire de grands pas, dépenser beaucoup d'énergie ou appuyer fort contre un mur pour « décharger ». | Crier très fort, boxer dans l'air, utiliser son énergie pour faire quelque chose d'utile. | Cocooner, pleurer, se chouchouter. |
| -4- Passer à l'action | • Décompresser : se donner un délai pour réfléchir, relativiser ;<br>• Mettre de l'ordre dans ses idées : faire une liste, un plan, un planning, écrire sur des post-its... | Reformuler le problème de manière claire et objective, décrire uniquement les faits, sans jugement ni interprétation | • Changer sa posture : se redresser, lever les bras, adopter une attitude de vainqueur<br>• Établir un plan d'attaque : baliser clairement les étapes, avancer progressivement, petit à petit, se fixer un premier petit objectif. |

## 4 COMMENT EN FINIR AVEC LE STRESS ?

Voici quelques conseils pour te permettre de gérer ton stress.

### A. LA PYRAMIDE MOYENS/EXIGENCES

- Faire une pyramide permet de visualiser le rapport entre nos exigences et les moyens mis en œuvre pour y parvenir. Si tes exigences sont plus importantes que tes moyens, cela va engendrer du stress.
- Pour éliminer le stress, il faut que tes exigences se transforment en objectifs ou ambitions. Pour ce faire, il faut comprendre que tu ne peux agir que sur ce qui ne dépend que de toi. Par exemple, pour l'objectif « réussir mon bac », ce qui dépend de toi, c'est « étudier mes cours » ; en revanche, ce qui ne dépend pas de toi, c'est le choix du sujet, donc il ne sert à rien de perdre du temps et de l'énergie à essayer de deviner ce qui va tomber le jour de l'examen.

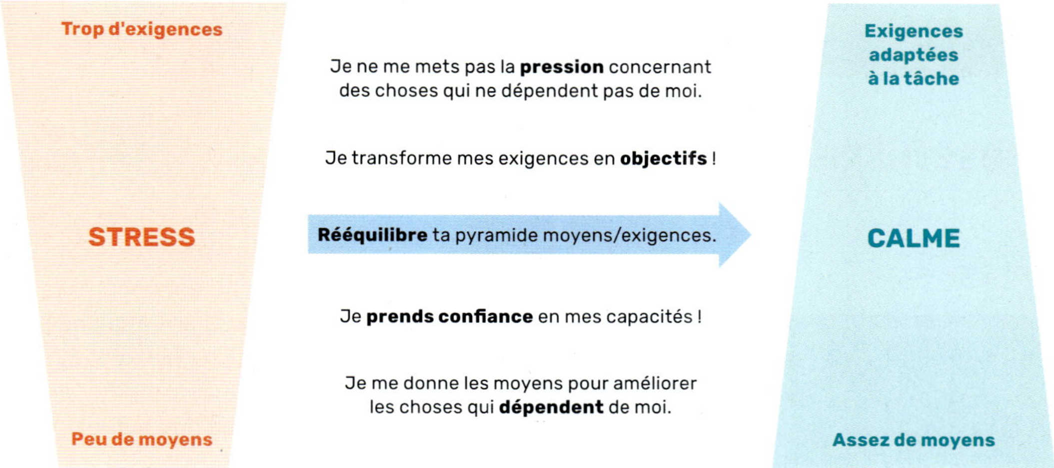


### B. LES PENSÉES APAISANTES

- Quand tu te sens stressé(e), lis les phrases ci-dessous, apprends-les par cœur pour pouvoir les évoquer à tout moment.

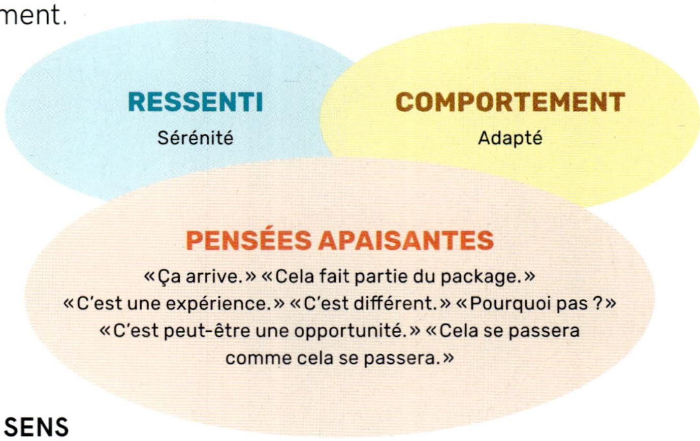


### C. LA SYMPHONIE DES SENS

- Cet exercice est à faire au moment des épreuves du bac, quand tu prends connaissance du sujet ou le soir dans ton lit pour trouver le sommeil. Il permet de changer d'état d'esprit pour être calme et serein(e).
- Concentre-toi d'abord sur un son, puis sur un deuxième, différent du premier, puis sur un troisième, comme s'ils étaient des instruments de musique. Garde bien à l'esprit ces trois sons tout en prenant conscience du contact de ton corps sur la chaise, de tes pieds sur le sol, de la sensation des vêtements sur ta peau, du goût que tu as dans la bouche, de la qualité de l'air que tu respires. Détente assurée !

FILE 1

IMAGINAIRES
AXE 1 : L'IMAGINATION CRÉATRICE ET VISIONNAIRE

# Timeless fantasy

▶ How is fantasy deeply rooted in British culture?

More on SPEAKEASY NEWS speakeasy-news.com

FINAL TASK Prepare the storyboard for the scene of a fantasy film.

## 1 A successful genre

### Doc 1. Loving fantasy

AUDIO

▲ Duncan Jones, *Warcraft*, 2016

Audio: *Bookin'It*, 2015

**a.** **Look** at the film poster and **imagine** the plot.

**b.** **Explain** what the poster focuses on. Does it entice you into seeing the film?

**c.** **Listen** to the man and **find out** information about fantasy.

**d.** **Explain** why he likes fantasy.

**e.** **Discuss**: *"Fantasy allows us to escape."*

**AT HOME** Watch the trailer of the film *Warcraft* and find the elements that define the fantasy genre. VIDÉO

**WORDS**

- dreamscape: *paysage onirique*
- fable /ˈfeɪbəl/
- orc /ɔːk/
- quest
- struggle = battle
- villains
- wizards

- epic
- evil /ˈiːvəl/
- gloomy
- horrid

- fantasise
- escape
- yield a profit

## Doc 2. British or American?

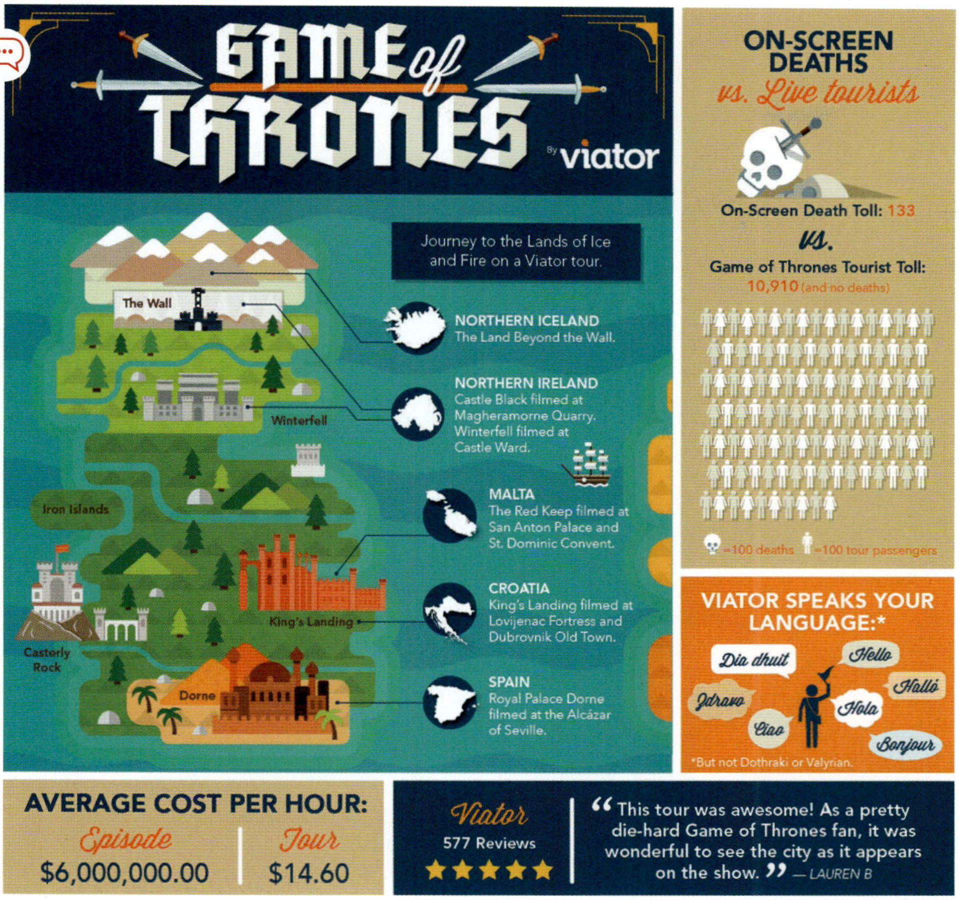


© Viator, a Trip Advisor® Company

**a. Observe** the infographic. **Identify** its topic and its aim.

**b. Explain** what it reveals about the success of the series.

**c. Read** the text and **pick out** the origins of *Game of Thrones*.

**d. Explain** why *Game of Thrones "feels very British"* (l. 5).

**e. Comment** on the need to use British medieval history as a source of inspiration.

### Is Game of Thrones British or American?

The show is based on the books of American writer, George R.R. Martin, and is produced by American network HBO. [...]

If it's written by an American, produced by an American network and intended for a US audience, then it feels safe to say it's an American show. In reality though, the show often feels very British, in most part because of the characters' accents and the other influences behind the show. A lot of the main characters are from the UK, including Emilia Clarke (Daenerys Targaryen), Kit Harrington (Jon Snow), Sophie Turner (Sansa Stark) and Alfie Allen (Theon Greyjoy). Even the American actors such as Peter Dinklage (Tyrion Lannister), Jason Momoa (Khal Drogo) and Pedro Pascal (Oberynn Martell) have had to adopt European or British accents for the role. Moreover, the filming of the show takes place in Europe with a largely European production team. [...]

Finally, author George R.R. Martin has previously described the Wars of the Roses[1], taking place between 1455-1485, as the loose[2] inspiration behind the books. The wars were for control of the throne of England, which parallels parts of the War of the Five Kings, a key focus in the series. The medieval setting is also reminiscent of European history, and George RR Martin has said before that being an English-speaking writer meant it was easier for him to use British medieval history as a source, instead of German or Spanish history. In conclusion, it's an American production, shot in – and inspired by – European events. But it's all fantasy. Easy!

Anna PAUL, *metro.co.uk*, May 19, 2019

YOUR TASK

DIFFÉRENCIATION

**WAY 1** **Write** and **record** a short radio podcast about the codes of the fantasy genre.

**WAY 2** **Create** an infographic about the codes of the fantasy genre and **present** it to the class.

BOOST YOUR SKILLS!

**Présenter des informations**

- Intègre des données chiffrées : ***$14.60*** • ***10,910*** *tourists* • ***90%*** *have a British accent.*
- Utilise des formules courtes pour annoncer des faits : *most used accents* • *recurrent creatures.*
- Emploie la voix passive pour définir les codes du genre : *Orcs* ***are often used*** *as baddies.* • *The show* ***is based*** *on the books of American writer George R.R. Martin.*

1. civil wars between two competing royal families: the House of York and the House of Lancaster
2. free

## Doc 1. The fictional map of a real place

▲ Pendle Hill in *The Wardstone Chronicles* by Joseph Delaney

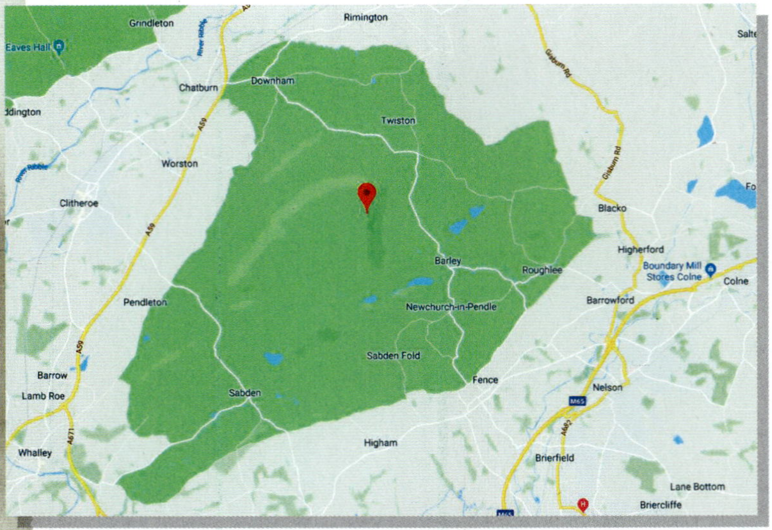


▲ Map of Pendle Hill, Lancashire, England

**a. Compare** and **contrast** the maps and the places mentioned.

**b. Find out** what the author modified on his version of the map and **explain** what it adds to the story.

**c. Discuss** the reasons why mapping is important in fantasy.

## Doc 2. A very English village

We reached Horshaw as a church bell began to chime in the distance. It was seven o'clock and starting to get dark. A heavy drizzle blew straight into our faces, but there was still enough light for me to judge that this wasn't a place I ever wanted to live in and that even a short visit would be best avoided.

Horshaw was a black smear[1] against the green fields, a grim, ugly little place with about two dozen rows of mean back-to-back houses huddling together mainly on the southern slope of a damp, bleak hillside. The whole area was riddled with mines, and Horshaw was at its centre. High above the village was a large slag heap[2] which marked the entrance to the mine. Behind the slag heap were the coal yards, which stored enough fuel to keep the biggest towns in the country warm through even the longest winters.

Soon, we were walking down through the narrow cobbled[3] streets, keeping pressed close to the grimy walls to make way for carts heaped with black cobs of coal[4], wet and gleaming with rain. The huge shire horses that pulled them were straining[5] against their loads, hooves[6] slipping on the shiny cobbles. There were few people about but lace curtains twitched as we passed, and once we met a group of dour-faced[7] miners, who were trudging up the hill to begin their night shift. They'd been talking in loud voices and suddenly fell silent and moved into a single column to pass us, keeping to the far side of the street. One of them actually made the sign of the cross.

"Get used to it, lad," growled the Spook. "We're needed but rarely welcomed, and some places are worse than others."

Joseph DELANEY, *The Spook's Apprentice*, 2004

**a. Read** the text and **identify** the place and the general atmosphere.

**b.** VOCABULARY **Focus** on the lexical fields and **analyse** the setting.

**c. Explain** what kind of England it refers to.

**d. Guess** what the role of the Spook might be.

1. dirty mark
2. pile of residue from the mines
3. *pavées*
4. *briquettes de charbon*
5. struggle
6. *sabots*
7. gloomy

## Doc 3. The origin of orcs

Beowulf preparing to cut off the head of the monster Grendel, *Hero-Myths & Legends of the British Race*, 1910

Lurtz the Uruk-hai warrior, a crossbreed between Orcs and Goblin-Men, in *The Lord of the Rings: The Fellowship of the Ring*, directed by Peter Jackson, 2001

AUDIO

[...] So the Lord's men lived in joys,
Happily, until one began
To execute atrocities, a fiend[1] in hell;
This ghastly demon was named Grendel,
Infamous stalker[2] in the Marches, he who held the Moors,
Fen and desolate strong-hold[3]; the land of marsh[4]-monsters,
The wretched creature ruled for a time
Since him the Creator had condemned[5]
With the kin[6] of Cain; that killing avenged
The eternal Lord, in which he slew[7] Abel;
This feud[8] he did not enjoy, for He drove him far away,
the Ruler, for this crime, from mankind;
thence[9] unspeakable offspring[10] all awoke:
ogres and elves and spirits[11] from the underworld;
also giants, who strove[12] with God
for an interminable season; He gave them their reward for that.

Anonymous, *Beowulf*, VII-X, 700-750,
Translation by Benjamin Slade

**1.** demon **2.** hunter **3.** bastion **4.** swamp **5.** since the Creator had condemned him **6.** family member **7.** kill **8.** quarrel **9.** from then on **10.** descendants **11.** "orcnéäs" in original version **12.** fight

**a. Compare** the monster Grendel on the engraving with Lurtz on the still.

**b. Read** the poem and **define** what makes Grendel hellish.

**c. Discuss** how influential *Beowulf* has been to modern heroic fantasy stories.

**YOUR TASK** **Act out** the interview of a heroic-fantasy specialist. **Speak** about how British spaces and mythology have influenced the genre.

### CULTURE SPOT

***Beowulf*** is an anonymous epic poem written in Old English. It tells the story of Beowulf, a young warrior who challenges Grendel, a demon terrorising Denmark. In this poem, we find the first mention of the creatures called "orcnéäs" to define Grendel's ancestors.

TEXTE

### BOOST YOUR SKILLS!

**Préparer des questions et des réponses**

- Pose des questions ouvertes : ***What*** *was the name of....* • ***Why*** *did Joseph Delaney choose the area of Pendle Hill as a setting?*
- Utilise le présent pour présenter des faits : *The word "orcnéäs"* ***appears*** *in the original version of Beowulf.*
- Utilise le *present perfect* pour faire un bilan : *How far can we say that British countryside* ***has influenced*** *fantasy ?*

### WORDS

- **cou**ntryside
- **le**gacy
- the **Mi**ddle **A**ges

- ab**nor**mal
- a**li**ke = **si**milar
- **fi**endish = demo**ni**ac

- **hi**deous
- **ni**ghtmarish

- al**lu**de to
- **bo**rrow
- draw inspir**a**tion from

EXPLORE

# 3 From fight to fantasy

## Doc 1. Chronicles of war

AUDIO

▲ Adrian Smith, *Chronicles of Hate*, 2014 (Audio: *41 Action News*, 2017)

**a. Observe** the comic strip and then **analyse** it by focusing on colours, movements and effects.

**b. Listen** to the recording and **explain** the common points with the pictures.

**c.** GRAMMAR **Identify** a grammar form that shows that the soldiers were victims.

**d. Comment** on the connection between Tolkien's life and his literary work.

## Doc 2. Escapism as an act of courage

**a. Read** the article and **say** how and why *Morgoth* and the *History of the Gnomes* were created.

**b. Explain** in what circumstances "escapism" was born.

**c. Read** lines 15-16 and **show** what escapism enabled Tolkien to do.

**d. Discuss**: What does the opposition between "*Tolkien the dreamer*" and "*Tolkien the soldier*" underline?

**AT HOME** Watch the trailer of *Tolkien* and find out more about Tolkien's life and sources of inspiration for his fantasy world.

VIDÉO

M.C. Shaffer

HOME ABOUT FICTION & POETRY BLOG CONTACT

### In Defense of Escapism: Tolkien's principles of fantasy #1

Commissioned in the Lancashire Fusiliers during WWI, Tolkien began writing "my nonsense fairy language" ("Letter to Edith Bratt," 2 March 1916) amidst the miserable conditions of army life. During the next world war, he writes about his experience to his son Christopher, who finds himself in similar circumstances: "I first began to write the 'History of the Gnomes' in army huts, crowded, filled with the noise of gramophones—and there you are in the same prison. May you, too, escape—strengthened." ("To Christopher Tolkien," 30 April 1944).

And in another letter to Christopher, a week later: "I sense amongst all your pains (some merely physical) the desire to express your *feeling* about good, evil, fair, foul[1] in some way: to rationalize it, and prevent it just festering[2]. In my case it generated "Morgoth" and the "History of the Gnomes". Lots of the early parts of which... were done in grimy[3] canteens, at lectures in cold fogs, in huts full of blasphemy and smut, or by candle light in bell-tents, even some down in dugouts[4] under shell fire. It did not make for efficiency and present-mindedness, of course, and I was not a good officer." (6 May 1944). In this excerpt, we begin to understand 'escapism' as an act of courage, a way of holding onto one's humanity amidst conditions which threaten it.

A month later, Tolkien explicitly uses the word *escapism* in a further attempt to convince his son to write as a means of survival: "So I took to 'escapism': or really transforming experience into another form and symbol with Morgoth and Orcs and the Eldalie (representing beauty and grace of life and artefact) and so on; and it has stood me in good stead in many hard years since..." ("From a letter to Christopher Tolkien," 10 June 1944). Tolkien the dreamer, the lover of languages, trees, and gardens, is not destroyed by Tolkien the soldier. Rather, in the brutal ugliness of trench warfare, a defiant[5] beauty emerges which will increasingly consume Tolkien's life and imagination.

M.C. Shaffer, *mcshaffer.com/blog*, November 2016

1. very evil
2. becoming much worse
3. dirty
4. *tranchées*
5. provoking

▲ Peter JACKSON, *The Lord of the Rings: The Two Towers*, 2002

LANDMARKS p. 256

## Doc 3. The Dead Marshes

AUDIO

*On their way to Mordor to destroy the Ring, Gollum leads Frodo and Sam through marshes.*

Hurrying forward again, Sam tripped[1], catching his foot in some old root or tussock. He fell and came heavily on his hands, which sank deep into sticky ooze[2], so that his face was brought close to the surface of the dark mere[3]. There was a faint hiss, a noisome[4] smell went up, the lights flickered and danced and swirled. For a moment the water below him looked like some window, glazed with grimy[5] glass, through which he was peering. Wrenching his hands out of the bog[6], he sprang back with a cry. 'There are dead things, dead faces in the water,' he said with horror. 'Dead faces!'

Gollum laughed. 'The Dead Marshes, yes, yes: that is their name,' he cackled. 'You should not look in when the candles are lit.'

'Who are they? What are they?' asked Sam shuddering, turning to Frodo, who was now behind him.

'I don't know,' said Frodo in a dreamlike voice. 'But I have seen them too. In the pools when the candles were lit. They lie in the pools, pale faces, deep deep under the dark water. I saw them: grim faces and evil, and noble faces and sad. Many faces proud and fair, and weeds in their silver hair. But all foul, all rotting, all dead. A fell[7] light in them.' Frodo hid his eyes in his hands. 'I know not who they are; but I thought I saw there Men and Elves, and Orcs beside them.'

'Yes, yes,' said Gollum. 'All dead, all rotten. Elves and Men and Orcs. The Dead Marshes. There was a great battle long ago, yes, so they told him when Sméagol[8] was young, when I was young before the Precious came. It was a great battle. Tall Men with long swords, and terrible Elves, and Orcses shrieking. They fought on the plain for days and months at the Black Gates. But marshes have grown since then, swallowed up the graves; always creeping, creeping.'

'But that is an age and more ago,' said Sam. 'The Dead can't be really there! Is it some devilry[9] hatched[10] in the Dark Land?'

'Who knows? Sméagol doesn't know,' answered Gollum. 'You cannot reach them, you cannot touch them. We tried once, yes, precious. I tried once; but you cannot reach them. Only shapes to see, perhaps, not to touch. No precious! All dead.'

J.R.R. TOLKIEN, *The Lord of the Rings: The Two Towers*, Book 2, Chapter 2, 1954

**WORDS**

- adv**en**ture
- troop = c**o**hort

- app**a**lling = horr**i**fying = fr**igh**tening
- mom**e**ntous

- dart at = run t**o**ward
- f**o**llow the tracks of
- surr**ou**nd

1. stumble
2. soft mud
3. small lake
4. extremely unpleasant
5. dirty
6. swamp
7. deadly
8. Gollum's real name
9. black magic
10. planned

a. **Read** the text and **identify** the general situation.
b. **Explain** what the Dead Marshes are.
c. **Analyse** the way terror and horror are conveyed.
d. **Comment** on how this may refer to Tolkien's own experience.

**YOUR TASK** **Write** the scene of a fantasy story which would be illustrated by the comic strip on page 24.

**BOOST YOUR SKILLS!**

**Installer une ambiance effrayante**

- Choisis des adjectifs et des noms évocateurs : *the **brutal ugliness** of trench warfare* • *the surface of the **dark mere*** • *glazed with **grimy glass***
- Utilise des verbes d'action au prétérit pour rythmer ton récit : *Sam **tripped**; he **fell** and **came** heavily on his hands; he **sprang back*** • *The lights **flickered** and **danced** and **swirled**.*

# 4 Twisting the genre

LANDMARKS p. 258

## Doc 1. Terry Pratchett's world

VIDÉO

▲ Daniel KNIGHT, *Troll Bridge*, 2019, based on a original story by Terry Pratchett

**a. Watch** the trailer and **pick out** the traditional elements of the fantasy genre.

**b. Explain** how the codes of the hero and his quest are subverted.

**c.** Now **listen** to Terry Pratchett speaking about his book series *Discworld* (*Harper Teen*, 2005) and **explain** why this trailer corresponds to his original intentions.

AUDIO

## Doc 2. The Queen of the Elves

The Queen of the Elves sat in state on a diamond throne in her palace, surrounded by her courtiers, foundlings[1] and lost boys, and creeping[2] creatures with no names — all the detritus of the fairy folk.

But for now there was other troubling news to deal with. *Goblins!* Mere worms, who should be grateful if an elvish lord or lady even looked their way, but who were now foolishly refusing to do her bidding[3]. She would show them all, she thought. [...]

The goblin prisoner was brought into the audience chamber under guard. The whole effect was visually stunning, the goblin thought sourly[4]. Exactly as a fairy court would look in a human child's storybook. Until you looked at the faces and realized that there was something not quite right about the eyes and the expressions of the beautiful creatures in the scene. [...]

"Well, Queenie, it's like this, you see. Goblins[5] is now treated as upright citizens in human world. Humans say goblins useful. We likes[6] being *useful*. We gets paid for being useful and finding out things and making things."

The Queen's beautiful visage slipped and she glared at the cheeky[7] creature in front of her.

"That's impossible," she shouted. "You goblins are the dregs, everyone knows that!"

"Ah ha!" laughed the goblin. "Queenie not so clever as she thinks. Goblins riding on hog's back now. Goblins know how to drive the iron horses."

Terry PRATCHETT, *The Shepherd's Crown*, 2015

**a. Read** the text and **pick out** the traditional elements of fantasy.

**b. Explain** how the scene illustrates Terry Pratchett's sense of parody.

**c. Comment** on the message that the scene might also convey.

**d. Discuss**: Is Terry Pratchett's world still fantasy?

1. babies who have been left by their parents
2. *rampantes*
3. orders
4. bitterly
5. are (in proper English)
6. we like (in proper English)
7. insolent

## FINAL TASK

### Prepare the storyboard for the scene of a fantasy film.

**You and your team are participating in a storyboard competition for a fantasy festival. You have to select a scene from a fantasy book you wish to see adapted for the screen and propose the best storyboard.**

1. **Select** the novel and **choose** an extract that includes dialogues and introduces the characters and setting.
2. **Create** a template for your storyboard, drawing a series of frames as in a comic strip. You may use the website *storyboardthat.com* to help you. **Decide** which elements of the scene will appear in each frame.
3. **Prepare** your captions: **think** about verbs and adjectives to describe the settings and **prepare** a portrait of the characters present in the extract.
4. **Write** the caption for each frame, including dialogues and stage directions.

# BOOST YOUR ENGLISH!

## Grammar — Rédiger un storyboard

- **Utilise le présent simple pour décrire les actions dans ton storyboard.**
  *Sam **trips** on the slippery mud.*
  *He **falls** and **comes** heavily on his hands.*
- **Introduis des indications scéniques entre parenthèses.**
  *(Sam **looks** at Frodo with horror.)*
  *(Gollum **grins**.)*
- **Emploie la voix passive pour décrire des bruits et des impressions.**
  *The bog **is filled** with corpses.*
  *A low noise **can be heard** in the distance.*
- **Utilise le prétérit ou le présent dans les dialogues selon le contexte.**
  *Sam: "There **are** dead things, dead faces in the water."*
  *Frodo: "But I **thought** I **saw** there Men and Elves, and Orcs beside them."*
  *Gollum: "There **was** a great battle long **ago**, yes, so they **told** him when Sméagol **was** young."*

**1** Imagine la légende de la vignette du storyboard de cette scène de *Lord of the Rings: The Return of the King* (Peter Jackson, 2003) avec Frodon, Gollum et Sam.
Rédige-la en utilisant les structures indiquées ci-dessus.

## Vocabulary — Reading fantasy

EXO Lexiquiz

Actions

Genre

Good and evil
Values

**Provocation** (AUDIO)
- incitement
- instigation
- provocation
- provoke
- spark
- summon
- waken = arouse

**Stories** (AUDIO)
- epic poems
- fables
- novels
- quests
- TV series

**Creatures** (AUDIO)
- dark lords
- dwarves /dwɔːvz/
- elves
- ents (talking trees)
- gnomes /nəʊmz/
- goblins
- halflings (small humans)
- the undead
- werewolves
- witches

**Fight** (AUDIO)
- battle
- clash
- combat
- conflict

- assault
- attack
- challenge
- repel
- wrestle

**Settings** (AUDIO)
- bleak landscape
- caves
- desolate plains
- fortresses
- magic forests
- medieval castles
- mines
- dungeons

**Evil** (AUDIO)
- barbarous
- evil
- heinous
- malevolent
- sinister
- wicked

**Good** (AUDIO)
- benevolent = kind
- holy
- righteous
- virtuous

READ ON

# The Priory of the Orange Tree

Samantha Shannon, 2019

***Tané, a strong-willed young woman, has been studying and practising for years in the hope of becoming a dragonrider and approaching her gods, the sea dragons.***

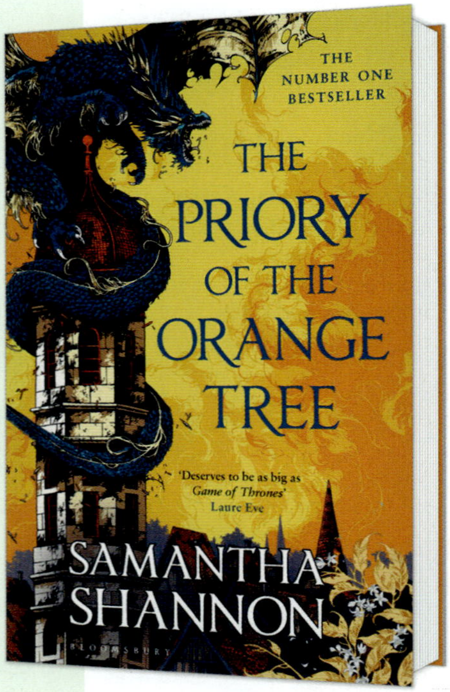


Upon reaching the steps, the apprentices formed two lines, knelt and pressed their forehead to the ground. Tané could hear Ishari breathing. Nobody rose. Nobody moved.

Scale[1] rasped against stone. Every sinew in her body seemed to tighten.

She looked up.

There were eight of them. Years she had spent praying before statues of dragons, studying them, and observing them from a distance, but she had never seen them this close.

Their size was breathtaking[2]. Most were Seiikinese[3], with silvery hides[4] and lithe[5], whiplike forms. Impossibly long bodies held up their splendid heads, and they each had four muscular legs, ending with feet with three claws. Long barbels swirled from their faces and trailed like the lines of kites. The majority were quite young, perhaps four hundred years old, but several carried scars from the Great Sorrow. All were covered with scales and ringed with sucker marks – keepsakes[6] from their quarrels with greatsquid[7].

Two of them possessed a fourth toe. These were dragons from the Empire of the Twelve Lakes. One of them – a male – had wings. Most dragons were wingless and flew by means of an organ on their heads, which scholars had named the crown. The few that did grow wings did so only after at least two thousand years of life.

The winged dragon was largest. If Tané has stretched to her full height, she might not even have been able to reach between his snout[8] and his eyes. Though his wings looked fragile like spidersilk, they were strong enough to whip up a typhoon. Tané spied the pouch beneath his chin. Like oysters, dragons could make pearls, one in a lifetime. It never left the pouch.

The dragon beside the male, also Lacustrine, was close to its stature. Her scales were a pale, clouded green, like milk jade, her mane the golden-brown of riverweed.

"Welcome," the Sea General said.

His voice rang out like the call of a war conch.

"Rise," he said, and they obeyed. "You are here today to be sworn to one of two lives: that of the High Sea Guard, defending Seiiki from sickness and invasion, or a life of learning and prayer on Feather Island. Of the Sea Guardians, twelve of you will have the honour of becoming dragonriders. [...] Today you will learn your destinies." The Sea General took a scroll from his surcoat and unravelled it. "Let us begin."

Tané braced herself. [...]

It seemed a lifetime before she heard her own name:

"The honourable Tané, of the South House."

Tané stepped forward.

The dragons watched her. It was said they could see the deepest secrets of a soul, for human beings were made of water, and all water was theirs.

What if they could see what she had done?

1. plate protecting the dragon skin
2. very impressive
3. from the island of Seiiki, a fictitious territory
4. animal skins
5. moving easily
6. souvenirs
7. giant sea creature
8. muzzle

She concentrated on the placement of her feet. When she stood before the Sea General, he looked at her for what seemed like years. It took all her strength to remain standing.

At last, he reached for a blue uniform. Tané breathed out. Tears of relief pricked her eyes.

"For your aptitude and dedication," he said, "you are raised to the noble ranks of the High Sea Guard, and must swear to practise the way of the dragon until you draw your final breath."

Samantha SHANNON, *The Priory of the Orange Tree*, 2019

**a. Look** at the book cover and **read** the title of the book: what kind of plot do you expect?

**b. Read** the text and **describe** what world Tané lives in and what makes her an exceptional character.

**c. Explain** the impression given by the dragons.

**d. Imagine** what Tané's fate could be.

**AT HOME** Find out more about Samantha Shannon's world.

VIDÉO

### CULTURE SPOT

**Samantha Shannon** is a British fantasy writer. Her debut novel *The Bone Season* (2013), the first in a seven-book series, was a bestseller and film rights were bought in 2012. *The Priory of the Orange Tree* is a feminist rewriting of the legend of St George and the dragon, intertwined with Japanese and Chinese mythologies.

## TRANSLATION WORKSHOP

OBJECTIF BAC p. 286-287

**Maintenant que tu as bien compris le texte, tu peux en traduire un extrait. Relis le passage de "*She concentrated*" (l. 41) à "*final breath*" (l. 46).**

### 1 Analyse l'extrait

**a. Identifie** les personnages et l'importance de la situation.

**b. Observe** la part donnée à la description. Quels temps seront utilisés en français ?

**c. Repère** le passage au style direct et le registre de langue utilisé.

• Le genre fantastique et la nomination de Tané à un poste prestigieux donnent un registre particulier au passage qu'il faudra respecter dans la traduction.

### 2 Découvre une stratégie de traduction : la transposition grammaticale

**a. Observe** cette phrase et sa traduction. Que devient le nom "*placement*" ?

*She concentrated on* ***the placement*** *of her feet.*
Elle se concentra **pour bien placer** ses pieds.

**b. Observe** cette phrase et sa traduction et **explique** le changement.

*Tears of relief* ***pricked her eyes.***
Des larmes de soulagement **lui piquèrent les yeux**.

**c. Observe** cette phrase et **traduis**-la en utilisant la transposition grammaticale.

*It took all her strength to remain* ***standing.***
Il lui fallut...

• Note que généralement c'est l'anglais qui a davantage recours aux verbes là où le français emploie plutôt des noms.

### 3 Traduis l'extrait

**Traduis** le passage de "*She concentrated*" (l. 41) à "*final breath*" (l. 46) en veillant à passer à un nom, à un verbe ou à un pluriel quand cela sonne plus juste en français. **Utilise** un dictionnaire unilingue si besoin.

• L'anglais utilise des majuscules pour tous les mots porteurs de sens dans les titres honorifiques alors que le français n'en utilisera généralement que sur le premier. (ex : *High Sea Guard* → Gardien des hautes mers)

Vers le **BAC**

# LET'S BRAINSTORM!

OBJECTIF BAC p. 280-303

## Imagining fantastic worlds

- Classic fantasy worlds

→ *Warcraft*, D. Jones, p. 20 • *The Lord of the Rings*, J.R.R. Tolkien, p. 25 • *The Spook's Apprentice*, J. Delaney, p. 22 • *Game of Thrones*, R.R. Martin, p. 21

- A feminist fantasy world

→ *The Priory of the Orange Tree*, S. Shannon, p. 28

- A comic fantasy world

→ *Troll Bridge*, D. Knight, p. 26 • *The Shepherd's Crown*, T. Pratchett, p. 26

## Reinventing fantasy through humour

- Twisting the codes of the genre

→ *Troll Bridge*, D. Knight, p. 26 • *The Shepherd's Crown*, T. Pratchett, p. 26

IMAGINAIRES Axe 1

**How is fantasy deeply rooted in British culture?**

## Creativity inspired by reality

- British landscape as a source of inspiration

→ Pendle Hill picture from *The Wardstone Chronicles*, J. Delaney, p. 22 • *The Spook's Apprentice*, J. Delaney, p. 22

- British history and mythology as a source of inspiration

→ "Is *Game of Thrones* British or American?" A. Paul, p. 21 • *Game of Thrones*, R.R. Martin, p. 21 • *Beowulf*, p. 23 • "In Defense of Escapism", M.C. Shaffer, p. 24

## Imagination as a way to escape

- Escaping a dark reality

→ "In Defense of Escapism", M.C. Shaffer, p. 24

- Overcoming the fears and trauma of war

→ Comic strip from *Chronicles of Hate*, A. Smith, p. 24 • *The Lord of the Rings*, J.R.R. Tolkien, p. 25

## Entraîne-toi à la synthèse

ÉPREUVE ÉCRITE

Focus on Doc 1 p. 24 (comic strip), Doc 2 p. 24 and Doc 3 p. 25 and write a short commentary (around 300 words) explaining how fantasy is a way of escaping reality.

OBJECTIF BAC p. 280

Fiche d'auto-évaluation

## Évaluation

→ **Now test your skills!**

Sujet d'épreuve écrite type BAC

# BUILD YOUR PORTFOLIO

## Poem

*Darkness*, Lord Byron, 1816

"I had a dream, which was not all a dream.
The bright sun was extinguish'd, and the stars
Did wander darkling in the eternal space,
Rayless, and pathless, and the icy earth
Swung blind and blackening in the moonless air;
Morn came and went—and came, and brought no day,
And men forgot their passions in the dread
Of this their desolation; and all hearts
Were chill'd into a selfish prayer for light:
And they did live by watchfires—and the thrones,
The palaces of crowned kings—the huts,
The habitations of all things which dwell,
Were burnt for beacons; cities were consum'd,
And men were gather'd round their blazing homes"

- **Read** the poem and **say** how far this poem anticipated the world created by R.R. Martin in *Game of Thrones*.

POÈME

## Book

*The Chronicles of Narnia*, Clive Staples Lewis, 1950-1956

This book series is a classic of fantasy literature which has influenced many other fantasy works and was adapted for the screen. It is set in London during World War II. A young girl called Lucy and her three siblings are sent away to live in the countryside to escape the Blitz of London. Lucy discovers they can walk through the back of a wardrobe into Narnia, an imaginary land ruled by a tyrannical witch. Narnia is inhabited by fantasy creatures such as giants, dwarves, unicorns...

- **Read** a book from this series and **find** an extract which illustrates the fantasy world created by C.S. Lewis.

## Book

*His Dark Materials*, Philip Pullman, 1995-2000

This fantasy trilogy consists of *Northern Lights* (1995), *The Subtle Knife* (1997), and *The Amber Spyglass* (2000). A TV series based on the books debuted in 2019. Philip Pullman is considered a worthy successor to J.R.R. Tolkien and C.S. Lewis.

- **Read** a book from this trilogy and **explain** why Philip Pullman is compared to J.R.R. Tolkien and C.S. Lewis.

## Series

*The Witcher*, Lauren Schmidt Hissrich, 2019

This American TV series was adapted from a fantasy book series of the same name. It tells the story of Geralt of Rivia, a witcher. He is a human with special powers trained to slay the most horrific monsters.
Three very popular video games are also based on the same book series.

- **Watch** the teaser and **explain** to what extent this TV series borrows the codes of the fantasy genre.

VIDÉO

ÉPREUVE ORALE | GRAND ORAL | Entraîne-toi à l'oral

### Step 1 — Build up your speech!

**ÉPREUVE ORALE**
- Choose one topic in the mindmap p. 30.
- Pick out one document from the file and add a personal one to illustrate this topic. OBJECTIF BAC p. 288-289
- Prepare your presentation: you must show how these documents relate to the topic you chose.

**GRAND ORAL**
- Choose one topic in the mindmap p. 30.
- Find a key question about your topic.
- Gather arguments and examples from the documents in the file.
- Prepare an outline for your presentation and write your note sheet.

### Step 2 — Make your oral presentation in front of two classmates.

**ÉPREUVE ORALE**
- Show your documents to your classmates and explain your point in about five minutes. OBJECTIF BAC p. 292-293

**GRAND ORAL**
- Give your note sheet to your classmates.
- Stand up and make a five-minute presentation to answer your key question. OBJECTIF BAC p. 294-297

### Step 3 — Answer your classmates' questions about your presentation.

# Freaky dreams

► **How was the rapid rate of change in 19th-century British society a source of creativity?**

**FINAL TASK** Write an episode of a freaky novel in the manner of a "Penny Dreadful".



## 1 Living with fear?

LANDMARKS p. 252-253

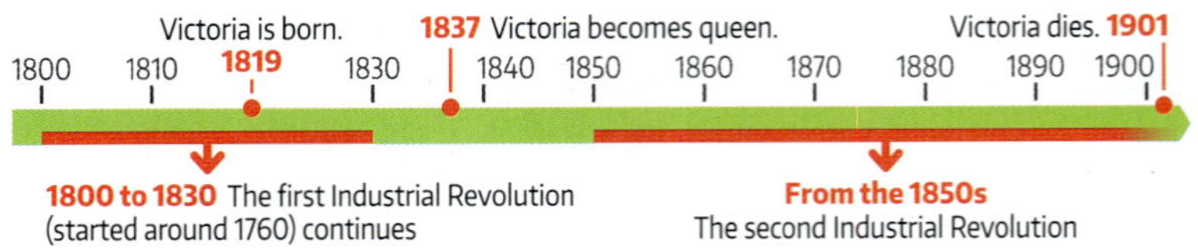


### Doc 1. Nineteenth-century Britain

Victoria came to the throne during the early, frenetic phase of the world's first Industrial Revolution. Industrialisation brought with it new markets, a consumer boom and greater prosperity for most of the propertied classes.

It also brought rapid, and sometimes chaotic change as towns and cities expanded at a pace which precluded[1] orderly growth[2].

Desperately poor housing conditions, long working hours, the ravages of infectious disease and premature death were the inevitable consequences.

The Victorians wrestled with this schizoid legacy of industrialism. The Victorian town symbolised Britain's progress and world pre-eminence, but it also witnessed some of the most deprived people, and depraved habits, in the civilised world.

Taming[3], and then improving, Britain's teeming[4] cities presented a huge challenge. Mortality data revealed that, in the poorer quarters of Britain's larger cities, almost one child in five born alive in the 1830s and 1840s had died by the age of five. Polluted water and damp[5] housing were the main causes.

Death rates in Britain as a whole remained obstinately above 20 per thousand until the 1880s and only dropped to 17 by the end of Victoria's reign.

Life expectancy at birth, in the high 30s in 1837, had crept up to 48 by 1901. One of the great scourges of the age—tuberculosis—remained unconquered, claiming between 60,000 and 70,000 lives in each decade of Victoria's reign.

*bbc.co.uk*, 2011

1. stop, prevent 2. organised expansion 3. control 4. heavily populated 5. humid

**a.** **Read** the text and **find out** what process the text focuses on.

**b.** **Explain** what this process involved.

**c.** VOCABULARY **Pick out** the three adjectives that are used to describe this process. **Explain** what they mean and the sort of viewpoint which is expressed.

**d.** **Explain** why Victorian towns and cities had become sources of concern and fear.

## Doc 2. Crime and policing

AUDIO

(Audio: BBC, 2001)

**a.** **Look** at the image. **Imagine** what it depicts.

**b.** **Listen** to the audio and **find out** where criminality was most rampant and why.

**c.** **Pick out** the Victorians' reactions to criminality.

**d.** PHONOLOGY **Listen** and **underline** the stressed words.
*"Sherlock Holmes fed an insatiable appetite for the excitement of the criminal underworld."*
What paradox do they show?

**e.** **Explain** what actions the government took.

**f.** **Discuss:** How can you explain Victorian society's fascination with crime?

## Doc 3. Black Bess

▲ The cover of a Penny Dreadful magazine, c. 1866

### CULTURE SPOT

**Penny Dreadfuls** were cheap, popular serial stories published during the 19th century in the United Kingdom. They were published in weekly parts, each costing one penny. The stories initially told of adventures but later focused on crime and detection.

**a.** **Focus** on the image and **describe** it.

**b.** **Explain** in your own words the type of publication it is.

**c.** **Explain** why this type of story was popular at the time.

**d.** **React:** do you feel attracted by this document? Why?

YOUR TASK With a partner, **create** a Penny Dreadful cover and **present** it in class.

### BOOST YOUR SKILLS!

**Décrire une image**

- Utilise des verbes de description : *This document **illustrates** a typical adventure story.* • *We chose to **depict** an extraordinary event.* • *The characters **are portrayed** in a subjective way.*
- Utilise le présent en *be* + V-*ing* pour décrire la scène représentée : *The character on the left **is riding** a horse.* • *The other characters **are staring** at him.* OBJECTIF BAC p. 281

### WORDS

- expression = look (on sb's face)
- goal = purpose
- murder
- robbery
- scene = setting

- eager to
- frightening

- intriguing
- thrilling

- appeal to = attract
- expect sb to
- hook the reader
- intend to
- make sb want to

# 2 Challenging death

## Doc 1. Discover "The Ghost Club"

If you were to travel back in time to ask a number of 19th-century people to name their topmost concerns, you'd likely find that not a few of them would discuss the problem of... Ghosts.

Along with Abolitionism and Feminism, one of the most significant movements to emerge from the Victorian era was Spiritualism, and it was a serious business, in both an idiomatic and economic sense. Psychics and mediums preyed on credulous and grief-stricken[1] people hoping to reconnect with lost loved ones. Hoaxes[2] abounded, sceptics and true believers formed societies and published literature. You might say that for Victorians, "Spirits" had all the cultural power that UFOs[3] had for post-war Americans. So influential was Spiritualism that it inspired many of the leading intellectuals in England to found an exclusive club devoted to pursuing the paranormal.

Of course many people disapproved of such investigations, considering them heretical to religious, philosophical, or scientific doctrines. Therefore, the Ghost Club "kept scant[4] records of their meetings, so members were able to speak freely about their beliefs without fear of ridicule—sort of a 'Spiritualists Anonymous.'"

*openculture.com*, 2017

▲ "Spirit" photographers claimed they could photograph ghosts or spirits.

1. extremely sad because of the death of sb 2. *canulars* 3. *OVNI* 4. limited

**a. Look** at the picture and **read** the title of the article. **Imagine** what the "Ghost Club" was.

**b. Read** the article and **explain** the success of Spiritualism in the 19th century.

**c. Find out** why this club had to be secret.

## Doc 2. The Gothic

AUDIO

LANDMARKS p. 250-251

◀ Henry FUSELI, *Lady Macbeth Seizing the Daggers*, 1812 (Audio: BBC, 2014)

**a. Look** at the painting and **say** what atmosphere it creates.

**b. Listen** to the audio and **identify** all the elements typical of the Gothic.

**c. Explain** why the Gothic gained so much momentum at that time in British history.

**d. Say** what it allowed British society to express.

## Doc 3. In Count Dracula's Castle

*Jonathan Harker, a young English solicitor, travels to Transylvania to conclude a business contract with a nobleman named Count Dracula. On arriving in Transylvania, Harker is warned about his destination by local peasants who give him crucifixes and other charms against evil.*

AUDIO

*8 May*

*I only slept a few hours when I went to bed, and feeling that I could not sleep any more, got up. I had hung my shaving glass*[1] *by the window, and was just beginning to shave. Suddenly I felt a hand on my shoulder, and heard the Count's voice saying to me, "Good morning." I started* [2]*, for it amazed me that I had not seen him, since the reflection of the glass covered the whole room behind me. In starting I had cut myself slightly, but did not notice it at the moment. Having answered the Count's salutation, I turned to the glass again to see how I had been mistaken. This time there could be no error, for the man was close to me, and I could see him over my shoulder. But there was no reflection of him in the mirror! The whole room behind me was displayed, but there was no sign of a man in it, except myself.*

*This was startling*[3]*, and coming on the top of so many strange things, was beginning to increase that vague feeling of uneasiness which I always have when the Count is near. But at the instant I saw that the cut had bled a little, and the blood was trickling over my chin. I laid down the razor, turning as I did so half round to look for some sticking plaster. When the Count saw my face, his eyes blazed with a sort of demoniac fury, and he suddenly made a grab at*[4] *my throat. I drew away and his hand touched the string of beads*[5] *which held the crucifix. It made an instant change in him, for the fury passed so quickly that I could hardly believe that it was ever there.*

*"Take care," he said, "take care how you cut yourself. It is more dangerous that you think in this country."*

Bram STOKER, *Dracula*, 1897

**WORDS**

- creature /ˈkriːtʃə(r)/
- fear /ˈfɪə(r)/ < dread /ˈdrɛd/ < terror
- vampire

- afraid = frightened
- devilish /ˈdɛvəlɪʃ/ = evil /ˈiːv(ə)l/
- fiendish /ˈfiːndɪʃ/ = monstrous
- strange = uncanny
- supernatural

- prey on
- scare < terrify
- threaten /ˈθrɛtən/
- warn

1. mirror
2. jump in surprise
3. extremely surprising
4. catch
5. *chapelet de perles*

**a. Read** the text and **comment** on Jonathan Harker's state of mind. What elements in the text contribute to triggering it?

**b. Pick out** all the supernatural elements of Dracula's appearance.

**c.** GRAMMAR From line 1 to line 4, **pick out** the verbs used to describe the actions and **justify** the tenses.

**d. Say** what Dracula warns Jonathan against.

DIFFÉRENCIATION

**YOUR TASK** **Imagine** you're Jonathan Harker. **Write** another entry of your journal.

**WAY 1** **Focus** on Count Dracula's uncanny personality.

**WAY 2** **Focus** on the mysterious Gothic castle.

**BOOST YOUR SKILLS!**

**Créer du suspense**

- Utilise des adverbes ou locutions pour donner du rythme : ***Suddenly*** *I felt a hand on my shoulder...* • ***A minute later*** *I went over and tried it.*
- Utilise des phrases exclamatives : *There was no reflection of him in the mirror!*
- Insiste sur les émotions du narrateur : *I **felt** a hand* • *I **started**; It **amazed** me.*
- Utilise les temps du passé : *I **had cut** myself slightly* • *I **turned** to the glass again* • ***I had been** mistaken.*

## Doc 1. Generating life

AUDIO

*Victor Frankenstein is obsessed with the desire to discover the secret of life. After years of research, he spends months fashioning a creature out of dead body parts and finally, in the secrecy of his apartment, he brings his creation to life.*

▲ A scene from the film *Victor Frankenstein* (2015)

It was on a dreary night of November that I beheld the accomplishment of my toils[1]. With an anxiety that almost amounted to agony, I collected the instruments of life around me, that I might infuse a spark of being into the lifeless thing that lay at my feet. It was already one in the morning; the rain pattered dismally against the panes[2], and my candle was nearly burnt out, when, by the glimmer of the half-extinguished light, I saw the dull yellow eye of the creature open; it breathed hard, and a convulsive motion agitated its limbs.

How can I describe my emotions at this catastrophe, or how delineate the wretch whom with such infinite pains and care I had endeavoured to form? His limbs were in proportion, and I had selected his features as beautiful. Beautiful! Great God! His yellow skin scarcely covered the work of muscles and arteries beneath; his hair was of a lustrous black, and flowing; his teeth of a pearly whiteness; but these luxuriances only formed a more horrid contrast with his watery eyes, that seemed almost of the same colour as the dun-white sockets in which they were set, his shrivelled complexion[3] and straight black lips.

The different accidents of life are not so changeable as the feelings of human nature. I had worked hard for nearly two years, for the sole purpose of infusing life into an inanimate body. For this I had deprived myself of rest and health. I had desired it with an ardour that far exceeded moderation; but now that I had finished, the beauty of the dream vanished, and breathless horror and disgust filled my heart.

Mary SHELLEY, *Frankenstein or the Modern Prometheus*, 1818

1. hard work
2. *vitres*
3. colour and condition of the skin

### WORDS

- bitterness
- failure
- regret
- remorse

- appalling
- chilling
- repulsive
- terror-stricken
- unspeakable

- digest = accept
- lament
- regret
- repulse

**a. Read** the text and **focus** on the first paragraph. **Identify** the elements that create a Gothic atmosphere.

**b. Explain** what the narrator expected the creature to be like.

**c. Describe** Victor Frankenstein's feelings in the excerpt. **Explain** the expression *"so changeable as the feelings of human nature."* (l. 20)

**d. Comment** on Victor's conclusion: *"The beauty of the dream vanished."* What does it reveal about him?

**YOUR TASK** **Imagine** and **deliver** Victor's monologue after realising what his creature is like.

### BOOST YOUR SKILLS!

**Exprimer des sentiments forts**

- Utilise le lexique de l'émotion : *anxiety* • *agony* • *agitated* • *emotion* • *pain* • *horrid* • *feelings* • *desire…*
- Souligne l'implication du locuteur : *How can **I** describe my emotions at this catastrophe?* • ***I** saw the dull yellow eye of the creature open.*
- Utilise des procédés littéraires pour décrire les sentiments : **gradation :** *an anxiety… agony, horror and disgust* • **formes exclamatives :** *Beautiful! Great God!* • **personnification :** *his…* • **contraste :** *… horrid contrast…*

OBJECTIF BAC p. 284-285

LANDMARKS p. 250-251

## Doc 2. Electrical innovation

**a.** **Look** at the document and **identify** its function.

**b.** **Identify** who would use the belt, and what for.

**c.** **Comment** on the linguistic devices used to promote the belt.

**d.** **Explain** what scientific discovery the image is based on.

**CULTURE SPOT**

**Electricity** was still a mystery to most people in the 19th century: it seemed magical. Italian physicist **Galvani** discovered in 1786 that if you applied electricity to a dead frog, its legs moved. He believed he had discovered "animal electricity", a mysterious substance. This discovery was called **galvanism.**

## Doc. 3. Electrified dosage

VIDÉO

**a.** **Look** at the still and **imagine** what the man on the right is about to do and why.

**b.** **Watch** the video and **explain** what the doctor wants to do and who the man in the chair is.

**c.** **Focus** on electricity: what is its use here?

**d.** **Comment** on the doctor's aim.

Dr Victor Frankenstein (right) in the TV series *Penny Dreadful*, 2016

# 4 The dark side of human nature

## Doc 1. The Strange Case of Doctor Jekyll and Mr. Hyde

AUDIO

*In this letter, the respectable Dr Jekyll explains how, seeking to separate his good side from his darker impulses, he discovered a way to transform himself periodically into a murderous monster free of conscience, Mr Hyde.*

I must here speak by theory alone, saying not that which I know, but that which I suppose to be most probable. The evil side of my nature, to which I had now transferred the stamping efficacy[1], was less robust and less developed than the good which I had just deposed. Again, in the course of my life, which had been, after all, nine-tenths a life of effort, virtue, and control, it had been much less exercised and much less exhausted. And hence, as I think, it came about that Edward Hyde was so much smaller, slighter, and younger than Henry Jekyll. Even as good shone upon the countenance[2] of the one, evil was written broadly and plainly on the face of the other. Evil besides (which I must still believe to be the lethal[3] side of man) had left on that body an imprint of deformity and decay. And yet when I looked upon that ugly idol in the glass, I was conscious of no repugnance, rather of a leap of welcome. This, too, was myself.

R.L. STEVENSON, *The Strange Case of Doctor Jekyll and Mr. Hyde*, 1886

1. violent ability 2. face 3. deadly

**a. Read** the text and **say** who the narrator is and why he wrote this letter.

**b.** STYLE **Concentrate** on Hyde's duality. What devices are used to underline it? OBJECTIF BAC p. 284-285

**c.** *"This, too, was myself."* (l. 18) **Discuss** what this statement shows about human nature.

## Doc 2. Jekyll and Hyde

AUDIO

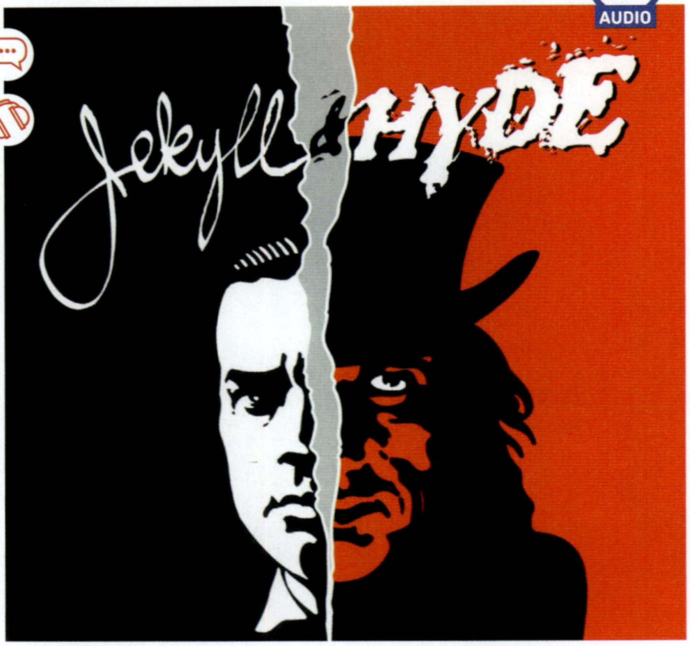


(Audio: BBC, 2018)

**a. Listen** to the document. How does the image illustrate the main subject?

**b. Explain** what impact the outcome of the book had on the readers and why.

**c. Define** the nature of Jekyll's fight against Hyde.

**d. Explain** the aim of psychoanalysis and how it can be linked to Stevenson's story.

## FINAL TASK

**Write an episode of a freaky novel in the manner of a "Penny Dreadful".**

**You are a 19th-century author. Write one episode of a series of texts in the manner of a "Penny Dreadful".**

1. **Think back** over what you have read and studied, and **find** your topic, setting and characters.
2. **Prepare** a draft, focusing on:
   – the choice of narrative voice (1st/3rd person);
   – the place and time;
   – details about the monster/creature/villain...;
   – the narrator's feelings.
3. **Organise** your story. **Use** link words and time markers to give it rhythm and make it flow.
4. **Write** the scene: Use the appropriate past tenses and literary devices to ensure you create suspense and leave the reader wanting more! That is called a "cliffhanger".

# BOOST YOUR ENGLISH!

## Grammar — Écrire un récit captivant et effrayant

- **Pense à l'inversion sujet verbe dans la phrase pour créer du suspense.**
  *On the tombstone **towered** the terrific form of Spring-Heeled Jack.*
  *Within **stood** an old man, clean-shaven save for a long moustache.*
- **Utilise la forme V-*ing* pour intensifier une action.**
  *They remained **gaping**, terror-struck*
  ***Entering** my room, I saw for the first time the appearance of Edward Hyde.*
- **Choisis des adverbes pour souligner des aspects inquiétants du récit.**
  *He **suddenly** made a grab at my throat.*
  *His eyes were bent **fixedly**.*
  *The moon shone **vividly** in the dark night.*
- **Emploie le prétérit en *be* + V-*ing* pour plonger le lecteur dans l'action.**
  *All the lights **were blinking***
  *Night **was falling** outside the castle.*
  *I **was** just **beginning** to shave...*

**1 Ce texte a été simplifié et condensé. Réécris-le en utilisant les techniques et les structures vues ci-dessous.**

The corridor was silent, except for some blasts of wind that shook the doors where she passed. The sound of the doors was re-echoed through the dark corridor. She was terrified of seeing him and she walked fast. She tried to catch her breath and pondered whether she should continue when a door opened, and she discerned a monstrous form standing against the wall. She shrieked and ran away.

## Vocabulary — Gothic fiction

EXO Lexiquiz

**Reactions**

**Emotions** (AUDIO)
- awe /ɔː/
- dismay
- fear /fɪə(r)/
- horror

**Actions** (AUDIO)
- faint
- flee
- run away
- turn one's back on

**Perceptions** (AUDIO)
- be conscious of
- behold
- can + see/hear/feel/smell...
- shudder = shiver

**the Setting**

**Places** (AUDIO)
- churchyard
- haunted castle
- ruins
- side street/alley

**Light** (AUDIO)
- by candlelight
- glimmering light
- in the dark
- shadows

**Sound** (AUDIO)
- bang
- boom
- clang
- clatter
- reverberate
- shriek = screech

**The Supernatural**

**Creatures** (AUDIO)
- fiend /fiːnd/
- ghost
- goblin
- monster
- vampire
- bloodthirsty
- deformed
- ghastly
- half-human
- murderous

**Events** (AUDIO)
- choke
- devour
- flee = run away
- grasp
- set upon = attack
- vanish = disappear

READ ON

# The Picture of Dorian Gray

Oscar Wilde, 1890

***Dorian is a handsome young man who has had his portrait painted by artist Basil Hallward. He has just rejected Sibyl, the actress who loves him, after her poor performance on stage.***

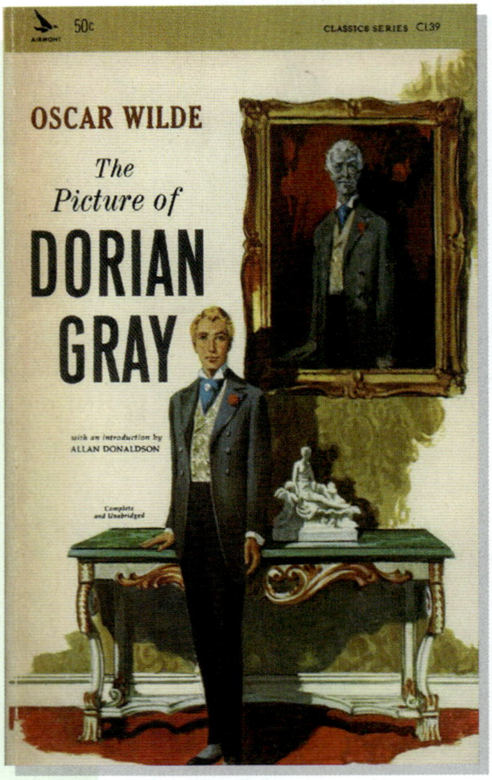


As he was turning the handle of the door, his eye fell upon the portrait Basil Hallward had painted of him. He started back as if in surprise. Then he went on into his own room, looking somewhat puzzled. After he had taken the button-hole out of his coat, he seemed to hesitate. Finally, he came back, went over to the picture, and examined it. In the dim arrested light that struggled through the cream-coloured silk blinds[1], the face appeared to him to be a little changed. The expression looked different. One would have said that there was a touch of cruelty in the mouth. It was certainly strange.

He turned round and, walking to the window, drew up the blind. The bright dawn flooded the room and swept the fantastic shadows into dusky[2] corners, where they lay shuddering[3]. But the strange expression that he had noticed in the face of the portrait seemed to linger[4] there, to be more intensified even. The quivering ardent sunlight showed him the lines of cruelty round the mouth as clearly as if he had been looking into a mirror after he had done some dreadful thing.

He winced[5]—and, taking up from the table an oval glass framed in ivory Cupids, one of Lord Henry's many presents to him, glanced hurriedly into its polished depths. No line like that warped[6] his red lips. What did it mean?

He rubbed his eyes, and came close to the picture, and examined it again. There were no signs of any change when he looked into the actual painting, and yet there was no doubt that the whole expression had altered. It was not a mere fancy[7] of his own. The thing was horribly apparent.

He threw himself into a chair and began to think. Suddenly there flashed across his mind what he had said in Basil Hallward's studio the day the picture had been finished. Yes, he remembered it perfectly. He had uttered a mad wish that he himself might remain young, and the portrait grow old; that his own beauty might be untarnished[8], and the face on the canvas bear the burden[9] of his passions and his sins[10]; that the painted image might be seared with the lines of suffering and thought, and that he might keep all the delicate bloom and loveliness of his then just conscious boyhood. Surely his wish had not been fulfilled? Such things were impossible. It seemed monstrous even to think of them. And, yet, there was the picture before him, with the touch of cruelty in the mouth.

Cruelty! Had he been cruel? It was the girl's fault, not his. He had dreamed of her as a great artist, had given his love to her because he had thought her great. Then she had disappointed him. She had been shallow[11] and unworthy. And, yet, a feeling of infinite regret came over him, as he thought of her lying at his feet sobbing[12] like a little child. He remembered with what callousness[13] he had watched her. Why had he been made like that? Why had such a soul been given to him? But he had suffered also. During the three terrible hours that the play had lasted, he had lived centuries of pain, aeon and aeon of torture. His life was well worth hers. She had marred[14] him for a moment, if he had wounded her for an age. (...) Why should he trouble over Sibyl Vane? She was nothing to him now.

But the picture? What was he to say of that? It held the secret of his life, and told his story. It had taught him to love his own beauty. Would it teach him to loathe[15] his own soul? Would he ever look at it again?

**1.** *stores* **2.** dark **3.** shake with fear
**4.** stay **5.** grimace **6.** twist
**7.** a figment of his imagination
**8.** unchanged **9.** heavy weight
**10.** *péchés* **11.** superficial
**12.** cry noisily **13.** cruelty
**14.** (here) hurt **15.** hate

But the picture? What was he to say of that? It held the secret of his life, and told his story. It had taught him to love his own beauty. Would it teach him to loathe his own soul? Would he ever look at it again?

No; it was merely an illusion wrought on the troubled senses. The horrible night that he had passed had left phantoms behind it. Suddenly there had fallen upon his brain that tiny scarlet speck that makes men mad. The picture had not changed. It was folly to think so.

Oscar WILDE, *The Picture of Dorian Gray*, 1890

**CULTURE SPOT**

**Oscar Wilde** (1854-1900) was an Irish playwright, known for his witticisms and memorable quotes. His only novel, *The Picture of Dorian Gray*, is a Gothic philosophical novel following the life of Dorian Gray, a young, wealthy and increasingly arrogant man.

**a.** **Read** the title of the novel and **look** at the book cover: **say** what kind of plot you expect.
**b.** **Read** the text and **explain** what Dorian noticed about his picture.
**c.** **Explain** what his *"mad wish"* (l. 25) was and what the picture represents now.
**d.** **Imagine** what could further happen to the picture.

## TRANSLATION WORKSHOP

OBJECTIF BAC p. 286-287

**Maintenant que tu as bien compris le texte, tu peux en traduire un extrait.**
**Relis le passage de *"As she was turning"* (l. 1) à *"It was certainly strange."* (l. 8).**

### 1 Analyse l'extrait

**a.** **Identifie** la relation qui unie le personnage principal et son portrait.
**b.** **Assure**-toi de bien comprendre ce qui arrive au portrait.
**c.** **Observe** la part donnée à la description, puis aux pensées de Dorian. Quels temps seront utilisés dans la traduction ?

• *The Picture of Dorian Gray* a été écrit en 1890 et le passage comprend beaucoup de détails dans la description ; respecte bien le registre de langue.

### 2 Découvre une stratégie de traduction : le chassé-croisé

**a.** **Observe** cette phrase et sa traduction. Que deviennent le verbe *"started"* et sa préposition *"back"* ? Lequel des deux donne son sens à la traduction ?

*He **started back**.*
Il **recula d'un bond**.

**b.** **Observe** cette phrase. **Identifie** la bonne traduction et **explique** ton choix.

*that struggled through the cream-coloured silk blinds.*
**1.** qui **luttait à travers** les stores de soie couleur crème.
**2.** qui **traversait difficilement** les stores de soie couleur crème.

**c.** Dans les deux phrases (**a** et **b**) a-t-on conservé le verbe et sa préposition dans une traduction mot à mot ? Lequel des deux mots donne son sens à la traduction ?

### 3 Traduis l'extrait

**Traduis** le passage de *"As she was turning"* (l. 1) à *"It was certainly strange."* (l. 8) en veillant au sens que donnent les prépositions qui se rendront par des verbes en français, ainsi qu'aux temps du passé employés dans ce passage.
**Utilise** un dictionnaire unilingue si besoin.

• Adopte une traduction qui respecte l'ambiance mystérieux du passage.

# Vers le BAC

## LET'S BRAINSTORM!

OBJECTIF BAC p. 280-293

### Science and psychology

- The Industrial Revolution

→ "Nineteenth-century Britain", p. 32

- The invention of photography and the development of "spirit" photographs

→ "Spirit" photograph, p. 34

- Electricity and galvanism

→ Poster for Electropathic & Zander Institute, p. 37 • *Frankenstein or the Modern Prometheus*, M. Shelley, p. 36 • *Penny Dreadful*, p. 37

- The emergence of psychology

→ *The Strange Case of Dr. Jekyll and Mr. Hyde*, R.L. Stevenson, p. 38

IMAGINAIRES
Axe 2

**How was the rapid rate of change in 19th-century British society a source of creativity?**

### A changing society

- Urbanisation and health issues

→ "Nineteenth-century Britain", p. 32

- Poor housing conditions

→ "Nineteenth-century Britain", p. 32

- The development of crime and crime fiction

→ *Sherlock Holmes* still, p. 33 • *Black Bess*, p. 33 • *The Strange Case of Dr. Jekyll and Mr. Hyde*, RL Stevenson, p. 38

### Supernatural inspiration

- A fascination with ghosts

→ Discover the "Ghost Club", p. 34 • "Spirit" photograph, p. 34 •

- Death and the macabre

→ *Lady Macbeth Seizing the Daggers*, H. Fuseli, p. 34 • *Frankenstein or the Modern Prometheus*, M. Shelley, p. 36

- Superstitions

→ *Dracula*, B. Stoker, p. 34

### Being double

- Split personalities and the doppelgänger

→ *The Strange Case of Dr. Jekyll and Mr. Hyde*, R.L. Stevenson, p. 38 • Jekyll and Hyde image, p. 38 • *The Portrait of Dorian Gray*, O. Wilde, p. 40

- Partners in crime

→ *Lady Macbeth Seizing the Daggers*, H. Fuseli, p. 34 • *Frankenstein or the Modern Prometheus*, M. Shelley, p. 36

- The creator and his creature

→ *Frankenstein or the Modern Prometheus*, M. Shelley, p. 36

## Entraîne-toi à la synthèse

ÉPREUVE ÉCRITE

Focus on Doc 1 p. 34, Doc 1 p. 36 and Doc 2 p. 37 and write a short commentary (around 300 words) explaining how technical progress affected people's imaginative beliefs in 19th-century Britain.

OBJECTIF BAC p. 280

Fiche d'auto-évaluation

## Évaluation

→ Now test your skills!

Sujet d'épreuve écrite type BAC

# BUILD YOUR PORTFOLIO

## Article

"The Origins of the Gothic", John Mullan, 2014

"Gothic fiction began as a sophisticated joke. Horace Walpole first applied the word 'Gothic' to a novel in the subtitle – 'A Gothic Story' – of *The Castle of Otranto*, published in 1764. When he used the word it meant something like 'barbarous', as well as 'deriving from the Middle Ages'."

- **Read** the article and **consider** how this quote sheds light on what the Gothic represented for 19th century readers.

ARTICLE

## Film

*Mary Shelley's Frankenstein*, Kenneth Branagh, 1994

A spectacular and sophisticated adaptation of Mary Shelley's novel, the film presents the foul beast as a creature with a soul of its own and brings out pity, sorrow and fear.

- **Watch** the film trailer and **explain** how this adaptation stays true to the spirit of the classic Gothis novel.

VIDÉO

## Poem

"Goblin Market", Christina Rossetti, 1862

"[…]"Till Lizzie urged, "O Laura, come;
I hear the fruit-call but I dare not look:
You should not loiter longer at this brook:
Come with me home.
The stars rise, the moon bends her arc,
Each glowworm winks her spark,
Let us get home before the night grows dark" […]"

- **Read** the poem in which Rossetti describes the temptation of two sisters, Laura and Lizzie, to purchase fruit from goblins. To what extent is the poem the expression of a divided experience of the self?

POÈME

## Article

"The Victorian Supernatural", Roger Luckhurst, 2014

"The 19th century is routinely thought about as the era of secularisation, a period when the disciplines and institutions of modern science were founded and cultural authority shifted from traditional authority of religion to explanation through the scientific exposition of natural laws. The sociologist Max Weber spoke about this process as the disenchantment of the world."

- **Read** the article and **explain** how the writer accounts for the Victorian fascination for both modern science and spiritualism.

ARTICLE

ÉPREUVE ORALE | GRAND ORAL | Entraîne-toi à l'oral

### Step 1 — Build up your speech!

**Épreuve orale**

- Choose one topic in the mindmap p. 42.
- Pick out one document from the file and add a personal one to illustrate this topic. OBJECTIF BAC p. 288-289
- Prepare your presentation: you must show how these documents relate to the topic you chose.

**Grand oral**

- Choose one topic in the mindmap p. 42.
- Find a key question about your topic.
- Gather arguments and examples from the documents in the file.
- Prepare an outline for your presentation and write your note sheet.

### Step 2 — Make your oral presentation in front of two classmates.

**Épreuve orale**

- Show your documents to your classmates and explain your point in five minutes. OBJECTIF BAC p. 292-293

**Grand oral**

- Give your note sheet to your classmates.
- Stand up and make a five-minute presentation to answer your key question. OBJECTIF BAC p. 294-297

### Step 3 — Answer your classmates' questions about your presentation.

FILE 3

IMAGINAIRES

AXE 3 : UTOPIES ET DYSTOPIES

# Brave new women

▶ **Is English-language fiction the black mirror of today's society for women?**

**FINAL TASK** Give a speech to sound the alert on an issue facing women today.

More on SPEAKEASY NEWS speakeasy-news.com

## 1 Beauty and the Bots

### Doc 1. *Ex_Machina*

> "She's an android in female form, and thus she simply reflects how Hollywood has been depicting women —robotic or otherwise— for decades." *Wired.com*

> "Like most science-fiction, it tells us more about the present than the future." *The Guardian*

> "We've become a little bit obsessed with the idea that through artificial intelligence we can create, or even become, a god." *The Guardian*

**a.** **Focus** on the film title. **Say** what Latin phrase it was taken from and **explain** its meaning.

**b.** **Look** at the poster and **imagine** what the film might be about.

**c.** **Concentrate** on the way the characters look and infer what they may be thinking.

**d.** GRAMMAR **Identify** the comparative in "*There is nothing more human than the will to survive*". Then **express** the same idea using a superlative form.

**e.** In groups, **discuss** the quotes and **use** one to denounce the potential limits of the film.

**AT HOME** Watch the *Ex-Machina* trailer. Using what you discovered about the film (characters, places, atmosphere and storyline), say why or why not you would like to watch it.

VIDEO

1. the will = the desire

## Doc 2. The truth about Sophia the robot

▲ Sophia addressed a meeting at the United Nations in October, 2017.

*Sophia the robot has become a cultural icon.*

The animatronic robot has made its way across late-night stages, graced the cover of magazines, headlined major tech conferences and even delivered a speech to the United Nations. [...]

[...]"You know, there is this fantasy behind creation that is embedding in the practice of engineering and robotics and AI[1]," said Kathleen Richardson, professor of ethics and culture of robotics and AI at De Montfort University.

"I don't think these people go into the office or to their labs and think, 'I'm carrying out work that's going to be interesting to humanity.' I think many of them have a God complex in fact, and they actually see themselves as creators."

"I think it's sort of a disappointment that with our advances in technology we have decided to develop this kind of robust robot with many functions and emotions, and yet when we shape her, she doesn't look too unlike the models we see on magazines and the actresses we see in Hollywood," said Kim Jenkins, lecturer at Parsons School of Design.

And Sophia's looks haven't gone unnoticed. Sophia has been dubbed[2] "sexy" and "hot." According to Sophia's developer, it's been Hanson's most popular model yet.

Jaden URBI and MacKenzie SIGNALOS, *cnbc.com*, 2018

1. Artificial Intelligence 2. call

**a. Read** the text and **find out** what is exceptional about Sophia the robot.

**b. Comment** on Kathleen Richardson's point of view.

**c.** PHONOLOGY **Pay attention** to the pronunciation and stress pattern in the following words and **practise** saying them: *develop* /dɪˈvɛləp/, *developer* /dɪˈveləpəʳ/.

**d.** Using precise examples from the text, **explain** what is paradoxical about this invention.

## Doc 3. Why bots are female

VIDÉO

(Video: Wall Street Journal, 2017)

**a. Look** at the still. What do you notice?

**b. Watch** the video and **find out** why so many bots have female voices.

**c. Comment** on the way the gender of electronic devices is determined. How do you feel about it?

DIFFÉRENCIATION

**YOUR TASK** MÉDIATION **Write** a concept note on the representation of women in robotics using information from the documents.

**WAY 1** **Write** it using two documents.

**WAY 2** **Write** it using three documents.

**BOOST YOUR SKILLS!**

**Écrire une synthèse**

- Regroupe les documents : ***The set of documents explores** the issue of...* • ***All three documents address...***
- Distingue les documents : ***The article and the poster** raise the question of... **as for** the video, it analyses...*
- Structure la synthèse : *first, second* • *then* • *to conclude = finally*

OBJECTIF BAC p. 280

EXPLORE

# 2 Big brothers, silent sisters

## Doc 1. Shakespeare's sister

AUDIO

*A Room of One's Own* ***is an extended essay by English writer Virginia Woolf. It is seen as a feminist text in which Woolf examines the educational, social and financial disadvantages that women have experienced throughout history.***

Let me imagine, since facts are so hard to come by, what would have happened had Shakespeare had a wonderfully gifted sister, called Judith, let us say. Shakespeare himself went, very probably—his mother was an heiress[1]—to the grammar school, where he may have learnt Latin—Ovid, Virgil and Horace—and the elements of grammar and logic. [...] He had, it seemed, a taste for the theatre; he began by holding horses at the stage door. Very soon he got work in the theatre, became a successful actor, and lived at the hub[2] of the universe, meeting everybody, knowing everybody, practising his art on the boards, exercising his wits in the streets, and even getting access to the palace of the queen. Meanwhile his extraordinarily gifted sister, let us suppose, remained at home. She was as adventurous, as imaginative, as agog[3] to see the world as he was. But she was not sent to school. She had no chance of learning grammar and logic, let alone of reading Horace and Virgil. She picked up a book now and then, one of her brother's perhaps, and read a few pages. But then her parents came in and told her to mend the stockings or mind the stew and not moon about with books and papers. [...] She made up a small parcel of her belongings, let herself down by a rope one summer's night and took the road to London. She was not seventeen. The birds that sang in the hedge were not more musical than she was. She had the quickest fancy, a gift like her brother's, for the tune of words. Like him, she had a taste for the theatre. She stood at the stage door; she wanted to act, she said. Men laughed in her face. The manager—a fat, loose-lipped man—guffawed[4]. He bellowed something about poodles dancing and women acting—no woman, he said, could possibly be an actress. [...] At last [...] Nick Greene the actor-manager took pity on her; she found herself with child by that gentleman and so—who shall measure the heat and violence of the poet's heart when caught and tangled in a woman's body?—killed herself one winter's night and lies buried at some cross-roads where the omnibuses now stop outside the Elephant and Castle[5].

Virginia WOOLF, *A Room of One's Own*, 1929

**CULTURE SPOT**

**Virginia Woolf** (1882-1941) was a prolific **English novelist and essayist**. She is regarded as one of the most **innovative** authors of the 20th century.

**WORDS**

- dict**a**torship
- prohib**i**tion

---

- authorit**a**rian
- disp**i**rited = downh**ea**rted
- in**e**quitable /ɪnˈɛkwɪtəbəl/
- oppr**e**ssive
- res**e**ntful = **a**ngry and displ**ea**sed
- unj**u**st = unf**air**

---

- can't put up with
- drive sb to desp**air**
- inf**u**riate = m**a**dden

**1.** /ˈɛərɪs/ *héritière* **2.** centre **3.** impatient, eager **4.** laugh loudly
**5.** a London underground station

**a. Read** the text and **pick out** details about this imaginary situation. Why does the writer resort to such a device?

**b. Comment** on the parallels drawn between Shakespeare and his imaginary sister.

**c.** GRAMMAR **Find** the different devices used by Woolf to compare Judith and her brother.

**d. Explain** what social issue Virginia Woolf wanted to raise our awareness about.

**e. Explain** how a sense of fatality is created in the second part of the text.

**AT HOME** Watch the video and find out why Virginia Woolf is regarded as an innovative author. Report to the class.

VIDEO

## Doc 2. The why factor

VIDÉO

▲ Chimamanda Ngozi Adichie is an award-winning Nigerian writer. (Video: Chatham House, 2018)

**a.** **Watch** the video and **find out** what injustice motivated this speech.

**b.** **Explain** what feminists are reduced to according to Adichie.

**c.** GRAMMAR **Concentrate** on *"angry"* and *"anger"*. What grammatical categories do they belong to?

**d.** **Identify** the stylistic devices that Adichie uses to make her speech more intense and convincing.

**AT HOME** Watch Emma Watson speak at the UN. Discuss her definition of feminism with the class. VIDEO

## Doc 3. A woman of few words

AUDIO

*Vox is set in an America where half the population has been silenced. In this scene, Dr Jean McLellan is at the dinner table with her family.*

I've become a woman of few words.

Tonight at supper, before I speak my final syllables of the day, Patrick reaches over and taps the silver-toned device around my left wrist. It's a light touch, as if he were sharing the pain, or perhaps reminding me to stay quiet until the counter resets itself at midnight. This magic will happen while I sleep, and I'll begin Tuesday with a virgin slate. My daughter, Sonia's, counter will do the same.

My boys do not wear word counters.

Over dinner, they are all engaged in the usual chatter about school.

Sonia also attends school, although she never wastes words discussing her days. At supper, between bites of a simple stew I made from memory, Patrick questions her about her progress in home economics, physical fitness, and a new course titled Simple Accounting for Households. Is she obeying the teachers? Will she earn high marks this term? He knows exactly the type of questions to ask: closed-ended, requiring only a nod or a shake of the head.

I watch and listen, my nails carving half-moons into the flesh of my palms. Sonia nods when appropriate, wrinkles her nose when my young twins, not understanding the importance of yes/no interrogatives and finite answer sets, ask their sister to tell them what the teachers are like, how the classes are, which subject she likes best. So many open-ended questions. I refuse to think they do understand, that they're baiting[1] her, teasing out words. But at eleven, they're old enough to know. And they've seen what happens when we overuse words. [...]

I could tell them what they want to know: All men at the front of the classrooms now. One-way system. Teachers talk. Students listen. It would cost me sixteen words.

I have five left.

Christina DALCHER, *VOX*, 2018

1. torment

**a.** **Read** the text and **identify** the characters, place and time.

**b.** **Explain** why the narrator introduces herself as *"a woman of few words"*.

**c.** **Pick out** the narrative strategies she and her family employ to adapt to their situation.

**d.** **Comment** on the elements which show that the narrator does not accept the situation.

**e.** **Say** to what extent the text can be seen as fiction or as a description of today's society.

**YOUR TASK** The narrator has been given the right to express herself on the radio without a word counter around her wrist. **Deliver** a compelling speech in favour of re-establishing gender equality.

**BOOST YOUR SKILLS!**

**Faire un discours convaincant**

- Crée un lien avec tes auditeurs : *Let **me** tell **you** this... • This is **your** country, **my** country, **our** country!*
- Insère des questions rhétoriques : ***Who** could possibly remain sane with so few words allowed? • **Is this** really what America wants for its people?*
- Utilise des figures de style pour donner de la force à ton discours.

## Doc 1. Writing a dystopia

In the spring of 1984 I began to write a novel that was not initially called "The Handmaid's Tale." [...]

If I was to create an imaginary garden I wanted the toads[1] in it to be real. One of my rules was that I would not put any events into the book that had not already happened in what James Joyce called the "nightmare" of history, nor any technology not already available.

In the novel the population is shrinking due to a toxic environment, and the ability to have viable babies is at a premium. (In today's real world, studies are now showing a sharp fertility decline in Chinese men.) Under totalitarianisms — or indeed in any sharply hierarchical society — the ruling class monopolizes valuable things, so the elite of the regime arrange to have fertile females assigned to them as Handmaids. [...]

Is "The Handmaid's Tale" a prediction? That is the question I'm asked — increasingly, as forces within American society seize power and enact decrees that embody what they were saying they wanted to do, even back in 1984, when I was writing the novel. No, it isn't a prediction, because predicting the future isn't really possible.

Let's say it's an antiprediction: If this future can be described in detail, maybe it won't happen. But such wishful thinking cannot be depended on either. [...]

In the wake of the recent American election, fears and anxieties proliferate. Basic civil liberties are seen as endangered, along with many of the rights for women won over the past decades, and indeed the past centuries. In this divisive climate, in which hate for many groups seems on the rise and scorn[2] for democratic institutions is being expressed by extremists of all stripes[3], it is a certainty that someone, somewhere — many, I would guess — are writing down what is happening as they themselves are experiencing it. Or they will remember, and record later, if they can.

Margaret ATWOOD, Introduction to the 2017 edition of *The Handmaid's Tale*, 2017

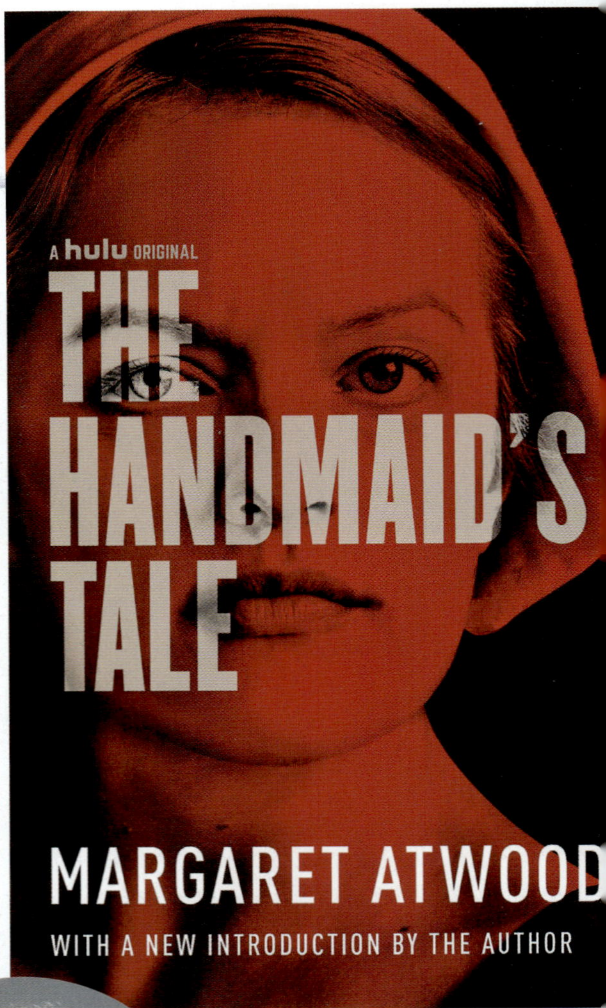

1. *crapauds* 2. disdain 3. of all sorts

**a. Read** the text and **find out** what type of society Margaret Atwood describes in her novel.

**b. Comment** on the writer's definition of her novel. To what extent can it be described as a story about the future?

**c.** VOCABULARY A "*maid*" is a servant or young girl, and a "tale" is a narrative which can be imaginary or true. **Comment** on what the title conveys about the book.

**d. Focus** on the last paragraph and **explain** what political role writers can play, according to Margaret Atwood.

**CULTURE SPOT**

A **dystopia** is an anti-utopia, an imagined world where life is dark for the dehumanised majority suffering from oppression, often under a totalitarian regime or following a cataclysmic event.

**AT HOME** Watch the trailer for the TV adaptation of *The Handmaid's Tale* and identify the dystopian elements you see. Exchange observations in class.

VIDEO

## Doc 2. Fighting for Change

(Video: Change.org, 2017)

**a. Watch** the video and **identify** the speakers and the nature of the organisation they are promoting.

**b. Explain** why the speakers refer to the plot of *The Handmaid's Tale*.

**c.** GRAMMAR **Focus** on the verbs which refer to the actions of *change.org*. **Justify** the verbal form used.

**d. Comment** on the devices used to make viewers want to join this cause.

## Doc 3. Demonstrators head to the Capitol

The red robes and white bonnets that highlight the heaviness of the Hulu drama *The Handmaid's Tale* have officially entered the national health-care debate.

Dozens of people [...] walked two-by-two outside the U.S. Capitol on Tuesday, as Senators battle over GOP[1] lawmakers' proposed health-care bill. [...]

It wasn't the first time the show, based on a feminist novel by Margaret Atwood, was drawn into the political fray[2]. The show's first trailers sparked a political discussion over whether it was a predictor of a Trumpian dystopia or anti-Trump propaganda.

If you haven't seen it, the show features a society in which enslaved women are sorted into wives, housekeepers and breeders[3] known as "handmaids."

The group seems to be using the show as a way to highlight the effects of the bill, which would leave 22 million Americans without insurance by 2026. It also affects abortion coverage, insurance subsidies[4] and cuts funding to Planned Parenthood for one year.

One of the protestors told *The Hill*[5], "Dressing up as a handmaid gives a clear message to our administration and the Senate about how seriously we take their decisions and how radically it can affect our lives."

Sean ROSSMAN, *USA TODAY*, 2017

1. The Republican Party ('The Grand Old Party') 2. battle 3. producers of children 4. *subventions* 5. political website

**a. Read** the article and **find** the reasons for the different demonstrations it refers to.

**b. Discuss** the use of red robes and white bonnets. How do these contribute to the impact of the protest?

**c.** VOCABULARY **Explain** the difference between the adjectives *anti-Trump* and *Trumpian*.

**d.** In your own words, **sum up** the message sent to Senators by these protest actions.

YOUR TASK **Act out** an interview with a partner. One of you is a Washington "Handmaid's Tale" protestor, the other is a journalist.

### WORDS

- demonstr**a**tion = march
- fr**ee**dom of speech
- l**a**wmakers = l**e**gislators

- cre**a**te aw**a**reness
- emb**o**dy
- s**y**mbolise

### BOOST YOUR SKILLS!

**Argumenter pour convaincre**

- Constate une réalité, fais un bilan : ***We've reached*** *the point of no return* • ***The situation has become*** *unbearable.*
- Prends position dans un débat : *Neutrality* ***is not an option*** • ***Now is the time to*** *take up the challenge.*
- Justifie une prise de parole : *We can't simply let things happen* ***without making*** *our voices heard.*

## Doc 1. Turning the tables

AUDIO

The Power *is set in today's world. Girls discover they have a strange new power. When they start using it, the results are electrifying.*

To start with, there were the confident faces on the TV, spokespeople from the CDC[1] saying it was a virus, not very severe, most of the people recovered fine, and it just *looked* like young girls were electrocuting people with their hands. [...]

They'd separated the boys from the girls on the fifth day; it seemed obvious, when they worked out the girls were doing it. Already there are parents telling their boys not to go out alone, not to stray too far. "Once you've seen it happen," says a grey-faced woman on TV, [...] "no mom would let her boys out of her sight."

Things couldn't stay closed forever, they reorganized. Boys-only buses took them safely to boys-only schools. They fell into it easily. You only had to see a few videos online for the fear to hit you in the throat.

But for the girls it has not been so simple. You cannot keep them from each other. Some of them are angry and some of them are mean, and now the thing is out in the open some are vying[2] to prove their strength and skill. There have been injuries and accidents; one girl has been struck blind by another. The teachers are afraid. Television pundits are saying: "Lock them all up, maximum security." It is, as far as anyone can tell, all of the girls of about fifteen years old. As near to all as makes no difference. They can't lock them all up, it makes no sense. Still, people are asking for it.

Naomi ALDERMAN, *The Power*, 2016

1. Center for Disease Control (U.S.) 2. compete

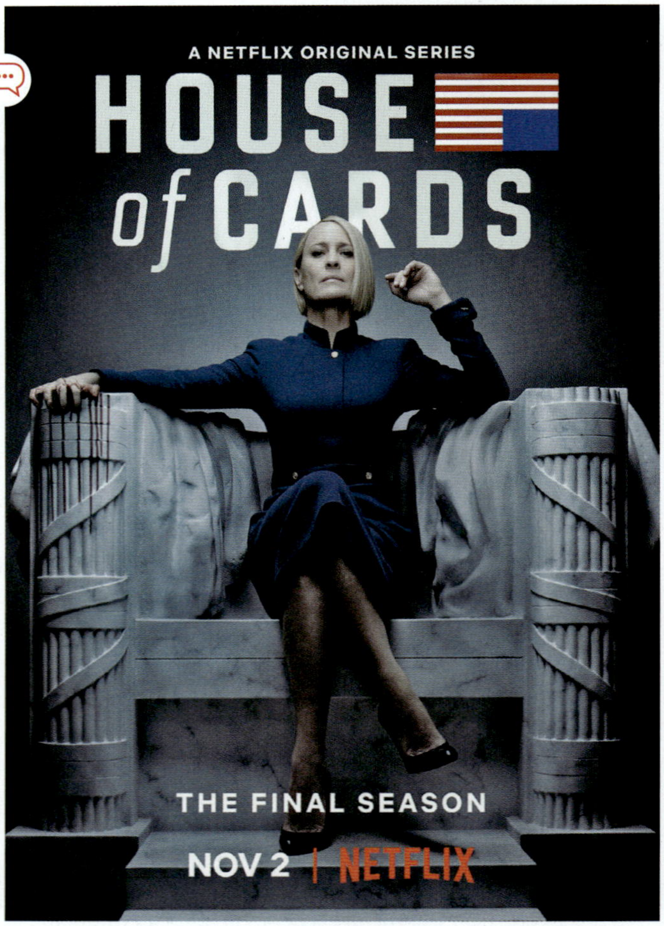


**a. Read** the text and **explain** the relations between boys and girls.

**b.** GRAMMAR **Pick out** the personal pronouns which refer to the authorities. How does this shape the reader's perception?

**c. Focus** on the poster. **Comment** on the elements used to present the woman as powerful.

**d. Discuss** what these documents show about women's aspirations in today's society.

## FINAL TASK

**Give a speech to sound the alert on an issue facing women today.**

**You want to take action on women's rights. Answer the call of *The Handmaid's Tale*'s cast.** ▸ p. 49

1. **Choose** a particular issue or cause for your speech and **gather** information about it.
2. **Explain** how you would like the situation to change and how your listeners can participate.
3. **Explore** the issue from different points of view – the victims, the media, you and your classmates.
4. **Tune** your speech to convince people that change is possible.

# BOOST YOUR ENGLISH!

## Grammar — Donner de l'impact à un discours

- **Utilise le présent en *be* + V-*ing* et des adverbes pour porter un commentaire.**
  *Women suffer from discrimination. → As we speak, many women **are still suffering** from discrimination.*
- **Utilise le *present perfect* pour relier le passé et le présent pour dénoncer quelque chose.**
  *Down the centuries, women **have been criticised** for trying to assert their views.*
- **Utilise l'expression du futur pour renforcer l'impact d'un argument.**
  *If you want to change the world, **you will have to** start by changing some old habits.*
- **Enrichis ton message avec des groupes verbaux nominalisés.**
  ***Dressing up as a handmaid** sends a clear message of protest to lawmakers.*

**1 Rends les phrases suivantes plus percutantes en utilisant le ou les outil(s) indiqué(s) entre parenthèses.**

**a.** Developers give AI assistants female voices. (*présent* be + V-ing + *adverbe*)
**b.** Confident women are called arrogant. (present perfect + for)
**c.** people work together / want to put an end to injustice. (*futur*)
**d.** Go to school > would have made the life of Shakespeare's sister so much easier (*groupe verbal nominalisé*)

## Vocabulary — Brave new women

EXO Lexiquiz

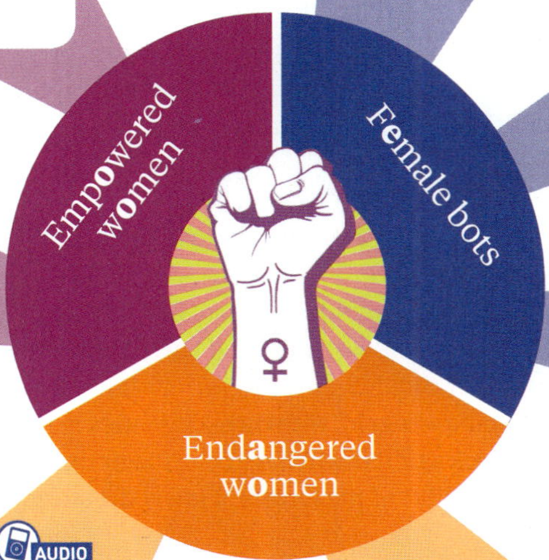


### Fighting for women's rights (AUDIO)
- activism
- bravery
- commitment
- determination
- insurrection = uprising
- perseverance
- strength

### Looks (AUDIO)
- alluring = seductive
- attractive
- hyper-sexualised
- objectified
- robotic

### Ethics (AUDIO)
- amoral
- demeaning = degrading
- outrageous = scandalous
- prejudiced = biased
- shameful
- unethical
- wrong

### Taking command (AUDIO)
- be in charge of = lead
- hold someone accountable
- rule
- set out the rules
- set things right
- take over

### Bot designers (AUDIO)
- ambitious
- egotistic
- narcissistic
- passionate
- power-hungry
- self-important

### Second-class citizens (AUDIO)
- commodities
- ornaments
- prey
- servants
- slaves = somebody's property

### Powerless (AUDIO)
- contained = restricted
- denied /dɪˈnaɪd/
- diminished = weakened
- muffled = stifled
- subservient
- superfluous
- unheard
- unwanted
- vulnerable

# The Testaments

## Margaret Atwood, 2019

**The Testaments** ***is the sequel to*** **The Handmaid's Tale** ***(see p. 48), set more than 15 years later. Agnes, is the elder daughter of Offred (the protagonist of*** **The Handmaid's Tale*****). She was adopted by Commander Kyle, one of Gilead's leaders, and his wife Tabitha, without knowing about her true origins. She attends an elite school where they are raised to become good future wives.***

Transcript of Witness Testimony[1] 396A

You have asked me to tell you what it was like for me when I was growing up within Gilead. You say it will be helpful, and I do wish to be helpful. I imagine you expect nothing but horrors, but the reality is that many children were loved and cherished, in Gilead as elsewhere, and many adults were kind though fallible[2] in Gilead as elsewhere. [...]

The pink, the white, and the plum dresses were the rule for special girls like us. Ordinary girls from Econofamilies wore the same thing all the time –those ugly multicoloured stripes and grey cloaks, like the clothes of their mothers. They did not even learn petit-point embroidery[3] or crochet work, just plain sewing and the making of paper flowers and other such chores. They were not pre-chosen to be married to the very best men – to the Sons of Jacob and the other Commanders or their sons – not like us; although they might get to be chosen once they were older if they were pretty enough.

Nobody said that. You were not supposed to preen yourself[4] on your good looks, it was not modest, or take any notice of the good looks of other people. Though we girls knew the truth: that it was better to be pretty than ugly. Even the Aunts[5] paid more attention to the pretty ones. But if you were already pre-chosen, pretty didn't matter so much. (...)

But though I was not especially pretty, I was very, very chosen. Doubly chosen: not only pre-chosen to marry a Commander but chosen in the first place by Tabitha, who was my mother.

That is what Tabitha used to tell me: "I went for a walk in the forest," she would say, "and then I came to an enchanted castle, and there were a lot of little girls locked inside, and none of them had any mothers, and they were under the spell of the wicked witches. I had a magic ring that unlocked the castle, but I could only rescue one little girl. So I looked at them all very carefully, and then, out of the whole crowd, I chose you!"

"What happened to the others?" I would ask. "The other little girls?"

"Different mothers rescued them," she would say.

"Did they have magic rings too?"

"Of course, my darling. In order to be a mother, you need to have a magic ring."

"Where's the magic ring?" I would ask. "Where is it now?"

"It's right here on my finger," she would say, indicating the third finger of her left hand. The heart finger, she said it was. "But my ring had only one wish in it, and I used that one up on you. So now it's an ordinary, everyday mother ring."

At this point I was allowed to try on the ring, which was gold, with three diamonds in it: a big one, and a smaller one on either side. It did look as if it might have been magic once.

"Did you lift me up and carry me?" I would ask. "Out of the forest?" I knew the story off by heart, but I liked to hear it repeated.

"No, my dearest, you were already too big for that. If I had carried you I would have coughed[6], and then the witches would have heard us." I could see this was true: she did cough quite a lot. "So I took you by the hand, and we crept out of the castle so the witches wouldn't hear us. We both said *Shh, shh*" – here she would hold her finger up to her lips, and I would hold my finger up too and say *Shh, shh* delightedly – "and then

**1.** *témoignage* **2.** could make mistakes or be wrong **3.** *broderie fine* **4.** appear vain **5.** the Aunts are the disciplinary women in Gilead **6.** *tousser*

we had to run very fast through the forest, to get away from the wicked witches, because one of them had seen us going out the door. We ran, and then we hid in a hollow tree. It was very dangerous!"

I did have a hazy memory of running through a forest with someone holding my hand. Had I hidden in a hollow tree? It seemed to me that I had hidden somewhere. So maybe it was true.

"And then what happened?" I would ask.

"And then I brought you to this beautiful house. Aren't you happy here? You are so cherished, by all of us! Aren't we both lucky that I chose you?"

I would be nestled[7] close to her, with her arm around me and my head against her thin body, through which I could feel her bumpy ribs. My ear would be pressed to her chest, and I could hear her heart hammering away[8] inside her – faster and faster, it seemed to me, as she waited for me to say something. I knew my answer had power: I could make her smile, or not.

What could I say but yes and yes? Yes, I was happy. Yes, I was lucky. Anyway it was true.

*The Testaments*, Margaret ATWOOD, 2019

**CULTURE SPOT**

**Margaret Atwood** (born 1935) is a Canadian novelist, poet and essayist, known for her tenacious spirit and her feminist perspective. She is the author of *The Handmaid's Tale* (1985), *The Blind Assassin* (2000) and *The Testaments* (2019). (See p. 48.)

7. *se pelotonner* 8. beat fast

**a. Explain** why the narrator is in two minds about Gilead.

**b. Say** why Agnes is a *"special girl"*.

**c. Explain** why the word *chosen* is repeated several times and what it makes us understand about Agnes's future.

**d. Explain** why she thought she was *lucky*.

## TRANSLATION WORKSHOP

OBJECTIF BAC p. 286-287

**Maintenant que tu as bien compris le texte, tu peux en traduire un extrait. Relis le passage de *"I did have a hazy memory"* (l. 48) à *"bumpy ribs."* (l. 55).**

### 1 Analyse l'extrait

**a. Identifie** les personnages dans l'extrait.

**b. Repère** les éléments qui montrent la différence entre la version de l'histoire donnée par la mère adoptive d'Agnes et la réalité.

**c. Observe** la part donnée au dialogue. Quelle ponctuation sera adoptée ?

• Repère le type de texte et identifie le point de vue de la narratrice.

### 2 Découvre une stratégie de traduction : la modulation

**a. Observe** cette phrase et sa traduction. Que devient le passif *"are cherished"* ? Comment *"so"* est-il rendu ? Que devient *"by"* ?

*You **are so cherished**, by all of us.*

**Nous t'aimons tous si fort,** nous tous.

**b. Observe** cette phrase et **repère** les différentes modulations qui ont été opérées. Qu'advient-il du passif, de la forme négative et du mot *"both"* ?

***Aren't** we both lucky?*

**Nous avons** beaucoup de chance **toutes les deux, tu sais.**

### 3 Traduis l'extrait

**Traduis** le passage de *"I did have a hazy memory"* (l. 48) à *"bumpy ribs."* (l. 55) en veillant à traduire le *"did"* d'insistance pour marquer la différence avec un simple *"I had a hazy memory"* et à bien rendre *"Had I hidden"* en français.
**Utilise** un dictionnaire unilingue si besoin.

• Pense à adopter la bonne ponctuation pour le dialogue en français : des tirets contrairement à l'anglais et pas de guillemets.

Vers le **BAC**

# LET'S BRAINSTORM!

OBJECTIF BAC p. 280-303

## The reification of women in AI technology

- Sexy female robots
  → "The Truth about Sophia the robot", p. 45
- Idealised beauty
  → *Ex-Machina*, p. 44

## The power of words

- Women reduced to silence and ignorance
  → *A Room of One's Own*, V. Woolf, p. 46 • *Vox*, C. Dalcher, p. 47
- Feminist writing
  → *A Room of One's Own*, V. Woolf, p. 46 • *The Testaments*, M. Atwood, p. 52
- Speakers for change
  → Chimamanda Ngozi Adichie's photo, p. 47

**IMAGINAIRES Axe 2**

**Is English-language fiction the black mirror of today's society for women?**

## Submission or control

- Oppressed fertile women
  → *The Handmaid's Tale*, M. Atwood, p. 48
- Silencing bracelets
  → *Vox*, C. Dalcher, p.47
- Taking back control
  → *The Power*, N. Alderman, p. 50 • *House of Cards* poster, p. 50

## Using dystopia to raise awareness

- When science fiction reinforces stereotypes
  → *Ex-Machina*, p. 44
- Using iconic costumes to protest
  → "Demonstrators Head to the Capitol", S. Rossman, p. 49

## Entraîne-toi à la synthèse

ÉPREUVE ÉCRITE

Focus on Doc 1 p. 44, Doc 2 p. 45 and Doc 3 p. 47 and write a short commentary (around 300 words) explaining how recent dystopian fictions mirror developments in technology concerning women's voices.

OBJECTIF BAC p. 280

Fiche d'auto-évaluation

## Évaluation

→ **Now test your skills!**

Sujet d'épreuve écrite type BAC

# BUILD YOUR PORTFOLIO

## Book

***The Water Cure*, Sophie Mackintosh, 2018**

The three narrators, three adult daughters, Grace, Lia and Sky, have found shelter on a small island after a natural catastrophe. Mother and King, their father, have raised their daughters to resist any potential feelings that could make them vulnerable to men's violence.

- **Find** an extract of the novel which illustrates the question: should women keep themselves safe in a dangerous world?

## Article

**"Dystopian Thrillers: The Rare Hollywood Genre Where Women Rule", D. Maloney, 2014**

"For so long we've conditioned women to identify with male stories and female stories. We don't do the same for men; they don't have to identify with women at all. For young women, it's starting to become a question of 'Why am I not on the page?'"
Veronica Roth, author of *Divergent*

- **Read** the article. How do the journalist and Veronica Roth explain women's new places in English-language dystopias today?

ARTICLE

## Film

***Divergent*, Neil Burger, 2014**

The *Divergent* trilogy of novels by Veronica Roth (2011) was turned into a film series. In this dystopian young adult fiction, the female protagonist, Tris, lives in a society divided into assigned factions.

VIDÉO

- **Watch** the trailer and **read** the sample chapter on the author's site. How does the protagonist Tris find her place in a world that tries to tell her who she is?

## Book

***Red Clocks*, Leni Zumas, 2018**

In this novel, abortion is once again illegal in America and in-vitro fertilization banned while the *Personhood Amendment* grants rights of life, liberty and property to every embryo. The novel thus raises the questions of motherhood, identity and freedom. Five different women will find themselves with one identical question: what is a woman for?

- **Read** the book and **explain** how the author has grounded her novel in reality.

---

ÉPREUVE ORALE | GRAND ORAL — Entraîne-toi à l'oral

### Step 1 — Build up your speech!

**Épreuve orale**

- Choose one topic in the mindmap p. 54.
- Pick out one document from the file and add a personal one to illustrate this topic. OBJECTIF BAC p. 288-289
- Prepare your presentation: you must show how these documents relate to the topic you chose.

**Grand oral**

- Choose one topic in the mindmap p. 54.
- Find a key question about your topic.
- Gather arguments and examples from the documents in the file.
- Prepare an outline for your presentation and write your note sheet.

### Step 2 — Make your oral presentation in front of two classmates.

**Épreuve orale**

- Show your documents to your classmates and explain your point in five minutes. OBJECTIF BAC p. 292-293

**Grand oral**

- Give your note sheet to your classmates.
- Stand up and make a five-minute presentation to answer your key question. OBJECTIF BAC p. 294-297

### Step 3 — Answer your classmates' questions about your presentation.

# 2 A dystopian presence?

## Doc 1. Literature as a mirror

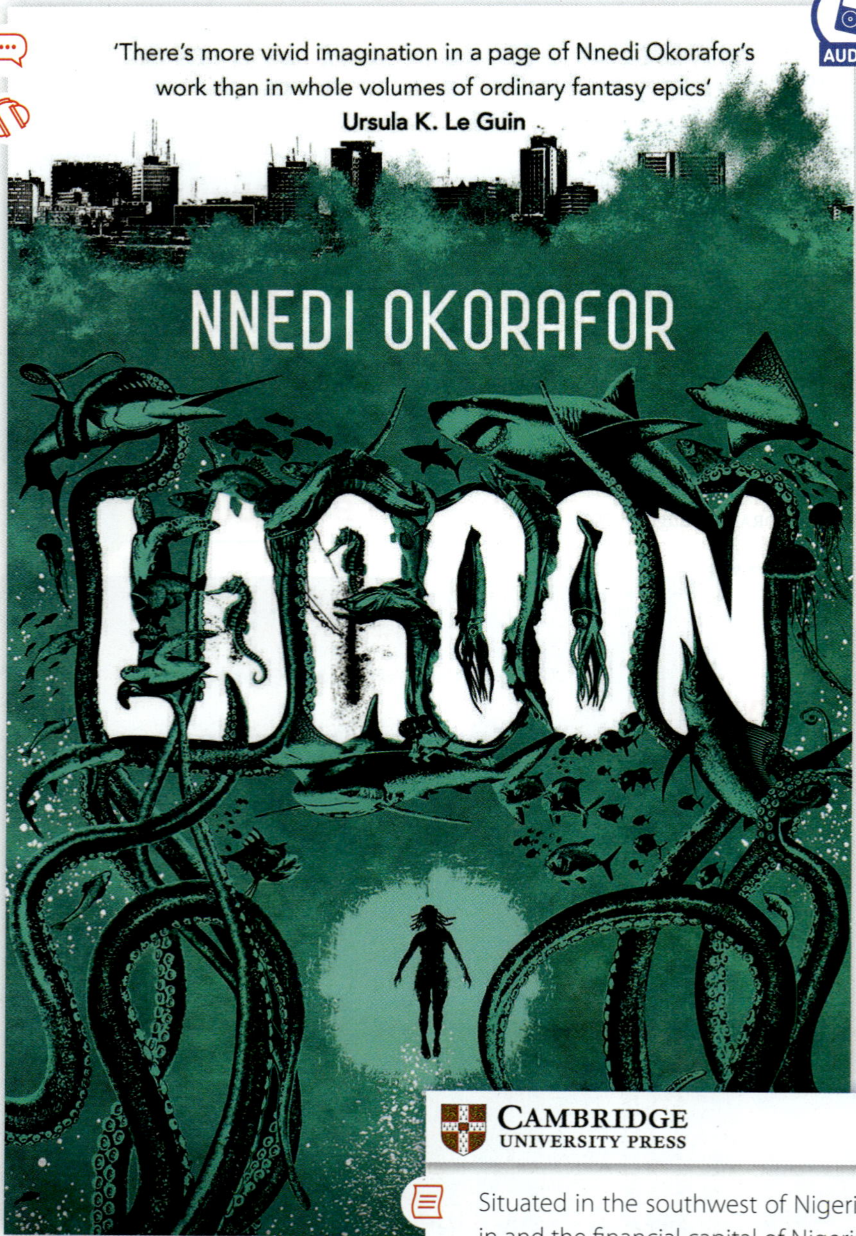


(Audio: Nnedi Okorafor, 2016)

**a.** **Look** at the book cover and **react** to its composition.

**b.** **Listen** to Nnedi Okorafor and **describe** the role of literature for her.

**c.** **Explain** the specific role that science fiction can play for African readers.

**d.** **Discuss**: *"Imagination is very necessary for any people."*

**WORDS**

- ch**a**os /'keɪɒs/
- c**i**ty of extr**e**mes
- fr**e**nzy = m**a**dness

- cl**a**shing
- emancip**a**tory = fr**ee**ing
- n**u**anced
- parad**o**xical

- hold up a m**i**rror to
- think bey**o**nd
- work oneself **i**nto a fr**e**nzy

## Doc 2. A city with utopian and dystopian potential

**CAMBRIDGE**
UNIVERSITY PRESS

Situated in the southwest of Nigeria, Lagos is the most heavily populated city in and the financial capital of Nigeria. These factors have led, however, to its less salubrious[1] portrayal, especially in SF. As Noah Tsika contends, the need to fix Lagos is "a popular plot impetus[2] in Nigerian SF, having generated an array[3] of representations of the urban landscape that link overpopulation to poverty, crime, and corruption, as well as to the dystopian possibilities of violent gentrification, ethnic segregation, and eugenically restricted reproduction." For these reasons, Tsika continues, both Nigerian politicians and SF writers turn to Lagos as a site of countervailing[4] utopian and dystopian possibilities: "Lagos is an exciting source of imaginative projections, but it also lends itself to a certain pessimism, particularly amid global discussions of its incipient status as one of the world's most populous and least 'developed' commercial centers."

Hugh Charles O'Connell, "'We are change': The Novum as Event in Nnedi Okorafor's *Lagoon*", 2016

**1.** pleasant **2.** the force that makes something happen **3.** wide range **4.** counterbalancing

**a.** **Read** the text and **pick out** Lagos's dystopian characteristics.

**b.** GRAMMAR **Find** three superlatives and **comment** on what they reveal about Lagos.

**c.** **Explain** how Lagos can inspire both utopian and dystopian fiction.

## Doc 3. An alien story

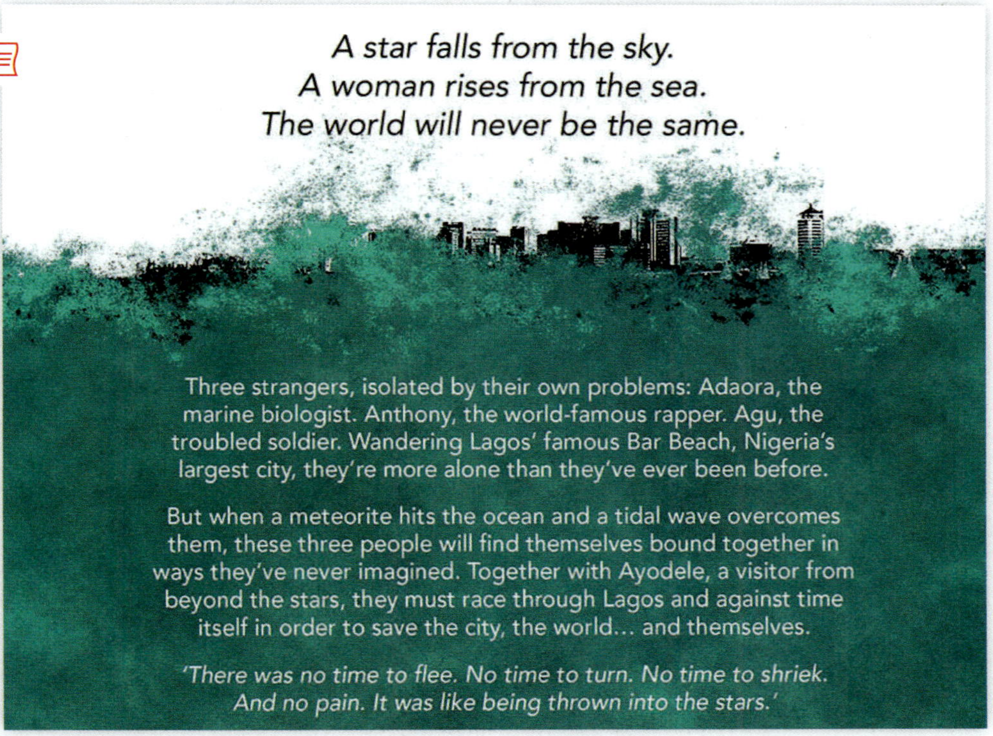


**a. Read** the blurb on the back cover of *Lagoon* and **identify** the main characters and their roles.

**b. Anticipate** how the aliens will be perceived in the story.

**c. Comment** on the tone of the blurb. Would you like to read the novel? **Explain** why or why not.

## Doc 4. Panic in Lagos

AUDIO

**a. Read** the text. **Pick out** elements that describe the atmosphere.

**b. Deduce** what happened on Bar Beach.

**c. Draw** a sketch of the scene including its main dystopian elements.

**STEP 2**

For your book trailer, **take** notes on the dystopian aspects of the aliens' arrival in Lagos.

**BOOST YOUR SKILLS!**

**Décrire les caractéristiques d'un texte**

- Utilise des citations et des exemples : *People appear to work themselves into a frenzy following the aliens' arrival.* • *Panic is communicated through words such as "madness" or "wild"…*
- Nuance ton propos : *These factors have led,* ***however****, to its less salubrious portrayal.* • *Lagos is an exciting source of imaginative projections,* ***but*** *it* ***also*** *lends itself to a certain pessimism.*

*Agu, a soldier, is walking in the streets of Lagos.*

"Excuse me, sir," he called to a man rushing by. "Sir, *abeg*[1], may I borrow your phone?"

The man stopped and turned to him with eyes so wild that Agu stepped back.

"Eh," the man said, frowning and stepping toward Agu. "My phone, you say?"

There was a loud crash. Agu and the man whipped around. There were cheers as someone smashed through a computer storefront window. The alarm went off as over thirty people rushed in, then it died. Agu could hear the people inside.

"Yes," Agu said, fighting to focus. "I just . . . I just need . . ."

"Why?" the man said, now narrowing his eyes. "Why do you want to use my phone? What for?"

"To reach my friends," Agu begged. "Please, o[2]. Something is happening on Bar Beach, I have to—"

"Your friends? What about Bar Beach, eh? Are you one of *them*?" the man gasped, stepping further away. He spoke in Igbo[3]. "Do you want to communicate with *them*?"

"What?" Agu asked in English.

The man turned on his heel and ran off, as did a few others who had heard what the man said. Agu felt the air leave his lungs; something was very wrong. Looters, rioters, several of them stopped to stare at him. Some moved toward him. A group of Area Boys gathered to his left.

"This man!" a woman shouted, pointing at Agu. She had short wild hair and no shoes. She looked like she'd just walked out of the ocean herself. "He is one of them! Look *am*[4]. Get *am*! He is one of them! I *saw* him go into the ocean last night and come out!" Her eyes bulged with madness. "He was taken by the aliens and infected with alien disease!"

Nnedi OKORAFOR, *Lagoon*, 2014

1. "please" in Nigerian English 2. common interjection used in Nigerian English
3. Igbo is one of Nigeria's languages. 4. "him" in Nigerian English

## 3 A utopian encounter?

### Doc 1. Like a phoenix

AUDIO

The president had never been a great orator. But today, this early evening, he was feeling his words. He was tasting them. They were humming to the rhythm of his soul. He smiled as he spoke. "For the first time since we cast off the shackles[1] of colonialism, over a half-century ago, since we rolled through decades of corruption and internal struggle, we have reached the tipping point[2]. And here in Lagos, we have passed it. Many of you have seen the footage on the Internet or heard the news from loved ones. Last night, Lagos burned. But like a phoenix, it will rise from the ashes—a greater creature than ever before.

"The occasion that has put me here before you tonight is momentous[3]. It marks another kind of transitional shift[4]. Now listen closely to me. This shift is cause for celebration, not panic. I will say it again: celebration, *not* panic. There are others amongst us here in Lagos. They intend to stay. And I am happy about it. They have new technology; they have fresh ideas that we can combine with our own. Hold tight. We will be powerful again, o! People of Lagos, especially, look at your neighbor. See his race, tribe, or his alien blood. And call him brother. We have much work to do as a family.

Nnedi OKORAFOR, *Lagoon*, 2014

**1.** chains **2.** *tournant* **3.** crucial **4.** change

**a. Describe** the president's attitude towards the aliens.

**b. Present** a short chronology of major steps in Lagos's history according to the president.

**c. Explain** the president's thoughts about the future.

### Doc 2. Beyond the chaos

For Guardian Lagos week, we have ventured from the "waterworld" of Makoko to the hectic Oshodi motor park and the blackout-stricken[1] suburb of Ikorodu, exploring the daily realities and challenges of the city. But we wanted to hear from those of you who live in Lagos: what's changing? What's great and what's difficult? What kind of future do you envisage for the city?

*theguardian.com*, February 26, 2016

*Where else in the world do you see a total stranger smile at you from his car in the snail-paced[2] traffic snarl on 3rd Mainland Bridge and bellow, seeing the creases of worry as you sit in your own car running late to work, "Ol' boy, no worry, e go better[3]"? Where else do you walk up to a complete stranger and say, "Bros, I never eat today" and he replies "My guy, hold this hundred naira, go find something chop. E go better?" The sheer shared humanity of Lagos is incomparable. Beyond the chaos, there is a real human bond. Beyond the I of class, every body eats "boli" and ground nuts in Lagos. It is a beautiful city. E go better.*

*Babatunde Esan*

*I have lived in Lagos for more than 6 years, and it's a beautiful place if one has friends; inclusive, charming, full of problems and full of solutions, conversations are easy and free-flowing. If roads are busy, there are things you can buy off the road. If there's no power, small roadside bars in unknown streets serve your needs.*

*Prasoon Kashyap*

**1.** badly affected by power cuts **2.** slow like a snail
**3.** Nigerian phrase meaning "it will get better"

**a. Pick out** elements to describe the city from the perspective of its residents.

**b.** VOCABULARY **Analyse**: *"Beyond the chaos, there is a real human bond."* (l. 14-15) What does the word *"beyond"* express?

**c. Explain** what makes Lagos complex but full of potential.

### FINAL STEP

**Prepare** your notes on the link between utopia and dystopia in the novel and in the real city of Lagos. **Put** your notes **together** and **record** your book trailer to promote *Lagoon*, using pictures of Lagos as a background.

Vers le **BAC**

# BUILD YOUR PORTFOLIO

## Film

*Pumzi*, Wanuri Kahiu, 2009

This sci-fi film set 35 years after World War III, the Water War, depicts the Maitu community who are confined inside because life outside no longer exists. But Asha, a member of this community, receives an anonymous package that leads her to believe that life has returned outside.

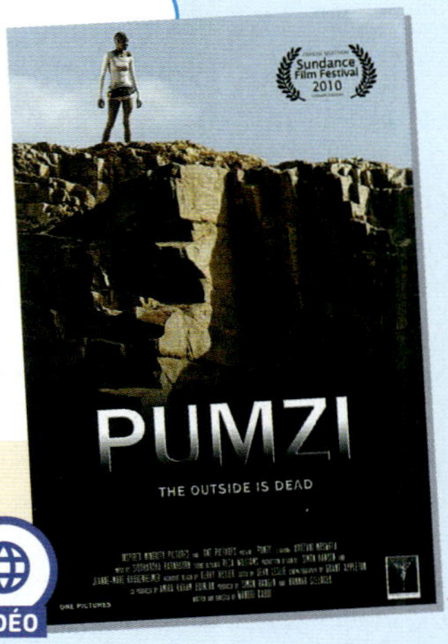


- **Watch** this short Kenyan science-fiction film and **reflect** on its dystopian features.

VIDÉO

## Book

*July's People*, Nadine Gordimer, 1981

In this dystopian novel by Nobel Prize winner Nadine Gordimer, a wealthy family becomes dependent on its former servant after a revolution has taken place.

- **Read** the novel and **compare** the two dystopian events (the alien invasion in *Lagoon* and the racial uprising in *July's People*) to reflect on the connection between utopia and dystopia.

## Article

"Skyscrapers Rising From Shantytowns: A Futuristic Vision of Lagos", Tanvi Misra, *citylab.com*, 2016

“Jeyifous created his "shanty-megastructures" using 3D computer models based on the materials and construction techniques of actual settlements in Lagos, and then fused them with photographs. He was very inspired by dystopian metropolises in *Binti*, a short story by Nigerian-American author Nnedi Okorafor, and *The City & the City* by fantasy writer China Mieville. This project, which he initially created for an architecture competition, is primarily conceptual: it "provides an alternative vision of the future on a continent and in a country that isn't depicted as much as it should be," Jeyifous says.”

- **Read** the article and **describe** Olalekan Jeyifous's vision of Lagos's future.

ARTICLE

## Book

*Binti*, Nnedi Okorafor, 2015

Binti is the first from her people to be accepted to an intergalactic university.

*"Nnedi Okorafor writes glorious futures and fabulous fantasies. Her worlds open your mind to new things, always rooted in the red clay of reality. Prepare to fall in love with Binti."* – Neil Gaiman

- **Read** the novel and **reflect** on space travel as a utopian metaphor.

## Entraîne-toi à l'oral

ÉPREUVE ORALE

**Step 1** **Build up your speech!**

- Focus on utopian and dystopian changes.
- Pick out one document from the file, add a personal one and pick out another one in this page to illustrate this topic. OBJECTIF BAC p. 288-289
- Prepare your presentation: you must show how these documents relate to the topic.

**Step 2** **Make your presentation in front of two classmates.**

- Show your documents to your classmates and explain your point in about five minutes. OBJECTIF BAC p. 292-293

**Step 3** **Answer your classmates' questions about your presentation.**

GUIDE DU LYCÉEN
Présentation des épreuves p. 14-15

# Sujet type bac

**Le sujet porte sur la thématique « Imaginaires ».**

Durée : 2 heures

Niveau attendu : B2

**Prenez connaissance des documents A, B et C et traitez le sujet suivant en anglais :**

Write a short commentary (minimum 300 words) on documents A, B and C, using the following guidelines:

**1.** Explain to what extent the Mad Hatter's tea party is irrational.

**2.** Analyse how the three documents explore the theme of creative and visionary imagination.

## Document A — Chapter 7: A Mad Tea-Party

There was a table set out under a tree in front of the house, and the March Hare[1] and the Hatter were having tea at it: a Dormouse[2] was sitting between them, fast asleep, and the other two were using it as a cushion, resting their elbows on it, and the talking over its head. "Very uncomfortable for the Dormouse," thought Alice; "only, as it's asleep, I suppose it doesn't mind."

The table was a large one, but the three were all crowded together at one corner of it: "No room! No room!" they cried out when they saw Alice coming. "There's PLENTY of room!" said Alice indignantly, and she sat down in a large arm-chair at one end of the table.

"Have some wine," the March Hare said in an encouraging tone.

Alice looked all round the table, but there was nothing on it but tea. "I don't see any wine," she remarked.

"There isn't any," said the March Hare.

"Then it wasn't very civil of you to offer it," said Alice angrily.

"It wasn't very civil of you to sit down without being invited," said the March Hare.

"I didn't know it was YOUR table," said Alice; "it's laid for a great many more than three."

"Your hair wants cutting," said the Hatter. He had been looking at Alice for some time with great curiosity, and this was his first speech.

"You should learn not to make personal remarks," Alice said with some severity; "it's very rude."

The Hatter opened his eyes very wide on hearing this; but all he SAID was, "Why is a raven[3] like a writing-desk?"

"Come, we shall have some fun now!" thought Alice. "I'm glad they've begun asking riddles.—I believe I can guess that," she added aloud.

"Do you mean that you think you can find out the answer to it?" said the March Hare.

"Exactly so," said Alice.

"Then you should say what you mean," the March Hare went on.

"I do," Alice hastily replied; "at least—at least I mean what I say—that's the same thing, you know."

"Not the same thing a bit!" said the Hatter. "You might just as well say that, 'I see what I eat' is the same thing as 'I eat what I see'!"

"You might just as well say," added the March Hare, "that 'I like what I get' is the same thing as 'I get what I like'!"

"You might just as well say," added the Dormouse, who seemed to be talking in his sleep, "that 'I breathe when I sleep' is the same thing as 'I sleep when I breathe'!"

"It is the same thing with you," said the Hatter, and here the conversation dropped, and the party sat silent for a minute, while Alice thought over all she could remember about ravens and writing-desks, which wasn't much.

Lewis CARROLL, *Alice's Adventures in Wonderland*, 1865

**1.** *lièvre de Mars* **2.** *loir* **3.** large black bird

## Document B

Charles BLACKMAN, *Feet Beneath the Table*, 1956
Alice's portrait was inspired by the Australian artist's wife, Barbara, who suffered from progressive blindness.

**Document C** **The Mad Hatter's Secret Ingredient: Math**

Author Lewis Carroll was also a math teacher in Oxford, England, and mathematicians say the *Alice* books are full of algebraic lessons—such as why a raven is like a writing desk.

That's the riddle[1] the Mad Hatter asks Alice. And, as *Weekend Edition* Math Guy Keith Devlin tells NPR's Jacki Lyden, "That particular scene—and lots of other scenes in *Alice in Wonderland*—were a reflection on the increasing abstraction that was going on in mathematics in the 19th century."

Carroll, whose real name was Charles Dodgson, was a very conservative, traditional mathematician, Devlin says, and he didn't like the changes some were bringing to the discipline of mathematics.

"To him, algebra was all about numbers," Devlin says. But in the 19th century, people were developing all kinds of bizarre new algebras, where x times y was *not* equal to y times x.

So why *is* a raven like a writing desk? Because the new mathematics didn't make sense to Carroll. "Lots of things that every common-sense person would say are different in this new mathematics turned out to be the same," Devlin says—a point Carroll found ripe[2] for satire.

*National Public Radio*, 2010

**1.** *devinette* **2.** *propice*

## Synthèse du dossier

**1. Lis et observe attentivement les documents du dossier.**

- Prête attention à la nature, l'auteur et l'époque de chaque document.
- Mets en relation les titres et réfléchis au message qu'ils véhiculent.
- Identifie le sujet de chaque document et détermine s'il s'agit d'un document réaliste ou de fiction.
- Prends des notes sur les personnages évoqués et la manière dont ils sont présentés.
- Analyse la manière dont le thème de la logique ou de l'arbitraire est traité.
- Réfléchis aux éléments que tu retrouves dans les trois documents et note-les au brouillon.

OBJECTIF BAC Comprendre un document iconographique p. 281
Lire et comprendre un texte p. 282

**2. Fais la synthèse de tes observations (minimum 300 mots) en t'appuyant sur les questions du sujet.**

**1.** *Explain to what extent the Mad Hatter's tea party is irrational.*

**2.** *Analyse how the three documents explore the theme of creative and visionary imagination.*

- Parmi les idées que tu as notées au brouillon, sélectionne les deux ou trois qui te semblent illustrer le mieux la relation des documents entre eux.
- Note des exemples (citations ou éléments de description précis) pour illustrer ton propos.
- Structure ta synthèse en organisant tes idées en parties qui te permettront de mettre en évidence les éléments suivants :
  – l'image d'une jeune fille élevée à l'époque victorienne des bonnes manières et des certitudes ;
  – une scène réaliste du quotidien britannique : l'heure du thé ;
  – le sens des réalités bouleversé par l'imagination et de nouvelles théories ;
  – la satire comme moyen de donner son point de vue sur la logique des choses.
- Conclus par l'effet produit sur les lecteurs et spectateurs.

OBJECTIF BAC Élaborer une synthèse p. 280
La focalisation et les modes narratifs p. 283
Les procédés stylistiques p. 284-285

### TIPS AND PROMPTS

• Décris précisément les documents : *The document is an **article**/a **painting**/an **extract** from...*
• *It is a realistic/irrational/illogical **scene**/**portrait**/**description** of...*
• ***This idea is shown** in document A, but it is **also tackled by** the journalist in... when...*

• Note les mots clés qui te viennent à l'esprit en réfléchissant aux questions et en faisant le lien avec les documents que tu viens d'étudier : *imaginary • rational • irrational • good manners • satire • logical • illogical • nonsense*

• Souligne les points communs ou les différences entre les documents : *These three documents **all deal with**...*
• *The three documents **shed light on**...*
• *Imagination and reason are **at the core of** this set of documents.*
• Mets en évidence les intentions de chaque auteur : ***Charles Blackman portrays** this imaginary world by...*
• ***Lewis Carroll's goal** of creating a satire...*
• Cite des passages des documents : ***As we can see on line**... • **As Alice says** when...*

• Articule tes idées avec des connecteurs logiques : *However • in contrast • unlike • as opposed to • similarly*

FILE 5

RENCONTRES

AXE 1 : L'AMOUR ET L'AMITIÉ

# War will not tear us apart

▶ **How did World War I intensify human relationships in Britain and its empire?**

More on SPEAKEASY NEWS speakeasy-news.com

**FINAL TASK** Write a letter from a WWI hero or heroine to the person he or she loves the most.

## 1 The Art of war

▲ Kissing their loved ones goodbye, Toronto 1914 (City of Toronto Archives, Fonds 1244, Item 828D)

### Doc 1. The Send-Off

AUDIO

Down the close darkening lanes they sang their way
To the siding-shed[1],
And lined the train with faces grimly[2] gay. [...]

We never heard to which front these were sent;
Nor there if they yet mock what women meant
Who gave them flowers.

Shall they return to beatings of great bells
In wild train-loads[3]?
A few, a few, too few for drums and yells[4],

May creep[5] back, silent, to village wells[6],
Up half-known roads.

Wilfred OWEN, *Poems*, 1918

**1.** *hangar* **2.** joyless **3.** *cargaisons de trains* **4.** shout **5.** walk slowly **6.** *puits*

**a.** **Look** at the photo and **say** what the situation is.

**b.** **Read** the poem and **say** who the pronoun *"they"* refers to. **Explain** what the poem relates and the poet's opinion on "their" future.

**c.** **Comment** on the repetitions, sounds, contrasts and paradoxes in the poem.

**d.** **Say** whether the photo illustrates or contradicts the poem. **Explain** why.

**CULTURE SPOT**

When the United Kingdom declared war on Germany on August 4th, 1914, all **the colonies and dominions of the British Empire** (Canada, Australia, New Zealand and of India principally) entered the war too.

LANDMARKS p. 254-255

## Doc 2. Painting the Western Front

John SINGER SARGENT, *Gassed*, 1919. Oil on canvas (231 x 611 cm)

**a.** **Look** at the painting and **react**. **Describe** the scene (characters, place, light).

**b.** **Focus** on the way the soldiers are represented (attitudes, positions, gestures). **Discuss** what vision of the war the painting expresses.

**c.** **Comment** on the choice of such a large canvas: what impact can it have on viewers?

**CULTURE SPOT**

The **British War Memorials Committee** was created by the British government in February 1918. It commissioned some of the most famous painters of the time to document the war and create memorials to the fallen soldiers.

## Doc 3. A beach memorial

VIDÉO

Portrait of Wilfred Owen on Folkestone beach (Video: 14-18 NOW, 2018)

**a.** **Watch** the video and **present** Danny Boyle's project.

**b.** **Explain** his message for people today.

**c.** **Comment** on his tone and the devices used to convince the viewers to take part in the event.

**d.** **Discuss** what "poetry" means to you and what it meant during WWI.

**YOUR TASK** You took part in the beach memorial event. **Discuss** with other participants how this kind of event helps us understand the experiences of those who participated in war.

**WORDS**

- chemical weapons /'kɛmɪkəl 'wɛpənz/
- mustard gas attack
- remembrance
- reminder of

- blindfolded
- haunting

- helpless = powerless
- leave a strong impression on
- maimed = wounded
- pay tribute to
- prevent
- repeat past mistakes
- unify /'juːnɪfaɪ/

**BOOST YOUR SKILLS!**

**Évoquer le souvenir**

- Utilise les temps du passé : *They* ***fought in battles****...* • *They* ***were gassed/wounded/shelled*** *in trenches/* ***killed*** *in action* • *Women also* ***served as*** *nurses.*
- Utilise le lexique de la mémoire : ***Keep the memory of*** *soldiers alive* • ***Commemorate*** *fallen soldiers* • *Give a final salute* • *Pay tribute ≠ Fall into oblivion*

# 2 Love at war

LANDMARKS p. 254-255

## Doc 1. Divided by war

**a. Look** at the film poster and **describe** it.

**b. Say** what it reveals about the couple's relationship.

**c. Explain** what the subtitle: *"Divided by war – united by love"* suggests.

**AT HOME** Watch the trailer for the film. Who are the main protagonists and what happens to them? VIDÉO

### CULTURE SPOT

**Vera Brittain** (1893-1970) interrupted her studies in 1915 to become a nurse after her fiancé Roland and her brother Edward enlisted to serve in World War I. She lost Roland in 1915 and Edward in 1918.
Her memoir ***Testament of Youth*** (1933) is considered to be the best book on the impact of World War I on British civilians.

### WORDS

- heaven ≠ hell
- soldier
- volunteer

- bereft
- dejected: in despair

- hopeful

- destroy
- hurt
- injure
- suffer

## Doc 2. Dear Roland...

*Buxton, 31 August 1915*

*Mother says she doesn't know how two people dare to be engaged who have only been together for short times at long intervals. Six days is the longest I have ever been with you. . .*

*I keep trying in quiet moments to recall your face to my mind. I wonder why it is so difficult, my dear one, when I can remember ordinary & uninteresting people quite well. . .*

*When I do manage to revisualize you it is only in sudden flashes which are tantalising[1] by their transitoriness[2]. I don't know why, but I can remember you best of all as you were on that Sunday night when you came down looking so sleepy and dusted off[3] Mrs Leighton & I to bed!*

*Vera*

*Letter from Vera to Roland*, 1915

1. both desirable and unattainable 2. brevity 3. send

**a. Read** the letter: what issue does Vera struggle with?

**b.** GRAMMAR **Focus** on the tenses in lines 1-4. **Explain** what they express.

**c. Pick out** elements from the text to **define** Vera's tone.

**d. Explain** Vera's mother's opinion. Do you agree with her?

## Doc 3. "Violets" AUDIO

*Written by Roland Leighton to Vera Brittain.*

Violets from Plug Street Wood[1],
Sweet, I send you oversea.
(It is strange they should be blue,
Blue, when his soaked[2] blood was red,
For they grew around his head:
It is strange they should be blue.)
Think what they have meant to me –
Life and Hope and Love and You
(And you did not see them grow
Where his mangled[3] body lay,
Hiding horrors from the day;
Sweetest, it was better so.)
Violets from oversea,
To your dear, far, forgetting land
These I send in memory
Knowing you will understand

Roland LEIGHTON, "Violets", 1915

1. Ploegsteert Wood was a sector of the Western Front in Flanders.
2. very wet
3. mutilated

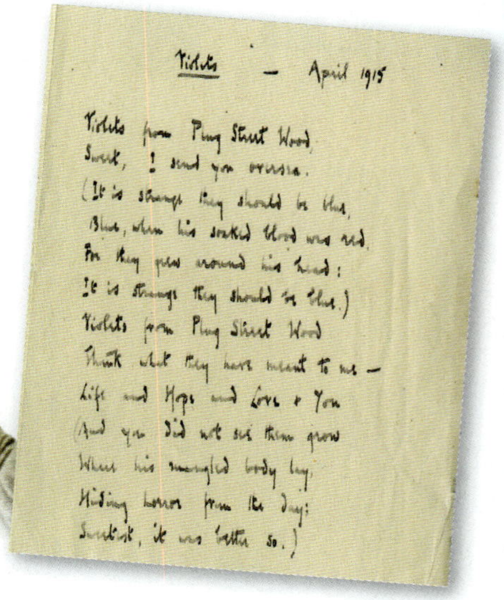
Violets – April 1915

Violets from Plug Street Wood
Sweet, I send you oversea.
(It is strange they should be blue,
Blue, when his soaked blood was red,
For they grew around his head:
It is strange they should be blue.)
Violets from Plug Street Wood
Think what they have meant to me –
Life and Hope and Love & You
(And you did not see them grow
Where his mangled body lay,
Hiding horror from the day:
Sweetest, it was better so.)

**a. Read** the text. What kind of text is it?

**b. Identify** the semantic fields and the repetitions. **Explain** what mood they create.

**c.** GRAMMAR *"It is strange they* ***should*** *be blue"*. (l. 3) **Compare** this sentence with *"it is strange that they are blue"*. What effect is produced by the modal *should*?

**d. Comment** on the use of brackets. What is the effect produced?

**e. Explain** how this poem illustrates the film's subtitle p. 66.

## Doc 4. "Perhaps" AUDIO

Perhaps some day the sun will shine again,
And I shall see that still the skies are blue,
And feel once more I do not live in vain,
Although bereft[1] of You.

Perhaps the golden meadows[2] at my feet
Will make the sunny hours of spring seem gay,
And I shall find the white May-blossoms[3] sweet,
Though You have passed away.

Perhaps the summer woods will shimmer bright,
And crimson roses once again be fair,
And autumn harvest fields a rich delight,
Although You are not there.

Perhaps some day I shall not shrink[4] in pain
To see the passing of the dying year,
And listen to Christmas songs again,
Although You cannot hear.

But though kind Time may many joys renew,
There is one greatest joy I shall not know
Again, because my heart for loss of You
Was broken, long ago.

Vera BRITTAIN, "Perhaps", 1916

1. *privé* 2. prairies 3. *aubépines en fleur* 4. be reduced

**a. Read** the poem and **find out** what has happened.

**b. Identify** the semantic fields. **Say** what feeling dominates in the poem.

**c.** GRAMMAR **Comment** on the association of *"perhaps"* and *"shall"*. **Explain** the effect produced. What do you notice in the last verse?

DIFFÉRENCIATION

**YOUR TASK** After Roland's death, Vera needs to write to express her feelings.

**WAY 1 Write** Vera's letter to her friend (and Roland's sister) Clare.

**WAY 2 Write** Vera's diary entry.

**BOOST YOUR SKILLS!**

**Exprimer l'espoir et le désespoir**

- Utilise des auxiliaires de modalité : *Time* ***may*** *many joys renew* • *There is one greatest joy I* ***shall*** *not know.*
- Exprime ton incertitude par des connecteurs : ***Perhaps*** *one day the sun will shine again* • ***Although*** *you are not here* • ***Even if...***
- Utilise la forme négative pour exprimer la force de tes émotions : *Perhaps one day I shall* ***not*** *shrink in pain.*

# 3 Crossing the lines

## Doc 1. The Christmas truce of 1914

AUDIO

(Audio: BBC/IWM, 2017)

**a. Look** at the picture and **identify** the men. **Deduce** what a truce is.

**b. Listen** and **take notes** about the first Christmas in the trenches.

**c. Explain** what the soldiers were mistaken about and what was so special about this episode.

**d. React** to this event: what does it reveal about the soldiers at war?

MÉDIATION **YOUR TASK** You interviewed a WWI expert. **Report** what he told you about the Christmas Truce of 1914.

**AT HOME** Watch the video and give your opinion: to what extent is its message universal and timeless? VIDÉO

## Doc 2. The 100-year friendship

Manta Singh, son of a landowner in Jalandhar, Punjab, joined the Indian Army from school in 1907. Promoted to Subedar, the equivalent of Captain, he served in the 15th Ludhiana Sikhs alongside a young English officer, Lt[1] George Henderson. In August 1914, Singh said farewell to his wife and five-year-old son Assa and left for France, and his friend George went with him. [...] On 10 March 1915, they joined the first major British offensive of the war at Neuve-Chapelle.

The night before, they spoke briefly, Henderson telling Singh that they would come through together. A force of 20,000 Indians and 20,000 British captured the village but were beaten back after running out of ammunition. In three days' fighting there were more than 11,000 casualties[2], including 4,200 Indians.

One was Manta Singh, but when Henderson was also hit by a bullet, Singh found a wheelbarrow[3] in no man's land, hauled[4] him into it and trundled him to safety. The pair then lay together until they were rescued. [...] Sadly Henderson was recovering at a different hospital when he was told Manta had died. [...] George Henderson never forgot Manta Singh. After the war, promoted to Captain, he returned to India to make sure his friend's son Assa was being cared for, encouraging him to join the 15th Sikhs like his father.

▲ Captain Manta Singh and Lieutenant George Henderson.

Assa, who rose to Lieutenant Colonel in the Indian Army, became friends with Henderson's son Robert and they served together with the 8th Army, fighting Nazis in North Africa. After the war Robert helped Assa move to Britain.

Inspiringly, now the third generation of their families are friends.

*www.britishlegion.org.uk*, 2014

1. Lieutenant 2. dead or injured 3. *brouette* 4. pull with difficulty

**a. Read** the text and **find out** who Manta Singh and George Henderson were.

**b. Explain** how the war helped to reinforce their relationship.

**c. Comment** on the way their connection was perpetuated.

**d.** GRAMMAR **Focus on** those two adverbs from the text: *"sadly"* (l. 20), *"inspiringly"* (l. 31): how do they add to the meaning of the sentences?

**e. Discuss** the power of friendship in times of trouble.

## Doc 3. Solidarity AUDIO

*Naomi and Sally are Australian sisters serving as nurses in WWI. Their friend Nettice has been sent to the "rest compound" (a mental hospital) so Naomi asks a British nurse for help.*

Naomi said, "One of our friends has been put in the rest compound for no particular reason than being sweet on a blind officer. You British nurses look after the rest compound. We'd like to send a message of cheer to our friend."

"Oh," said Angela, "you must talk to Bea over there. She's rostered[1] in the compound." [...]

Bea had a less posh accent than Angela. It was Yorkshire or some such. But she was – Sally thought – by far the prettiest mental nurse a person was likely to meet. Yes, she said, she was the day nurse in the women's compound. She knew Nettice – there weren't many patients in there. Just nurses who'd gone a bit unsettled[2].

"It's too much, said Naomi, "to ask you to let us visit. But if we gave you letters for her – letters to cheer her, I mean..."

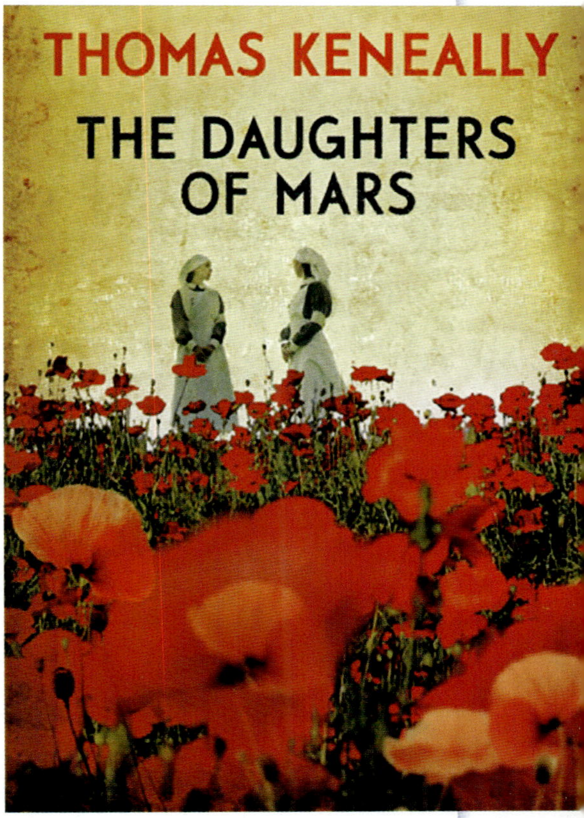


Bea laughed. It was a lyrical laugh. "I'm in enough trouble myself," she said. But she had not said no. Maybe just one, she conceded.

She and Angela provided the pencil and some British Red Cross notepaper.

"You write first," Naomi said to Sally, offering her the pencil.

"For Lord's sake," said Bea, "don't mention me."

Sally wrote,

> Dear Nettice,
>
> I hope you know we are all thinking of you and we will send you some comforts if we can. It goes without saying you should not be in this position. Our minds are set on finding an answer to your situation. It must be hard to get by in the compound. Lt[3] Byers is well and says that he looks forward to seeing you again. So do we all.
>
> Your loving friend,
>
> Sally Durance

Thomas KENEALLY, *The Daughters of Mars*, 2012

1. *affecté·e (à un service)* 2. perturbed, troubled 3. Lieutenant

**a. Look** at the book cover and **react**. What do the colours suggest about the story?

**b. Read** the text. **Explain** what happened to Nettice and why.

**c. Focus** on the nurses: to what extent do they illustrate the impact of war on human relationships?

**d. Imagine** why it "*must be hard to get by in the compound*" for Nettice (l. 30).

### BOOST YOUR SKILLS!

**Rapporter des paroles au style indirect**

- Utilise des verbes introducteurs : *say • tell someone • remember • recall • mention • reveal • remark...*
- Veille à changer les pronoms et le temps des verbes : *Some of us* ***went*** *over at once* → *He said that some of them* ***had gone*** *over at once.*
- Ajuste les marqueurs de temps : *today* → *that day, yesterday* → *the day before...*

### WORDS

- comradeship /ˈkɒmreɪdʃɪp/
- Lieutenant /lɛfˈtɛnənt/
- loyalty
- mutual respect

---

- commiserative = empathetic
- isolated = secluded /sɪˈkluːdɪd/
- trustworthy /ˈtrʌstwɜːðɪ/

---

- care for
- counteract
- forge bonds = create a close relationship
- support

**AT HOME** On the Imperial War Museum website, read the stories of five women in the First World War. Choose one and explain why you find her story particularly inspirational. TEXTES

# 4 Family bonds

## Doc 1. Writing home

AUDIO

10th September, 1914
Oxford, England

Dear Father,

I write to you from the Officers' Training Corps at Oxford. I've done it—I've joined the army—so I might serve our country in these great times and prove myself an honorable citizen, just as you did during the South African War. You returned as a hero, and I wish to live up to your legacy[1], at least in this way. There is a real sense of adventure here, a feeling that enlisting is the right thing to do.

Will Elliott signed up as well. In fact, we'll be in the same regiment. I thought you would be glad to see me placed with my closest friend. All believe the war will come to a speedy end, so you might expect me home by Christmas [...]

Your son,
Thomas

Hazel GAYNOR, *Last Christmas in Paris*, 2017

1. *héritage*

**a. Read** the document and **say** what decision Thomas made and why.

**b. Pick out** the reasons why he joined the army. **Find** patriotic reasons and personal reasons.

**c.** GRAMMAR **Observe**: *"I wish to live up to your legacy."* (l. 5) What meaning do the prepositions *"up to"* give to the verb *"live"*? **Translate** into French.

**d. Explain** how this letter illustrates the state of mind of many young men at the beginning of WWI.

## Doc 2. "My Boy Jack"

VIDÉO

(Video: *My Boy Jack*, Brian Kirk, 2007)

**a. Watch** the video and **say** what news the man is expecting.

**b. Say** what happened to his son. **Explain** why he does not actually say what happened.

**c.** PHONOLOGY **Listen** again and **find** the dominant vowel sound in the man's speech. **Say** what feeling it conveys.

### CULTURE SPOT

"My Boy Jack" is a poem written by **Rudyard Kipling** after the loss of his son in 1916. Kipling (1865-1936) was a famous English writer born in India. He is the author of *The Jungle Book*.

## FINAL TASK

### Write a letter from a WWI hero or heroine to the person he or she loves the most.

**You are a novelist writing a historical novel about WWI. Imagine the letter your hero or heroine could have written to the person he or she loves the most. The letter can be a poem.**

1. **Take notes** on your characters and their story: who is writing to whom? where? when? what happened?
2. **Make** a draft of the different parts of your letter: make a list of the news you want to give and or the feelings and emotions you want to express.
3. **Choose** your vocabulary: Note down adjectives, adverbs, and modal auxiliaries to give more emotional intensity to your text.
4. **Write** the final version of your letter or poem.

# BOOST YOUR ENGLISH!

## Grammar — Donner de l'impact à un discours

- **Utilise les auxiliaires modaux pour exprimer ta perception.**
  *There is one greatest joy I **shall** not know • You **cannot** hear • We will send you some comforts if we **can**.*
- **Enrichis tes descriptions à l'aide d'adverbes et d'adjectifs.**
  *In **wild** train-loads • I can remember **ordinary** and **uninteresting** people quite **well** • To your **dear, far, forgetting** land • She laughed **desperately** • They spoke **briefly**.*
- **Utilise des mots de liaison exprimant le doute, l'incertitude.**
  *Perhaps… • It is possible that… • Maybe one day… • I wonder why…*
- **Évoque le souvenir en utilisant les temps du passé.**
  ***I recalled** your face to my mind • It reminds me of the day we **left** home • I can remember you as you **were** • Six days is the longest **I have ever been** with you.*

**1** **Associe chaque phrase à l'effet de sens induit par l'auxiliaire modal.**

a. Some day the sun shall shine again.
b. Some day the sun might shine again.
c. Some day the sun could shine again
d. Some day the sun must shine again.

1. *Je n'y crois presque pas*
2. *C'est forcé, c'est inévitable*
3. *C'est bien possible*
4. *Je le souhaite vivement.*

**2** **Enrichis ces énoncés avec des adverbes et des adjectifs.**

a. She was waiting for the flowers sent by her fiancé.
b. Your letters help me live.
c. He fell into the trench.
d. The soldiers shook hands with their enemies.

## Vocabulary — Humans at war

EXO Lexiquiz

**Feelings**

**Excitement** (AUDIO)
- eager = expectant
- keen = motivated

**Hope** (AUDIO)
- confident
- optimistic

**Despair** (AUDIO)
- bereft
- dejected = miserable
- grieving < grief-stricken
- heartbroken
- hopeless

**Combat**

**People** (AUDIO)
- battalion
- casualties
- nurse
- officer
- soldier
- survivor

**Places** (AUDIO)
- barracks
- battlefield
- (battle)front
- compound
- trenches

**Actions** (AUDIO)
- enlist = join up
- fight (against)
- fall
- hit
- rescue
- survive

**Human bonds**

**Love** (AUDIO)
- care for
- engagement
- sweetheart

**Friendship** (AUDIO)
- comradeship
- loyalty
- mutual respect
- support

# Testament of Youth

## Vera Brittain, 1933

***This is the foreword to the memoirs of Vera Brittain (see pages 66-67).***

For nearly a decade I have wanted, with a growing sense of urgency, to write something which would show what the whole War and post-war period — roughly[1], from the years leading up to 1914 until about 1935 — has meant to the men and women of my generation, the generation of those boys and girls who grew up just before the War broke out. I wanted to give too, if I could, an impression of the changes which that period brought about in the minds and lives of very different groups of individuals belonging to the large section of middle-class society from which my own family comes.

Only, I felt, by some such attempt to write history *in terms of personal life* could I rescue something that might be of value, some element of truth and hope and usefulness, from the smashing up of my own youth by the War. It is true that to do it meant looking back into a past of which many of us, preferring to contemplate to-morrow rather than yesterday, believe ourselves to be tired. But it is only *in the light of that past* that we, the depleted[2] generation now coming into the control of public affairs, the generation which has to make the present and endeavour[3] to mould the future, can understand ourselves or hope to be understood by our successors. I knew that until I had tried to contribute to this understanding, I could never write anything in the least worthwhile.

The way to set about it[4] at first appeared obvious; it meant drawing a picture of middle-class England — its interests, its morals, its social ideals, its politics — as it was from the time of my earliest conscious memory, and then telling some kind of personal story against this changing background. My original idea was that of a long novel, and I started to plan it. To my dismay[5] it turned out a hopeless failure; I never got much further than the planning, for I found that the people and the events about which I was writing were still too near and too real to be made the subjects of an imaginative, detached *reconstruction*.

Then I tried the effect of reproducing parts of the long diary which I kept from 1913 to 1918, with fictitious names substituted for all the real ones out of consideration for the many persons still alive who were mentioned in it with a youthful and sometimes rather cruel candour. This too was a failure. Apart from the fact that the diary ended too soon to give a complete picture, the fictitious names created a false atmosphere and made the whole thing seem spurious[6].

There was only one possible course left — to tell my own fairly typical story as truthfully as I could against the larger background, and take the risk of offending all those who believe that a personal story should be kept private, however great its public significance and however wide its general application. In no other fashion, it seemed, could I carry out my endeavour to put the life of an ordinary individual into its niche in contemporary history, and thus illustrate the influence of world-wide events and movements upon the personal destinies of men and women.

I have tried to write the exact truth as I saw and see it about both myself and other people, since a book of this kind has no value unless it is honest. I have also made as much use as possible of old letters and diaries, because it seemed to me that the contemporary opinions, however crude and ingenuous, of youth in the period under review were at least as important a part of its testament as retrospective reflections heavy with knowledge. I make no apology for the fact that some of these documents renew with fierce vividness the stark[7] agonies of my generation in its early twenties. The mature proprieties of "emotion remembered in tranquillity" have not been my object, which, at least in part, is to challenge

**1.** approximately **2.** reduced
**3.** try **4.** begin **5.** despair
**6.** wrong **7.** strongest

that too easy, too comfortable relapse into forgetfulness which is responsible for history's most grievous[8] repetitions. It is not *by accident* that what I have written constitutes, in effect, the indictment[9] of a civilisation.

*Testament of Youth*, Vera BRITTAIN, 1933

8. terrible 9. accusation

**a. Identify** the terms Vera Brittain uses to describe her generation and the impact the War had on her personally.

**b. Pick out** the two attempts she made at writing her memoirs before the final version, published 15 years after the War. **Explain** why the previous attempts were failures.

**c. Explain** what Vera Brittain's main objective was while writing this book.

### CULTURE SPOT

**Vera Brittain** (1893-1970) interrupted her studies at Oxford University in 1915 to serve as a nurse in World War I. She lost both her fiancé, poet Roland Leighton, and her brother Edward in the war. She became a peace activist and a writer. (See p. 66-67.)

## TRANSLATION WORKSHOP

OBJECTIF BAC p. 286-287

**Maintenant que tu as bien compris le texte, tu peux en traduire un extrait. Relis le passage de "*There was only one possible course left*" (l. 33) à "*the personal destinies of men and women.*" (l. 39)**

### 1 Analyse l'extrait

**a. Identifie** le type de texte et la voix narrative.

**b. Repère** la structure des phrases complexes. Sera-t-il possible ou souhaitable de les traduire avec une structure identique ?

**c. Repère** des mots « transparents » (identiques au français) pour aider ta compréhension et commencer à préparer la traduction.

• Le titre du livre te donne des informations sur le genre, le ton et le contenu de l'œuvre. Quel paradoxe exprime-t-il ? Retrouve-t-on cette idée dans le texte ?

### 2 Découvre des stratégies de traduction : la traduction littérale et l'équivalence

**a. Observe** cette phrase et sa traduction. La traduction est-elle très éloignée de l'anglais ?

*...illustrate the influence of world-wide events and movements.*
...illustrer l'influence des évènements et mouvements mondiaux.

• Attention : le mot *niche* est un mot français mais on ne peut pas l'utiliser tel quel dans la traduction.

**b. Observe** cette phrase et sa traduction et repère les différentes modulations qui ont été opérées. Explique pourquoi la traduction littérale ne fonctionne pas ici.

*There was only one possible course left.*
Il ne me restait plus qu'une seule possibilité.

**c.** Parmi les expressions suivantes, lesquelles pourrais-tu traduire littéralement ?

- *take the risk*
- *kept private*
- *tell my own story*
- *contemporary history*
- *against the larger background*

### 3 Traduis l'extrait

**Traduis** le passage de "*There was only one possible course left*" (l. 33) à "*the personal destinies of men and women*" (l. 39). Comment vas-tu traduire "*However wide... However great...*" ? Quelle expression française est utilisée pour traduire ***However*** + **adjectif** ? Est-il possible de garder l'adjectif ou faut-il recourir à une transposition ? **Utilise** un dictionnaire unilingue si besoin.

• Attention à la ponctuation. Vas-tu utiliser la même en français ? Fais attention aux tirets en particulier.

Vers le **BAC**

## LET'S BRAINSTORM!

OBJECTIF BAC p. 280-293

### Intensifying human relationships

- Love

→ "Kissing their loved ones goodbye", p. 64 • *Testament of Youth* trailer, p. 66 • "Violets", Roland Leighton, p. 67 • "Perhaps", Vera Brittain, p. 67

- Camaraderie

→ *Gassed*, John Singer Sargent, p. 65 • "The 100-year friendship", p. 68 • *The Daughters of Mars*, Thomas Keneally, p. 69

- Family

→ *Last Christmas in Paris*, Hazel Gaynor, p. 70 • "My Boy Jack", Rudyard Kipling, p. 70

### Friendships without borders

- Meeting people from across the Empire

→ "Kissing their loved ones goodbye", p. 64 • "The 100-year friendship", p. 68 • *The Daughters of Mars*, Thomas Keneally, p. 69

- Meeting the enemy

→ "The Christmas Truce of 1914" illustration, p. 68

RENCONTRES
Axe 1

**How did World War I intensify human relationships in Britain and its empire?**

### Keeping the memories alive

- Remembering events

→ "The Send-Off", Wilfred Owen, p. 64 • *Gassed*, John Singer Sargent, p. 65 • "The Christmas Truce of 1914" illustration, p. 68 • *Testament of Youth*, Vera Brittain, p. 72

- Remembering those who have gone

→ "A Beach Memorial", image of Wilfred Owen, p. 65 • "Violets", Roland Leighton, p. 67 • "Perhaps", Vera Brittain, p. 67 • "My Boy Jack", Rudyard Kipling, p. 70

## Entraîne-toi à la synthèse

ÉPREUVE ÉCRITE

Focus on the photo Doc 1 p. 64, Doc 2 p. 68 and Doc 3 p. 69 and write a short commentary (around 300 words) explaining how citizens from across the British Empire were brought together through World War I.

OBJECTIF BAC p. 280

Fiche d'auto-évaluation

## Évaluation

→ **Now test your skills!**

Sujet d'épreuve écrite type BAC

# BUILD YOUR PORTFOLIO

## Book

**Birdsong**, Sebastian Faulks, 1993

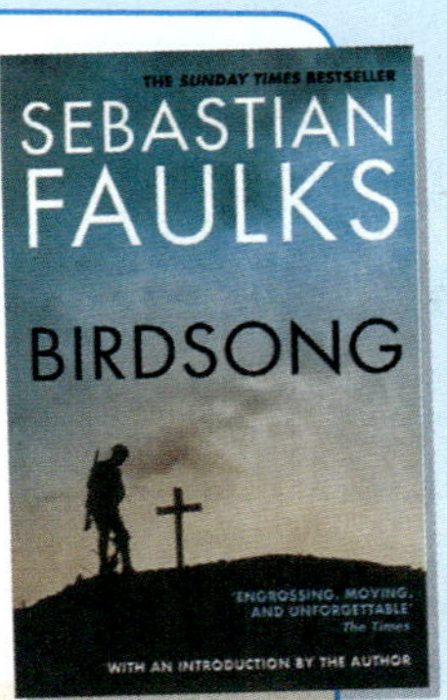


*Birdsong* intertwines the progress of Stephen Wraysford, a British soldier on the frontline in France in WWI, and that of his granddaughter Elizabeth who follows in his footsteps in the 1970s to try and understand his experience of war. A story of love, parenthood, friendship and the trauma of war.

- **Watch** the trailer of the BBC adaptation of the book and **focus** on the outcome of the different relationships.

VIDÉO

## Song

"Keep the Home Fires Burning", Ivor Novello and Lena Gilbert Ford, 1914

This was consciously written as a war song and was one of the most popular of the war.

> “Keep the Home Fires burning
> While your hearts are yearning
> Though your lads are far away
> They dream of home
> There's a silver lining
> Through the dark cloud shining
> Turn the dark cloud inside out
> Till the boys come Home”

- **Read** the lyrics: how does the song help strengthen bonds between soldiers and those who stayed at home?

AUDIO

## Film

*Anzac Girls*, 2014

This is a popular Australian TV series about a group of friends in the Australian Army Nursing service on the front during World War I. The series is based on historical photographs and letters and highlights the power of friendship and love in extreme situations.

- **Watch** the trailer and **explain** why World War I is a popular background for romantic fiction.

VIDÉO

## Film

*1917*, Sam Mendes, 2019

This film, which appears to have been shot in one long single take, focuses on April 6th 1917. Will and Tom, two young soldiers, are asked to cross the enemy lines in order to deliver a message that will save the lives of 1,600 soldiers, among whom is Tom's brother.

- **Watch** the film and **explain** how it illustrates how war intensifies human relationships.

VIDÉO

---

ÉPREUVE ORALE | GRAND ORAL | **Entraîne-toi à l'oral**

### Step 1 — Build up your speech!

**Épreuve orale**

- Choose one topic in the mindmap p. 74.
- Pick out one document from the file and add a personal one to illustrate this topic.
  OBJECTIF BAC p. 288-289
- Prepare your presentation: you must show how these documents relate to the topic you chose.

**Grand oral**

- Choose one topic in the mindmap p. 74.
- Find a key question about your topic.
- Gather arguments and examples from the documents in the file.
- Prepare an outline for your presentation and write your note sheet.

### Step 2 — Make your oral presentation in front of two classmates.

**Épreuve orale**

- Show your documents to your classmates and explain your point in five minutes.
  OBJECTIF BAC p. 292-293

**Grand oral**

- Give your note sheet to your classmates.
- Stand up and make a five-minute presentation to answer your key question. OBJECTIF BAC p. 294-297

### Step 3 — Answer your classmates' questions about your presentation.

# 2 Will you marry me?

## Doc 1. Darsee's proposal

AUDIO

The door opened. Alys's smile disappeared.

"Hello," Darsee said.

"Is everyone all right?" Alys said. "Isn't there a dinner at your aunt's place?"

"All fine. No need to panic." Darsee glanced at the plate of half-eaten *dal chawal*[1]. "I came to see how you were doing."

"How I'm doing?"

"Sherry said you've had a bad headache since this morning. Raghav said he and you jogged together and it was humid. Could it be heat stroke? Is that oil on your hair?"

"Yes, it is. I was not expecting the Crown Prince of Pakistan to visit."

"I was worried." Darsee sat down. "You're watching *Terminator.* Is this your first time?"

"No," Alys said rudely.

"This is one of the only films with an even better sequel. Have you seen it?"

"Listen," Alys said, "where does your aunt think you are?"

"Picking up mountain emergency stuff for Raghav. He leaves tomorrow morning."

Darsee rose. Then he sat back down. Then he rose again. He cleared his throat.

"What?" Alys said, as he looked down at her. "What's wrong with you?"

"Will you marry me?"

Alys stared at him.

"I *love* you."

This was so preposterous[2], Alys let out a hearty laugh.

"My admission is a joke to you?"

"Is this a prank[3]?" Alys looked around. "Is there a hidden camera somewhere?"

"Don't be absurd." Darsee crossed the room. "I've tried to get you out of my head. I've tried so hard. I think about you all the time. Of how I want your opinion on this book and that film and this work of art and that play. I respect your opinions."

"*You* respect *my* opinions."

"Will you, Alys? Marry me? It's not the wisest of matches," Darsee said dolefully[4]. "In fact, it's a disadvantageous match for me in all respects – well except that you're smart, fun and have a quirky[5] personal style, which I like. And *you* are not a gold-digger. This is the biggest plus of all."

"It is, is it?" Alys said.

Soniah KAMAL, *Unmarriageable*, 2019

1. Pakistani dish of lentils and rice 2. ridiculous 3. *canular* 4. with sorrow 5. unconventional

**a. Read** the passage and **sum up** the general situation.

**b. Identify** Alys's and Darsee's feelings.

**c.** PHONOLOGY **Observe** the sentence: "You *respect* my *opinions*." (l. 25) **Comment** on the use of italics in the text and **say** what they show about Alys's personality.

**d. Discuss**: Is this proposal romantic? Why?

### WORDS

- propr**i**ety

- disd**ai**nful
- disresp**e**ctful
- mat**e**rial = fin**a**ncial
- plain
- pragm**a**tic
- unrequ**i**ted love /ˌʌnrɪˈkwaɪtɪd/

- hold a grudge ag**ai**nst sb: *garder rancune à qqn*
- overc**o**me **o**bstacles
- turn a prop**o**sal down /prəˈpəʊzəl/

## Doc 2. The Jane Austen Society of Pakistan

VIDÉO

(Video: *BBC*, 2017)

**a. Watch** the video and **pick out** the origins of the club.

**b. Sum up** the common points between Regency England and Pakistani society.

**c. Explain** why members of the Jane Austen Society of Pakistan love to read Austen.

**d. Comment** on the tone of the various club members.

LANDMARKS p. 279

## Doc 3. Mr. Darcy's proposal

"In vain have I struggled. It will not do. My feelings will not be repressed. You must allow me to tell you how ardently I admire and love you."

Elizabeth's astonishment[1] was beyond expression. She stared, coloured, doubted, and was silent. This he considered sufficient encouragement and the avowal of all that he felt and had long felt for her immediately followed. He spoke well, but there were feelings besides those of the heart to be detailed, and he was not more eloquent on the subject of tenderness than of pride. His sense of her inferiority—of its being a degradation—of the family obstacles which judgment had always opposed to inclination, were dwelt on[2] with a warmth which seemed due to the consequence he was wounded, but was very unlikely to recommend his suit.

In spite of her deeply-rooted dislike, she could not be insensible to the compliment of such a man's affection, and though her intentions did not vary for an instant, she was at first sorry for the pain he was about to receive; till roused to resentment by his subsequent[3] language, she lost all compassion in anger. [...]

"In such case as this, it is, I believe, the established mode to express a sense of obligations for the sentiments avowed, however unequally they may be returned. It is natural that obligation should be felt, and that if I could *feel* gratitude, I would now thank you. But I cannot—I have never desired your good opinion, and you have certainly bestowed[4] it most unwillingly[5]."

Jane AUSTEN, *Pride and Prejudice*, 1813

LANDMARKS p. 250

**a.** **Read** the text and **pick out** elements characterizing Mr. Darcy.

**b.** **Explain** Elizabeth's reaction and **comment** on her tone in the last paragraph.

**c.** VOCABULARY **Focus** on the adverbs in the passage. **Translate** them into French and **explain** how they add to the general atmosphere of the scene.

**d.** **Compare** and **contrast** Sonia Kamal's version (**Doc 1**) with Jane Austen's original text (**Doc 3**).

**AT HOME** Watch the scene in Joe Wright's adaptation. Explain how the filming techniques and the setting help to convey the characters' feelings. VIDÉO

1. surprise
2. talk about for a long time
3. following
4. *accorder*
5. reluctantly

## Doc 4. Marriage and class

AUDIO

**a.** **Listen** to the recording and **identify** the social classes depicted by Jane Austen.

**b.** **Explain** how marriage and money were related.

**c.** **Discuss:** *"material circumstances matter"*.

STEP 2

**Choose** one of the proposal scenes. **Adapt** it for teenagers and **act** it out.

BOOST YOUR SKILLS!

**Contester les propos de son interlocuteur**

- Pense aux questions et notamment aux *question tags* : *My admission is a joke to you?* • *Is this a prank?* • *It is, **isn't it?***
- Utilise des auxiliaires modaux pour intensifier ton propos : *It **will not** do.* • *I **would** now thank you. But I **cannot**.*
- Accentue certains mots : ***You** respect **my** opinions?* • *If I could **feel** gratitude...*

▲ Keira Knightley as Elizabeth Bennet and Matthew Macfadyen as Mr. Darcy dancing at Netherfield ball in Joe Wright's version of *Pride and Prejudice*, 2005 (Audio: The British Library, 2014)

# 3 Pride and Prejudice and me

## Doc 1. Soniah Kamal's interview

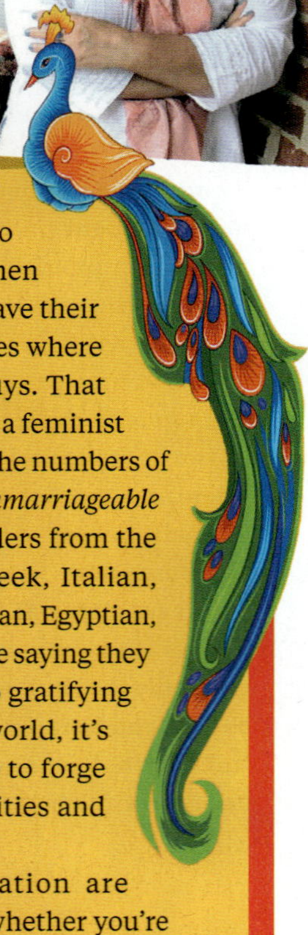

**Do you think literary characters like Elizabeth Bennet, but also like Alysba Binat can be inspiring?**

Absolutely. Elizabeth Bennet arrives at Netherfield Park with mud on her dress. She refuses two proposals just because she doesn't like either of the men. She does not let Catherine de Bourgh intimidate her. Alysba also goes against many of society's unspoken rules, much to her mother's chagrin. Alys cut her hair very short in a country where long hair on girls is prized. She likes to tan and doesn't care if she gets dark in a country where a fair complexion is prized. She teaches her students that there is more to life than getting married and having children. In fact, she is determined never to marry unless she finds someone she can like and respect and even after she does get married, she is adamant[1] about not having children in a country where marriage and motherhood go hand in hand. She is opinionated and not scared to voice those opinions as we see in her encounter with Beena de Bagh and, moreover, challenges Beena's notions of what a 'good family', a 'good woman' and respectability mean. And Alys is not impressed by money and status in a country where these two things often outweigh[2] decency and good character. I absolutely believe Elizabeth and Alysba can be inspirational for people who want to break free from society's rigid rules.

**What is your book's most important message?**

To make your own good income so you are never financially dependent on anyone, especially for women. To not marry for status or money as the most important things. Instead, to choose a partner based on like and respect.

**What are the most frequent comments made by readers around the world? In Pakistan?**

Pakistani readers are loving *Unmarrigeable* which has nothing to do with the usual subjects of abused women or terrorism. It is fun to read a novel set in Pakistan where women go to watch the theatre, and work and have their own businesses, and have coffees in cafes where they discuss their mothers and cute guys. That said, *Unmarriageable* is written through a feminist and postcolonial lens and I'm thrilled at the numbers of readers around the world who have said *Unmarriageable* reminds them of their own family. Readers from the American South, Jewish readers, Greek, Italian, Mormon, Nigerian, Indian, Chinese, Korean, Egyptian, Russian—I get messages from everywhere saying they see themselves in this story which is so gratifying because in this increasingly divisive world, it's wonderful that *Unmarriageable* is able to forge connections across cultures, communities and countries. As I say in *Unmarriageable*:

"Characters' emotions and situation are universally applicable across cultures, whether you're wearing an empire dress, shalwar kurtas, or kimonos."

Soniah Kamal

interviewed by Seonaid Cruickshank
for *Speakeasy News*, November 28, 2019

1. stubborn 2. take priority over

**a. Read** Soniah Kamal's interview and **explain** how inspiring Alys can be according to the author.

**b. Rephrase** the novel's main message for the writer.

**c. Recap** readers' reactions across the world.

**d. Comment** on Soniah Kamal's statement: *Books can "forge connections across cultures, communities and countries".*

### CULTURE SPOT

**Soniah Kamal** is a Pakistani-American writer and essayist. *Unmarriageable*, which was at first part of her master's thesis project, soon became an international bestseller.

### STEP 3

**Write** a couple of tweets to react to Soniah Kamal's interview and comment on her view on love and marriage in *Unmarriageable*.

### WORDS

- **li**terature /ˈlɪtrətʃər/
- must-**read**
- re**tel**ling

- inspir**a**tional /ˌɪnspɪˈreɪʃənəl/

- unconv**e**ntional

- add**re**ss **rea**ders
- conv**ey** a m**e**ssage
- deconstr**u**ct /ˌdiːkənˈstrʌkt/

### FINAL STEP

Using everything you have discovered in the unit, **write** the incipit of a new version of *Pride and Prejudice*. **Record** a presentation of your retelling for your vlog, explaining the views on love and friendship you have chosen to express in your new version.

# BUILD YOUR PORTFOLIO

## Painting

*Marriage A-la-mode: 4, The Toilette*, William Hogarth, 1743-1745

- **Observe** the six paintings forming the series entitled *Marriage A-la-mode*. **Show** how they associate marriage to a financial contract and society's standards.

IMAGES

## Book

*Pride and Prejudice and Zombies*, Seth Graham-Smith, 2009

“ It is a truth universally acknowledged that a zombie in possession of brains must be in want of more brains. Never was this truth more plain than during the recent attacks at Netherfield Park, in which a household of eighteen was slaughtered and consumed by a horde of the living dead. ”

- **Read** the rest of chapter 1 and **find** a passage that shows that marriage is seen as a way to ensure financial stability.

TEXTE

## Song

“No Life Without Wife”, Malik Any, 2004

This song features in a 2004 film entitled *Bride and Prejudice*, directed by Gurinder Chadha. It is a Bollywood-style adaptation of *Pride and Prejudice* by Jane Austen. The heroine is called Lalita Bakshi and lives in India.

- **Listen** to the song and **explain** how Lalita has her own vision of love and marriage and wants to make her own decisions.

AUDIO

## Film

*Austenland*, Jerusha Hess, 2013

Obsessed with *Pride and Prejudice*, an American woman travels to a Jane Austen summer camp looking for Mr. Darcy.

- **Watch** the trailer and **explain** how society's standards were extremely important in England's Regency era.

VIDÉO

## Article

“‘Unmarriageable’ sets ‘Pride and Prejudice’ in Pakistan”, Ilana Masad, *npr.org*, January 20, 2019

“ As with Austen, whose books could be read as fun and simple romances or acerbic examinations of class and women's choices (and lack thereof), Kamal's *Unmarriageable* succeeds in being both a deliciously readable romantic comedy and a commentary on class in post-colonial, post-partition Pakistan, where the effects of the British Empire still reverberate. ”

- **Read** the review and **explain** how both novels' heroines went against the grain and enabled both writers to convey a message on society.

ARTICLE

## Entraîne-toi à l'oral

ÉPREUVE ORALE

### Step 1 Build up your speech!

- Choose one of the topics discussed in the unit that you particularly liked (love and money, pride, marriage, etc.).
- Pick out one document from the file, add a personal one and pick out another one from this page to illustrate this topic. OBJECTIF BAC p. 288-289
- Prepare your presentation: you must show how these documents relate to the topic you chose.

### Step 2 Make your presentation in front of two classmates.

- Show your documents to your classmates and explain your point in about five minutes. OBJECTIF BAC p. 292-293

### Step 3 Answer your classmates' questions about your presentation.

FILE 7

RENCONTRES
AXE 2 : RELATION ENTRE L'INDIVIDU ET LE GROUPE

# On the road

▶ How has the road shaped American identity?

More on SPEAKEASY NEWS
speakeasy-news.com

FINAL TASK Make a short film about "Americans on the Road" for an on-screen exhibition.

## 1 Longing for freedom

LANDMARKS p. 264-265

### Doc 1. Wide open spaces

AUDIO

Ian GUY, *Easy Riders*, 2009

**CULTURE SPOT**

**'Born to be Wild'** is the opening credit song of the famous road movie *Easy Rider* released in 1969.

**a.** **Look** at the painting and **identify** basic information (place, time, characters).

**b.** **Pay attention** to details and **find** common points between the bikers and the characters in the landscape.

**c.** **Listen** to the song and **explain** what is "wild" about the biker.

**d.** **Discuss** how the biker embodies the American spirit.

**WORDS**

- **an**them /'ænθəm/: *hymne*
- **may**hem = cha**o**s /'keɪɒs/ ≠ **har**mony

- **daunt**less = intr**e**pid
- **gri**tty (voice) = rough /rʌf/
- id**y**llic /ɪd'ɪlɪk/

- unconven**tio**nal
- un**ta**med /ʌn'teɪmd/= wild

- dep**ict** = portr**ay**
- emb**o**dy = pers**o**nify
- stand for = s**y**mbolise = repres**ent**

## Doc 2. Jack Kerouac

AUDIO

(Audio: NPR, 2007)

**AT HOME** Listen to Jack Kerouac's reading of an extract from *On the Road*. Comment on his prose.

AUDIO

**a. Listen** to the recording and **pick out** basic information about the novel (literary movement, main topic and characters).

**b.** STYLE **Find out** what characterises Jack Kerouac's writing style. OBJECTIF BAC p. 284-285

**c. Identify** Jack Kerouac's writing technique and **explain** why he used this method.

### CULTURE SPOT

The **Beat Generation** was an anti-conformist movement in the 1950s in the U.S. The term was coined by Jack Kerouac in 1948: *"Its beat, it's the beat to keep, it's the beat of the heart, its being beat and down in the world."*

## Doc 3. Hitting the road

AUDIO

*Young writer Sal Paradise's encounter with free-spirited Dean Moriarty marks a new turn in his life. The two friends are on a road trip from New Jersey with Dean's girlfriend, Marylou.*

We all jumped to the music and agreed. The purity of the road. The white line in the middle of the highway unrolled and hugged our left front tire as if glued to our groove. Dean hunched his muscular neck, T-shirted in the winter night, and blasted[1] the car along. He insisted I drive through Baltimore for traffic practice; that was all right, except he and Marylou insisted on steering[2] while they kissed and fooled around[3]. It was crazy; the radio was on full blast. Dean beat drums on the dashboard till a great sag[4] developed in it; I did too. The poor Hudson—the slow boat to China—was receiving her beating.

"Oh man, what kicks[5]!" yelled Dean.

Jack KEROUAC, *On the Road*, 1957

**1.** make a very loud sound **2.** *tenir le volant* **3.** behave in a silly way
**4.** *renfoncement* **5.** strong feeling of excitement

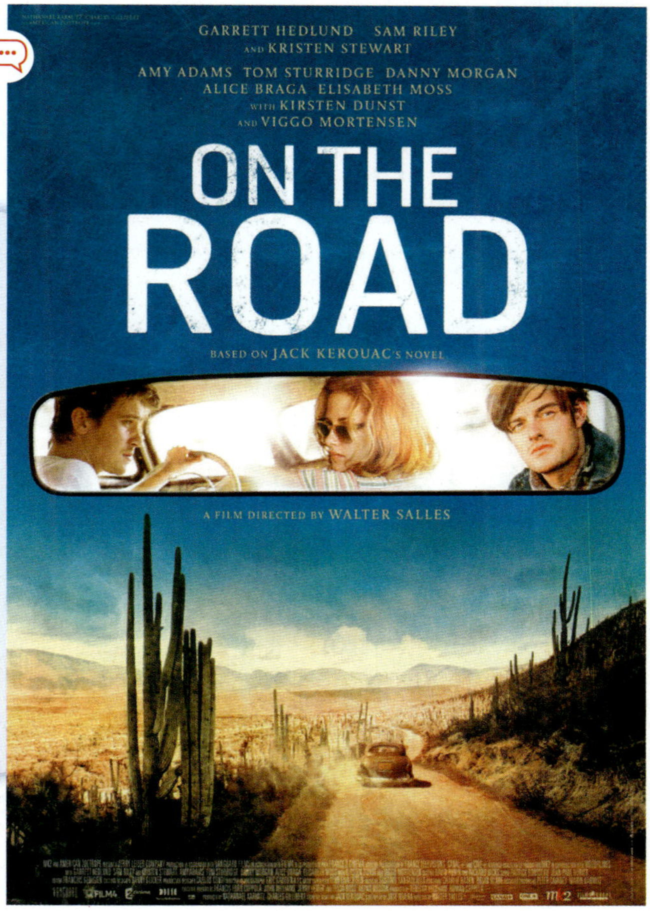


**a. Look** at the poster and **say** what the road and the rear-view mirror might symbolise.

**b. Read** the text and **identify** the characters' actions and attitude.

**c. Focus** on punctuation and syntax. **Explain** how they convey the characters' excitement.

**d.** PHONOLOGY **Identify** repeated sounds in this sentence: *"Dean beat drums on the dashboard till a great sag developed in it"* (l. 9-10). **Explain** what effect is created.

**e. Discuss** how this passage illustrates the spirit of the "Beat Generation".

**YOUR TASK** **Record** a short video presentation about Jack Kerouac for the "making-of" of the movie *On the Road*.

### BOOST YOUR SKILLS!

**Présenter un auteur**

- Utilise les temps du passé pour des éléments biographiques : *He* ***wrote*** On the Road.
- Utilise le présent pour qualifier son œuvre : *In* On the Road, *Kerouac* ***mythologises*** *his friends.*
- Mets l'accent sur ce qu'il a accompli : *Jack Kerouac* ***was hailed as*** *the voice of the Beat Generation. He* ***famously*** *typed the entire first draft in* ***just*** *three weeks.*

EXPLORE

# 2 The building of a nation

LANDMARKS p.260-261

## Doc 1. The Lewis and Clark expedition

VIDÉO

▲ Edgar Samuel PAXSON, *Lewis and Clark at Three Forks*, 1912
(Video: *National Geographic*, 2002)

**CULTURE SPOT**

The **Lewis and Clark expedition (1804-1806)** was commissioned to explore and map the newly acquired western territory. **Sacagawea**, a Native American woman, accompanied them on their mission as a guide.

**a. Look** at the picture and at the map. **Imagine** what difficulties Lewis and Clark encountered during their expedition.

**b. Watch** the video and **find out** why this expedition was an exceptional challenge at the time.

**c.** GRAMMAR **Observe** the sentence: *"It may also have been the most dangerous"*. **Explain** how to formulate hypotheses on past events.

**d. Read** the timeline and **comment** on the following sentence: *"[The Lewis and Clark expedition] defined a continent and changed the course of a nation's history forever"*.

**WORDS**

- assimil**a**tion
- food short**a**ges: *pénurie alimentaire*
- inv**a**der
- pr**i**vate /'praɪvət/ pr**o**perty

- disr**u**pting = dist**u**rbing
- imp**e**nding = c**o**ming soon
- n**o**madic ≠ s**e**ttled

- aff**e**ct = **a**lter
- claim
- grab = seize /siːz/
- tame /teɪm/ = dom**e**sticate
- thrive /θraɪv/ = dev**e**lop

**Westward expansion** (timeline: 1800 – 1810 – 1820 – 1830 – 1840 – 1850 – 1860 – 1870 – 1880 – 1890)

**1803** — President Thomas Jefferson purchases **the Louisiana Territory** from France for $15 million, which doubles the size of the country.

**1804-1806** — **Lewis and Clark** expedition.

**1830** — President Andrew Jackson signs the **Indian Removal Act** beginning the forced relocation of thousands of Native Americans in what became known as **the Trail of Tears**.

**1840-1860** — 300,000 to 400,000 people migrate west on the Oregon Trail.

**1848-1849** — Around 90,000 "Forty-niners" move to **California to find gold**.

**1890** — The U.S. Government announces that **all the lands have been explored**. About 300 Lakota are massacred at the **Battle of Wounded Knee**.

## Doc 2. Westward expansion

**CULTURE SPOT**

In the 19th century, **Manifest Destiny** described the belief that the Americans were destined by God to spread civilisation over the entire continent.

**a. Look** at the painting and **identify** the elements used to illustrate the conquest of the West.

**b. Explain** how the painting *American Progress* reflects the ideology of "Manifest Destiny".

**c. Comment** on how Native Americans are represented.

▲ John GAST, *American Progress*, 1872

## Doc 3. A Native American point of view

AUDIO

*The constant movement of the white emigrants was a source of trouble for the native population. Sarah Winnemucca recalls her father's warning to the Northern Piutes in the 1840s.*

My father told his people his fearful dream, as he called it. He said,

"I dreamt this same thing three nights, – the very same. I saw the greatest emigration that has yet been through our country. I looked North and South and East and West, and saw nothing but dust, and I heard a great weeping[1]. I saw women crying, and I also saw my men shot down by the white people. They were killing my people with something that made a great noise like thunder and lightning, and I saw the blood streaming from the mouths of my men that lay all around me. I saw it as if it was real. Oh, my dear children! You may all think it is only a dream – nevertheless, I feel that it will come to pass. And to avoid bloodshed, we must all go to the mountains during the summer, or till my father comes back from California. He will then tell us what to do. Let us keep away from the emigrant roads and stay in the mountains all summer. There are to be a great many pine-nuts[2] this summer, and we can lay up great supplies[3] for the coming winter, and if the emigrants don't come too early, we can take a run down and fish for a month, and lay up dried fish. I know we can dry a great many in a month, and young men can go into the valleys on hunting excursions, and kill as many rabbits as they can. In that way we can live in the mountains all summer and all winter too."

Sarah Winnemucca HOPKINS, *Life among the Piutes: their Wrongs and Claims*, 1883

**a. Read** the text and **find out** how the westward migration disrupted the Piutes' way of life.

**b. Pay attention** to modals and **identify** the tone of the chief's speech.

**YOUR TASK** MÉDIATION As a historian, **write** an article for a special issue of a history magazine on "Westward Expansion in the U.S."

DIFFÉRENCIATION

**WAY 1** **Describe** how it changed the American nation.

**WAY 1** **Comment** on how it impacted Native Americans.

**BOOST YOUR SKILLS!**

**Rendre compte de bouleversements dans le passé**

- Pose ou rappelle le contexte historique : *More than 150 years* before Man journeyed to the Moon.
- Souligne l'importance des évènements : *It was* ***the greatest*** *emigration.*
- Décris des habitudes dans le passé : *The Piutes* ***would go*** *on hunting excursions.*
- Rends compte de ce qui n'existe plus : *The Indians* ***used to*** *move from one place to another.*

# In search of a new life

LANDMARKS p.262-263

## Doc 1. Driving west

▲ Dorothea LANGE, "Migratory family in automobile camp, California", 1936
Photographer Lange worked for the U.S. government Farm Security Administration from 1935 to 1939, documenting the effects of the "Dust Bowl".

### CULTURE SPOT

The term **"Dust Bowl"** refers to a series of dust storms caused by drought in the southern plains region of the USA in the 1930s. As a consequence, many farming families moved to California to find work and better living conditions.

**a. Describe** the photograph and **imagine** the story of this family.

**b. Explain** why Dorothea Lange is a witness to history.

**AT HOME** Discover other photographs by Dorothea Lange and present one to the rest of the class.

IMAGES

## Doc 2. Escaping the Dust Bowl

AUDIO

*Set during the 1930s, the Joads are driven from their farm in Oklahoma by the "Dust Bowl" and set out for California on Route 66 along with thousands of other poor families in the hope of finding jobs, land and a better future.*

**Chapter 13**

Al drove in and nosed the Hudson[1] up to the hose. As they pulled in, a stout man, red of face and arms, got up from a chair behind the gas pumps and moved toward them. [...] He strolled toward the truck, looking truculent[2] and stern.

"You folks aim to buy anything? Gasoline or stuff?" he asked.

Al was out already, unscrewing[3] the steaming radiator cap[4] with the tips of his fingers, jerking his hand away to escape the spurt[5] when the cap should come loose.

"Need some gas, mister."

"Got any money?"

"Sure. Think we're beggin'?"

The truculence left the fat man's face. "Well, that's all right, folks. He'p yourself to water." And he hastened to explain. "Road is full a people, come in, use water, dirty up the toilet, an' then, by God, they'll steal stuff an' don't buy nothin'. Got no money to buy with. Come beggin' a gallon gas to move on."

**Chapter 17**

Two hundred and fifty thousand people over the road. Fifty thousand old cars—wounded, steaming. Wrecks along the road, abandoned. Well, what happened to them? What happened to the folks in that car? Did they walk? Where are they? Where does the courage come from? Where does the terrible faith come from?

[...] The people in flight from the terror behind—strange things happen to them, some bitterly cruel and some so beautiful that the faith is retired forever.

John STEINBECK, *The Grapes of Wrath*, 1939

**1.** car **2.** aggressive **3.** *dévisser* **4.** *bouchon du radiateur* **5.** *giclement*

**a. Read** the excerpt from chapter 13 and **identify** the place and Al's intentions.

**b. Explain** the gas-station attendant's first reaction and what it says about the economic context.

**c. Comment** on the evolution in his attitude.

**d. Read** the excerpt from chapter 17 and **comment** on the effect created by the use of nominal sentences.

**e. Analyse** the long series of questions and **say** what they reveal about the situation.

## Doc 3. How Americans fell in love with taking road trips

Although still new to the American scene by 1920, the road trip thus had begun to take on a shape familiar to modern eyes. Above all, the automobile was assuming a dominant role in popular recreation as more and more Americans incorporated it into their visions of recreation and leisure. As costs fell and reliability[1] increased, as the successful outings of the few began to inspire the many, and as the thrill of this new technology spread through an ever-wider range of the populace, motoring for pleasure insinuated itself as a notion in the minds of many Americans. Indeed, less than a decade after the turn of the 20th century, author William F. Dix could assert that the automobile had become nothing less than a "vacation agent" for motor-savvy[2] Americans as it "opens up the countryside to the city dweller, [and holds out the promise of] great national highways stretching from ocean to ocean and from North to South." Over those highways, he continued, "would sweep endless processions of light, graceful, and inexpensive vehicles... carrying rich and poor alike into a better understanding of nature and teaching them the pure and refreshing beauties of the country."

Peter J. BLODGETT, *Time*, 2015

▲ 1952 Chevrolet car advert

1. *fiabilité* 2. knowledgeable about cars

**a. Read** the article and **find** what roles the car played in American society.

**b.** GRAMMAR *"[...] the road trip thus had begun to take on a shape familiar to modern eyes"* (l. 1-2). **Explain** the use of the past perfect in this sentence.

## Doc 4. *Going and Coming*

VIDÉO

(Video: Norman Rockwell Museum, 2015)

**a. Look** at the still and **imagine** the goal of the video.

**b. Watch** the video and **take notes** about the work of art.

**c. Comment** on the way the curator analyses the artwork.

**YOUR TASK** Describe and analyse the painting *Family Day Trip* for a guided tour of John Philip Falter Museum.

IMAGE

### BOOST YOUR SKILLS!

**Présenter et analyser une œuvre**

- Explicite le titre de l'œuvre : *As the title* ***describes****...*
- Décris l'œuvre : ***On top,*** *there is an excited family... They are* ***obviously*** *looking forward to a day away.*
- Place l'œuvre dans son contexte historique : *The interesting thing about this painting is* ***the time in which*** *it was painted...*
- Donne des explications : ***In fact,*** *that was one of Norman Rockwell's neighbours*

### WORDS

- entert**ai**nment = l**ei**sure /'leʒə/
- ride
- st**a**mina /'stæmɪnə/: *endurance*

- b**o**ring = t**e**dious
- enthusi**a**stic
- exh**au**sting
- exh**i**larating /ɪg'zɪləreɪtɪŋ/

- unf**a**zed = undist**ur**bed
- doze off = fall asl**ee**p
- enj**oy** the sc**e**nery /'siːnərɪ/ = adm**i**re the l**a**ndscape
- hit the open h**i**ghway
- step out of the **e**veryday

## Doc 1. The making of *The Straight Story*

In 1994, an elderly man named Alvin Straight rode a lawnmower[1] 300 miles across the Midwest of America to visit his ailing[2] brother. It was a slow, uneventful journey, which took six weeks. Of all film-makers, David Lynch seemed the least likely to be attracted to such a tale. [...] So how did he come to direct the spiritually profound road movie *The Straight Story* (1999)? For that, we have to thank Mary Sweeney, his longtime editor, producer, and then-partner.

Having not spoken to [his brother] for almost a decade, Straight wanted to make peace. But there was a stumbling block: because of his failing eyesight, Straight no longer had a driver's license, and he didn't trust public transport. So, instead, he hitched a homemade 10-foot-trailer to his rickety[3] old Airens lawn tractor, and set off on the open road.

Sweeney remembers the story resonating on a personal level. "Growing up in Wisconsin," she tells me down the phone, "I easily connected with that kind of stoic, non-verbal, stubborn, idiosyncratic[4] American character.

The film's an allegory insomuch as the people Straight encounters, from a teenage hitchhiker early on to a fellow Second World War veteran towards the end, reflect the passage of time.

Patrick SMITH, *The Daily Telegraph*, 2017

**1.** *tondeuse* **2.** ill **3.** *branlant* **4.** peculiar

**CULTURE SPOT**

In a **road movie**, the main characters are travelling either to flee from something, or on a journey to (self-)discovery.

**a. Read** the article and **say** what this movie is about.

**b. Identify** the reasons why the story was adapted for the screen.

**c.** STYLE **Focus** on the last sentence: *"The film's an allegory..."* (l. 29-33). **Explain** what an "allegory" is.
OBJECTIF BAC p. 284-285

**d. Discuss**: How does *The Straight Story* fit in the road movie genre?

(Video: Thereabouts, 2018)

## Doc 2. Route 66

**a. Watch** the video and **pick out** information about the riders' trips (places, duration, and goal).

**b. Explain** why Route 66 is an iconic road in the US.

**c. Comment** on the riders' choice to use bikes to travel Route 66.

## FINAL TASK

### Make a short film about "Americans on the Road" for an on-screen exhibition.

**An American cinema is organising a special event entitled "Exhibitions on Screen". Make a 5-minute short film to present three works which celebrate Americans on the road.**

1. **Select** different mediums to illustrate your theme: a song, an excerpt from a novel, a photograph, a painting or a movie. The pieces displayed (image and/or sound) must be good quality.
2. **Search** the Internet and **take** notes on the author, the context and the work.
3. **Give** your exhibition a name to tie the different works together.
4. **Organise** your notes and arrange your exhibition.
5. **Record** a short presentation of each piece.
6. **Put** all your records **together** and **edit** your film.

OBJECTIF BAC p. 288-289

# BOOST YOUR ENGLISH!

## Grammar — Présenter un ensemble d'œuvres

- **Utilise le présent en *be* + V-*ing* pour décrire la scène d'un document visuel.**
*Columbia **is guiding** American settlers westward.*
*They **are** obviously **looking forward to** a day away.*

- **Choisis des adjectifs pour souligner l'importance des évènements.**
*They faced **unimaginable** hardships and **unpredictable** dangers with **incredible** courage.*

- **Emploie des conjonctions et des adverbes pour structurer ton propos.**
***Although** still new to the American scene by 1920, the road trip **thus** had begun to take on a shape familiar to modern eyes.*

- **Rythme** ta présentation avec des pauses et **accentue** les mots importants.
*It is about **four** riders, / about a **country** at the **crossroads** of history,/ about an **adventure**/ from the **seat** of a **bike**.//*

**1** **Utilise les techniques ci-contre pour présenter le document suivant.**

▲ Dorothea LANGE, "Toward Los Angeles, California", 1937

## Vocabulary — On the road

EXO Lexiquiz

**Travellers** AUDIO
- explorer
- hobo
- migrant /'maɪgrənt/
- vacationers
- dauntless
- restless
- roam /roʊm/ = wander about

**Type** AUDIO
- journey /'dʒɜːnɪ /
- road trip
- quintessential = typical
- go for a ride
- hit the open road

**Motivations** AUDIO
- leisure
- escape from reality
- in search of a better life
- look for adventure

**Change** AUDIO
- self-discovery
- sense of freedom
- way of life = lifestyle
- character-forming
- thriving /'θraɪvɪŋ/

**Experience** AUDIO
- American Dream
- hardships
- exhilarating
- mind-blowing
- get your kicks

**Place** AUDIO
- Route 66
- trail
- iconic /aɪ'kɒnɪk/
- untamed /ʌn'teɪmd/ = wild
- head out

**Writing** AUDIO
- allegory /'ælɪgərɪ/
- epic
- odyssey /'ɑdɪsi/
- capture the imagination
- celebrate
- document one's travels

READ ON

# Of Mice and Men

John Steinbeck, 1937

***George Milton and Lennie Small are two migrant ranch workers, who move from place to place in search of new job opportunities during the Great Depression in the United States. They are on the banks of the Salinas River, not far from Soledad, in California.***

Evening of a hot day started the little wind to moving among the leaves. The shade climbed up the hills toward the top. On the sand banks the rabbits sat as quietly as little gray, sculptured stones. And then from the direction of the state highway came the sound of footsteps on crisp sycamore leaves. The rabbits hurried noiselessly for cover. A stilted[1] heron labored up into the air and pounded down river. For a moment the place was lifeless, and then two men emerged from the path and came into the opening by the green pool.

They had walked in single file down the path, and even in the open one stayed behind the other. Both were dressed in denim trousers and in denim coats with brass buttons. Both wore black, shapeless hats and both carried tight blanket rolls slung over their shoulders. The first man was small and quick, dark of face, with restless eyes and sharp, strong features[2].

Every part of him was defined: small, strong hands, slender arms, a thin and bony nose. Behind him walked his opposite, a huge man, shapeless of face, with large, pale eyes, with wide, sloping[3] shoulders; and he walked heavily, dragging his feet a little, the way a bear drags his paws. His arms did not swing at his sides, but hung loosely. The first man stopped short in the clearing, and the follower nearly ran over him. He took off his hat and wiped the sweat-band with his forefinger and snapped the moisture off. His huge companion dropped his blankets and flung himself down and drank from the surface of the green pool; drank with long gulps, snorting into the water like a horse. The small man stepped nervously beside him.

"Lennie!" he said sharply. "Lennie, for God' sakes don't drink so much." Lennie continued to snort into the pool. The small man leaned over and shook him by the shoulder. "Lennie. You gonna be sick like you was last night."

Lennie dipped his whole head under, hat and all, and then he sat up on the bank and his hat dripped down on his blue coat and ran down his back. "Tha's good," he said. "You drink some, George. You take a good big drink." He smiled happily.

George unslung his bindle[4] and dropped it gently on the bank. "I ain't sure it's good water," he said. "Looks kinda scummy."

Lennie dabbled his big paw in the water and wiggled his fingers so the water arose in little splashes; rings widened across the pool to the other side and came back again. Lennie watched them go. "Look, George. Look what I done."

George knelt beside the pool and drank from his hand with quick scoops. "Tastes all right," he admitted. "Don't really seem to be running, though. You never oughta drink water when it ain't running, Lennie," he said hopelessly. "You'd drink out of a gutter[5] if you was thirsty."

He threw a scoop of water into his face and rubbed it about with his hand, under his chin and around the back of his neck. Then he re- placed his hat, pushed himself back from the river, drew up his knees and embraced them. Lennie, who had been watching, imitated George exactly. He pushed himself back, drew up his knees, embraced them, looked over to George to see whether he had it just right. He pulled his hat down a little more over his eyes, the way George's hat was.

1. *guindé*
2. *traits*
3. falling
4. bag
5. *caniveau*

George stared morosely at the water. The rims of his eyes were red with sun glare. He said angrily, "We could just as well of rode clear to the ranch if that bastard bus driver knew what he was talkin' about. 'Jes ' a little stretch down the highway,' he says. 'Jes' a little stretch.' God damn near four miles, that's what it was! Didn't wanta stop at the ranch gate, that's what. Too God damn lazy to pull up. Wonder he isn't too damn good to stop in Soledad at all. Kicks us out and says, 'Jes ' a little stretch down the road.' I bet it was more than four miles. Damn hot day."

Lennie looked timidly over to him. "George?"

"Yeah, what ya want?"

"Where we goin', George?"

**a. Give** the nature of the text.
**b. Describe** the setting and the impression it gives.
**c. Identify** the two men's social status and their situation.
**d. Explain** what the scene reveals about their relationship.
**e. Comment** on *"Where we goin', George?"*

### CULTURE SPOT

**John Steinbeck** (1902-1968) was an American writer who won the 1962 Nobel Prize in literature. His most famous works are *Of Mice and Men* (1937), *The Grapes of Wrath* (1939), *Cannery Row* (1945) and *East of Eden* (1952). They inspired brilliant film directors such as **Gary Sinise** in his **1992** version of *Of Mice and Men*.

## TRANSLATION WORKSHOP

OBJECTIF BAC p. 286-287

**Maintenant que tu as bien compris le texte, tu peux en traduire un extrait. Relis le passage de *"Lennie!"* (l. 22) à *"happily."* (l. 27).**

### 1 Analyse l'extrait

**a. Identifie** les personnages et le lieu précis où ils se trouvent.

**b. Observe** les temps du récit. Quels temps vas-tu choisir en français ?

**c. Repère** les passages de dialogue et **analyse** le niveau de langue utilisé.

• Note le décalage entre la langue utilisée pour la description et la langue orale des personnages. Les registres seront différents en français.

### 2 Découvre une stratégie de traduction : l'étoffement

**a. Observe** cette phrase et sa traduction.
Comment ont été traduits *be* et *was* ?

*You gonna **be** sick like you **was** last night.*
Tu vas **t'rendre** malade comme Ø la nuit dernière.

**b. Observe** cette phrase. **Identifie** la bonne traduction et explique ton choix.

*Lennie dipped **his whole head under, hat and all.***
**A.** Lennie plongea **sa tête entière sous le chapeau et tout le reste.**
**B.** Lennie plongea **toute la tête sous l'eau, y compris son chapeau.**

**c. Dans ces deux phrases (a et b)**, a-t-on changé de catégorie grammaticale de l'anglais vers le français ou a-t-on ajouté ou supprimé des mots ?

• La langue anglaise est souvent plus synthétique que le français. Les prépositions notamment se suffisent souvent à elles-mêmes en anglais, ce qui n'est pas le cas en français. N'hésite pas à étoffer la phrase pour la rendre plus authentique en français.

### 3 Traduis l'extrait

**Traduis** le passage de *"Lennie"* (l. 22) à *"happily."* (l. 27) en veillant à la ponctuation et aux marques d'oralité. **Utilise** un dictionnaire unilingue si besoin.

• Pour traduire les dialogues, tu peux introduire des élisions ou des ruptures de syntaxe sans avoir peur de faire des erreurs.

EXPLORE

# 2 Worlds apart

LANDMARKS p. 274-275

## Doc 1. Depicting the colonial Caribbean

By depicting an entirely new geographical setting unknown to British audiences, Brunias[1] tapped into the nation's projected fantasies of the 'exotic', while portraying the West Indies as a (largely fictionalised) tropical, harmonious land of abundance and prosperity.

[He] conjured up romanticised visions of an idyllic, exotic, colonial life in the West Indies for his prospective buyers living in or travelling through its islands.

Aesthetically pleasing, yet not without political intent, Brunias' paintings served as a form of propaganda. [He] promoted the West Indies as a 'thriving[2] colonial economy', a place of opportunity where the generations of deported African peoples were not resisting their enslavement.

Rather than presenting an objective reality – he painted in the tradition of '*vérité ethnographique*' (meaning 'ethnographic truth') – his works omitted the violent realities, punishment and discipline of enslaved labour. Instead, Brunias captured diverse and joyous social gatherings[3] of slaves, freed people of colour and colonisers, mirroring images of the refinement and respectability found in Europe.

Lydia FIGES, *artuk.org*, July 25, 2019

▲ Agostino BRUNIAS, *Linen Market, Dominica*, 1780

1. a London-based painter (1730-1796) 2. vigorous 3. assemblies

**a. Describe** the painting (atmosphere, place, people). OBJECTIF BAC p. 281

**b. Read** the text and **pick out** the characteristics of the painter's work and his target audience.

**c. Find** elements in the text showing how the painter transformed reality in his art.

### CULTURE SPOT

**The triangular trade route** lasted from the late 16th to the early 19th century: British manufactured goods left by ship for West Africa; this cargo was exchanged for slaves who were then sold at auction to plantation owners in the West Indies, giving British ships the means to load sugar, coffee and tobacco and sail home.

## Doc 2. "Remember the Madagascar!"

▲ British politician William Wilberforce, leader of the movement to abolish the slave trade, played by Ioan Gruffudd in Michael Apted's *Amazing Grace*, 2006

### WORDS

- abolitionist
- slaver = slaveship (boat), slave dealer (person)
- sunshade = sun umbrella

- idyllic
- naive

- revolting = repulsive
- twisted = distorted

- put in the hold = keep below decks
- reek of death = stink
- see sth in one's mind's eye

**a. Watch** the video. **Say** where the scene is set, who is present and why.

**b. Describe** the change in atmosphere between the beginning and the end of the scene.

**c.** STYLE **Focus** on the repetitions of words. **Explain** their effect and **say** how it helps the speaker's intentions.

## Doc 3. Looking across the sea AUDIO

*Grandbois, Barbados, late 1830s. Antoinette Cosway, a white Creole woman born in Jamaica, is disillusioned with her recent marriage to Englishman Edward Rochester. Antoinette confides in Christophine, her childhood nurse and lifelong family servant.*

"When must I go, where must I go?"

"But look me trouble, a rich white girl like you and more foolish than the rest. A man don't treat you good, pick up your skirt and walk out. Do it and he come after you."

"He will not come after me. And you must understand I am not rich now, I have no money of my own at all, everything I had belongs to him."

"What you tell me there?" she said sharply.

"That is English law."

"Law! The Mason boy[1] fix it, that boy worse than Satan and he burn in Hell one of these fine nights. Listen to me now and I advise you what to do. Tell your husband you feeling sick, you want to visit your cousin in Martinique. Ask him pretty for some of your own money, the man not bad-hearted, he give it. When you get away, stay away. Ask more. He give again and well satisfy. In the end he come to find out what you do, how you get on without him and if he see you fat and happy he want you back. Men like that. Better not stay in that old house. Go from that house, I tell you."

"You think I must leave him?"

"You ask me so I answer."

"Yes," I said. "After all I could, but why should I go to Martinique? I wish to see England, I might be able to borrow money for that. Not from him but I know how I might get it. I must travel far, if I go."

I have been too unhappy, I thought, it cannot last, being so unhappy, it would kill you. I will be a different person when I live in England and different things will happen to me ... England, rosy pink in the geography book map, but on the page opposite the words are closely crowded, heavy looking. Exports, coal, iron, wool. Then Imports and Character of Inhabitants. Names, Essex, Chelmsford on the Chelmer. […] Cool green leaves in the short cool summer. Summer. There are fields of corn like sugar-cane fields, but gold colour and not so tall. After summer the trees are bare, then winter and snow. White feathers falling? Torn pieces of paper falling? They say frost makes flower patterns on the window panes. I must know more than I know already. For I know that house where I will be cold and not belonging, the bed I shall lie in has red curtains and I have slept there many times before, long ago. How long ago? In that bed I will dream the end of my dream. But my dream has nothing to do with England and I must not think like this. I must remember about chandeliers and dancing, about swans[2] and roses and snow. And snow.

"England," said Christophine, who was watching me. "You think there is such a place?"

Jean RHYS, *Wide Sargasso Sea*, 1966

▲ Antoinette, played by Casey Berna in John Duigan's *Wide Sargasso Sea*, 1993

1. Antoinette's stepbrother who arranged the marriage 2. *cygnes*

**CULTURE SPOT**

**Caribbean Creole** is an example of a fully developed language resulting from contact between a dominant and a subordinate group during the slave trade. This Creole uses English words in a consistent grammatical system which is different to standard English.

**GOING FURTHER** Antoinette Bertha Cosway and Edward Rochester were originally created by Charlotte Brontë in *Jane Eyre* (1847). Listen to this extract from a BBC programme and find out how reading *Wide Sargasso Sea* changed the speaker's appreciation of *Jane Eyre*. AUDIO

**YOUR TASK** **Write** a page from Antoinette's diary where she describes what England really looks like.

DIFFÉRENCIATION

**WAY 1** She expresses her feelings.

**WAY 2** She explains why she is delighted or disappointed.

**BOOST YOUR SKILLS!**

**Décrire la réalité d'un lieu**

- Contraste l'imaginaire et le réel par la négation : *I* ***used to think*** *the country was... It's* ***not as beautiful as*** *I* ***imagined****...*
- Souligne les contre-vérités : *We* ***are always being told*** *that...* • ***However*** *that is* ***far from being true****.*

**a. Read** the opening dialogue. **Identify** Antoinette's dilemma and Christophine's advice.

**b. Name** the narrator for lines 20 to 34. **Compare** her two visions of England.

**c. Explain** what Christophine's last sentence suggests about her perception of England.

**d.** GRAMMAR **Focus** on the way Christophine speaks in the extract. **Pick out** some characteristics of the Creole grammar system she uses. **Explain** how it represents a shared culture.

EXPLORE

# 3 Land of promises

LANDMARKS p. 256-257

## Doc 1. Going to Britain?

*Originally a series of radio broadcasts, this pamphlet was primarily written by Caribbean men who were already living in London.*

**The People around You**

From the time you start to live in England it is as if a sea of white faces is always around you. Don't forget this is no small island. In London alone there are more than eight million people living. [...]

**You are the Stranger**

However, your greater problem will be getting along with your white neighbours. One thing you must always keep in mind is that their knowledge of your country is much less than your knowledge of theirs. [...] There are some parts of England where the sight of a coloured man is still an uncommon thing. [...] Children especially can be very curious about your colour. A child may point you out to its mother and exclaim: 'Look at that black man, mummy!'

**No Offence Meant[1]**

Don't take offence at things like these. If in the house where you live, you see one or two of them whispering and pointing to you, it may well be that they are wondering why you wear your hat with the brim[2] turned up all around, for instance: it doesn't have to mean they are making fun of you. You may be surprised at some of the questions they may ask you, and you might feel that they are insulting you on the sly[3], but it is only their ignorance of you and your country. I know a Barbadian who was asked, in all seriousness, if the people in his country lived in houses or if they lived in the jungle, and also, if he had ever worn clothes before he came to England.

**Politeness is the Key**

The way how people live here, you can be in the same house for years and never share a word with the other tenants[4]. Respect that privacy. [...] They don't stand up on the doorstep gossiping, or form a crowd on the pavement to talk about the latest ballad. I notice some West Indians still have that habit and I can tell you it isn't one that English people like. What they like is politeness.

*Going to Britain?*,
BBC Caribbean Service, 1959

1. intended 2. *bord* 3. in secret 4. *locataires*

▲ Recruits in Barbados being hired by London Transport (like thousands of others from 1956 to 1970)

**a.** **Look** at the photograph and **read** the pamphlet. **Explain** who wrote it, when and who for.

**b.** **Find** examples of problems Caribbean men faced.

**c.** GRAMMAR **Pick out** and **justify** the use of the different modals.

**d.** **Describe** the tone of this pamphlet and **say** how it can be justified.

## Doc 2. At the coronation

AUDIO

▲ Coronation of Elizabeth II on 2 June 1953
(Audio: George BROWNE aka YOUNG TIGER, *I was there (at the Coronation)*, 1953

**CULTURE SPOT**

**Calypso** was created by Trinidadian slaves in the 17th century. By the 20th century, it had become a way of spreading news and commenting freely all over the Caribbean. British censorship of their songs encouraged major calypsonians such as Lord Kitchener and Young Tiger to develop humour in their performances.

**a.** **Observe** the photo and **listen** to the song. **Pick out** details of the event given by the singer.

**b.** STYLE **Explain** the use of gradation.

**c.** **Explain** how the tone and style of the song influence our perception of the event.

## Doc 3. A lonely Londoner

*Moses migrated to London from Trinidad 10 years ago. He often meets new arrivals from the Caribbean and helps them when he can with his knowledge of living and working in England.*

"Sometimes I look back at all the years I spend in Brit'n" Moses say, "and I surprise that so many years gone by. Looking at things in general, life really hard for the boys in London. This is a lonely miserable city, if it was that we didn't get together now and then to talk about things back home, we would suffer like hell. Here is not like home where you have friends all about. In the beginning you would think that is a good thing, that nobody minding your business, but after a while you want to get in company, you want to go to somebody house and eat a meal, you want to go on excursion to the sea, you want to go and play football and cricket. Nobody in London does really accept you. They tolerate you, yes, but you can't go in their house and eat or sit down and talk. It ain't have no sort of family life for us here. Look at Joseph. He married to a English girl and they have four children, and they living in two rooms in Paddington. He apply to the LCC[1] for a flat, but it look like he would never get one. Now the children big enough to go to school, and what you think? Is big fight everyday because the other children calling him darkie." [...]

The changing of the seasons, the cold slicing winds, the falling leaves, sunlight on green grass, snow on the land, London particular. Oh what it is and where it is and why it is, no one knows, but to have said: "I walked on Waterloo Bridge," "I rendezvoused at Charing Cross," "Piccadilly Circus is my playground," to say these things, to have lived these things, to have lived in the great city of London, centre of the world. To one day lean against the wind walking up Bayswater Road (destination unknown), to see the leaves swirl and dance and spin on the pavement (sight unseeing), to write a casual letter home beginning: "Last night in Trafalgar Square..." [...]

One night of any night, liming[2] on the Embankment near to Chelsea, he[3] stand on the bank of the river, watching the lights of the buildings reflected in the water, thinking what he must do, if he should save up money and go back home, if he should try to make it by next year before he change his mind again.

Sam SELVON, *The Lonely Londoners*, 1956

1. London County Council 2. hanging around 3. Moses

**WORDS**

- finery /ˈfaɪnəri/
- loneliness
- prejudice
- procession
- royal coach

- elaborate = ornate
- touchy = sensitive

- get along
- talk behind your back ≠ say sth to your face
- welcome = make sb feel at home

**a.** **Look** at the book cover and **make** hypotheses about the man's situation.

**b.** **Read** the beginning of the text. **Pick out** the reasons why life was *"really hard for the boys in London"* (l. 3-4).

**c.** **Focus** on Joseph and **say** what we learn about his situation.

**d.** GRAMMAR **Focus** on grammar from line 13 to line 16. **Identify** unusual forms and **comment** on them.

**e.** **Identify** what keeps migrants in London in spite of all the problems.

**YOUR TASK** As a BBC journalist, **record** a short portrait of Moses and his life as presented in the excerpt from *The Lonely Londoners*.

**BOOST YOUR SKILLS!**

**Décrire une expérience interculturelle**

- Prends appui sur le vécu de la personne : ***Based on*** *what he has seen...* • ***His time here*** *has taught him...*
- Utilise des questions rhétoriques pour commenter : ***Can't people just accept*** *differences?* • ***Who wants to be*** *a second-class citizen all their life?*

**BAC**
ÉPREUVE ÉCRITE DE 1RE

RENCONTRES

GUIDE DU LYCÉEN
Présentation des épreuves p. 14-15

# Sujet type bac

**Le sujet porte sur la thématique « Rencontres ».**
Durée : 2 heures
Niveau attendu : B2

**Prenez connaissance des documents A, B et C et traitez le sujet ci-contre en anglais.**

Write a short commentary (minimum 300 words) on the three documents: taking into account the similarities and differences between the documents, focus on how the authors and the artist represent romantic encounters and the barriers that keep young people apart.

## Document A Scene VII

*Laura Wingfield, a young woman who is physically handicapped, is nervously awaiting the arrival of a guest. The scene takes place at the Wingfield home.*

**LAURA:** Are you sure his name is Jim O'Connor?
**AMANDA:** Yes. Why?
**LAURA:** Is he the one that Tom used to know in high school?
**AMANDA:** He didn't say so. I think he just got to know him at the warehouse[1]. [...]
**AMANDA:** Laura, Laura, were you in love with that boy?
**LAURA:** I don't know, Mother. All I know is I couldn't sit at the table if it was him!
**AMANDA:** It won't be him! It isn't the least bit likely. But whether it is or not, you will come to the table. You will not be excused.
**LAURA:** I'll have to be, Mother.
**AMANDA:** I don't intend to humor[2] your silliness, Laura. I've had too much from you and your brother, both! So just sit down and compose yourself till they come. Tom has forgotten his key so you'll have to let them in, when they arrive. [...]
(TOM *and* JIM *appear on the fire-escape steps and climb to the landing. Hearing their approach,* LAURA *rises with a panicky gesture. She retreats to the portières. The doorbell.* LAURA *catches her breath and touches her throat. Low drums.*)
**AMANDA** (*Calling*): Laura, sweetheart! The door!
(LAURA *stares at it without moving.*)
**JIM:** I think we just beat the rain.
**TOM:** Uh-huh. (*He rings again, nervously.* JIM *whistles and fishes for a cigarette.*)
**AMANDA** (*Very, very gaily*): Laura, that is your brother and Mr. O'Connor! Will you let them in, darling?
(LAURA *crosses toward kitchenette door.*)
**LAURA** (*Breathlessly*): Mother—you go to the door!
(AMANDA *steps out of kitchenette and stares furiously at* LAURA. *She points imperiously at the door.*)
**LAURA:** Please, please!
**AMANDA** (*In a fierce whisper*): What is the matter with you, you silly thing?
**LAURA** (*Desperately*): Please, you answer it, *please!*
**AMANDA:** I told you I wasn't going to humor you, Laura. Why have you chosen this moment to lose your mind?
**LAURA:** Please, please, please, you go!
**AMANDA:** You'll have to go to the door because I can't!
**LAURA** (*Despairingly*): I can't either!
**AMANDA:** *Why?*
**LAURA:** I'm *sick*!
**AMANDA:** I'm sick, too—of your nonsense! Why can't you and your brother be normal people? Fantastic[3] whims and behavior! (TOM *gives a long ring.*) [...]
**AMANDA:** Laura Wingfield, you march right to that door!
**LAURA:** *Yes—yes, Mother!*
(*A faraway, scratchy rendition of "Dardanella[4]" softens the air and gives her strength to move through it. She slips to the door and draws it cautiously open.* TOM *enters with the caller,* JIM O'CONNOR.)
**TOM:** Laura, this is Jim. Jim, this is my sister, Laura.

Tennessee WILLIAMS, *The Glass Menagerie*, 1944

1. *entrepôt* 2. please sb by doing as they wish 3. unbelievable
4. a popular song from when Laura's parents were young

## Document B

▲ Roy LIECHTENSTEIN, *Eddie Diptych*, 1962

## Document C Part III: Surrender

The room occupied by Louise was on the second floor of the Hardy house, and her window looked out upon an orchard[1]. There was a stove[2] in the room and every evening young John Hardy carried up an armful of wood and put it in a box that stood by the wall. During the second month after she came to the house, Louise gave up all hope of getting on a friendly footing with the Hardy girls and went to her own room as soon as the evening meal was at an end.

Her mind began to play with thoughts of making friends with John Hardy. When he came into the room with the wood in his arms, she pretended to be busy with her studies but watched him eagerly. When he had put the wood in the box and turned to go out, she put down her head and blushed. She tried to make talk but could say nothing, and after he had gone she was angry with herself for her stupidity.

The mind of the country girl became filled with the idea of drawing close to the young man. She thought that in him might be found the quality she had all her life been seeking in people. It seemed to her that between herself and all the other people in the world, a wall had been built up and that she was living just on the edge of some warm inner circle of life that must be quite open and understandable to others. She became obsessed with the thought that it wanted[3] but[4] a courageous act on her part to make all of her association with people something quite different, and that it was possible by such an act to pass into a new life as one opens a door and goes into a room.

Sherwood ANDERSON, "Godliness, a Tale in Four Parts", *Winesburg, Ohio*, 1919

1. *verger*
2. *poêle*
3. there lacked
4. only

## Synthèse du dossier

**TIPS AND PROMPTS**

**1. Lis et observe attentivement les documents du dossier.**

- Prends rapidement connaissance des documents. Note le nom des auteurs, les titres et les dates des œuvres et essaie de comprendre la thématique du dossier (époque, contexte).
- Examine rapidement les documents pour repérer les principaux champs lexicaux et formuler des hypothèses sur leur contenu.
- En étudiant chaque document de plus près, veille à prendre des notes détaillées : ta synthèse sera évaluée en fonction de la **qualité du contenu** et de la **richesse de la langue**.

> • Note des mots clés : *an excerpt from a play • a recognition scene • a cartoon image • pop art • a painting inspired by comic strips • 20th-century American prose writing • an excerpt from a short story*

OBJECTIF BAC Comprendre un document iconographique p. 281
Lire et comprendre un texte p. 282

**2. Fais la synthèse de tes observations (minimum 300 mots) en t'appuyant sur la consigne du sujet.**

*Taking into account the similarities and differences between the documents, focus on how the authors and the artist represent romantic encounters and the barriers that keep young people apart.*

- À la deuxième lecture du dossier, repère les liens entre les documents en prenant en compte la consigne.
- Pour organiser tes idées, tu peux faire un tableau ou une carte heuristique. Tu peux notamment explorer les points suivants :
  – la famille, l'individu et la rencontre amoureuse ;
  – la vie affective dans une Amérique préoccupée par les convenances ;
  – les obstacles à l'épanouissement d'une relation.
- Structure soigneusement ta synthèse afin de démontrer une bonne **cohérence dans la construction du discours**.
- En rédigeant ton travail, veille à la **correction de la langue écrite**.

> • Note tes impressions en utilisant des termes précis et descriptifs : *stark • a failed meeting • a sense of longing • the desire for intimacy • a missed opportunity • a feeling that remains unsaid*

> • Repère la singularité de chaque document : *This effect is* ***especially prominent*** *in document A... • The sense of failure is* ***all the more potent*** *in document C... • These effects are* ***powerfully felt in*** *document C... •* ***In contrast to*** *the painting, the short story...*

> • Structure ta synthèse : ***In this way****, the author suggests that... •* ***Nevertheless****, both authors... •* ***As a result of****... the document seems* ***indeed*** *to...*

OBJECTIF BAC Élaborer une synthèse p. 280
La focalisation et les modes narratifs p. 283
Les procédés stylistiques p. 284-285

FILE 9

ARTS ET DÉBATS D'IDÉES
AXE 1 : ART ET CONTESTATION

# Movers and shakers

▶ **How have British artists been leading the way on social and political battles since the 19th century?**

More on SPEAKEASY NEWS speakeasy-news.com

**FINAL TASK** As a critic, write a review of a socially committed film.

LANDMARKS p. 258-259

## 1 A wake-up call

### Doc 1. #WeAreAllDanielBlake

VIDÉO

(Video: *STUC*, 2016)

a. **Look** at the poster and **describe** the man's attitude. **Focus** on the screenshot and **say** how it may be connected to the poster.

b. **Watch** the video. **Identify** the tone of the speakers and **say** how they are united.

c. **Explain** what elements of social unrest are highlighted by this film.

**CULTURE SPOT**

***I, Daniel Blake***, directed by Ken Loach, dramatises one man's struggle with the complexities and harshness of the British welfare system following a heart attack which leaves him penniless and jobless.

▲ Ken LOACH, *I, Daniel Blake*, 2016

## Doc 2. Banksy's "Cancelled"

▲ BANKSY, *Follow Your Dreams – Cancelled*, 2010

**a. Identify** the elements which make this a piece of street art.

**b. Describe** the central figure in the piece. **Explain** his link with the text on the wall.

**c.** Now **focus** on the artwork as a whole. **Say** what questions it raises and **discuss** them.

**WORDS**

- awareness campaign
- political rally
- protest movement
- social issue

- defiant ≠ submissive
- outspoken

- thought-provoking /'θɔ:t prə'vəʊkiŋ/

- push for
- question
- spark = trigger
- take a stand

## Doc 3. "Search Party"

VIDÉO

*I gave you the manifesto of my Search Party*
*Please read the pages*
*My policies focus on social enterprise*
*Better education and decent wages*[1]
*And as long as you wanna be courageous*
*Promise you we're gonna see some changes*
*I said I promise you we're gonna see some changes*
*I'm a natural born leader with the skills of a poet*
*You can feel that it's real 'cause you know it*
*I speak for the people 'cause that's what a poet's born to do*
*So when you think about it, I owe this all to you*
*I'm making money for the industry off the things you taught me*
*And that's never gonna feel right to me, unless you rise with me*
*Ride with me, since you brought me*
*To a place where I don't have to write for free*
*I paint a portrait of Ends*[2] *at these corporate events*
*And you know me, I'm never scared of causing offence*
*But they respect it 'cause they know, what I'm talking is sense*
*Trust me they'll pay you more than £1.50*
*So there must be a way you all can come with me*

George THE POET, "Search Party", 2015

1. salary 2. neighbourhoods (slang)

**a. Read** the excerpt and **identify** the dominant lexical fields. **Say** what kind of text this is.

**b. Explain** how the words *"manifesto"* and *"party"* are connected. **Deduce** the target audience for this message.

**c. Watch** the video and **say** what the performance adds to the message of the text.

**d.** PHONOLOGY **Watch** the video again and **pick out** the words the poet stresses the most. **Explain** the importance and meaning of these particular words.

**e. Explain** the poet's role as a mover and shaker.

**CULTURE SPOT**

**George the Poet** is the stage-name of George Mpanga, a rapper and spoken-word artist of Ugandan heritage. Born in a troubled part of London, he went on to study at Cambridge University. This popular artist always colours his work with thoughtful political and social commentary.

**YOUR TASK** For the introduction of a documentary on British artists as social movers, **choose** and **present** a fight and the mover(s) who lead(s) it.

**BOOST YOUR SKILLS!**

**Présenter une cause engagée**

- Souligne l'originalité : *He has* ***always*** *been...* • *She has* ***never...*** • ***Unlike*** *other artists...*
- Donne les éléments déclencheurs : *It all* ***started*** *when...* • *The film* ***triggered...*** • *He* ***decided*** *to...*
- Rythme ta présentation en répétant ou en contrastant des formes simples : *He**'s not** a... He **is** a...* • *She **doesn't want** to... She **wants** to...*

EXPLORE

# 2 Hard Victorian times

LANDMARKS p. 252-253

## Doc 1. Children at work

(Video: Isaac Gotian, 2018)

**a. Watch** the video and **find out** what historical social issue the document focuses on.

**b. Describe** the conditions presented in the document.

**c.** VOCABULARY **Pick out** three negative adjectives used to describe this reality. **Explain** what they mean and how they reflect on this historical context.

**d. Explain** why the Industrial Revolution is a controversial moment in Britain's history.

## Doc 2. At the workhouse

▲ Sir Samuel Luke Field, *Applicants for Admission to a Casual Ward*, 1874

**a. Observe** the document. **Give** your first impressions and feelings on it. OBJECTIF BAC p. 281

**b. Find out** what historical aspect of the Industrial Revolution is depicted here.

**c. Focus** on the colours and shapes used by the artist. **Describe** the effect they produce on the viewer.

**d. Use** all these elements to **sum up** the artist's message.

### CULTURE SPOT

From 1834, **workhouses** or **casual wards** were used as a system of relief for the poorest people. In many ways, the workhouses were like prisons, with deliberately harsh and degrading conditions to discourage the poor from entering them.

## Doc 3. "I want some more"

The room in which the boys were fed was a large stone hall, with a copper[1] at one end, out of which the master, dressed in an apron for the purpose, and assisted by one or two women, ladled the gruel[2] at mealtimes; of which composition each boy had one porringer[3], and no more — except on festive occasions, and then he had two ounces and a quarter of bread besides. [...]

Boys have generally excellent appetites. Oliver Twist and his companions suffered the tortures of slow starvation[4] for three months; at last they got so voracious and wild with hunger, that one boy, who was tall for his age, and hadn't been used to that sort of thing (for his father had kept a small cook's shop,) hinted darkly to his companions, that unless he had another basin of gruel *per diem*[5], he was afraid he should some night eat the boy who slept next him, who happened to be a weakly youth of tender age. He had a wild, hungry eye, and they implicitly believed him. A council was held; lots were cast who should walk up to the master after supper that evening, and ask for more; and it fell to Oliver Twist.

The evening arrived: the boys took their places; the master in his cook's uniform stationed himself at the copper; his pauper assistants ranged themselves behind him; the gruel was served out, and a long grace was said over the short commons. The gruel disappeared, and the boys whispered each other, and winked[6] at Oliver, while his next neighbours nudged[7] him. Child as he was, he was desperate with hunger and reckless with misery. He rose from the table, and advancing, basin and spoon in hand, to the master, said, somewhat alarmed at his own temerity—

"Please, sir, I want some more."

The master was a fat, healthy man, but he turned very pale. He gazed in stupefied astonishment on the small rebel for some seconds, and then clung for support to the copper. The assistants were paralysed with wonder, and the boys with fear.

"What!" said the master at length, in a faint voice.

"Please, sir," replied Oliver, "I want some more."

The master aimed a blow at Oliver's head with the ladle, pinioned[8] him in his arm, and shrieked aloud for the beadle[9].

Charles DICKENS, *Oliver Twist*, 1838

1. *chaudron* 2. porridge 3. bowl 4. famine 5. per day 6. *faire un clin d'œil* 7. *donner un coup de coude* 8. immobilise 9. *bedeau*

VIDÉO

▲ Carol REED, *Oliver!*, 1968

**WORDS**

- factory
- outcast: *paria*
- orphan
- wages /ˈweɪdʒɪz/ = salary
- working conditions

- downcast = desperate = wretched
- in need

- defy one's rule = overstep the mark
- intimidate = constrain
- take advantage of

**AT HOME** Search the Internet to find other film adaptations of *Oliver Twist* and watch their trailers. Choose your favourite one and be ready to explain your choice in class.

**a.** **Read** the text and **identify** the situation (place, time, characters, action).

**b.** **Find out** the author's opinion on the situation.

**c.** GRAMMAR **Focus** on *"the boys were fed"* (l. 1). What is the grammatical structure at work here? **Explain** how it contributes to the author's point.

**d.** **Watch** the video. **Focus** on the boy's face and **describe** how he must be feeling.

**e.** **Compare** the general tone of this scene in both documents. **Say** if you find it effective as a social criticism and why.

**YOUR TASK** **Write** the next scene of the novel, when the workhouse master threatens Oliver with sending him to work in a factory.

**BOOST YOUR SKILLS!**

**Décrire une situation concrète**

- Choisis des adjectifs et noms précis et associe-les entre eux : *a wild, hungry eye* • *paralysed with fear* • *a fat, healthy man* • *stupefied astonishment*
- Utilise la voix passive : *They **were treated** poorly.* • *They **were paid** only two shillings.* • *The boys **were fed**...*
- Associe les verbes à des adverbes : *He hinted **darkly** to his companions.* • *They **implicitly** believed him.*

# EXPLORE

## 3 Post-war anger

### Doc 1. An impactful play

AUDIO

*On a Sunday afternoon in a London flat, Jimmy is getting into an argument with both his wife Alison and his friend Cliff.*

**CLIFF**: Stop yelling. I'm trying to read.

**JIMMY**: Why do you bother? You can't understand a word of it.

**CLIFF**: Uh huh.

**JIMMY**: You're too ignorant.

**CLIFF**: Yes, and uneducated. Now shut up, will you?

**JIMMY**: Why don't you get my wife to explain it to you? She's educated. *(To her.)* That's right, isn't it?

**CLIFF**: *(Kicking out at him from behind his paper)* Leave her alone, I said. [...]

**JIMMY**: *(Alison gives Cliff a cigarette. They both light up, and she goes on with her ironing.)* Nobody thinks, nobody cares. No beliefs, no convictions and no enthusiasm. Just another Sunday evening. [...] Perhaps there's a concert on.
*(Picks up* Radio Times.*)* Ah.
*(Nudges Cliff with his foot.)* Make some more tea.
*(Cliff grunts. He is reading again.)* Oh, yes. There's a Vaughan Williams[1]. Well, that's something, anyway. Something strong, something simple, something English. I suppose people like me aren't supposed to be very patriotic. Somebody said—what was it—we get our cooking from Paris (that's a laugh), our politics from Moscow, and our morals from Port Said. Something like that, anyway. Who was it? *(Pause.)* Well, you wouldn't know anyway. I hate to admit it, but I think I can understand how her Daddy must have felt when he came back from India, after all those years away. The old Edwardian[2] brigade do make their brief little world look pretty tempting. All homemade cakes and croquet, bright ideas, bright uniforms. Always the same picture: high summer, the long days in the sun, slim volumes of verse[3], crisp linen, the smell of starch[4]. What a romantic picture. Phoney[5] too, of course. It must have rained sometimes. Still, even I regret it somehow, phoney or not. If you've no world of your own, it's rather pleasant to regret the passing[6] of someone else's. I must be getting sentimental. But I must say it's pretty dreary living in the American Age—unless you're an American of course. Perhaps all our children will be Americans. That's a thought isn't it?
*(He gives Cliff a kick, and shouts at him.)* I said that's a thought!

John OSBORNE, *Look Back in Anger*, Act I, 1956

1. British classical music composer 2. 1901-1910, the reign of King Edward VII 3. poetry books 4. *amidon* 5. fake 6. disappearance

▲ Alexandra Moen, Steven McNicoll and David Tennant playing *Look Back in Anger*.

> I doubt I could love anyone who did not want to see *Look Back in Anger*. It is the best young play of its decade.
> Kenneth TYNAN, *The Observer*, May 13, 1956

**Reviews** **THEATRE**

I can also testify to the play's impact. I was a 16-year-old Midlands schoolboy when the play first appeared but I became obsessed both by the work itself and the whole Angry Young Men phenomenon it supposedly represented. [...] But why did *Look Back in Anger* make the impact it did? The first, and most obvious point, is that it put so much of 1950s England on stage. Through the eloquent arias[1] – "not 'tirades'," insists Osborne – of Jimmy Porter, it tackles sex, class, religion, politics, the press and the sense of a country stifled[2] by an official, establishment culture.

Michael BILLINGTON, *The Guardian*, May 30, 2015

1. opera music 2. repressed

a. **Read** the extract from the play and **take notes** on the situation.

b. **Imagine** what social class each character is from. **Explain** how it influences their behaviour.

c. **Focus** on Jimmy's lines. **Pick out** the criticism put forward by this character.

d. **Describe** the atmosphere and the tone of this extract. **Explain** how it supports the author's opinion on social classes.

e. **Read** the reviews. **Pick out** expressions that convey positive feedback.

f. **Explain** why the play has become such a classic.

**CULTURE SPOT**

John Osborne belonged to the **Angry Young Men**, a group of British intellectuals from working-class and middle-class origins who emerged in the 1950s. They shared a defiance of the elite and disrespect for the post-war welfare state and the class system.

LANDMARKS p. 256-257

EXPLORE

# 4 Opposing the Iron Lady

LANDMARKS p. 258-259

## Doc 1. Picturing strikers

John HARRIS, *Miners' Protest*, May 1, 1984

**CULTURE SPOT**

In March 1984, **Conservative Prime Minister Margaret Thatcher**, dubbed the "Iron Lady", announced plans to close over twenty coal mines in England, leading to a year-long strike for miners throughout the country.

**a. Observe** the photograph and **pick out** the slogans displayed. **Say** which historical fact John Harris wanted to document.

**b. Imagine** why he chose black and white for this work.

**WORDS**

- coal mine = pit
- Conservative Party = Tory Party
- mining community
- portrayal /pɔːˈtreɪəl/
- lifelike = authentic
- bear resemblance to
- chronicle /ˈkrɒnɪkl/ = report
- depict

## Doc 2. A miner's fight

*Jackie Elliot has been a miner all his life. His elder son Tony is now working with him.*

Look at the fight we're in now. It's a fight for our future, for our community. It's a fight for my job and for Tony's job. [...]

Well, I'll tell you what. If Thatcher came here today and said to me, Look, we're going to close down the mines and we're going to open up a whole bloody great town full of shiny new factories... I don't know rightly if I'd say yea or nay, but at least it'd be some sort of hope. Not like this. Not like, you lot aren't cost-effective[1], so sod off. That's Thatcher. She must have a fist[2] where her heart is. The whole bloody community is going to be left to rot[3]. She just doesn't care. She just doesn't care about us – that goes without saying – but she doesn't care about anything else either. She doesn't care if the whole bloody country gets closed down, so long as she runs it her way. She's already shut down half of it. The mills[4] all gone, half our industry closed down or sold off abroad. Now it's our turn. At first I thought we could do it. I thought we could teach her a lesson the other workers couldn't. Now I'm not sure.

Well. Maybe Tony's right. Maybe I'm just going soft. I've seen it before – old blokes like me with too much to lose who've lost too much already. And me, I've already lost just about everything.

Melvin BURGESS, *Billy Elliot*, Chapter 4 "Jackie's story", 2001

1. *rentable* 2. *poing* 3. go to waste 4. textile factories

**a. Read** the text and **identify** the speaker and the fight mentioned.

**b.** SPELLING *"I don't know rightly if I'd say yea or nay"*. (l. 5-6) **Account for** the particular spelling of *"yea"* and *"nay"*.

**c. Explain** the vision of the fight given by the author.

**YOUR TASK** For the opening night of the new *Billy Elliot* musical in London, **write** a short column presenting how this work documented the miners' strike during the Thatcher era.

**BOOST YOUR SKILLS!**

**Présenter une œuvre**

- Positionne-toi en observateur : *I can also* ***testify***... • *I* ***became obsessed*** *with...*
- Mentionne l'œuvre de manière directe : *The* ***phenomenon*** *it represented...* • *When the* ***play*** *first appeared...*
- Fais référence à la visée de l'œuvre : ***Its*** *first and most obvious* ***point*** *is...* • *It* ***tackles*** *politics.*

## Doc 1. Another wrenching tale

### FILM REVIEW Ken Loach's 'Sorry We Missed You'

**Ken Loach, in his first film since the Palme d'Or winner 'I, Daniel Blake', tells another wrenching[1] tale of the way we live now: a family drama about how the gig economy[2] screws over the people it promises to save.**

His new film, *Sorry We Missed You*, is another intimate and powerful drama about what's going on in people's everyday lives — not just in England, but all over the world. This one, also set in Newcastle, is about a stressed-out family trying to make a go of it in the gig economy. [...]

Ricky is a day laborer who has done plumbing, construction, gardening, you name it; he takes pride in the fact that he's never been on the dole[3]. But he needs more money than he has (his family is mired[4] in debt), and in the opening scene of *Sorry We Missed You*, he sits in an office being interviewed for the position of delivery van driver for PDF (Parcels Delivered Fast!), a 21st-century company that uses nothing but independent contractors. [...]

But the heart of the film is how the high-stress compulsiveness of Ricky's job begins to eat away at his family's well-being. [...]

Loach stages all of this with supreme confidence and flow. [...] Yet it's his big-picture vision of the precarious economic forces that are holding our world together — and, increasingly, tearing it apart — that make *Sorry We Missed You* a fraught, touching, and galvanizing movie. We watch it longing for a catharsis, and Loach provides one: it's Abby's wrenching conversation, over the phone, with Ricky's boss, in which she castigates[5] the company for the obscene indifference of its policies. Yet Loach is too good a filmmaker to wrap everything up with a righteous feel-good bow. The message of *Sorry We Missed You* is: Life goes on, and so does work.

Owen GLEIBERMAN, *variety.com*, May 16, 2019

1. painful
2. *économie des petits boulots*
3. unemployment benefit
4. *embourber*
5. *invectiver*

a. **Read** the film review and **identify** the director, genre, theme and setting.

b. **Focus** on the main character. **Say** how his situation affects his family.

c. VOCABULARY **Pick out** the adjectives the journalist chooses to describe the film. **Detail** what the spectator is expected to feel.

d. **Watch** the trailer. **Look for** elements which the review mentioned or omitted. **Give** your conclusions about the journalist's point of view on the film.

▲ Ken Loach, *Sorry We Missed You*, 2019

**YOUR TASK** You have just seen the trailer of Ken Loach's new film and read reviews about it. **Respond** to the *variety.com* review on the comment section of the website. **Give** your impressions and **say** why you would like to see the film.

**BOOST YOUR SKILLS!**

**Écrire la conclusion d'une critique de film**

- Rappelle les faits évoqués : ***The heart of this film** is...* • *Ken Loach **stages**...* • *He **tells another tale of**...* • *The **message** is...*
- Guide la compréhension du lecteur : ***You will have grasped** by now that...* • ***It should be clear** that Ken Loach is...*

LANDMARKS p. 258-259

## Doc 2. At the warehouse

In a warehouse[1] the way it works is that you spend the morning loading up the wagons, and then when the wagons go out, you spend the rest of the morning putting stock away. In the afternoon you start picking and packing the new orders, and then in the morning you do it all over again. That was pretty much the routine at Manchester Fittings.

At first they started me off in Goods In. They gave me training on the stacker truck[2] and then I was able to take pallets off delivery wagons all day. I'd put the pallets in the loading bay and then use a pump truck to wheel the pallets around the warehouse putting the stock away. Whenever the bell rang on the shutter doors[3] I had to stop what I was doing and go and answer it, and I'd stand there with my finger on the button watching as the shutter door started rising and curling up on itself and the legs of the delivery driver and then the rest of him appeared below it. He'd give me an invoice[4] to sign and tear off my copy and then we'd start unloading the wagon. Sometimes it was just a few boxes, not pallets, and so we'd carry them off and drop them down in the loading bay or put them on a flatbed truck. The drivers always wanted to talk and I'd join in with them. I remembered that one of them was a Rugby League linesman[5]. I'd recognised him once on the telly. Another one always used to tell me about his fishing trips to Denmark and how much the beer cost over there. [...]

The trouble is when you've been out of work for ages they make you take a job you wouldn't normally want to do. After college I never thought of working in a warehouse but they told me I had to go for the interview. The rock and roll[6] was fine apart from the depressing part where you had to go to Fallowfield and sign on[7] once a fortnight. They interrogated you more and more each time and offered you all kinds of crap. But they said the job would be better for my self-esteem and I fell for that bullshit. So I took it and I got stuck there, was too tired to think when I got home, and all I wanted to do at weekend was get absolutely shitfaced[8].

Neil CAMPBELL, *Sky Hooks (Manchester Trilogy)*, 2016

1. *entrepôt* 2. *chariot élévateur* 3. *stores roulants* 4. *facture* 5. touch judge
6. Cockney rhyming slang for dole (unemployment benefit) 7. register
8. get drunk (slang)

**a.** **Read** the text. **Identify** a warehouseman's routine. **Pick out** the narrator's specific responsibilities.

**b.** GRAMMAR **Compare** the verb forms in *"you* ***spend*** *the morning loading up wagons"* (l. 1-2) and *"I****'d stand*** *there"* (l. 11). What do they reveal about the narrator's point of view in each case?

**c.** **Say** what the narrator's testimony shows about his relationships with his colleagues.

**d.** **Find** expressions which tell you if he chose this job and if he is happy in it or not.

**e.** **Discuss** the notion of humanity in the text.

### CULTURE SPOT

A **zero-hour contract** gives work without minimum guaranteed hours, healthcare or holidays, often in transport, delivery or service sectors. This freelance or **gig economy** reduces employers' costs but obliges workers to do multiple jobs to earn sufficient wages.

### WORDS

- self-respect
- struggle

- gut-wrenching /'gʌt 'rentʃɪŋ/ = heart-breaking
- insecure = vulnerable
- stultifying = suffocating

- earn just enough money = live from hand to mouth
- reach breaking point

## FINAL TASK

### As a critic, write a review of a socially committed film.

**You are a film critic taking part in The People's Film Festival. Write a review on a socially committed film.**

1. **Choose** a socially committed film from the unit (p. 108-119).
2. **List** your ideas focusing on:
   – the cause you chose to document;
   – the artist's work;
   – the film itself (action, characters, one or two major scenes).
3. **Browse** through what you have found and **decide** on the message you want to give to your readers (about the film and about the cause).
4. **Write** your review.

BOOST YOUR ENGLISH p. 116

# BOOST YOUR ENGLISH!

## Grammar — Écrire la critique d'un film engagé

- **Utilise les temps appropriés pour présenter la carrière du réalisateur et son œuvre.**

*Ken Loach* ***started making*** *socially committed films back in the 1960s.*
*His work* ***has been associated*** *with social protest for decades.*
*His new movie* ***bears*** *all the Loach characteristics.*

- **Utilise le passif pour souligner les injustices.**

*Ricky* ***is caught up*** *in a whirlpool of problems.*
*The workers* ***are dehumanized*** *by the economy.*
*Their living conditions* ***are depicted*** *in precise details by the author.*
*Social inequalities* ***are addressed*** *by George the Poet.*

- **Exprime la concession pour nuancer ton propos.**

***Even though*** *measures are being taken to face the problem, it is* ***still*** *not enough.*
*Ricky and his family never give up,* ***in spite of*** *their seemingly unsurmountable difficulties.*

- **Encourage le lecteur à voir le film en utilisant des modaux et l'impératif.**

*This is a movie everyone* ***needs*** *to see.*
*You* ***shouldn't*** *miss this contemporary social chronicle.*
***Take*** *a friend!*
***Don't let*** *other people tell you what to think!*

**1** **Choisis le temps le plus approprié pour conjuguer les verbes suivants et justifie ton choix.**

**a.** Ken Loach (*always - choose*) controversial subjects for his projects.
**b.** Since the 19th century, socially committed writers (*focus one's attention*) on working conditions.
**c.** Charles Dickens (*write*) *Oliver Twist* to denounce the reality of workhouses.
**d.** *Billy Elliot* (*be set*) during the miners' strike in the 1980s.

**2** **Reformule les phrases suivantes à l'aide d'un verbe modal.**

**a.** Read this book as soon as you can!
**b.** Take a stand!
**c.** Don't keep silent about unfair treatment!
**d.** Call for action on issues that require attention!
**e.** Don't be afraid to speak out!

## Vocabulary — Movers and shakers

EXO Lexiquiz

**Hopes and dreams**

**Initiatives** (AUDIO)
- campaign = protest
- march = demonstration
- strike = walkout

**Results** (AUDIO)
- change
- improvement
- progress
- well-being

**Places and times** (AUDIO)
- contemporary Britain
- Dickensian England
- the Thatcher era
- the Victorian age

**People**

**Motivation** (AUDIO)
- call for = demand
- public awareness
- social justice
- universal recognition
- yearn for = desire

**Position** (AUDIO)
- push for change
- speak up
- tackle an issue
- take a stand

**Actors** (AUDIO)
- author = writer
- film-maker
- mover
- painter
- photographer
- shaker
- social commentator
- whistleblower

**Causes**

**Political life** (AUDIO)
- government policy
- manifesto = programme
- rally = public meeting

**Social conditions** (AUDIO)
- decent /ˈdiːsənt/
- degrading
- inhuman
- unacceptable

**Working life** (AUDIO)
- depot = warehouse
- factory
- workhouse = institution
- living wages /ˈweɪdʒɪz/
- sufficient

# TRANSLATION WORKSHOP

Vers le **BAC** — ÉPREUVE ÉCRITE

**Relis le texte extrait de *Oliver Twist* (1838) de Charles Dickens (Doc 3 p. 111) et concentre ton attention sur le passage suivant.**

He rose from the table, and advancing, basin and spoon in hand, to the master, said, somewhat alarmed at his own temerity–

"Please, sir, I want some more."

The master was a fat, healthy man, but he turned very pale. He gazed in stupefied astonishment on the small rebel for some seconds, and then clung for support to the copper. The assistants were paralysed with wonder, and the boys with fear.

"What!" said the master at length, in a faint voice.

"Please, sir," replied Oliver, "I want some more."

The master aimed a blow at Oliver's head with the ladle, pinioned him in his arm, and shrieked aloud for the beadle.

## 1 Analyse l'extrait

**a. Identifie** le type de texte (descriptif, narratif, dialogue).

**b. Détermine** l'époque dont il est question et son incidence sur la traduction.

**c. Observe** les temps. Quels temps vas-tu choisir en français ?

**d. Explique** les intentions de l'auteur dans ce passage.

• Pour saisir l'ambiance de la scène, essaie de la visualiser en lisant le texte. Tu peux revoir la vidéo de la page 111 si besoin.

## 2 Découvre un aspect important de la traduction : la ponctuation

OBJECTIF BAC p. 286-287

**a. Observe** ce passage de dialogue. **Compare** la ponctuation de la traduction avec celle du texte de départ. **Explique** les modifications.

*"What!" said the master at length, in a faint voice.*
*"Please, sir," replied Oliver, "I want some more."*

« Comment ! dit enfin le chef, d'une petite voix.
– S'il vous plaît, monsieur, j'en voudrais encore, » répondit Oliver.

• Pense à mettre des guillemets en début et en fin de dialogue en français et à utiliser le tiret pour un changement de locuteur.

**b. Entraîne**-toi à traduire ce passage en tenant compte de la ponctuation.

*The beadle announced to Mr Limbkins, "I am sorry to say, sir, that Oliver Twist asked for more."*
*"For more!" cried Mr Limbkins in horror.*
*"He did, sir," replied the beadle.*

• À la ligne 2, Dickens utilise le tiret – avant une partie dialoguée, mais en français, on utilisera les deux points.

## 3 Traduis l'extrait

**Traduis** le passage en veillant aux points suivants :

- L'utilisation du prétérit en anglais : quel temps vas-tu utiliser en français ?
- Le lexique désuet tel que *clung, copper, basin, beadle* : connais-tu les équivalents en français ?
- Les structures nominales comme *stupefied **astonishment**, with **wonder**, with **fear*** : comment vas-tu les traduire en français ?

• Utilise un dictionnaire unilingue pour comprendre les mots qui désignent des réalités du XIXe siècle.

Vers le **BAC**

# LET'S BRAINSTORM!

OBJECTIF BAC p. 280-303

## A national tradition

- Social criticism in the Victorian era

→ *Oliver Twist*, C. Dickens, p. 111 • *Applicants for Admission to a Casual Ward*, Sir S.L. Field, p. 110

- Contemporary political commitment

→ *Miners' Protest*, J. Harris, p. 113 • *I, Daniel Blake*, K. Loach, p. 108 • *Sorry We Missed You*, K. Loach, p. 114 • *Follow Your Dreams - Cancelled*, Banksy, p. 109

## Arguing over social and political backlash

- The Poor Laws and workhouses in the 19th century

→ *Oliver Twist*, C. Dickens, p. 111 • *Applicants for Admission to a Casual Ward*, Sir S.L. Field, p. 110

- The British class system

→ *Look Back in Anger*, J. Osborne, p. 112 • "Search Party", G. the Poet, p. 109

ARTS ET DÉBATS D'IDÉES **Axe 1**

**How have British artists been leading the way on social and political battles since the 19th century?**

## Opposing industrial inequalities

- The Industrial Revolution in the 19th century

→ *Applicants for Admission to a Casual Ward*, Sir S.L. Field, p. 110

- The Thatcher era and miners' strikes

→ *Miners' Protest*, J. Harris, p. 113 • *Billy Elliot*, M. Burgess (book and musical), p. 113

## Witnessing a changing world

- New precarious jobs in the 21th century

→ *Sorry We Missed You*, K. Loach, p. 114 • *Sky Hooks (Manchester Trilogy)*, N. Campbell, p. 115

- Witnessing the economic crisis

→ *Follow Your Dreams - Cancelled*, Banksy, p. 109

## Entraîne-toi à la synthèse

ÉPREUVE ÉCRITE

Focus on Doc 2 p. 109, Doc 1 p. 114, and Doc 2 p. 115. Write a short commentary (around 500 words) showing how British artists document modern-day social and economic issues.

OBJECTIF BAC p. 280

Fiche d'auto-évaluation

## Évaluation

→ **Now test your skills!**

Sujet d'épreuve écrite type BAC

Vers le **BAC**

# BUILD YOUR PORTFOLIO

## Poem

**"The Cry of the Children",**
**Elizabeth Barrett Browning, 1843**

"Do ye hear the children weeping, O my brothers,
Ere the sorrow comes with years?
They are leaning their young heads against their mothers, —
And that cannot stop their tears.
The young lambs are bleating in the meadows;
The young birds are chirping in the nest;
The young fawns are playing with the shadows;
The young flowers are blowing toward the west—
But the young, young children, O my brothers,
They are weeping bitterly!
They are weeping in the playtime of the others,
In the country of the free."

- **Read** the poem and **discuss** how the poet denounces child labour in the 19th century.

## Miniseries

***North and South*, Brian Percival, 2004**
**Adapted from the book by Elizabeth Gaskell, 1854**

A family from southern England has to move to the North and finds it hard to adjust to its industrial customs and lifestyle.
The story explores issues of class, gender, and working conditions in a cotton mill factory.

- **Watch** the miniseries or **read** the book. **Find** an extract in which the author or director denounces the working conditions during the Industrial Revolution.

## Book

***Suffragette*, Mary Talbot, Kate Charlesworth, Bryan Talbot, 2014**

This graphic novel follows a fictional suffragette through her fight for women's vote in the early 20th century in England. The book was classified as one of the "top 10 books about revolutionaries" by *The Guardian* in 2015.

- **Read** the book and **say** how it depicts the suffragettes' political struggle to get the vote.

## Song

***Shipbuilding*, Elvis Costello, 1983**

"It's all we're skilled in
We will be shipbuilding
With all the will in the world
Diving for dear life
When we could be diving for pearls"

- **Listen** to the song. What image does it show of industrial work?

AUDIO

ÉPREUVE ORALE | GRAND ORAL — Entraîne-toi à l'oral

**Step 1** — **Build up your speech!**

Épreuve orale:
- Choose one topic in the mindmap p. 118.
- Pick out two documents from the file and add a personal one to illustrate this topic. OBJECTIF BAC p. 288-289
- Prepare your presentation: you must show how these documents relate to the topic you chose.

Grand oral:
- Choose one topic in the mindmap p. 118.
- Find a key question about the topic and write it down. Think about links with other subjects (*SES, HGGSP*...).
- Gather arguments and examples from the file.
- Prepare an outline for your presentation and write your note sheet.

**Step 2** — **Make your presentation in front of two classmates.**

Épreuve orale:
- Show your documents to your classmates and explain your point in about five minutes. OBJECTIF BAC p. 292-293

Grand oral:
- Give your note sheet to your classmates.
- Stand up and make a five-minute presentation to answer your key question. OBJECTIF BAC p. 294-297

**Step 3** — **Answer your classmates' questions about your presentation.**

# Stolen

▶ **How has Jane Harrison's play contributed to raising Australia's national awareness of the Stolen Generations?**

**YOUR MISSION** Deliver a speech to introduce the performance of Jane Harrison's play.



## 1 A story to be told

LANDMARKS p. 272-273

### Doc 1. A striking artwork

▲ Sally MORGAN, *Taken Away*, 1987

**a. Observe** the artwork and **react** to the use of colours and contrasts. OBJECTIF BAC p. 281

**b. Identify** and **explain** what kind of art it is.

**c. Look** at the title and **guess** what may have happened to the women and the children.

**CULTURE SPOT**

The phrase **Stolen Generations** is used for the thousands of Aboriginal and Torres Strait Islander children who were taken away from their families by Australian government agencies between the late 19th and late 20th centuries.

**WORDS**

- allegory
- criticism
- despair /dɪˈspeə(r)/
- embodiment: *personnification*
- pain
- settlement = village, camp

- figurative = symbolic

- inspiring
- split = divided = separated
- uprooted

- ban
- decree = order officially
- reach out = extend one's arm
- remove = take away
- warn

## Doc 2. A stolen boy

VIDÉO

▲ Aboriginal children at an institution called Kahlin Compound, 1921
(Video: National Museum of Australia, 2018)

**a.** **Watch** the video and **find out** what happened to John.

**b.** **Give** details on how the children were treated.

**c.** **Focus** on the end of the video and **comment** on the role of the Australian government.

**d.** **Explain** the purpose of the video.

## Doc 3. Sandy's story of the Mungee

AUDIO

**a.** **Read** the text and **identify** its genre and the main situation (setting, age of the characters).

**b.** **Sum up** Sandy's story.

**c.** **Guess** who the Mungee might represent and **justify** your interpretation.

**d.** **Explain** Sandy's last comment: *"but remember, it's not the dark you need to be afraid of."* (l. 29-30).

**e.** **Comment** on the role of oral tradition in Aboriginal culture.

STEP 1

**Take** notes about the Stolen Generations and **explain** why it is a crucial issue.

BOOST YOUR SKILLS!

**Expliquer sa démarche et ses choix**

- Fais découvrir une situation à l'aide de questions rhétoriques : ***Do you wanna hear*** *the story of the big bad Mungee?*
- Utilise des modaux pour souligner la nécessité d'agir : *Everyone* ***should*** *know what happened.* • *Students* ***ought to*** *understand this.*

*A group of Aboriginal children living in the same orphanage are telling each other stories at night.*

**SANDY:** Are you scared of the dark?

*He asks the others. They nod.*

Do you wanna hear the story of the big bad Mungee? My grandfather told me this. A long time ago there was no darkness. The yurringa *[local dialect for 'sun']*—

**SHIRLEY:** But you're not allowed to say that...~

**SANDY:** It's all right. The yurringa—that is the sun—shone all the time, day, and what we now call night. [...] One time it was so hot that there was no water and tucker[1] was scarce. The barra *[making a gesture to describe a kangaroo]* all bounded away and the birds flew off in such a big flock that it turned the sky permanently black. Nobody minded because it was cooler in the dark. Until the Mungee came along. The Mungee was an outcast from the mob[2] and he was mean and he was huge. [...] The Mungee got so hungry that he came and snuck into his people's camp and stole one of the children! Then he ate him up! Munch munch munch—

*The children act out eating the child.*

—and he was gone! The next day he did the same. Under the cover of darkness he snuck in and stole another baby and ate him up. The mob were frightened and upset and crying. They tried hiding the children but the Mungee always found them. [...] The elders thought about it and came up with a plan. They would cast a spell[3] on him. The next day the elders waited for the Mungee, and when they sensed his presence they threw magic powdered bone all over him. It stuck in his hair and on his skin and he couldn't scrub it off. The Mungee was turned into a pale skin and that was his punishment. He would never be able to sneak into the camp to steal the children because he would be seen. And the people would know. And the people would never forget.

*Meanwhile all the other children had wandered off to their beds except* RUBY. SANDY *picks up his trusty suitcase.*

[To RUBY, *very softly]* So, Ruby, I gotta go or the matron will skin me, but remember, it's not the dark you need to be afraid of.

*She nods and goes back to her bed.*

Jane HARRISON, *Stolen*, 1998

1. Australian slang for "food" 2. a group of Aboriginal people 3. *jeter un sort*

## 2 A national trauma

### Doc 1. Denouncing the past

Vesna ROZMAN, *Too Young To Hide*, 2016

**a. Look** at the artwork and **say** what strikes you the most.

**b. Comment** on the colours, the contrasts and the symbols.

**c. Explain** what you think was the artist's main focus.

**AT HOME** Search the Internet to discover the Aboriginal flag, and compare your results to Vesna Rozman's painting.

**WORDS**

- cruelty
- discrimination
- loss

- heartless
- inhuman
- outrageous = shameful

- tragic
- unfair

- claim = demand
- expose = denounce
- fix = rectify
- protest

### Doc 2. The Bringing Them Home report

**PART 1 • INTRODUCTION**

Grief[1] and loss are the predominant themes of this report. Tenacity and survival are also acknowledged[2]. It is no ordinary report. [...]
The histories we trace are complex and pervasive[3]. Most significantly the actions of the past resonate in the present and will continue to do so in the future. The laws, policies and practices which separated Indigenous children from their families have contributed directly to the alienation[4] of Indigenous societies today. For individuals, their removal as children and the abuse they experienced at the hands of the authorities or their delegates have permanently scarred[5] their lives. The harm continues in later generations, affecting their children and grandchildren.

**APPENDIX 9 • RECOMMENDATIONS**

Acknowledgment and apology - Parliaments and police forces
5a. That all Australian Parliaments
1. officially acknowledge the responsibility of their predecessors for the laws, policies and practices of forcible[6] removal,
2. negotiate with the Aboriginal and Torres Strait Islander Commission a form of words for official apologies to Indigenous individuals, families and communities and extend those apologies with wide and culturally appropriate publicity, and
3. make appropriate reparation as detailed in the following recommendations.

**CULTURE SPOT**

In 1997, a national inquiry on the removal of Aboriginal children was published. It was an important moment in the controversy of the Stolen Generations, as the report shed light on the situation.

**a. Read** the text and **say** what the consequences of the removals were and still are.

**b. Explain** what the objective of this report was.

**c. Comment** on the tone of the text and **state** whether it adds to the authors' demands.

**STEP 2**

**Take** notes about the context of the publication of *Stolen*.

1. *chagrin, douleur* 2. recognise 3. spreading widely 4. isolation from society 5. traumatise 6. *de force*

# 3 Reconciliation?

## Doc 1. What do you do?

AUDIO

*JIMMY and his MOTHER, NANCY (the actor playing SHIRLEY), each speak alternatively, but without hearing the other. SANDY, RUBY and ANNE are singing 'Happy Birthday To You' quietly.*

**JIMMY:** What do you do when you meet your mother for the first time in twenty-six years? Shake her hand? Give her a hug? Do I show her me[1] footy trophies, and me school reports?

**JIMMY'S MOTHER:** Twenty-six years is a long time. Gees, what if I don't recognise him? What'll I say to him?

*They pull out the twenty-six presents from the box and lay them slowly on the bed.*

**JIMMY:** Do I say, 'Hi, Mum, what's new? How have you been? Where have you been all my life?' Do I give her twenty-six Christmas presents and twenty-six birthday presents? Bloody hell, I don't even know when her birthday is...

**JIMMY'S MOTHER:** Maybe we'll be like strangers. Maybe he'll be ashamed of me. He probably doesn't even know how much I've missed...

*She breaks down[2]. They both hang their heads, then stand up straight as if putting on a brave face.*

**JIMMY:** *[making a joke of it]* Hey, when you meet your mother for the first time, do you put on your best gear[3]... or go casual?

**JIMMY'S MOTHER:** His foster mother's[4] probably real smart looking.

*They simultaneously indicate their simple gear.*

**JIMMY:** What do I tell her? Good stuff? Or all the bad stuff?

**JIMMY'S MOTHER:** I know I'm gunna cry...

*They start putting the presents back in the box.*

**JIMMY:** Maybe she'll wanna come and live with me and bring all the rellies[5].

**JIMMY'S MOTHER:** Maybe he'll be one of those flash blacks with a mobile phone.

**JIMMY:** God, I hope she's not real dirty or something.

**JIMMY'S MOTHER:** Will he like me?

**JIMMY:** She might not even like me.

**JIMMY'S MOTHER:** Will he love me?

*The boxes go back under the bed. They stand there facing one another.*

**JIMMY:** Will she feel like my mother...? *[Pause.]* I don't even know what having a mother feels like.

Jane HARRISON, *Stolen*, 1998

**a. Read** the text and **sum up** the situation.

**b. Describe** the characters' feelings.

**c. Comment** on the effect of the stage directions.

**d.** GRAMMAR **Observe** the text and **pick out** the modals and adverbs which express uncertainty. What do they say about the situation?

**GOING FURTHER** Watch the teaser of the play. In groups, stage the scene "What do you do?" Concentrate on the characters' emotions.

VIDÉO

1. my
2. cry
3. clothes
4. *mère adoptive*
5. relatives

## Doc 2. Jane Harrison speaking

AUDIO

**a. Listen** to Jane Harrison and **give** the reason(s) why she wrote the play.

**b. Describe** how she feels about the way *Stolen* is received and should be performed.

**c. Comment** on her point of view.

STEP 3

**Take** notes about Jane Harrison's motives and performance recommendations.

Jane Harrison, Australian playwright, descendant of the Muruwari Aboriginal people (Audio: *AustralianPlays.org*, 2012)

**BOOST YOUR SKILLS!**

**Exprimer le but**

- Expose des objectifs : *Jane Harrison wrote* Stolen ***so that****...* • *We are performing this play* ***in order to*** *raise awareness...*
- Évoque la finalité d'une œuvre : *This was* ***an opportunity for me to****...* • *This work* ***tries to****...* • *Our show* ***addresses****...* • *Stolen's* ***purpose/ objective is to****...* • *This play* ***aims at showing****...*

# 4 Impossible healing

## Doc 1. Ruby's family come to visit

AUDIO

*In the dark RUBY cries out.*

**RUBY:** Where are you?

*The lights rise on RUBY in the hospital bed. The chorus, representing her family, are crowded around her—they are excited to see her.*

**LEN:** Ruby. We're here. It's your dad Len. And your sister Joanie. We've come a long way.

**RUBY:** Don't want no trouble.

**LEN:** Ruby, we finally tracked you down.

**RUBY:** Yeah... what happened to me?

*They misunderstand, thinking she's talking about the past.*

**LEN:** Well... We was real young, Ruby. They made your mum sign a bit of paper.

**SISTER:** She couldn't read or nothin'.

**LEN:** They said that she'd signed you up for adoption.

*Pause.*

**RUBY:** What happened to me...?

*She indicates the institution bed.*

**LEN:** Oh... you mean... love, you had a bit of a turn...

**RUBY:** *[reverting to[1] the child, screaming]* Where are you?

**LEN:** We're here now, Ruby. Ruby, we wanna take you home.

**RUBY:** Don't live in no home any more. I work for the Hardwicks.

**SISTER:** Sis, we've come to take you home.

*Her SISTER holds her hand, but RUBY pulls it away.*

**RUBY:** Mmm. Don't need no trouble.

*Her family stands there awkwardly[2] while RUBY rocks and mutters to herself.*

Got enough to do.

*The lights go down.*

Jane HARRISON, *Stolen*, 1998

1. regress 2. *maladroitement*

- **a. Read** the text and **guess** what happened to Ruby.
- **b.** GRAMMAR **Focus** on Ruby's lines. **Comment** on the use of short sentences, questions and negative forms. **Explain** what they reveal about Ruby's mental state.
- **c. Explain** how this passage denounces the authorities' actions in removing the children.
- **d. Report** all the elements showing communication between the characters is impossible.

**WORDS**

- in care: *en foyer*
- protest

- concerned = worried
- **out**raged
- powerless

- apologise
- demonstrate
- fight for
- keep doing sth
- stand up against = oppose

## Doc 2. Stop stealing our children!

VIDÉO

▲ A march organised by Grandmothers Against Removals in Sydney, Australia, February 13, 2018 (Video: NITV News, 2014)

- **a. Look** at the photograph and **describe** the scene. **Deduce** what happened.
- **b. Watch** the video and **say** what the protesters are denouncing.
- **c. Explain** what the former Prime Minister did and what the grandmothers think about it.
- **d.** PHONOLOGY **Focus** on the tone of Mary Moore and Karen Fusi. **Say** which stressed words best express their outrage.

**STEP 4**

**Take** notes about the links between the play and the current situation.

**BOOST YOUR SKILLS!**

**Parler d'une action qui perdure**

- Évoque la période contemporaine : *Today* • *Nowadays* • *To this day* • *Even now*
- Fais référence à un phénomène qui continue : *They **haven't stopped taking**...* • *They **are still doing it**.* • *They **continue/keep taking**...*

**FINAL STEP**

Today is National Sorry Day, a commemoration of the mistreatment of Aboriginal people. **Deliver** your speech to introduce the performance of *Stolen*. **Provide** details about the Stolen Generations, the play's purpose and the necessity of protesting against injustice.

# BUILD YOUR PORTFOLIO

## Song

"Took The Children Away", Archie Roach, 1990

“You took the children away
The children away
Breaking their mother's heart
Tearing us all apart
Took them away”

- **Listen** to the song and **find out** more about the singer. **Explain** what makes it a protest song.

AUDIO

## Opera

*Pecan Summer*, Deborah Cheetham, 2010

This is the first opera written by an Indigenous Australian and involving an Indigenous cast. It recalls the true story of a group of Aboriginal people who walked off a mission in 1939 to protest against their harsh living conditions.

- **Watch** the final scene of the opera and **explain** what message it conveys for the future generations of Australians.

VIDÉO

## Book

*Swallow The Air*, Tara June Winch, 2006

During the 1980s, a teenage girl runs away from her miserable, poverty-stricken neighbourhood looking for her Aboriginal family across Australia. She will learn more about the harsh treatment imposed on Indigenous people, but she will also be reunited with a strong and loving community.

- **Read** the novel and **find** extracts showing how the various discrimination policies in Australia have damaged the lives of Aboriginal people up until a very recent time.

## Poem

"The Protectors", Oodgeroo Noonuccal, 1966

“He jokes with the rest about storekeepers
Robbing the blacks,
He is content with all this,
The little local overlord with all power over us,
The protector who does not protect.”

- **Read** the poem and **explain** how it illustrates the fact that Aboriginals were considered as second-rate citizens.

POÈME

## Film

*Rabbit-Proof Fence*, Philip Noyce, 2002

This film is based on a true story. In the 1930s, Molly, a 13-year-old Aboriginal girl, is taken away from her family with her sister and her cousin. The three girls are sent to a camp for half-caste children. They decide to escape to get back to their people and begin a 1500-mile journey to freedom.

- **Watch** the trailer or the film and **show** how it qualifies as a denunciation of the government's policies and prejudice against Aboriginal people.

## Entraîne-toi à l'oral

ÉPREUVE ORALE

**Step 1** **Build up your speech!**

- Choose one of the topics discussed in the unit that you are particularly interested in (the history of the Stolen Generations, Aboriginal art, etc.).
- Pick out one document from the file, add a personal one and pick out another one from this page to illustrate this topic. OBJECTIF BAC p. 288-289
- Prepare your presentation: you must show how these documents relate to the topic you chose.

**Step 2** **Make your presentation in front of two classmates.**

- Show your documents to your classmates and explain your point in about five minutes. OBJECTIF BAC p. 292-293

**Step 3** **Answer your classmates' questions about your presentation.**

# Minimal arts

▶ **How has the movement of minimal art questioned the meaning of art in the USA?**

More on SPEAKEASY NEWS
speakeasy-news.com

**FINAL TASK** Take part in a debate on the creation of the National Museum of Minimal Art in your city.

## 1 Is it art?

### Doc 1. Different forms of representation

▲ Donald JUDD, *Untitled*, 1971

**WORDS**

- concision
- nonsense = absurdity
- shapes = figures

- monochromatic
- puzzled = perplexed
- three-dimensional

- display sth = show sth in a museum
- replicate = imitate
- wonder = speculate

▲ Albert BIERSTADT, *The Rocky Mountains*, 1863

**a.** **Observe** Donald Judd's artwork and **react** to it.

**b.** **Look** at the painting by Albert Bierstadt and **explain** what it illustrates.

**c.** **Compare** the way each artwork represents the notion of space.

**d.** **Say** which of these two forms of art you like best and why.

## Doc 2. Reacting to minimal art

▲ William O'BRIAN, *The New Yorker*, August 19, 1967

**a. Observe** the cartoon and **comment** on what the character is doing.

**b.** VOCABULARY **Find** adjectives to describe the situation.

**c. Explain** what the cartoonist is telling us about the nature and impact of minimal art.

**d. Discuss**: Is minimal art inspiring?

## Doc 3. Minimal poetry AUDIO

lighght

Aram SAROYAN, "lighght", 1965

*"The difference between "lighght" and another type of poem with more words is that it doesn't have a reading process. Even a five-word poem has a beginning, middle, and end. A one-word poem doesn't. You can see it all at once. It's instant."*

Aram Saroyan

VIDÉO

# You Call That Poetry?!

**How seven letters managed to freak out an entire nation.**

A year after "lighght" appeared in *The Chicago Review*, George Plimpton decided to include it in the second volume of *The American Literary Anthology*, which he was editing for the National Endowment for the Arts. [...] The NEA[1] cut him a check for $750—the same as all the other authors in the anthology. The review kept $250, and Saroyan kept the rest. [...] Mailbags of letters from fuming[2] taxpayers clogged[3] the agency's boxes, most of them variations on a theme: *We can't afford to lower taxes but we can pay some beatnik weirdo[4] $500 to write one word... and not even spell it right?!*

Ian DALY, *poetryfoundation.org*, August 25, 2007

(Video: Michael Stevens, 2013)

1. National Endowment for the Arts 2. furious 3. fill, block 4. eccentric

**a. Read** the poem aloud. **Imagine** what "lighght" means.

**b. Read** the quote from author Aram Saroyan and **react** to it.

**c. Read** the article and **say** how the poem was received.

**d. Watch** the video and **report** the definition given of poetry.

**e. Comment** on what the speaker thinks of the poem "lighght".

YOUR TASK **Act out** a dialogue between two visitors discussing the presence of *Untitled* in the museum.

### BOOST YOUR SKILLS!

**Demander son avis à quelqu'un**

- Utilise des expressions et verbes d'opinion pour poser des questions : *What does the artwork* ***inspire*** *in you?* • ***In your opinion****, what does it suggest?*
- Questionne et reformule les propos de l'autre : *Really?* • *Are you sure?* • ***So*** *you believe that...*

**Donner son avis sur une œuvre**

- Utilise des verbes de goût : *This type of art doesn't* ***appeal*** *to me because...* • *I* ***prefer*** *classical paintings.*
- Concentre-toi sur l'aspect visuel des œuvres : *This artwork* ***looks like****...* • *It* ***reminds me of****...*

LANDMARKS p. 264-265

## Doc 1. Minimal art vs abstract expressionism

AUDIO

▲ Jackson POLLOCK, *Convergence*, 1952 (Audio: PBS Digital Studios, 2016)

ABSTRACT EXPRESSIONISM

MINIMAL ART

▲ Anne TRUITT, *Morning Choice*, 1968

**a.** **Observe** the works by Jackson Pollock and Anne Truitt and **explain** what makes them different.

**b.** **Listen** to the document and **say** when minimal art appeared and why.

**c.** **Explain** how these artists reacted to the phrase "minimal art".

**d.** Based on what you heard in the document, **write** your own definition of minimal art.

### CULTURE SPOT

**Abstract expressionism** is an American painting movement often characterised by gestural movements of the brush (action painting) to provide the impression of spontaneity. Jackson Pollock was one of the iconic figures of this movement.

### WORDS

- boundaries = limits
- criticism
- in response to
- novelty = innovation
- outline = shape

---

- aseptic = lifeless
- chaotic /keɪˈɒtɪk/
- geometric

---

- groundbreaking = innovative
- interpretative
- reductive = diminishing

---

- coincide with
- institute = establish
- question = doubt /daʊt/
- reject
- remove = take away

## Doc 2. A defining essay

*In his essay* Specific Objects*, artist Donald Judd explains how three-dimensional objects can become works of art. Most critics believe this essay defines minimalism.*

Three dimensions are real space. That gets rid of the problem of illusionism and of literal space, space in and around marks and colors. [...] The several limits of painting are no longer present. A work can be as powerful as it can be thought to be. Actual space is intrinsically more powerful and specific than paint on a flat surface. Obviously, anything in three dimensions can be any shape, regular or irregular, and can have any relation to the wall, floor, ceiling, room, rooms or exterior or none at all. Any material can be used, as is or painted.

Donald JUDD, *Specific Objects*, 1965

▲ Donald Judd (1928 - 1994) posing next to one of his works in a gallery in New York, February 6, 1966

**a. Read** the text and **pick out** the repeated keywords that help us understand Donald Judd's theory.

**b.** GRAMMAR **Find out** which determiner is extensively used in the text to say that minimal art can apply to all types of things.

**c. Explain** which art forms Donald Judd is comparing.

**d. Discuss** this sentence: *"A work can be as powerful as it can be thought to be."* (l. 3-4)

## Doc 3. Minimal art in and beyond its time

Art rarely arises in the rarefied atmosphere of theory. Like any authentic art, Minimal Art too was a child of its age, and, like Pop Art, reflected consciously or unconsciously the reality of society in 1960s America, a society that was undergoing a radical upheaval[1].

Following the 1950s, a decade marked by the Cold War, the anti-communist witch-hunts, and prudish bigotry, the time was ripe[2] for far-reaching changes in politics and society. [...] Various "liberation" movements increasingly threw-off the shackles[3] of state supervision, holding their own demonstrations to make their voices heard, and – at least on paper – quickly saw their aims realised. All this happened against the background of a prospering economy, because from the economic point of view, the USA in the early 1960s experienced the inauguration of the late-capitalist age of mass-production and mass-consumption, and in the form of television, there was a mass medium available which could effectively and literally bring home the alleged[4] advantages of increasing numbers of new products.

Daniel MARZONA, *Minimal Art*, 2009

1. sudden change 2. ready 3. chains 4. supposed

**a. Read** the text and **identify** when and where minimal art appeared.

**b. Say** what artistic movement appeared at the same time.

**c. Explain** why minimal art appeared in this historical context.

**YOUR TASK** You are the guide in a minimal art gallery. **Explain** the origins and basic principles of minimal art in the introduction to your guided tour.

**AT HOME** Do some research on pop art and be ready to present it to the class in contrast to minimal art.

**BOOST YOUR SKILLS!**

**Présenter un mouvement artistique**

- Évoque les origines du mouvement : *Originally...* • *In the first place...* • *Primarily...* • *Minimal art was* ***a child of its age.***
- Valorise ton sujet : *Minimal art is* ***not just about*** *shapes.* • *There is* ***more to it than meets the eye.***
- Expose les principes du mouvement : *Minimal art* ***deals with*** *interpretation.* • *It* ***consists of*** *using three-dimensional space.*

# 3 A growing influence

## Doc 1. Minimalist writing?

Saturday afternoon the mother drove to the bakery in the shopping center. After looking through a loose-leaf binder with photographs of cakes taped onto the pages, she ordered chocolate, the child's favorite. The cake she chose was decorated with a spaceship and a launching pad under a sprinkling of white stars. The name SCOTTY would be iced on in green as if it were the name of the spaceship.

The baker listened thoughtfully when the mother told him Scotty would be eight years old. He was an older man, this baker, and he wore a curious apron, a heavy thing with loops that went under his arms and around his back and then crossed in front again where they were tied in a very thick knot. He kept wiping his hands on the front of the apron as he listened to the woman, his wet eyes examining her lips as she studied the samples and talked.

He let her take her time. He was in no hurry.

The mother decided on the spaceship cake, and then she gave the baker her name and her telephone number. The cake would be ready Monday morning, in plenty of time for the party Monday afternoon. This was all the baker was willing to say. No pleasantries, just this small exchange, the barest information, nothing that was not necessary.

Monday morning, the boy was walking to school. He was in the company of another boy, the two boys passing a bag of potato chips back and forth between them. The birthday boy was trying to trick the other boy into telling what he was going to give in the way of a present.

At an intersection, without looking, the birthday boy stepped off the curb, and was promptly knocked down by a car. He fell on his side, his head in the gutter, his legs in the road as if he were climbing a wall.

The other boy stood holding the potato chips. He was wondering if he should finish the rest or continue on to school.

The birthday boy did not cry. But neither did he wish to talk anymore. He would not answer when the other boy asked what it felt like to be hit by a car. The birthday boy got up and turned back for home, at which time the other boy waved good-bye and headed off for school.

Raymond CARVER, "The Bath" in *What We Talk About When We Talk About Love*, 1981

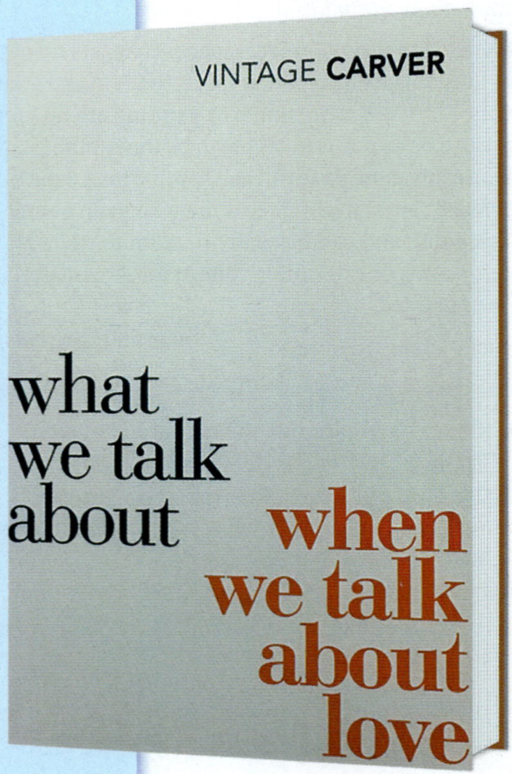


**a. React** to the book cover.

**b. Read** the text and briefly **sum up** the situation.

**c. Comment** on the way the characters are mentioned.

**d.** STYLE **Analyse** actions and emotions in the second part of the text (l. 22-35). **Deduce** the effect of the literary technique on the reader.

**e. Explain** why Raymond Carver's writing can be qualified as minimalist.

**YOUR TASK** **Advise** your friend to read "The Bath" by Raymond Carver.

**BOOST YOUR SKILLS!**

**Argumenter**

- Utilise des connecteurs logiques pour opposer des idées : *On the one hand… On the other hand… • Whereas… • While…*
- Emploie des structures soulignant la contradiction : ***Although*** *his editor cut his text, Raymond Carver* ***remains*** *a great author • He is admired* ***even if*** *he was edited •* ***Despite the fact*** *that his work was cut, he is considered a minimalist author.*

## Doc 2. Reacting to Carver's writing

A major row is brewing in American letters. At issue is the text of Raymond Carver's 1981 short story collection, *What We Talk About When We Talk About Love;* a canonical work of "minimalist" fiction, much admired for its spare, laconic style, and its way of configuring ordinary life to yield[1] unexpectedly powerful emotions. Well, it turns out that Carver wasn't quite the coolly surgical artist that these impeccable deployments of the said and the unsaid suggest. His editor at Knopf, Gordon Lish, cut the stories radically before publication, jettisoning[2] as much as half of the original in some cases, reshaping them and changing the way they ended. Carver wasn't at all pleased with the results. [...]

Now his widow[3], Tess Gallagher, wants to bring out the original versions, restored to their pre-Lish expansiveness by the Carver scholars William Stull and Maureen Carroll. She isn't advocating pulling the Lish versions from the shelves, but she does seem intent on launching a "real" Carver; a kinder, gentler, "life-affirming" (in the words of Stull and Carroll) Carver as an alternative option for the book-buying public. Knopf is opposed to the idea, and a legal battle appears to be in the offing. [...]

The case is complicated by the fact that Carver himself, unlike Eliot[4], seems to have persisted in preferring his own original versions (though this is a murky matter too).

James LASDUN, *theguardian.com*, October 22, 2007

**1.** provide **2.** abandon **3.** *veuve* **4.** T.S. Eliot (1888-1965) was a famous poet whose work was edited.

**a. Read** the text and **explain** what the controversy around Raymond Carver is about.

**b. Summarise** the different points of views mentioned.

**c.** Using elements from the article, **say** whether or not you consider Raymond Carver as a minimalist writer.

**d. Discuss** which version of the stories you think should be published.

## Doc 3. Minimalist music

AUDIO

▲ The cover of Philip Glass's album *Music in Twelve Parts* (1971-1974) features minimal artist Frank Stella's artwork *Hyena Stomp* (1962). (Audio: NPR, 2008)

**a. React** to the album cover.

**b. Listen** to the interview and **say** how Philip Glass's music was received originally.

**c. Find out** what the consequence of this reaction was.

**d. Explain** what makes Philip Glass's music specific, according to him.

**AT HOME** Listen to Philip Glass's piece of music. Describe its structure and the impressions it conveys.

AUDIO

**WORDS**

- audience
- authorship
- detachment = indifference
- restoration
- storytelling = narration

- impersonal
- mean = hostile, rude
- neutral /ˈnju:trəl/
- pejorative

- argue with sb = disagree with sb
- edit sth out = remove, cut
- enhance = accentuate
- rebuff = reject

## Doc 1. A controversial artwork

▲ Carl ANDRE, *Equivalent VIII*, 1966

> *"Somebody once said "Art is what the artists says is art". But it is art to me, and it is art to a few other people who recognised it as sculpture. Art isn't democratic I hope, it isn't the amount of people that like your work, it is whether the work is any good or not."*
>
> Carl Andre

**Carl Andre's *Equivalent VIII*: the most boring controversial artwork ever**

Most works of art that cause controversy are by their nature sensational. They are sexually graphic, or violent, or politically contentious[1]. Carl Andre's *Equivalent VIII* is different. It is the most boring controversial artwork of all time. [...]

One problem is that if you look in your *Bluffer's Guide*[2] *to Modern Art* you will find that Andre is a minimalist, not a conceptual artist: there is a difference. Conceptual art was a movement in the late 1960s and 1970s that replaced paintings and sculptures with ideas: the art object became a concept, something that could not be bought or sold because it was purely intellectual. *Equivalent VIII* is not immaterial in the way conceptual art aspired to be. It is as solid as brick. It is also as stupid as brick. If this is "idea art" (another term for conceptual art in the 1960s), tell me: what is the idea it embodies?

*Equivalent VIII* is the very opposite of conceptual art. Instead of airily escaping the physical nature of art into a world of thought, it dumbly and relentlessly[3] insists on its material reality – and nothing else. Being an arrangement of bricks is all this arrangement of bricks does or wants to do. It is brute fact. It is there. And that's that.

Jonathan JONES, *theguardian.com*, September 20, 2016

1. controversial 2. a collection of guidebooks 3. persistently

**a. Observe** the picture and **say** why Carl Andre's artwork is minimal art.

**b. Read** the article and **sum up** the author's opinion of *Equivalent VIII*.

**c. Say** why *Equivalent VIII* cannot be considered as conceptual art.

**d. Read** and **comment** on Carl Andre's quote.

**e. Discuss**: *"Art isn't democratic I hope"*.

**BOOST YOUR SKILLS!**

**Exprimer l'accord ou le désaccord**

- Choisis des adverbes et prépositions pour montrer ton accord : *That's **exactly** what I think.* • ***Without** a doubt!* • *You're **absolutely** right!*
- Utilise l'expression de la concession : ***Well**, you **could** be right...* • *It's **only partly** true...* • *I agree with you **up to a point, but**...*
- Emploie des locutions verbales exprimant le désaccord : *I **beg to differ**...* • *I **can't see eye to eye** with you...* • *I **can't share that view*** • *I **doubt** whether...*

**YOUR TASK** Several visitors have left messages on the comment section of the website dedicated to an exhibition on Carl Andre.
They have very different opinions on the subject. **Write** their comments.

## Doc 2. Minimal art in the desert

VIDÉO

(Video: PBS Digital Studios, 2017)

**a. Look** at the screenshot and **say** what is unusual about this place.

**b. Watch** the video and **collect** information regarding Marfa's location.

**c. Explain** why tourists go to Marfa and what you can see there.

**d. Read** the article below and **say** what Marfa has become.

**e. Explain** how Donald Judd would have reacted to it.

### Marfa, Texas: An Unlikely Art Oasis In A Desert Town

Vegan food, straw-bale houses[1] and funky bars filled with artsy kids clinking Shiner Bocks[2] with famous painters and film directors. Their pearl-buttoned shirts and cowboy boots can make the place feel like a Western-themed outpost of Brooklyn. And for a town of only about 2,000 people, you can amuse yourself nightly with screenings, readings and, of course, gallery shows, like the one for sculptor Campbell Bosworth. [...]

Johnson runs Marfa's bookstore, with an unsurprising emphasis on art books, art theory and poetry journals. Yoga classes are held there in the morning. It's the only place that sells *The New York Times*. But even though the Marfa Book Co. makes the town more tourist-friendly, Johnson does not believe Donald Judd would approve of Marfa's emergence as a chic art world destination.

"He thought that making an arts-based cultural tourism was necessarily carnivalesque, which was, for him, anathema[3] to the experience of art," he explains. "He knew that people would come see it, but he did not want that to be a large part of the economy, because he thought, socially, that would have a negative impact."

Neda ULABY, *www.npr.org*, August 2, 2012

**WORDS**

- eccentricity
- immodesty = arrogance
- tourist spot

- dedicated to
- irrelevant
- phony = artificial, fake
- trendy = fashionable
- trivial = silly
- uninspiring

- bewilder /bɪˈwɪldər/ = confuse
- go sightseeing

1. *maisons en bottes de paille*
2. share a drink
3. hateful, objectionable

## FINAL TASK

### Take part in a debate on the creation of the National Museum of Minimal Art in your city.

**Your American city is part of the national art programme, with the project of building the first National Museum of Minimal Art downtown. The city sets up a public debate to inform the citizens before they vote in favour of or against the project.**

1. **Choose** the role you would like to play (the director of the national art program, a tour guide from Marfa, an art critic who rejects minimal art or a regular citizen who represents the city's inhabitants).

2. **Define** the point of view your character will present in the debate (defending, rejecting, discovering, reacting to minimal art...).

3. **Gather** arguments to support your point of view. **Don't forget** to mention the main figures of the movement (some of their works will be displayed in the museum, which will also deal with other art forms, such as literature and music), the aesthetics of minimal art, its principles, its history or even its economic dimension. **Get ready** to explain what it reveals or fails to reveal about art.

4. **Act out** the debate in the City Hall. **Remember** that the citizens will vote for or against the creation of the museum after the debate.

BOOST YOUR ENGLISH p. 134

# BOOST YOUR ENGLISH!

## Grammar — Prendre part à une discussion de groupe

- **Choisis les temps du présent appropriés pour te présenter.**
  ***Let*** *me introduce myself...*
  *My name* ***is****... and I* ***work*** *as a guide in Marfa, Texas.*
  *I* ***have been*** *an art critic for 30 years now.*
- **Utilise des structures exprimant l'opposition et la concession :**
  *Minimal art expresses nothing,* ***contrary to*** *other movements.* (opposition)
  ***In spite of*** *its apparent simplicity, minimalism is very complex.* (concession)
  ***Although*** *we disagree, I understand your point of view.* (concession)
- **Utilise l'impératif pour modérer la tenue du débat.**
  ***Let's calm down*** *and* ***respect*** *one another.*
  ***Let's not lose*** *our focus.*
  ***Please elaborate*** *on this subject.*
  ***Please don't hog*** *the conversation.*
- **Utilise les réponses courtes et les tags pour réagir et faire réagir l'interlocuteur.**
  ***No,*** *Raymond Carver* ***didn't****.*
  *You can't call this art,* ***can you?***
  *This work is nonsensical,* ***isn't it?***
  ***No,*** *it* ***isn't****! I find it extremely meaningful.*

**1** **Ajoute le mot qui convient pour exprimer l'opposition ou la concession.**

**a.** ... most people, I believe this art form has a great potential.
**b.** ... their art was called "minimal", these artists never accepted the term.
**c.** ... your negative perception of modern art, I think you should open your mind.
**d.** ... abstract expressionists, minimalists explored the notion of space.

**2** **Réagis à la situation avec la forme impérative qui convient.**

**a.** One of your partners doesn't speak. → ...
**b.** Two of the participants strongly disagree and are not listening to one another. → ...
**c.** The other participants never let you speak. → ...
**d.** One of your partners doesn't develop his or her arguments enough. → ...

## Vocabulary — Minimal art

EXO Lexiquiz

### Aesthetics

**Aspect** (AUDIO)
- bright
- colourful
- dull
- monochromatic
- raw
- three-dimensional
- perceive
- resemble

**Impressions** (AUDIO)
- appealing
- boring
- disturbing
- inspiring
- mind-blowing
- unsettling

### The world of art

**At the museum** (AUDIO)
- display
- exhibition
- gallery
- guided tour
- visitors

**Artists** (AUDIO)
- builder
- creator
- founder

**Art forms** (AUDIO)
- paintings
- sculptures
- structures
- works

### Reaction

**Audience** (AUDIO)
- grasp = understand
- interpret
- question = doubt /daʊt/
- reach
- reject

**Criticism** (AUDIO)
- debate
- exchange
- raise awareness
- shock

### Creation

**Origins** (AUDIO)
- concept
- idea
- inspiration
- groundbreaking = innovative

**Process** (AUDIO)
- assemble
- create
- depict
- imitate
- innovate

# TRANSLATION WORKSHOP

Vers le **BAC**

ÉPREUVE ÉCRITE

**Relis le texte extrait de la nouvelle "The Bath" (1981) de Raymond Carver (Doc 1 p. 130) et concentre ton attention sur le passage suivant.**

At an intersection, without looking, the birthday boy stepped off the curb, and was promptly knocked down by a car. He fell on his side, his head in the gutter, his legs in the road as if he were climbing a wall.

The other boy stood holding the potato chips. He was wondering if he should finish the rest or continue on to school.

The birthday boy did not cry. But neither did he wish to talk anymore. He would not answer when the other boy asked what it felt like to be hit by a car. The birthday boy got up and turned back for home, at which time the other boy waved good-bye and headed off for school.

## 1 Analyse l'extrait

**a. Identifie** le type de texte (descriptif, narratif, dialogue...).

**b. Concentre-toi** sur le temps du récit, et **réfléchis** au temps qui sera utilisé pour la traduction en français.

**c. Explique** sur quoi se focalise principalement ce passage : la perception, les sentiments, les intentions ou le mouvement. **Relève** les verbes qui t'ont aidé à faire ce choix.

• Après avoir lu le passage et avant de l'analyser, assure-toi que tu as bien compris ce que font les personnages et ce qui leur arrive.

## 2 Développe une stratégie de traduction : le chassé-croisé

OBJECTIF BAC p. 286-287

**a. Observe** cet extrait de phrase et **choisis** la traduction qui te semble la meilleure.

*The other boy* ***waved good-bye***

A. L'autre garçon **fit un signe de la main pour dire au revoir**

B. L'autre garçon **fit au revoir de la main**

**b. Observe** la suite de la phrase et sa traduction. Qu'est-ce que le processus a changé pour les mots surlignés ?

*... and* ***headed off*** *for school*

...et **partit en direction de** l'école

**c. Entraîne**-toi à traduire ces phrases en utilisant la technique du chassé-croisé.

**A.** *The man rushed out of the car.*

**B.** *He was scared to death.*

**C.** *The boy walked back home.*

• En anglais, les verbes de mouvement sont souvent constitués d'un verbe et d'une particule donnant chacun une information (action, mouvement). On les traduit souvent en utilisant le chassé-croisé qui inverse l'ordre de ces d'informations.

## 3 Traduis l'extrait

**Traduis** le passage en veillant aux points suivants :

• Les appellations des personnages (*the birthday boy, the other boy*) : trouve des formulations proches du texte original qui ne soient pas trop longues, car elles seront répétées plusieurs fois.

• Les déterminants possessifs (*his head, his legs*) : vas-tu les traduire par des déterminants possessifs ou des articles en français ?

• Le style de l'auteur : veille à le respecter. L'utilisation des procédés de traduction comme le chassé-croisé doit faire ressortir le sens du texte original, et non changer le style du texte.

• Tu peux relire le texte de Raymond Carver p. 130 pour t'imprégner du style de l'auteur, qui est qualifié de « minimaliste ». Comme lui, utilise des phrases simples et factuelles dans ta traduction.

Vers le **BAC**

# LET'S BRAINSTORM!

OBJECTIF BAC p. 280-303

## A radical change

- The context in which minimal art appeared

➜ *Minimal Art*, D. Marzona, p. 129 • *Convergence*, J. Pollock, p. 128 • *Morning Choice*, A. Truitt, p. 128

- A movement to redefine artistic concepts

➜ *Specific Objects*, D. Judd, p. 129 • "The most boring controversial artwork ever", J. Jones, p. 132

## The potential of minimalism

- Plainness as an aesthetic principle

➜ *Untitled*, D. Judd, p. 126 • "lighght", A. Saroyan, p. 127 • *Equivalent VIII*, C. Andre, p. 132

- When less is more

➜ "The Bath", R. Carver, p. 130 • "Reacting to R. Carver's writing", J. Lasdun, p. 131 • *Music In Twelve Parts*, P. Glass, p. 131

ARTS ET DÉBATS D'IDÉES
Axe 2

**How has the movement of minimal art questioned the meaning of art in the USA?**

## Art is what you make of it

- The artist decides what art is

➜ *Equivalent VIII*, C. Andre, p. 132 • "Reacting to R. Carver's writing", J. Lasdun, p. 131

- The essence of minimalism relies on how we interpret it

➜ Cartoon by W. O'Brien, p. 127 • *Specific Objects*, D. Judd, p. 129

## A divisive art form

- Minimalism as a subject of controversy

➜ Article about "Lighght", I. Daly, p. 127 • "The most boring controversial artwork ever", J. Jones, p. 132 • Article about Marfa, N. Ulaby, p. 133

- Differing points of view

➜ "Reacting to R. Carver's writing", J. Lasdun, p. 131 • *Convergence*, J. Pollock, p. 128 • *Morning Choice*, A. Truitt, p. 128

## Entraîne-toi à la synthèse

ÉPREUVE ÉCRITE

Focus on **Doc 1 p. 130, Doc 2 p. 131** and **Doc 1 p. 132 (artwork and article)**. Write a commentary (around 500 words) explaining the various ways artworks can be interpreted.

OBJECTIF BAC p. 280

Fiche d'auto-évaluation

## Évaluation

➜ **Now test your skills!**

Sujet d'épreuve écrite type BAC

# BUILD YOUR PORTFOLIO

## Short story

"Frame Tale", in *Lost In The Funhouse*, John Barth, 1968

A short story like no other, which holds in two pages and requires some do-it-yourself to be read properly. The reader is supposed to cut the pages following the dotted lines and patch them together to create a looped text forming a never-ending story.

- **Find out** more about this uncommon short story and **explain** how it tries to redefine the notion of writing and our conception of a story.

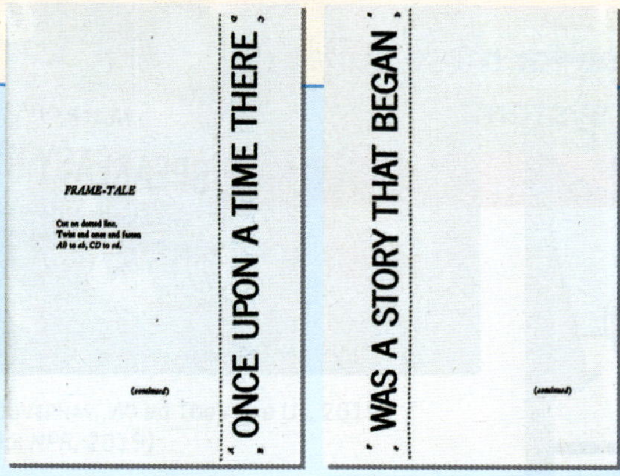


## Song

*Proverb*, Steve Reich, 1996

Proverb is a 14-minute long song that consists only of one sentence and a hypnotic melody.

- **Listen** to this musical piece and **comment** on its structure. What does the composer's "minimalist" approach allow him to do?

AUDIO

## Essay

*Minimalism and the Rhetoric of Power*, Anna C. Chave, 1990

“The Minimalists' domineering, sometimes brutal rhetoric was breached in this country in the 1960s, a decade of brutal displays of power by both the American military in Vietnam, and the police at home in the streets and on university campuses across the country.”

- **Read** the first page of this essay and **explain** how minimal art can truly be seen as a movement of its time.

TEXTE

## Film

*What Did Jack Do?*, David Lynch, 2017

In this short film by David Lynch, a detective interviews a monkey about an absurd murder.

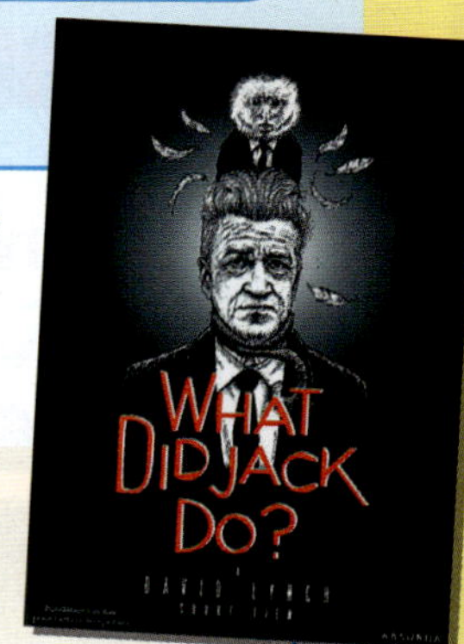


- **Watch** the short film or extracts from it. How do the minimalist choices of the director (settings, camera, lighting, characters' situation, lack of action...) contribute to generating a feeling of uneasiness for the viewer?

VIDÉO

ÉPREUVE ORALE | GRAND ORAL — Entraîne-toi à l'oral

**Step 1** — **Build up your speech!**

| ÉPREUVE ORALE | GRAND ORAL |
| --- | --- |
| • Choose one topic in the mindmap p. 136.<br>• Pick out two documents from the file and add a personal one to illustrate this topic. OBJECTIF BAC p. 288-289<br>• Prepare your presentation: you must show how these documents relate to the topic you chose. | • Choose one topic in the mindmap p. 136.<br>• Find a key question about the topic and write it down. Think about links with other subjects (*HLP* for example).<br>• Gather arguments and examples from the file.<br>• Prepare an outline for your presentation and write your note sheet. |

**Step 2** — **Make your oral presentation in front of two classmates.**

| ÉPREUVE ORALE | GRAND ORAL |
| --- | --- |
| • Show your documents to your classmates and explain your point in five minutes. OBJECTIF BAC p. 292-293 | • Give your note sheet to your classmates.<br>• Stand up and make a five-minute presentation to answer your key question. OBJECTIF BAC p. 294-297 |

**Step 3** — **Answer your classmates' questions about your presentation.**

# EXPLORE 2 Segregation in the courtroom

LANDMARKS p. 264-265

## Doc 1. The case that upheld the color line

VIDÉO

▲ STORY, 2010 (Video: Be Woke LLC, 2019)

**CULTURE SPOT**

**Jim Crow laws** were state and local laws that legalised racial segregation in the South after the end of the Civil War in 1865.

**a.** **Watch** the video and **pick out** information about Homer Plessy.

**b.** **Explain** why he was arrested.

**c.** **Identify** the legal grounds on which the Supreme Court confirmed segregation and the case that overturned it.

**d.** **Focus** on the cartoon and **comment** on its representation of segregation.

**AT HOME** Search the Internet and identify the rights guaranteed by the Fourteenth Amendment to the Constitution.

## Doc 2. *Brown v. Board of Education*

AUDIO

*On December 9, 1952, the case* Brown v. Board of Education *is heard by the Supreme Court. The scene begins with Mr. Marshall, an African-American civil-rights attorney, addressing the Court.*

**Mr. Marshall:** Mr. Chief Justice. May it please the Court, my colleagues will address the Kansas, Delaware, Virginia, and District of Columbia cases. I will speak on behalf of Harry Briggs, Jr., and the Negro[1] children of the town of Summiton, who have raised their attack on the validity of the South Carolina code which reads that "it shall be unlawful for the pupils of one race to attend the schools provided for persons of another race."

In the law courts, we produced unchallenged experts who testified that segregation damages the personality of Negro children and destroys their self-respect. If Ralph Bunch, this nation's distinguished ambassador to the United Nations were assigned to South Carolina, it would be the will of the people that his children go to a Jim Crow school. No matter how great anyone becomes, if he happens to be a Negro, his children are relegated to that school.

Yet this Court is being asked by the defense to uphold[2] the segregation law of South Carolina. Under our form of government, the only testing ground as to whether or not individual rights are violated by the majority is here, in this Supreme Court of the United States. The Court must weigh[3] the rights of the Negro children against the public policy of the state of South Carolina, and if that policy violates those rights, then this Court, reluctant or otherwise, is obliged to say that that policy has run up against[4] the Fourteenth Amendment to the Constitution which guarantees all citizens equal treatment under the law.

We therefore respectfully urge that the judgment of the district court be reversed, and the children's rights be affirmed.

**Justice Reed:** Is it fair to say that the South Carolina legislature[5] set up segregated school to avoid racial friction?

**Mr. Marshall:** Yes, sir.

▲ George STEVENS JR., *Separate but Equal*, 1991

1. widely accepted term for a black person at the time
2. maintain
3. consider
4. be in contradiction with
5. parliament

**Justice Reed:** Doesn't the legislature have to weigh the advantage of maintaining law and order against what might be the disadvantage to the segregated group?

**Mr. Marshall:** I think that the legislature should, Mr. Justice Reed, but I think we have to bear in mind that as far as I know in these states there is not a single Negro legislator doing the weighing. The only point before this Court is the law as it was applied in Clarendon County. All we are asking is that the state-imposed racial segregation be stopped, and the County school board be instructed to work out a solution.

**Justice Frankfurter:** What kind of solution?

**Mr. Marshall:** They could assign children to schools on any reasonable basis.

**Justice Frankfurter:** You mean we would have gerrymandering[6] of school districts?

**Mr. Marshall:** Not gerrymandering, Mr. Justice Frankfurter. The new district lines would simply have to be drawn on a natural basis, without regard to race or color.

**Justice Frankfurter:** It would be important to me for you to spell out[7] exactly what would happen if the Court reverses, and the case goes back to South Carolina.

**Mr. Marshall:** What is important is that we get the principle established: segregation by race is not legal. It is impossible to say right now precisely how it would work.

George STEVENS JR., screenplay for *Separate but Equal*, 1991

6. manipulating the boundaries (usually so as to favour one social group or political party)
7. clarify

**a. Read** the text and **identify** the main points in Mr. Marshall's argument to the Supreme Court.

**b.** GRAMMAR **Focus** on the sentence from *"If"* (l. 9) to *"school"* (l. 11). **Comment** on the tenses used and **explain** how this statement gives weight to his arguments.

**c. Explain** why Justice Reed objects to Mr. Marshall's arguments and how Mr. Marshall responds to him.

**d. Comment** on the way Mr. Marshall responds to Justice Frankfurter's objections.

**AT HOME** Watch the corresponding scene from the film and explain how John Marshall gives special emphasis to his arguments. VIDÉO

**WORDS**

- ass**u**mption = bel**ie**f
- j**u**stice = a judge in the US Supr**e**me Court
- **o**pening ≠ cl**o**sing st**a**tement
- pl**ai**ntiff

- conv**i**ncing = pers**ua**sive
- eff**e**ctive

- hear a case
- plead for
- sway/change sb's op**i**nion
- uph**o**ld ≠ strike down

## Doc 3. Being the first

In the movie "Hidden Figures," Janelle Monáe's character Mary Jackson petitions a Virginia State Court judge for the right to enroll in engineering classes at the local all-white high school. She reminds the judge that he was the first in his family to join the Armed Forces and to attend college. Now he can help her be the first female engineer at NASA. "Your Honor," Jackson says, "out of all the cases you're going to hear today, which one is going to matter one hundred years from now? Which one is going to make you the first?"

*CNN*, November 1, 2018

▲ Theodore MELFI, *Hidden Figures*, 2016

**GOING FURTHER** Watch the scene from the film and explain how Mary Jackson's arguments made the judge change his mind. VIDÉO

**a. Look** at the poster and **comment** on Mary Jackson's attitude.

**b. Read** the text and **explain** Mary Jackson's main point to convince the judge.

**c.** STYLE **Pick out** repeated words in Mary Jackson's speech to the judge. **Explain** how this technique makes her sound persuasive.
OBJECTIF BAC p. 284-285

**YOUR TASK** **Choose** an African-American speaker and **convince** the school council to include him or her in an exhibition about individuals who contributed to the fight for equal justice.

**BOOST YOUR SKILLS!**

**Argumenter pour convaincre**

- Exprime-toi avec conviction : ***All** we are asking is that...* • ***No matter** how great anyone becomes...*
- Structure ton propos avec des connecteurs logiques : ***Yet** this Court is being asked...* • *We **therefore** respectfully urge...*
- Utilise des répétitions : ***Which one is going to** matter... **Which one is going to** make you...*

# EXPLORE

## 3 Biased justice?

### Doc 1. Asking for mercy

*In this scene, Jefferson, a young uneducated black man, is accused of the murder of Mr. Gropé, a white storekeeper.*

The prosecutor argued that Jefferson and the other two had gone there with the full intention of robbing the old man and killing him so that he could not identify them. When the old man and the other two robbers were all dead, this one—it proved the kind of animal he really was—stuffed the money into his pockets and celebrated the event by drinking over their still-bleeding bodies.

The defense argued that Jefferson was innocent of all charges except being at the wrong place at the wrong time. There was absolutely no proof that there had been a conspiracy between himself and the other two. The fact that Mr. Gropé shot only Brother and Bear was proof of Jefferson's innocence. Why did Mr. Gropé shoot one boy twice and never shoot at Jefferson once? Because Jefferson was merely an innocent bystander. He took the whiskey to calm his nerves, not to celebrate. He took the money out of hunger and plain stupidity.

"Gentlemen of the jury, look at this—this—this boy. I almost said man, but I can't say man. Oh, sure, he has reached the age of twenty-one, when we, civilized men, consider the male species has reached manhood, but would you call this—this—this a man? No, not I. I would call it a boy and a fool[1]. A fool is not aware of right and wrong. A fool does what others tell him to do. A fool got into that automobile. A man with a modicum of[2] intelligence would have seen that those racketeers meant no good. But not a fool. A fool got into that automobile. A fool rode to the grocery store. A fool stood by and watched this happen, not having the sense to run. [...]

"Gentlemen of the jury, be merciful. For God's sake, be merciful. He is innocent of all charges brought against him.

"But let us say he was not. Let us for a moment say he was not. What justice would there be to take this life? Justice, gentlemen? Why, I would just as soon put a hog[3] in the electric chair as this. [...]"

The jury retired, and it returned a verdict after lunch: guilty of robbery and murder in the first degree. The judge commended the twelve white men for reaching a quick and just verdict. This was Friday. He would pass sentence on Monday.

Ten o'clock on Monday, Miss Emma and my aunt sat in the same seats they had occupied on Friday. [...] The judge, a short, red-faced man with snow-white hair and thick black eyebrows, [...] told Jefferson that he had been found guilty of the charges brought against him, and that the judge saw no reason that he should not pay for the part he played in this horrible crime.

Death by electrocution. The governor would set the date.

Ernest GAINES, *A Lesson Before Dying*, 1993

1. stupid person 2. a bit of 3. pig

▲ Joseph SARGENT, *A Lesson Before Dying*, 1999

**WORDS**

- defendant /dɪˈfendənt/ = accused
- evidence
- prosecutor = solicitor

- biased /ˈbaɪəst/ = prejudiced
- controversial
- lenient /ˈliːniənt/ = indulgent
- unfair = unjust

- charge sb with = accuse sb of
- lodge an appeal against
- reach a verdict
- serve on a jury

**a. Read** the text and **sum up** the situation.

**b. Compare** the prosecutor's and the defense's versions of the story.

**c. Focus** on the defense's speech and **pick out** the words and expressions that dehumanise Jefferson. **Explain** his choice.

**d.** STYLE **Focus** on the sentence *"Death by electrocution. The governor would set the date."* (l. 37) and **explain** how the use of free indirect speech conveys Jefferson's feelings.

**e. Pay attention** to the composition of the court and **discuss** the questions it raises.

**AT HOME** Watch the corresponding scene of the film and identify the ways the director adapted the story to the screen.

VIDÉO

## Doc 2. The truth about the American jury system

(Video: Business Insider, 2018)

1. remove

a. **Watch** the video and **list** the different steps in the jury selection process.

b. **Explain** why this process has been questioned over time.

c. **Comment** on the impact of jury selection in death penalty cases.

## Doc 3. Black ladies' courtroom

NEWS

### Black women deliver justice in a Southern city. Their own way.

"We have broken the mold for women as much as we have broken the mold for African-Americans," said LaDawn Blackett Jones, the solicitor in South Fulton, Georgia.

SOUTH FULTON, Ga.— Inside the municipal courtroom here in this Atlanta suburb, a black man in his early 20s is begging the judge for a second chance. He's facing his third shoplifting conviction and, under Georgia state law, must serve a jail sentence.

Defendants plead for a second (or third) chance in courtrooms across the country on a daily basis, but here in this majority African-American town, where the population is just over 100,000, the criminal justice system is unique: Black women are in charge, and they say they run things differently. LaDawn Blackett Jones is the city's solicitor, or prosecutor, Viveca Powell serves as public defender and Tiffany Carter Sellers is the chief judge. The court clerks[1] and staff are also black women.

"As people from around the country are looking at what is going on here, we are trying to set the example for the way true law and justice should work," Blackett Jones said. [...]

As a black woman and a judge, Carter Sellers told NBC News she can be tough on crime while at the same time give a fairer shake to defendants, depending on the circumstances.

"From a practical standpoint, I think I bring that fact that I'm a wife to an African-American man, and we have African-American children, and so empathy and sympathy — I bring that to the table every day," she said, adding that she cringes[2] when she hears people talk about racial bias and corruption in the justice system.

"I know we can do better. In 2018, we just can do better."

Dartunorro CLARK, *nbcnews.com*, October 29, 2018

1. assistant 2. be shocked

a. **Read** the text and **identify** what is special about this courtroom.

b. **Explain** how this courtroom makes a difference in the judicial system.

c. **Discuss**: *"we are trying to set the example for the way true law and justice should work"* (l. 12-13).

**YOUR TASK** MÉDIATION

DIFFÉRENCIATION

A new film adaptation of the novel *A Lesson Before Dying* is to be released. **Act out** an interview with the film director.

**WAY 1** **Focus** on the director's motivations to adapt the novel.

**WAY 2** **Focus** on the reasons why Jefferson's story can still be relevant today.

**BOOST YOUR SKILLS!**

**Sensibiliser à un problème**

- Rapporte les faits : *The defense* ***argued that*** *Jefferson was innocent of all charges.* • *Carter Sellers* ***told NBC News*** *she can be tough on crime.*
- Appuie-toi sur des données statistiques et historiques : *Between* ***2005-2009****, Alabama had excluded* ***80%*** *of blacks.*
- Utilise des questions rhétoriques : *What justice would there be... ?* • *But what has that really changed ?*

# EXPLORE 4 Pleading for change

## Doc 1. The modern "Atticus"

**1**

*In this true story, civil-rights defense attorney Bryan Stevenson works to free a wrongly condemned death row prisoner, Walter McMillian.*

Walter McMillian was at least fifteen years older than me, not particularly well educated, and he hailed[1] from a small rural community. Though he had lived in Monroe County his whole life, he had never heard of the author Harper Lee—also a Monroeville, Alabama, native—or her award-winning novel *To Kill a Mockingbird*.

*Mockingbird* tells the story of an innocent black man who is accused of raping a white woman in the 1930s, and is bravely defended by Atticus Finch, a white lawyer. What is often overlooked is that the black man falsely accused in the story was not *successfully* defended by Atticus. Tom Robinson, the wrongly accused black defendant, is found guilty. Later, he dies when, full of despair, he makes a desperate attempt to escape from prison. He is shot seventeen times in the back by his captors. While the novel captivated millions of readers—and confronted them with some of the realities of race and justice in the South—its harder truths did not take root.

Bryan STEVENSON, *Just Mercy (Adapted for Young Adults)*, 2014

1. come from

a. **Look** at the book cover, **read** excerpt **1** and **say** why the book is an autobiography.

b. **Comment** on the influence of *To Kill a Mockingbird* on the narrator.

c. **Read** excerpt **2** and **explain** what the scene depicts.

d. **Identify** the narrator's argument.

e. **Discuss:** Can Bryan Stevenson be compared to Atticus Finch?

**AT HOME** Watch the trailer of the film *Just Mercy* and be ready to share your emotions and thoughts on it. VIDÉO

**WORDS**

- Attorney General (US) = most important legal officer in the US
- calling = vocation
- law enforcement /ɪnˈfɔːsmənt/

- fervent = impassioned
- forceful = commanding
- inspirational = uplifting
- lawful ≠ unlawful

- advance = promote
- foster = encourage
- seek justice
- take a stance/position on

**2**

"Gentlemen, are we ready to proceed?" Judge Norton asked. "We are, Your Honor," I replied. [...]

I decided to proceed with an opening statement before calling Myers as our first witness. I wanted the judge to understand that we weren't just defending Mr. McMillian from a different angle than his old lawyers. I wanted him to know that we had dramatic new evidence of innocence that completely cleared[1] Walter. I wanted him to know that justice demanded Walter's immediate release.

"Your Honor, the State's case against Walter McMillian turned entirely on the testimony of Ralph Myers, who had several prior felony[2] convictions and another capital murder case pending against him in Escambia County at the time of McMillian's trial. At trial, Mr. McMillian asserted that he is innocent and that he did not know Mr. Myers at the time of this crime. He has maintained his innocence throughout these proceedings[3]."

The judge had been fidgeting[4] and had seemed distracted when I started, so I paused. Even if he didn't agree I wanted him to hear what I was saying. I stopped talking until I was sure he was paying close attention. Finally, he made eye contact with me, so I continued.

"There is no question that Walter McMillian was convicted of capital murder based on the testimony of Ralph Myers. There was no other evidence to establish Mr. McMillian's guilt for capital murder at trial than Myer's testimony. The State had no motive, the State had no witnesses to the crime, the State had only the testimony of Ralph Myers." [...]

"Based on the testimony of Ralph Myers, Walter McMillian was convicted of capital murder and sentenced to death. As you're about to hear, the testimony of Ralph Myers was completely false. Again, Your Honor, the testimony of Ralph Myers at trial was completely false."

Bryan STEVENSON, *Just Mercy (Adapted for Young Adults)*, 2014

1. prove innocent 2. serious crime 3. legal actions 4. move restlessly

## Doc 2. The New Mississippi

AUDIO

*U.S. District Judge Carlton Reeves read this speech to three young white men before sentencing them for the death of a 48-year-old black man named James Craig Anderson in a parking lot in Jackson, Mississippi, one night in 2011.*

"New generations have attempted to pull Mississippi from the abyss of moral depravity in which it once so proudly floundered[1]. Despite much progress and the efforts of the new generations, these three defendants are before me today: Deryl Paul Dedmon, Dylan Wade Butler and John Aaron Rice. They and their co-conspirators ripped off the scab[2] of the healing scars of Mississippi ... causing her (our Mississippi) to bleed again. [...]

"In the Mississippi we have tried to bury, when there was a jury verdict for those who perpetrated crimes and committed lynchings in the name of White Power ... that verdict typically said that the victim died at the hands of persons unknown. [...]

"Today, though, the criminal justice system (state and federal) has proceeded methodically, patiently and deliberately seeking justice. Today we learned the identities of the persons unknown ... they stand here publicly today. [...]

"Justice, however, will not be complete unless these defendants use the remainder of their lives to learn from this experience and fully commit to making a positive difference in the New Mississippi. And, finally, the court wishes that the defendants also can find peace."

*npr.org*, 2015

**a. Read** the text and **explain** what Judge Carlton Reeves denounced in his speech.

**b.** STYLE **Focus** on the first paragraph. **Identify** a figure of speech and **comment** on its effect.
OBJECTIF BAC p. 284-285

**c. Discuss** Judge Carlton Reeves's last sentence.

1. be in a difficult situation
2. crusted wound

## Doc 3. Loretta Lynch's fight for equality

VIDÉO

**a. Watch** the video and **pick out** information about Loretta Lynch's family.

**b. Describe** what drew Loretta Lynch to a career in law.

**c. Explain** how she considers law as a tool for change in the USA.

Loretta Lynch sworn in as Attorney General, 2015 (Video: Harvard Law School, 2018)

## FINAL TASK

### Make a video clip to argue for more equality in the American judicial system.

**As a member of the organisation Equal Justice Initiative (founded by Bryan Stevenson), you are asked to make a 5-minute video clip to argue for more equality in the American judicial system.**

1. **Gather up** notes on the themes you would like to highlight in your video clip.
2. **Connect** historical racial justice events to current issues.
3. **Plan** the different parts of your presentation including the contributions of individuals in the fight for equal justice.
4. **Think** of the different techniques you can use to sound convincing: repetitions, rhetorical questions, word stress, etc.

BOOST YOUR ENGLISH p. 146

# BOOST YOUR ENGLISH!

## Grammar — Faire un discours pour convaincre

- **Emploie la forme en *-ing* pour faire un commentaire.**

*__Seeing__ these teenage boys __being__ physically and mentally coerced...*
*At a time when we__'re talking__ about...*
*We __weren't__ just __defending__ Mr. McMillian.*

- **Ajoute des figures de style pour amplifier ton propos.**

OBJECTIF BAC p. 284-285

*What has that really changed?* (question rhétorique)
*The State had no motive, the State had no witnesses to the crime, the State had only...* (parataxe)
*They and their co-conspirators ripped off the scab of the healing scars of Mississippi...* (personnification)

- **Structure ta présentation avec des connecteurs logiques.**

*__Yet__ this Court is being asked...*
*We __therefore__ respectfully urge...*

- **Accentue les éléments clés dans la phrase.**

*But doesn't that give cops a __huge__ incentive to say...*
*Which one is going to make __you__ the first?*
*In the 1990s, prosecutors in North Carolina received a __cheat sheet__ about how to go to court.*

**1** Écoute le discours du juge Carlton Reeves (Doc 2 p. 145) en prêtant attention au rythme, à l'intonation et à l'accentuation des mots. Entraîne-toi à le lire devant un camarade. AUDIO

**2** Imagine le discours de Bryan Stevenson lors de la projection en avant-première du film *Just Mercy*. Utilise les techniques évoquées ci-contre.

Bryan Stevenson

## Vocabulary — Equality on trial

EXO Lexiquiz

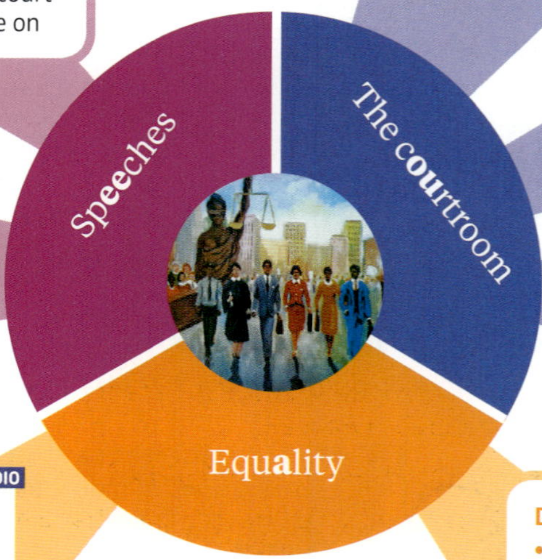


### Speeches

**Speakers** (AUDIO)
- calling = vocation
- defense speech
- opening ≠ closing statement
- fervent = impassioned
- forceful = commanding
- inspirational = uplifting
- address the court
- take a stance on

**Goal** (AUDIO)
- advance = promote
- overturn a case
- seek justice
- strike down
- sway/change sb's opinion

### The courtroom

**Crimes** (AUDIO)
- felony = serious crime
- robbery
- shoplifting
- guilty ≠ innocent
- charge sb with = accuse sb of
- confess to

**People** (AUDIO)
- defendant /dɪˈfendənt/
- lawyer /ˈlɔɪər/ = attorney (US) /əˈtɜːni/
- plaintiff
- prosecutor
- lenient /ˈliːniənt/ = indulgent
- merciful ≠ merciless

**Trial** (AUDIO)
- attend a trial
- hear a case
- make a ruling
- sentence sb to
- serve on a jury

### Equality

**Taking action** (AUDIO)
- lawful ≠ unlawful
- trailblazing
- advocate
- fight for
- plead for
- stand up for = defend

**Discrimination** (AUDIO)
- assumption = belief
- presumption of guilt
- discriminatory
- impartial ≠ prejudiced
- biased /ˈbaɪəst/
- unfair = unjust
- coerce /kəʊˈɜːs/ sb into doing

## TRANSLATION WORKSHOP

Vers le **BAC** — ÉPREUVE ÉCRITE

**Relis le texte extrait de *A Lesson Before Dying* (1993) de Ernest Gaines (Doc 1 p. 142) et concentre ton attention sur le passage suivant.**

The prosecutor argued that Jefferson and the other two had gone there with the full intention of robbing the old man and killing him so that he could not identify them. When the old man and the other two robbers were all dead, this one—it proved the kind of animal he really was—stuffed the money into his pockets and celebrated the event by drinking over their still-bleeding bodies.

The defense argued that Jefferson was innocent [...]. The fact that Mr. Gropé shot only Brother and Bear was proof of Jefferson's innocence. Why did Mr. Gropé shoot one boy twice and never shoot at Jefferson once?

### 1 Analyse l'extrait

**a. Identifie** les personnages, la situation et le point de vue du narrateur.

**b. Repère** les évènements les uns par rapport aux autres.

**c. Observe** la manière dont les faits sont rapportés et **analyse** le niveau de langue utilisé.

> • Établis une chronologie des évènements sur une feuille à part. Veille à respecter la succession des faits dans la traduction.

### 2 Découvre un point important pour la traduction : les temps verbaux

OBJECTIF BAC p. 286-287

**a. Observe** cette phrase et sa traduction. Comment ont été traduits "*argued*" et "*had gone*" ?

*The prosecutor **argued** that Jefferson and the other two **had gone** there with the full intention of robbing the old man.*

Le procureur **prétendait** que Jefferson et les deux autres y **étaient allés** avec la ferme intention de voler le vieil homme.

**b. Observe** cette phrase. **Identifie** la bonne traduction et **justifie** ton choix.

*This one [...] **stuffed** the money into his pockets and **celebrated** the event...*

**A.** Celui-là [...] **fourra** l'argent dans sa poche et **célébra** l'évènement...

**B.** Celui-là [...] **avait fourré** l'argent dans sa poche et **célébré** l'évènement...

**c.** Dans ces deux phrases (a et b), quel temps a été choisi en français pour traduire le prétérit anglais ? **Explique** pourquoi.

> • Le prétérit simple ne se traduit pas toujours par un passé simple en français. Il faut tenir compte de la nature du verbe et du co-texte (description, succession d'actions, antériorité dans le passé, narration orale...) dans le texte anglais pour traduire les temps verbaux en français.

### 3 Traduis l'extrait

**Traduis** le passage en veillant aux points suivants :

• L'ordre des mots dans la phrase : il diffère d'une langue à l'autre. Dans ta traduction, choisis toujours l'ordre qui te semble le plus naturel en français.

• Les choix lexicaux : comment vas-tu traduire en français le verbe *argued* ?

• Les structures verbales : quelles structures vas-tu utiliser en français pour traduire *when the old man and the other two robbers were all dead* et *was proof of Jefferson's innocence*?

> • D'une manière générale, la syntaxe anglaise privilégie les tournures verbales alors que la langue française privilégie les tournures nominales.

Vers le **BAC**

# LET'S BRAINSTORM!

OBJECTIF BAC p. 280-303

## ARTS ET DÉBATS D'IDÉES – Axe 3

**How have courtroom speeches contributed to the fight for social justice in the USA?**

## Shaping history

- Landmark cases: *Plessy v. Ferguson* and *Brown v. Board of Education*

→ *Separate but Equal*, G. Stevens Jr., p. 140-141

- Pushing for change in segregated America

→ *Hidden Figures*, T. Melfi, p. 141

- Healing the scars of the past

→ Judge Carlton Reeves's speech, p. 145

## Challenging assumptions

- Denouncing racism in the courtroom

→ *A Lesson Before Dying*, book by E. Gaines and film by J. Sargent, p. 142

- Questioning the reliability of the law

→ Cartoon by B. Deutsch, 2017, p. 139

- Challenging testimonies

→ *Just Mercy*, book by B. Stevenson and film by D. D. Cretton, p. 144

## Raising awareness

- The trauma of wrongful convictions

→ *When They See Us*, A. DuVernay, p. 139 • *Just Mercy*, book by B. Stevenson and film by D. D. Cretton, p. 144

- The lingering legacy of segregation

→ Cartoon by Story, p. 140

## Fighting for change

- Carrying the torch

→ *Champions of Justice*, T. T. Ellis, p. 138

- Alternative justice

→ Article "Black Ladies' Courtroom", D. Clark, p. 143

- Law as a tool to promote social justice

→ Photo of Loretta Lynch, first African-American woman to be Attorney General, p. 145

## Entraîne-toi à la synthèse

ÉPREUVE ÉCRITE

Focus on Doc 1 p. 140 (cartoon), Doc 3 p. 143, and Doc 1 p. 144 and write a commentary (around 500 words) showing how artists, writers, and speakers contribute to the fight for social justice in contemporary America.

OBJECTIF BAC p. 280

Fiche d'auto-évaluation

## Évaluation

→ **Now test your skills!**

Sujet d'épreuve écrite type BAC

# BUILD YOUR PORTFOLIO

## Book

*To Kill a Mockingbird*, Harper Lee, chapter 20, 1960

“ “Gentlemen,” he was saying, “I shall be brief, but I would like to use my remaining time with you to remind you that this case is not a difficult one, it requires no minute sifting of complicated facts, but it does require you to be sure beyond all reasonable doubt as to the guilt of the defendant. To begin with, this case should never have come to trial. This case is as simple as black and white.” ”

- **Read** the whole extract from the trial scene in chapter 20 and **explain** how Atticus’s speech raises awareness about the racial issues of the time.

## Film

*Marshall*, Reginald Hudlin, 2017

This biopic tells the story of Thurgood Marshall, the first African-American Supreme Court Justice, as he battles through one of the first defining cases of his career, *State of Connecticut v. Joseph Spell.*

- **Watch** the trailer or the film and **show** how Thurgood Marshall used the law to fight for change in segregated America.

VIDÉO

## Series

*All Rise*, Greg Spottiswood, 2019

The series follows Lola Carmichael, a newly-appointed judge of the Los Angeles County Superior Court, as she navigates through the judicial system.

- **Watch** the trailer or the series and **explain** how the TV series promotes changes in the judicial system.

VIDÉO

## Photograph

“U.S. Supreme Court: *Brown v. Board of Education of Topeka*”, November 19, 1954

- **Observe** the photograph and **comment** on the way *Brown v. Board of Education* is pictured as a landmark case in US history.

ÉPREUVE ORALE | GRAND ORAL | Entraîne-toi à l'oral

## Step 1 Build up your speech!

**Épreuve orale**

- Choose one topic in the mindmap p. 148.
- Pick out two documents from the file and add a personal one to illustrate this topic. OBJECTIF BAC p. 288-289
- Prepare your presentation: you must show how these documents relate to the topic you chose.

**Grand oral**

- Choose one topic in the mindmap p. 148.
- Find a key question about the topic and write it down. Think about links with other subjects (*HLP, histoire*).
- Gather arguments and examples from the file.
- Prepare an outline for your presentation and write your note sheet.

## Step 2 Make your oral presentation in front of two classmates.

**Épreuve orale**

- Show your documents to your classmates and explain your point in five minutes. OBJECTIF BAC p. 292-293

**Grand oral**

- Give your note sheet to your classmates.
- Stand up and make a five-minute presentation to answer your key question. OBJECTIF BAC p. 294-297

## Step 3 Answer your classmates’ questions about your presentation.

GUIDE DU LYCÉEN
Présentation des épreuves p. 14-15

## Sujet type bac

**Le sujet porte sur la thématique « Arts et débats d'idées ».**

Durée : 4 heures

Matériel autorisé : l'usage du dictionnaire unilingue non encyclopédique est autorisé.

Niveau attendu : B2/C1

- **Prenez connaissance des documents A, B et C et traitez le sujet suivant en anglais :**

Write a short commentary (around 500 words) on documents A, B and C, using the following guidelines:

**1.** Demonstrate how the documents offer various artistic perspectives on the Vietnam War.

**2.** Compare and contrast the documents in order to analyse how they represent the war, and focus especially on the idea of trauma.

**3.** Show how the documents link art and protest.

- **Traduisez en français le passage du document A allant de « In one split second » (l. 1) à « in the air. » (l. 8).**

### Document A Landing in Vietnam

CARLYLE SMITH "SMITTY" HARRIS

APRIL 4, 1965 11:00 A.M.

In one split second, I passed from the known to the unknown—from a comfortable, safe and ordered life into a hostile environment filled with danger and trauma.

When I ejected from my crippled airplane, I had no thoughts of what lay ahead. I was too busy trying to survive the crash. It was a spontaneous act of desperation, conditioned by years of emergency training, that would give me some chance for survival.

### Document B

I had trained for this. I knew exactly what to do and what would happen. My seat would fly off with great velocity and force, just after the glass canopy of the plane flew hundreds of feet up in the air. My mind and my emotions went on autopilot as I went through the motions.

In my frantic efforts to keep my F-105[1] flying, I had waited until the last moment to radio my squadron mates that I was ejecting. As a result, my left hand was still on the mike button when I pulled the trigger that would catapult me from my burning and lifeless craft. As my parachute snapped open, I felt a sharp, searing pain in my left shoulder. I had not placed my arm in the armrest that would prevent it from flailing in the wind blast when my body was hurled into space. For a moment I thought I was blinded, but I reached up to my face and found that my oxygen mask had slopped up over my eyes. Pulling it down, I saw my F-105 as it struck the ground and burst into a huge ball of fire.

Looking up, my parachute was beautiful. There was absolute silence and serenity as I floated noiselessly earthward. What a contrast from the screaming, frantic scene moments before.

Suddenly, my mind raced to my predicament. I must have been briefly mesmerized or possibly in shock. A Vietnamese village was directly below me, and I could see people running around. It finally sank in—I was in enemy country and would probably be there a long time.

There were no trees or other cover in the area—just open rice paddies and the village. My chances for evasion were nil. I reached up and grabbed my parachute risers with my right hand and was successful in slipping my chute sideways so I would float away from the village. I landed less than 100 yards from the thatched-roof huts and immediately tried to open my survival kit to get my emergency radio so I could alert my friends that I was safely on the ground. My left arm was limp and useless, which made it very difficult to open the emergency kit. Before I could get to the radio, loud, angry voices were yelling at me.

Villagers had already surrounded me and were closing in. I saw a few rifles, but most had sticks and hoes. Many of the men seemed almost as frightened of me as I was of them. As I looked around, the men in my line of sight would duck down behind a small levee or clump of grass as if I could harm them with my stare. However, the circle of men tightened, and a few brave ones finally rushed me and knocked me to the ground. I was armed with a snub-nosed .38 revolver strapped to my chest, but it had not even occurred to me to try to fight my way out of these impossible odds, so the gun was still in its holster.

Carlyle S. Harris, Sara W. Berry, *Tap Code: The Epic Survival Tale of a Vietnam POW and the Secret Code That Changed Everything*, 2019

1. American supersonic fighter-bomber

In this 12-metre long painting on linen, Leon Golub, who was part of the anti-war group Artists and Writers Protest, portrayed the two sides involved in the conflict: armed American soldiers and Vietnamese civilians.

Leon Golub, *Vietnam II*, 1973

## Document C Remembering Woodstock: Why the 1969 Festival Still Resonates

**Woodstock was more than a concert — it was a social, political, musical event that changed our culture**

The legacy of the Woodstock Festival — which took place in Bethel, New York, from Friday, August 15th, 1969, through the morning of Monday, August 18th — rests on the fact that a half-million hippies turned a muddy, gridlocked area into a site that symbolized peace and love. The event also confirmed that rock & roll had entered the mainstream.

The event has shaped culture to this day. *Rolling Stone* caught up with Woodstock '69 vets Country Joe McDonald, David Fricke, and Greil Marcus to ask why the inadvertently free music event continues to resonate in popular culture.

"I always say that Woodstock was like a family picnic; it was fun," says songwriter McDonald, who played with his psychedelic rock band Country Joe and the Fish. They performed a solo set that closed with the iconic tandem of "The 'Fish' Cheer" and the darkly comic Vietnam War protest song "I-Feel-Like-I'm-Fixin'-to-Die Rag." "You shouldn't underestimate that you were having fun."

Whether it's the legendary performance of Jimi Hendrix's "Star-Spangled Banner" or the fabled dove-and-guitar logo that flew over the trampled fields of Yasgur's Farm, people continue to be fascinated by this cultural milestone.

"Yes it was a concert — that was the principle reason everybody showed up — but the reason we remember it is because of the way people reacted to the circumstances the conditions and the obligations that they presented," Fricke, who had just turned 17 when he attended, explains. "The music was the thing that inspired us to keep doing that."

"For three days, everybody had a good time together and changed the world," Marcus, a *Rolling Stone* contributing editor, says. "It was a protest and it was an act of resistance. When the students gathered in Tiananmen Square in 1989[1], they said, 'This is our Woodstock.' They didn't mean Santana, and the Who, and Hendrix; they meant coming together, taking a stand regardless of how young we might be. So in that sense this vacation turned into something else."

Watch "Remembering Woodstock" to hear more about why this event continues to inspire generations.

*rollingstone.com*, August 1st, 2019

1. student-led demonstrations held in Beijing, China

## Synthèse du dossier

**1. Lis et observe attentivement les documents du dossier.**

- Prends connaissance des titres, des sources et des dates des trois documents, puis réfléchis à la cohérence du dossier : aires géographiques, thèmes traités, points de vue, regards portés sur le sujet, etc.
- Examine chaque document attentivement pour identifier sa logique interne et sa spécificité. Veille à prendre des notes détaillées sur chaque document, car **la richesse de la langue** sera évaluée dans ta synthèse. Il est important de commencer à réfléchir au vocabulaire que tu utiliseras dès cette étape.
- Essaie de comprendre la manière dont les documents se répondent : quels sont leurs points communs ? Leurs différences ? Quel est le ton choisi par l'auteur (neutre, factuel, engagé) ?
- Cette première étape de réflexion est très importante, car tu seras évalué sur **la qualité du contenu**, c'est-à-dire ta capacité à traiter le sujet de manière fluide, convaincante et pertinente.

OBJECTIF BAC Comprendre un document iconographique p. 281
Lire et comprendre un texte p. 282

### TIPS AND PROMPTS

• Utilise des expressions précises pour analyser le sujet : *Document A is* ***an excerpt from*** *a recent novel* ***by...*** • *The article* ***deals with...*** • *The* ***composition as well as the fabric*** *of the painting* ***convey a sense of...*** • *The painting* ***appeals to*** *the viewer's empathy and sense of justice.* • *The author* ***vividly describes*** *the Vietnamese landscape.*

• Veille à identifier le point de vue et la démarche des artistes : *The author* ***tries to restore balance between...*** • *The painter* ***raises awareness on...*** • *The artist* ***denounces...*** • *By representing... he* ***sheds light on...*** • *The author* ***offers a socially-engaged perspective on...***

**2. Fais la synthèse de tes observations en t'appuyant sur les questions du sujet (environ 500 mots).**

**1.** *Demonstrate how the documents offer various artistic perspectives on the Vietnam war.*

**2.** *Compare and contrast the documents in order to analyse how they represent the war, and focus especially on the idea of trauma.*

**3.** *Show how the documents link art and protest.*

- Pour structurer ta synthèse, choisis deux ou trois idées majeures parmi celles que tu as identifiées. Fais en sorte que les idées directrices de ta réflexion répondent aux consignes du sujet.
- Pour chacune de tes idées majeures, choisis des exemples précis dans les documents. Veille à inclure tous les documents dans ta réflexion, et n'oublie pas de prévoir quelques citations.
- Structure ton plan : prévois un paragraphe d'introduction, deux ou trois paragraphes d'analyse, puis une courte conclusion. Chaque paragraphe de ta démonstration doit confronter plusieurs documents.
- En suivant ton plan, rédige ta synthèse en veillant à la progression et à l'articulation de tes idées. **La cohérence dans la construction du discours** fait partie des critères d'évaluation : tu dois être capable d'argumenter et de démontrer les liens entre tes idées.
- En relisant ton travail, vérifie **la correction de la langue écrite** : tu dois démontrer une maîtrise des structures courantes et une capacité à mobiliser des structures complexes.

OBJECTIF BAC Élaborer une synthèse p. 280
La focalisation et les modes narratifs p. 283
Les procédés stylistiques p. 284-285

### TIPS AND PROMPTS

- Note les mots clés qui te viennent à l'esprit en réfléchissant aux questions et en faisant le lien avec les documents que tu viens d'étudier : *war trauma • a hostile environment • frightened soldiers and population • a source of inspiration • an unfair conflict • denouncing voices • pain and artistic creation • empathy and compassion • politically-engaged artists • victims • protest*
- Mets en valeur les exemples et les citations que tu as choisis : ***For instance**... • Let us **refer to**...• This is **clearly shown by**... • **This example encapsulates**... • **A similar effect** is felt in the following paragraph... • **As the narrator says** on line... • **As the reader discovers** on line... • **As the painter tries to depict**... • **A sharp contrast between**...*
- Rédige des phrases complexes en utilisant des conjonctions de subordination : ***While** document A... document B... • On the **one hand**... On the **other hand**... • Document C is... **whereas** document A is... • **Nevertheless**, document B...*

## Traduction

MÉDIATION

**Traduis en français le passage du document A allant de « In one split second » (l. 1) à « in the air. » (l. 8).**

- Relis le passage à traduire et repère le sujet et le verbe de chaque proposition. Essaie de comprendre la structure des phrases, notamment pour traduire la proposition qui suit le tiret : *from a comfortable, safe and ordered life into a hostile environment filled with danger and trauma.*
- Repère les mots transparents (*comfortable, environment, survive* etc.), puis les éléments qui ne se traduisent pas par calque (*crippled, lay ahead, act of desperation,* etc.)
- Commence à traduire le passage phrase par phrase. Si tu as du mal avec une tournure, tu peux y revenir plus tard. Avec le recul, tu auras probablement d'autres idées pour traduire l'expression qui te pose problème.
- Relis soigneusement ta traduction, et vérifie que les formulations sont idiomatiques. Pose-toi la question : est-ce que l'on dirait cela en français ? Si tu as un doute, retravaille ta traduction. Efforce-toi de ne pas laisser de blancs.

OBJECTIF BAC Traduire de l'anglais vers le français p. 286
Les procédés de traduction p. 287

### TIPS AND PROMPTS

- Pour traduire les mots en gras dans les expressions suivantes, tu peux utiliser les procédés de traduction suggérés :
  - *In one **split** second ; **It was** a spontaneous act* → l'étoffement
    TRANSLATION WORKSHOP p. 91 et 209
  - *some chance **for survival*** → la transposition
    TRANSLATION WORKSHOP p. 29 et 163
  - *I had **no thoughts*** → la modulation
    TRANSLATION WORKSHOP p. 53 et 175

FILE 13

EXPRESSION ET CONSTRUCTION DE SOI

AXE 1 : L'EXPRESSION DES ÉMOTIONS

# Staging emotions

▶ **Why is Shakespeare the master of emotions?**

FINAL TASK — Write the scene of a modern play inspired by Shakespeare.

More on SPEAKEASY NEWS speakeasy-news.com

## 1 "All the world's a stage"

LANDMARKS p. 246-247

### Doc 1. Shakespeare lives on

(Video: British Council, 2016)

(Video: Shakespeare's Globe, 2016)

a. **Watch** the first video and **explain** why Shakespeare would be the winner of a prize today.

b. **Pick out** the emotions depicted in Shakespeare's works.

c. **Comment** on the last sentence *"No wonder artists around the globe are still eager to adapt Will's works."*

d. **Watch** the second video and **take notes** about the spectators' feelings.

e. **Sum up** the audience's recommendations at the end of the video.

MÉDIATION

YOUR TASK You have just seen the second video. **Phone** your friend to **convince** him or her to go and see the show with you.

BOOST YOUR SKILLS!

**Exprimer son enthousiasme**

- Utilise des verbes d'opinion : ***I think*** *Puck the fairy...* • *We* ***liked*** *Bottom.* • *I* ***feel like****...*
- Choisis des adjectifs positifs : *It was* ***amazing****!* • *Actors were* ***brilliant****.*
- Emploie des comparatifs et des superlatifs : ***the most*** *moving stories* ***ever*** *written* • *It was* ***the best*** *show I've ever seen in my life.*

## Doc 2. A variety of emotions

**King Lear**
(Act I, Scene 5)

**LEAR:** O! Let me not be mad, not mad, sweet heaven; keep me in temper; I would not be mad!

**Romeo and Juliet**
(Act II, Scene 2)

**Othello**
(Act I, Scene 3)

**A Midsummer Night's Dream**
(Act V, Scene 1)

**THESEUS:** Here come the lovers, full of joy and mirth.
*Enter LYSANDER, DEMETRIUS, HERMIA, and HELENA*
Joy, gentle friends! joy and fresh days of love
Accompany your hearts!

**LYSANDER:** More than to us
Wait in your royal walks, your board, your bed!

**a.** **Focus** on the four plays and **identify** the emotions at stake.
**b.** **Determine** if each play is a comedy or a tragedy and **explain** why.
**c.** **Analyse** the way emotions are conveyed.
**d.** **Say** which play you would like to see and **explain** why.

### CULTURE SPOT

**The Globe** is the name of Shakespeare's open-air theatre. It burnt down but was rebuilt like the original one along the Thames in London in the 1990s. It still hosts Shakespeare's plays throughout the year in the same conditions as in the 17th century.

### WORDS

- The Bard (Shakespeare's nickname)
- c**o**medy vs tr**a**gedy
- greed
- perf**o**rmance /pər'fɔːrməns/

- hil**a**rious
- m**u**st-see

- p**a**ssionate /'pæʃənət/
- unrequ**i**ted love /ˌʌnrɪ'kwaɪtɪd/

- fall in love
- rev**o**lve ar**ou**nd
- stand in the yard

## Doc 1. Star-crossed lovers AUDIO

*Friar Lawrence's attempt to warn Romeo about Juliet's plan has failed. Romeo drinks some poison and Juliet wakes up.*

**JULIET:** O comfortable friar! Where is my lord?
I do remember well where I should be,
And there I am. Where is my Romeo?
[...]

**JULIET:** Go get thee hence, for I will not away.
What's here? A cup clos'd in my true love's hand?
Poison, I see, hath been his timeless end.
O churl[1], drunk all, and left no friendly drop
To help me after? I will kiss thy lips,
Haply[2] some poison yet doth hang on them,
To make me die with a restorative.
Thy lips are warm.

**FIRST WATCHMAN:** *Within.*
Lead, boy, which way?

**JULIET:** Yea, noise? Then I'll be brief. O happy dagger,
*Taking Romeo's dagger.*
This is thy sheath[3];
*Stabs herself.*
there rust, and let me die.
*Falls on Romeo's body and dies.*
[...]

**PRINCE ESCALUS:** This letter doth make good the friar's words,
Their course of love, the tidings[4] of her death;
And here he writes that he did buy a poison
Of a poor 'pothecary, and therewithal
Came to this vault, to die and lie with Juliet.
Where be these enemies? Capulet! Montague!
See what a scourge[5] is laid upon your hate,
That heaven finds means to kill your joys with love.
And I for winking[6] at your discords too
Have lost a brace of kinsmen[7]. All are punish'd.

**CAPULET:** O brother Montague, give me thy hand.
This is my daughter's jointure[8], for no more
Can I demand.

**MONTAGUE:** But I can give thee more,
For I will raise her statue in pure gold,
That whiles Verona by that name is known,
There shall no figure at such rate be set
As that of true and faithful Juliet.

**CAPULET:** As rich shall Romeo's by his lady's lie,
Poor sacrifices of our enmity!

**PRINCE ESCALUS:** A glooming peace this morning with it brings,
The sun, for sorrow, will not show his head.
Go hence to have more talk of these sad things;
Some shall be pardon'd, and some punished:
For never was a story of more woe[9]
Than this of Juliet and her Romeo.
*Exeunt omnes.*

William SHAKESPEARE, *Romeo and Juliet*, 1595

▲ *Romeo and Juliet* by the National Ballet of Ireland

**a.** **Read** the extract and **pick out** Juliet's different emotions. **Recap** the evolution of her feelings in the scene.

**b.** SPELLING **Observe** l. 4-11 and **use** the context to guess the meaning of *"thee"*, *"hath"*, *"thy"* and *"doth"*.

**c.** STYLE **Observe** the run-on line *"This is thy sheath; / there rust and let me die"* (l. 16-18). **Explain** how the change in the verse pattern gives a tragic tone to the scene.

**d.** **Focus** on the stage directions (lines 15, 17 and 19). **Explain** how they help to convey Juliet's sorrow.

**e.** **Sum up** the prince's message and **comment** on the enemies' new formed friendship.

**AT HOME** Watch the scene from the movie *Shakespeare in Love*. Explain how the staging in Elizabethan theatre helped to increase the audience's reactions. VIDÉO

### CULTURE SPOT

Shakespeare wrote his plays in verse using **iambic pentameter** (each line contains five two-syllable feet, alternating an unstressed and a stressed syllable). Playing a scene in iambic pentameter gives strength to the words.

1. *rustre*
2. perhaps
3. *fourreau*
4. news
5. punishment
6. ignore
7. two family members
8. *dot*
9. sorrow

## Doc 2. Eternal love

### Sonnet 18

Shall I compare thee to a summer's day?
Thou art more lovely and more temperate:
Rough winds do shake the darling buds[1] of May,
And summer's lease[2] hath all too short a date:
Sometime too hot the eye of heaven shines,
And often is his gold complexion dimmed[3],
And every fair[4] from fair sometime declines,
By chance, or nature's changing course untrimmed:
But thy eternal summer shall not fade,
Nor lose possession of that fair thou ow'st,
Nor shall death brag[5] thou wander'st in his shade,
When in eternal lines to time thou grow'st,
So long as men can breathe, or eyes can see,
So long lives this, and this gives life to thee.

William SHAKESPEARE, *The Sonnets*, 1609

**1.** *bourgeon* **2.** season **3.** reduce **4.** beauty **5.** *se vanter*

**CULTURE SPOT**

The English **sonnet** is a poetic form composed of 14 lines (3 quatrains with alternate rhymes and 1 couplet with couplet rhymes) in iambic pentameter. Shakespeare used ellipses to ensure the right rhythm was respected.

**a. Read** the poem and **identify** who the speaker is addressing.

**b. Pick out** words that belong to the lexical fields of seasons and eternity. **Sum up** the message sent by the speaker to his loved one.

**c.** STYLE **Focus** on the last couplet. **Explain** how the anaphora and the couplet rhyme help to convey the poet's feelings.
OBJECTIF BAC p. 284-285

**d. Discuss**: Do you think poetry enables love to be eternal? Why?

**YOUR TASK** **Write** a short poem to express your feelings to a loved one. You may use the structure of the sonnet.

**BOOST YOUR SKILLS!**

**Exprimer son amour**

- Adresse-toi à la personne concernée : *Shall I compare **thee** to a summer's day?* • *Where is **my Romeo**?*
- Utilise des noms exprimant des émotions : *kill your **joys** with **love*** • *a glooming **peace*** • *See what a **scourge** is laid upon your **hate**...*
- Joue avec la versification (pentamètre iambique, rimes...) : *The sun, for sorrow, will not show his head.* • *Thou are more lovely and more temperate.*

## Doc 3. Declaring one's love

VIDÉO 1

(Video: Andrew Cullimore, 2014)

VIDÉO 2

(Video: Southbank Center, 2014)

**a. Watch** the first seven seconds of the first video and **guess** which emotions the speaker will play on.

**b. Comment** on Andrew Cullimore's tone and interpretation of the poem.

**c. Turn** to the other version by Harriet Walter. **Compare** and **contrast** both readings of the sonnet.

**d. Discuss**: Which interpretation do you prefer and why?

**WORDS**

- et**e**rnity /ɪ'tɜːrnɪti/
- broken-h**ea**rted /ˌbrəʊkən'hɑːrtɪd/
- em**o**tional
- melanch**o**lic
- rom**a**ntic
- tr**a**gic
- d**e**clare one's love
- long for sb
- praise

EXPLORE

# 3 A kind of magic

## Doc 1. Bottom and Titania

*Bottom is one of* A Midsummer Night's Dream *famous characters. In this scene (Act III, Scene 1), Puck, a fairy, has mischievously turned Bottom's head into an ass's head following Oberon's instructions. Titania, queen of fairies, who has also been tricked by Oberon's love potion, meets Bottom for the first time.*

**a.** **Read** the extract from the graphic novel and **recap** the general situation (characters, setting and comical elements).

**b.** **Focus** on the expression *"This is to make an ass of me"*. **Explain** the pun on words and **say** why it gives a humorous tone to the passage.

**c.** **Comment** on Bottom and Titania's meeting and **say** how it illustrates Bottom's quote: *"Reason and love keep little company together."*

▲ William SHAKESPEARE, *A Midsummer Night's Dream*, illustrated by Jason Cardy and Kat Nicholson, 2012

DIFFÉRENCIATION

**YOUR TASK** **Imagine** the next scene between Titania and Bottom in modern English.

**WAY 1** **Write** the scene as a graphic novel with vignettes and short bubbles.

**WAY 2** **Write** the scene for the theatre with lines and stage directions.

**BOOST YOUR SKILLS!**

**Faire interagir des personnages**

- Utilise l'impératif : ***Sing*** *again.* • ***Bless*** *thee.* • *Out of this wood* ***do not desire*** *to go.*
- Exprime les émotions des personnages : *Mine ear is much* ***enamour'd.*** • *I* ***love*** *thee.* • *Thou art as* ***wise*** *as thou art* ***beautiful.***
- Sollicite les spectateurs : *What angel wakes me from my flowery bed?* • *I see their knavery...*

AUDIO

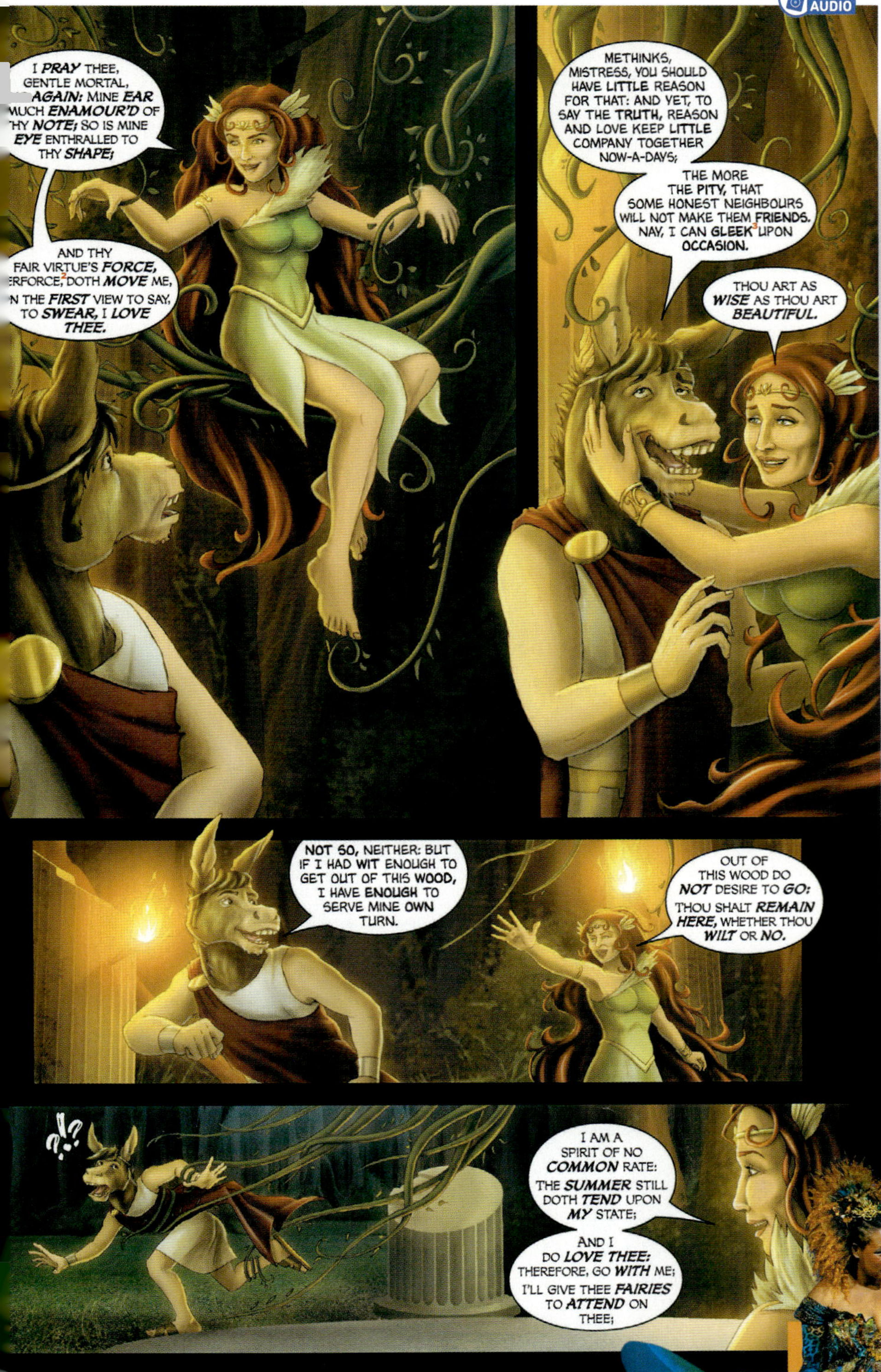


**1.** joke **2.** necessarily **3.** joke

## WORDS

- **do**nkey = ass
- love at first sight
- uncondi**ti**onal love /ˌʌnkənˈdɪʃənəl/

- f**oo**lish
- head over heels in love
- irr**a**tional /ɪˈræʃənəl/ = s**e**nseless
- p**u**zzled

- be at a loss for words
- end**ea**r = make sb fall in love
- play a trick on sb

- love is blind

## Doc 2. Fairyland

(Video: Delaware REP, 2010)

**a.** Watch the video and **explain** the costume designer's main goal for the fairies' clothes.

**b.** **Identify** the two worlds compared by the speaker and **recap** how she tried to convey that aspect in her costumes.

**c.** **Discuss**: Do you think costumes are an important element for the audience? Why?

EXPLORE

# 4 A soul full of sorrow?

## Doc 1. The most famous soliloquy

*At the beginning of Act II, Prince Hamlet of Denmark, the main character in the play, is pondering over various subjects alone.*

To be, or not to be, that is the question:
Whether 'tis nobler in the mind to suffer
The slings and arrows[1] of outrageous fortune,
Or to take arms against a sea of troubles
And by opposing end them. To die—to sleep,
No more; and by a sleep to say we end
The heart-ache and the thousand natural shocks
That flesh is heir[2] to: 'tis a consummation
Devoutly to be wish'd. To die, to sleep;
To sleep, perchance to dream—ay, there's the rub[3]:
For in that sleep of death what dreams may come,
When we have shuffled off this mortal coil[4],
Must give us pause—there's the respect
That makes calamity of so long life.
For who would bear the whips and scorns[5] of time,
Th'oppressor's wrong, the proud man's contumely[6],
The pangs[7] of dispriz'd love, the law's delay,
The insolence of office, and the spurns[8]
That patient merit of th'unworthy takes,
When he himself might his quietus make
With a bare bodkin[9]? Who would fardels[10] bear,
To grunt and sweat under a weary life,
But that the dread of something after death,
The undiscovere'd country, from whose bourn[11]
No traveller returns, puzzles the will,
And makes us rather bear those ills we have
Than fly to others that we know not of?
Thus conscience does make cowards of us all,
And thus the native hue[12] of resolution
Is sicklied o'er with the pale cast of thought,
And enterprises of great pitch and moment
With this regard their currents turn awry[13]
And lose the name of action.

William SHAKESPEARE, *Hamlet*, 1603

**1.** attacks **2.** *héritier* **3.** *embarras* **4.** die **5.** contempt **6.** disdain **7.** pain **8.** rejection **9.** dagger **10.** *fardeaux* **11.** destination **12.** colour **13.** change for the worse

◀ Sir Laurence Olivier as Hamlet in the 1948 film version of the play (Act V, Scene 1)

**a. Observe** Sir Laurence Olivier's photograph and **guess** what Hamlet might be speaking about.

**b. Read** Hamlet's soliloquy and **describe** his doubts.

**c. Explain** how Hamlet is tormented by mortality.

**d.** PHONOLOGY **Observe** the first line and **focus** on its rhythm. **Explain** how it helps to express Hamlet's state of mind.

**e. Comment** on the effect of such a soliloquy on the audience. How is Shakespeare trying to make everybody think about life and death?

### CULTURE SPOT

A **soliloquy** is a speech during which the speaker is actually speaking to himself or herself out loud. The audience then overhears his or her inner thoughts.

## Doc 2. "To be, or not to be"

VIDÉO

▲ Paapa Essiedu as Hamlet in the Royal Shakespeare Company's 2018 production

**a. Observe** the poster. **Compare** and **contrast** it with the photograph above.

**b. Watch** the scene and **pick out** the words stressed by the actor playing Hamlet.

**c. Focus** on the actor's pauses. **Show** how his acting choices and the staging contribute to the emotions conveyed.

## Doc 3. Performing Shakespeare

AUDIO

*As You Like It* at the Globe Theatre, 2018 (Audio: Maggie Flanigan Studio, 2015)

**a. Watch** the video and **sum up** what actors must have in mind to play Shakespeare.

**b. Compare** and **contrast** emotions in Shakespearean theatre with emotions in other plays.

**c. Recap** the assets of Shakespearean training for actors.

**WORDS**

- **a**cting
- gut f**ee**ling
- sensit**i**vity

- em**o**tional
- gut-wrenching = sh**o**cking

- s**a**ddened
- s**o**rrowful

- conf**i**de in
- **o**pen up
- share one's em**o**tions

## FINAL TASK

### Write the scene of a modern play inspired by Shakespeare.

**The Globe is organising a writing contest. Submit your proposal for a modern scene inspired by Shakespeare and written in modern English.**

1. **Choose** the themes and characters you would like to include in your scene.
2. **Think** about the characters' possible feelings and those you would like to express.
3. **Plan** the stage directions and the poetic language ahead of time.
4. **Write** your scene. **Think** about the staging, which also helps to convey emotions.

BOOST YOUR ENGLISH p. 162

# BOOST YOUR ENGLISH!

## Grammar — Exprimer des émotions dans une scène

- **Emploie la forme interrogative pour montrer le doute, l'angoisse, l'impatience.**

*What angel wakes me from my flowery bed?*
*Where is my Romeo?*
*Who would bear the scorns of time?*

- **Utilise l'impératif pour exprimer la colère, le désir.**

*I love thee not, therefore **pursue me not**.*
*I pray thee, gentle mortal, **sing** again...*

- **Ajoute des adjectifs qualificatifs dans tes phrases déclaratives pour définir les émotions des personnages.**

*Thou art more **lovely** and more **temperate**...*
*Thus conscience does make cowards of us all...*
*Mine ear is much **enamour'd**...*

**1** Écris un court dialogue en anglais moderne entre les deux personnages à partir de la photo suivante.

▲ Katherine and Petruchio in the Royal Shakespeare's Company's 2019 production of *The Taming of the Shrew*

## Vocabulary — Staging emotions

EXO **Lexiquiz**

### Characters (AUDIO)
- greed
- sorrow
- star-crossed lovers
- deeply in love
- heartbroken
- passionate

### Places (AUDIO)
- backstage
- dressing rooms
- Globe Theatre
- open-air theatre
- (on) stage
- thatched roof
- yard

### People (AUDIO)
- actor/actress
- costume designer
- director
- theatre-goer

- address the audience
- play a part
- perform

### Audience (AUDIO)
- catharsis
- comic relief

- burst out laughing
- identify with

### Props (AUDIO)
- costume
- lighting
- mask
- staging
- trapdoor

### Language (AUDIO)
- couplet rhymes
- iambic pentameter
- run-on line
- sonnet
- thou, thee, thy, thine

### Play (AUDIO)
- act
- comedy
- cues /kju:z/
- lines
- rehearsal
- scene
- stage directions
- soliloquy /səˈlɪləkwi/
- tragedy

Vers le **BAC**

ÉPREUVE ÉCRITE

# TRANSLATION WORKSHOP

**Lis cet extrait de *Tales from Shakespeare* (1807) de Charles et Mary Lamb, un livre de contes pour enfants tirés et adaptés de l'œuvre de Shakespeare. Ce passage est inspiré de *A Midsummer Night's Dream*.**

Puck promised to manage this matter very dexterously: and then Oberon went, unperceived by Titania, to her bower, where she was preparing to go to rest. Her fairy bower was a bank, where grew wild thyme, cowslips[1], and sweet violets, under a canopy of woodbine[2], musk-roses[3], and eglantine. There Titania always slept some part of the night; her coverlet the enameled skin of a snake, which, though a small mantle, was wide enough to wrap a fairy in.

He found Titania giving orders to her fairies, how they were to employ themselves while she slept.

1. *primevères* 2. *chèvrefeuille* 3. *roses musquées*

## 1 Analyse l'extrait

**a. Repère** le type de texte et la façon dont il est rédigé (en vers, en prose).

**b. Identifie** les personnages présents et le moment durant lequel la scène se passe.

**c. Observe** les temps utilisés. Quels temps vas-tu choisir en français ?

**d. Explique** l'importance de cette scène dans l'intrigue.

• Relis l'extrait de *A Midsummer Night's Dream* p. 158-159.

## 2 Développe une stratégie de traduction : la transposition grammaticale

OBJECTIF BAC p. 286-287

**a. Observe** les deux expressions suivantes et retrouve leur équivalent dans le texte original.

**A.** avec une grande dextérité

**B.** à l'insu de Titania

**b.** Pour chaque cas de transposition grammaticale, **identifie** la catégorie grammaticale du mot ou groupe de mots en français.

| | Anglais | Français |
|---|---|---|
| **A.** | adverbe | ? |
| **B.** | participe passé | ? |

**c. Entraîne-toi** à traduire la phrase suivante en utilisant le procédé de transposition grammaticale pour les deux éléments en gras.

***how** they were to employ themselves while she **slept***

• Les mots interrogatifs comme les verbes peuvent être transposés en noms.

## 3 Traduis l'extrait

**Traduis** le passage en veillant aux points suivants :

• Les temps du récit : quels temps vas-tu utiliser en français pour traduire le prétérit simple et le prétérit en *be* + V-*ing* ?

• Les déterminants : vas-tu les traduire par des déterminants possessifs (son, sa) ou par des articles (le, la, les) ?

• La syntaxe et longueur des phrases : vas-tu garder le même nombre de phrases en français ou diviser les phrases longues ?

• La ponctuation : vas-tu garder le point-virgule ou utiliser un autre signe de ponctuation en français ?

• Identifie les champs lexicaux dominants qui t'aideront à deviner le sens de certains mots. Utilise un dictionnaire unilingue pour trouver le sens des mots que tu ne connais pas.

Vers le **BAC**

## LET'S BRAINSTORM!

OBJECTIF BAC p. 280-293

EXPRESSION ET CONSTRUCTION DE SOI
Axe 1

**Why is Shakespeare the master of emotions?**

### Portraying human emotions

- Mastering the expression of love and passion

→ *Romeo and Juliet*, photos and extract, p. 155 and 156 • *Sonnet 18*, p. 157

- Showing despair and sorrow

→ *Romeo and Juliet*, p. 156 • *Hamlet*, p. 160

### Expressing different visions of love

- Impossible love

→ *Romeo and Juliet*, p. 156

- Passionate love

→ Photo of *Romeo and Juliet*, p. 155 • *Sonnet 18*, p. 157

- Cheerful love

→ *A Midsummer Night's Dream*, p. 158-159

### Dramatizing one's emotions

- Voicing emotional feelings

→ *Sonnet 18* by Andrew Cullimore and Harriet Walter, p. 157 • *Hamlet* by Paapa Essiedu, p. 160

- Staging Shakespeare's words

→ Photos of Sir Laurence Olivier and Paapa Essiedu as Hamlet, p. 160

- Designing original costumes

→ Images of *A Midsummer Night's Dream*, p. 159

### Recreating emotions through time

- From classic to modern staging

→ Photos of Sir Laurence Olivier and Paapa Essiedu as Hamlet, p. 160

- An everlasting re-creation

→ *A Midsummer Night's Dream* comic book and photo, p. 159

## Entraîne-toi à la synthèse

ÉPREUVE ÉCRITE

Focus on the balcony picture p. 155, Doc 1 p. 156, Doc 3 p. 157 and Doc 1 p. 158-159. Write a commentary (around 500 words) showing how various visions of the same emotion can be inspirational in Shakespeare's works.

OBJECTIF BAC p. 280

Fiche d'auto-évaluation

## Évaluation

→ **Now test your skills!**

Sujet d'épreuve écrite type BAC

# BUILD YOUR PORTFOLIO

## Ballet

*Romeo+Juliet*, Matthew Bourne, 2019

In this ballet adaptation of *Romeo and Juliet*, famous British choreographer Matthew Bourne offered his very own version of Shakespeare's tragedy.

- **Observe** this poster and **watch** the trailer. **Spot** the emotions which inspired the choreographer to stage Shakespeare's works.

VIDÉO

## Film

*West Side Story*, Steven Spielberg, 2020

An adaptation of the 1957 musical, *West Side Story* explores forbidden love and the rivalry between the Jets and the Sharks, two teenage street gangs of different ethnic backgrounds.

- **Watch** the trailer and **explain** how that film is inspired by Shakespeare and which emotions Spielberg tried to create in his adaptation.

## Film

*Shakespeare in love*, John Madden, 1998

- **Watch** the trailer. **Identify** the play and **explain** how the director tried to portray Shakespeare as the master of emotions.

VIDÉO

## Painting

*Queen Elizabeth I viewing the performance of the* Merry Wives of Windsor *at the Globe*, David Scott, 1840

- **Observe** this painting and **guess** the different elements David Scott had to think about to transcribe Shakespeare's staging in his artwork.

ÉPREUVE ORALE

GRAND ORAL — Entraîne-toi à l'oral

### Step 1 — Build up your speech!

**Épreuve orale**

- Choose one topic in the mindmap p. 164.
- Pick out two documents from the file and add a personal one to illustrate this topic. OBJECTIF BAC p. 288-289
- Prepare your presentation: you must show how these documents relate to the topic you chose.

**Grand oral**

- Choose one topic in the mindmap p. 164.
- Find a key question about the topic and write it down. Think about links with other subjects (*HLP* for example).
- Gather arguments and examples from the file.
- Prepare an outline for your presentation and write your note sheet.

### Step 2 — Make your oral presentation in front of two classmates.

**Épreuve orale**

- Show your documents to your classmates and explain your point in five minutes. OBJECTIF BAC p. 292-293

**Grand oral**

- Give your note sheet to your classmates.
- Stand up and make a five-minute presentation to answer your key question. OBJECTIF BAC p. 294-297

### Step 3 — Answer your classmates' questions about your presentation.

# The Hours

▶ How does *Mrs. Dalloway* inspire a multiplicity of emotions and perspectives?

**YOUR MISSION** Imagine and write a moment in the day of a writer, his or her main character, and one of the writer's readers.

More on SPEAKEASY NEWS speakeasy-news.com

## 1 Mrs. Woolf

### Doc 1. Reading *The Hours*

VIDÉO

(Video: Ashley Riordan, 2014)

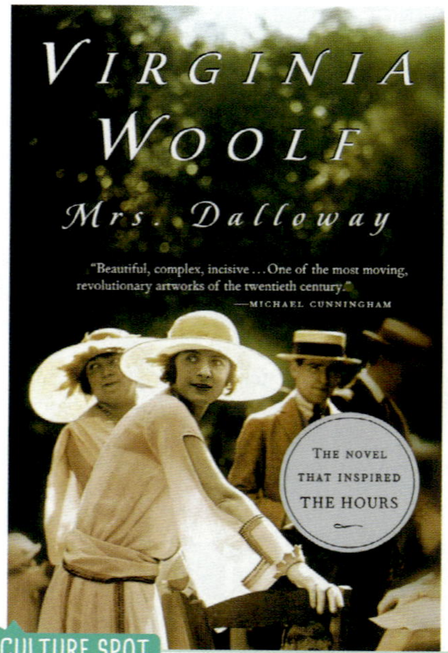


**CULTURE SPOT**

**Stream of consciousness** is a narrative technique in which a character's thoughts and feelings are described in a continuous flow using free indirect speech.
It is characteristic of modernist writers, including Virginia Woolf.

a. **Observe** the two book covers and **imagine** the connection between the books.

b. **Listen** to the booktuber. **Identify** the three main characters in Michael Cunningham's novel *The Hours*.

c. **Explain** how the characters are connected to Virginia Woolf's novel *Mrs. Dalloway*.

d. **Describe** the emotions that you expect to find in *The Hours*.

**AT HOME** Watch the trailer for *The Hours*. Identify the film's central themes and say how the characters are linked.

VIDÉO

## Doc 2. Virginia Woolf writing

LANDMARKS p. 254-255

She will write for an hour or so, then eat something. [...] She sips her coffee, sets it down, stretches her arms. This is one of the most singular experiences, waking on what feels like a good day, preparing to work but not yet actually embarked. At this moment there are infinite possibilities, whole hours ahead. Her mind hums. This morning she may penetrate the obfuscation[1], the clogged[2] pipes, to reach the gold. She can feel it inside her, an all but indescribable second self, or rather a parallel, purer self. If she were religious, she would call it the soul. It is more than the sum of her intellect and her emotions, more than the sum of her experiences, though it runs like veins of brilliant metal through all three. It is an inner faculty that recognizes the animating mysteries of the world because it is made of the same substance, and when she is very fortunate she is able to write directly through that faculty. Writing in that state is the most profound satisfaction she knows, but her access to it comes and goes without warning. She may pick up her pen and follow it with her hand as it moves across the paper; she may pick up her pen and find that she's merely herself, a woman in a housecoat holding a pen, afraid and uncertain, only mildly[3] competent, with no idea about where to begin or what to write.

She picks up her pen.

Michael CUNNINGHAM, *The Hours*, 1998

1. action of making something unclear 2. blocked 3. slightly

**a. Read** the text. **Focus** on the pronouns to identify the narrative perspective. OBJECTIF BAC p. 283

**b. Describe** the character's feelings when she *"reach[es] the gold"* (l. 5) and starts writing in that state. **Explain** how the stream-of-consciousness technique helps convey these feelings.

**c.** GRAMMAR *"She may pick up her pen."* (l. 13) *"She picks up her pen."* (l. 17) **Explain** the difference between the two sentences and the evolution of the character's mind.

**d. Comment** on the character's doubts about her ability to write.

## Doc 3. Virginia Woolf's literary style

AUDIO

Nicole Kidman playing Virginia Woolf in *The Hours*, directed by Stephen Daldry, 2002 (Audio: The British Library, 2016)

**WORDS**

- interior life
- psychological realism
- self-confidence
- self-doubt
- whirlwind of emotions /'wɜːlwɪnd/

---

- based on
- gifted
- inspired by

**a. Listen** to the recording and **pick out** elements to describe Virginia Woolf's vision of narration.

**b. Compare** the narrator of 19th-century fiction to Virginia Woolf's narrator.

**c. Explain** how the stream-of-consciousness technique is part of Virginia Woolf's vision of narration.

**STEP 1**

**Read** the excerpt from *The Hours* (**Doc 2**) again and **imagine** the rest of the scene right after *"She picks up her pen."* (l. 17) **Write** it using the stream-of-consciousness technique.

**BOOST YOUR SKILLS!**

**Écrire un passage de fiction**

- Relate les pensées de ton personnage au discours indirect libre : *At this moment there are infinite possibilities.* • *She can feel it inside her, an all but indescribable second self.*
- Utilise des adjectifs et des verbes précis : ***afraid** and **uncertain*** • *Her mind **hums**.*
- Choisis des métaphores expressives : *This morning she may **penetrate** the obfuscation, **the clogged pipes, to reach the gold**.*

# 2 Mrs. Dalloway

## Doc 1. *Mrs. Dalloway's* incipit

Mrs. Dalloway said she would buy the flowers herself.

For Lucy had her work cut out for her. The doors would be taken off their hinges[1]; Rumpelmayer's[2] men were coming. And then, thought Clarissa Dalloway, what a morning—fresh as if issued to children on a beach.

What a lark[3]! What a plunge! For so it had always seemed to her, when, with a little squeak of the hinges, which she could hear now, she had burst open the French windows and plunged at Bourton[4] into the open air. How fresh, how calm, stiller than this of course, the air was in the early morning; like the flap of a wave; the kiss of a wave; chill and sharp and yet (for a girl of eighteen as she then was) solemn, feeling as she did, standing there at the open window, that something awful was about to happen; looking at the flowers, at the trees with the smoke winding off them and the rooks[5] rising, falling; standing and looking until Peter Walsh said, "Musing[6] among the vegetables?"—was that it?—"I prefer men to cauliflowers"—was that it? He must have said it at breakfast one morning when she had gone out on to the terrace—Peter Walsh. He would be back from India one of these days, June or July, she forgot which, for his letters were awfully dull; it was his sayings one remembered; his eyes, his pocket-knife, his smile, his grumpiness and, when millions of things had utterly vanished—how strange it was!—a few sayings like this about cabbages.

She stiffened a little on the kerb[7], waiting for Durtnall's van to pass. A charming woman, Scrope Purvis thought her (knowing her as one does know people who live next door to one in Westminster); a touch of the bird about her, of the jay, blue-green, light, vivacious, though she was over fifty, and grown very white since her illness. There she perched, never seeing him, waiting to cross, very upright.

For having lived in Westminster—how many years now? over twenty,—one feels even in the midst of the traffic, or waking at night, Clarissa was positive, a particular hush[8], or solemnity; an indescribable pause; a suspense (but that might be her heart affected, they said, by influenza) before Big Ben strikes. There! Out it boomed. First a warning, musical; then the hour, irrevocable.

Virginia WOOLF, *Mrs. Dalloway*, 1925

**WORDS**

- constant flux
- euphoria /juːˈfɔːriə/
- inner life
- overview

- elated = thrilled = overjoyed
- forceful = vigorous
- uncommon ≠ usual

**CULTURE SPOT**

***The Hours*** was the working title for *Mrs. Dalloway*. Virginia Woolf used it before the novel was published.

1. *gonds (d'une porte)*
2. a famous London café with a delivery service
3. amusing time
4. a place where Clarissa Dalloway has many memories
5. black birds
6. reflect, ponder
7. edge of the pavement
8. silence

**a.** **Read** the text. Using quotes, **describe** Clarissa Dalloway's mood as she leaves her home.

**b.** STYLE **Pay attention** to the similes used to describe the air. **Explain** what they convey.
OBJECTIF BAC p. 286-287

**c.** GRAMMAR *"A charming woman, Scrope Purvis thought her."* (l. 19-20) **Comment** on the effect of the word order. Then, focusing on the last paragraph, **explain** Scrope Purvis's opinion of Clarissa Dalloway.

**d.** STYLE **Comment** on the use of colons, semi-colons and dashes throughout the extract.

◀ A street in London, 1926-1927

## Doc 2. Clarissa in *The Hours*

There are still the flowers to buy. Clarissa feigns exasperation (though she loves doing errands[1] like this), leaves Sally cleaning the bathroom, and runs out, promising to be back in half an hour.

It is New York City. It is the end of the twentieth century.

The vestibule door opens onto a June morning so fine and scrubbed Clarissa pauses at the threshold as she would at the edge of a pool, watching the turquoise water lapping at the tiles, the liquid nets of sun wavering in the blue depths. [...]

What a thrill, what a shock, to be alive on a morning in June, prosperous, almost scandalously privileged, with a simple errand to run. She, Clarissa Vaughan, an ordinary person (at this age, why bother trying to deny it?), has flowers to buy and a party to give. As Clarissa steps down from the vestibule her shoe makes gritty contact with the red-brown, mica-studded[2] stone of the first stair. She is fifty-two, just fifty-two, and in almost unnaturally good health. She feels every bit as good as she did that day in Wellfleet, at the age of eighteen, stepping out through the glass doors into a day very much like this one, fresh and almost painfully clear, rampant with growth. There were dragonflies[3] zigzagging among the cattails[4]. There was a grassy smell sharpened by pine sap. Richard came out behind her, put a hand on her shoulder, and said, "Why, hello, Mrs. Dalloway." The name Mrs. Dalloway had been Richard's idea—a conceit[5] tossed off[6] one drunken dormitory night as he assured her that Vaughan was not the proper name for her. She should, he'd said, be named after a great figure in literature, and while she'd argued for Isabel Archer or Anna Karenina, Richard had insisted that Mrs. Dalloway was the singular and obvious choice. There was the matter of her existing first name, a sign too obvious to ignore, and, more important, the larger question of fate[7].

Michael CUNNINGHAM, *The Hours*, 1998

**a. Read** the text and **pick out** elements to describe the tone of the passage.

**b. Explain** why Clarissa is nicknamed Mrs. Dalloway by Richard.

**c.** VOCABULARY **Describe** what the lexical field of nature adds to the passage.

**d. Compare** and **contrast** the incipit of *Mrs. Dalloway* (**Doc 1**) with Michael Cunningham's adaptation (**Doc 2**).

1. buying things for the house
2. *recouvert de minerai*
3. *libellules*
4. plants
5. imaginative idea
6. say casually
7. destiny

## Doc 3. Clarissa by Virginia Woolf

AUDIO

▲ Meryl Streep playing Clarissa in *The Hours*, directed by Stephen Daldry, 2002 (Audio: Radio 4, 2018)

**a. Listen** to the recording and **explain** what makes this day in Clarissa Dalloway's life both ordinary and special.

**b. Pick out** words to describe Virginia Woolf's writing in *Mrs. Dalloway*.

**c.** Virginia Woolf is *"clearly moving away from the realist tradition."* **Describe** the effect of this distance on her characters.

### STEP 2

**Imagine** how you would rewrite *Mrs. Dalloway*'s incipit. **Explain** what elements of everyday life you would highlight and which emotions you would portray.

### BOOST YOUR SKILLS!

**Justifier ses choix**

- Exprime ton intention avec des connecteurs logiques : *I would highlight the smell of the air* ***in order to*** *convey these emotions.* • ***Rather than*** *paying attention to the character's appearance, I would focus on her thoughts.*
- Utilise des adverbes pour appuyer ton propos : *That's why it's* ***so*** *fluid, that's why it's* ***so*** *contradictory, Woolf was moving away from realist conventions which* ***very much*** *were formed around plots.*
- Décris des figures de style que tu utiliseras : *I would use a* ***metaphor*** *to show...* • *This* ***anaphora*** *would highlight the fact that...*

# 3 Mrs. Brown

## Doc 1. Laura Brown reading

It is Los Angeles. It is 1949.

Laura Brown is trying to lose herself. No, that's not it exactly—she is trying to keep herself by gaining entry into a parallel world. She lays the book face down on her chest. Already her bedroom (no, *their* bedroom) feels more densely inhabited, more actual, because a character named Mrs. Dalloway is on her way to buy flowers. Laura glances at the clock on the nightstand. It's well past seven. Why did she buy this clock, this hideous thing, with its square green face in a rectangular black Bakelite sarcophagus—how could she ever have thought it was smart? She should not be permitting herself to read, not this morning of all mornings; not on Dan's birthday. She should be out of bed, showered and dressed, fixing breakfast for Dan and Richie. [...]

She will make up for breakfast by baking Dan a perfect birthday cake; by ironing the good cloth; by setting a big bouquet of flowers (roses?) in the middle of the table, and surrounding it with gifts. That should compensate, shouldn't it?

She will read one more page. One more page, to calm and locate herself, then she'll get out of bed. [...]

She inhales deeply. It is so beautiful; it is so much more than... well, than almost anything, really. In another world, she might have spent her whole life reading. But this is the new world, the rescued world—there's not much room for idleness. [...]

So now she is Laura Brown. Laura Zielski, the solitary girl, the incessant reader, is gone, and here in her place is Laura Brown.

One page, she decides; just one. She isn't ready yet; the tasks that lie ahead (putting on her robe, brushing her hair, going down to the kitchen) are still too thin, too elusive. She will permit herself another minute here, in bed, before entering the day. She will allow herself just a little more time. She is taken by a wave of feeling, a sea-swell[1], that rises from under her breast and buoys[2] her, floats her gently, as if she were a sea creature thrown back from the sand where it had beached[3] itself—as if she had been returned from a realm[4] of crushing gravity to her true medium, the suck and swell of saltwater, that weightless brilliance.

Michael CUNNINGHAM, *The Hours*, 1998

**1.** *houle* **2.** cheer up **3.** land **4.** domain, area

▲ Julianne Moore playing Laura Brown in *The Hours*, directed by Stephen Daldry, 2002

### WORDS

- trapped = stuck
- wistful = nostalgic

- buoy /bɔɪ/ up = make sb cheerful
- come to life = become lively
- empower = make sb stronger and more confident

**GOING FURTHER** Listen to Michael Cunningham as he explains the connection between his mother and the character of Mrs. Brown. Describe the emotions conveyed through this character.

AUDIO

**a. Observe** the image before reading the text. **Imagine** what the passage may be about.

**b. Pick out** elements from the text to describe Laura Brown's state of mind.

**c. Explain** how Laura Brown feels about reading. **Find** specific words to describe her thoughts and emotions.

### STEP 3

**Send** a voice message to your friend about an English-language book you loved and could not stop reading. **Speak** about its writing style.

### BOOST YOUR SKILLS!

**Relater son expérience de lecture**

- Décris le style de l'œuvre à l'aide d'exemples concrets : *The use of adjectives such as... is striking.* • *The images chosen mesmerized me.*
- Propose des comparaisons parlantes : *gaining entry into* ***a parallel world*** • *She is taken by* ***a wave*** *of feeling...* • *as if she were* ***a sea creature***...

### FINAL STEP

You are an author. Like Michael Cunningham, **imagine** and **write** about a moment in the day of three characters: a writer, his or her main character, and one of the writer's readers.

Vers le **BAC**

# BUILD YOUR PORTFOLIO

## Film

*Mrs. Dalloway*, Marleen Gorris, 1997

This film is a faithful adaption of Virginia Woolf's novel *Mrs. Dalloway*.

- **Watch** the trailer or the film and **reflect** on how the novel's emotions are conveyed on screen.

VIDÉO

## Article

"*Mrs Dalloway* and the First World War", David Bradshaw, *bl.uk*, May 25, 2016

*Mrs. Dalloway* is set five years after the First World War. This article explores how war, in the novel, continues to affect the characters who have lived through it.

“ Time and again, the novel reveals how the myriad anxieties and overwhelming grief of the war were etched into every aspect of post-war life. ”

- **Read** the article and **consider** how the First World War is hinted at in the extract from *Mrs. Dalloway* you have studied (**Doc 1** p. 168).

ARTICLE

## Music

Soundtrack of the film *The Hours*, Philip Glass, 2002

“ Glass's score for *The Hours* adds dignity and depth to the people and things in the movie, and to the tragedies and triumphs, big or small, of ordinary life. ”
John L. Walters, *The Guardian*

- **Listen** to Philip Glass's soundtrack to the film *The Hours* and **explain** how it relates to the themes of time and emotions.

AUDIO

## Book

*To the Lighthouse*, Virginia Woolf, 1927

This is another one of Virginia Woolf's stream-of-consciousness novels. The story takes place between 1910 and 1920 and follows the Ramsay family during visits to their summer residence on the Isle of Skye in Scotland.

- **Read** the novel and **focus** on the way Virginia Woolf explores the inner lives of her characters and depicts a rapidly changing society.

## Film

*Vita and Virginia*, Chanya Button, 2019

In this film, viewers discover the love affair which inspired Virginia Woolf to write her novel *Orlando: A Biography*, published in 1928.

- **Watch** the trailer or the film and **consider** what inspires Virginia Woolf's writing in this film and in the documents you have studied.

VIDÉO

## Entraîne-toi à l'oral

ÉPREUVE ORALE

**Step 1** **Build up your speech!**

- Focus on the theme of literature and the different layers of emotions: the characters' and potentially the reader's and the writer's emotions.
- Pick out one document from the file and another one from this page to illustrate this topic. OBJECTIF BAC p. 288-289
- Prepare your presentation: you must show how these documents relate to the topic.

**Step 2** **Make your presentation in front of two classmates.**

- Show your documents to your classmates and explain your point in about five minutes. OBJECTIF BAC p. 292-293

**Step 3** **Answer your classmates' questions about your presentation.**

FILE 15

EXPRESSION ET CONSTRUCTION DE SOI

AXE 2 : MISE EN SCÈNE DE SOI

# United Selves of America

▶ **What does the art of self-portrayal reveal about the American experience?**

More on SPEAKEASY NEWS speakeasy-news.com

FINAL TASK — MÉDIATION

**As the host of an arts and culture podcast, present American works of self-portrayal.**

## 1 The selfie's ups and downs

### Doc 1. Selfie culture

AUDIO

▲ Famous selfie taken by Bradley Cooper at the Oscars ceremony in 2014 (Audio: WBUR, 2018)

**WORDS**

- ID ph**o**to
- l**i**festyle
- m**u**gshot
- n**a**rcissism
- ph**o**tobooth
- self-celebr**a**tion
- s**o**cial m**e**dia pr**o**file /ˈprəʊfaɪl/

- id**ea**lised
- narciss**i**stic
- y**ou**thful

- craft an **i**mage /ˈɪmɪdʒ/
- take a ph**o**to of oneself

**a.** **Examine** the photograph and **react** to the scene.

**b.** **Listen** to the document and **say** what Will Storr's book is about.

**c.** **Say** what "perfectionist presentation" is and **explain** how Will Storr views social media.

**d.** **Discuss** the following quote: *"We're a hypersocial species, so we are obsessed with our social standing."*

## Doc 2. Selfie or self-portrait?

Camera pioneer Robert Cornelius is widely credited with taking the first photo of himself in 1839, though whether or not it was a true "selfie" is debatable.

"Cornelius would probably have had an assistant make the exposure[1]," said the historian and director general of the Royal Photographic Society. "At best, it would be considered a self-portrait. Selfie is stretching the definition."

The selfie, as it's known today, first took off[2] in 2005 with the usage of MySpace, and the trend has only grown in popularity since then. In 2013, the term "selfie" was added to the dictionary – which signified its prevalence in modern culture.

The duck face, the fish gape, the smize[3] – these are just a few of the facial expressions and poses that the masses have adopted over the years as occasional selfies have evolved into normal lifestyle impulses.

The selfie boom may be behind us: remember when selfie sticks were everywhere? However, several companies continue to cash in on[4] people's self-interest in crafting beautiful images of themselves.

Dalvin BROWN, *USA Today*, May 22, 2019

1. take the photograph 2. become popular 3. smile using only the eyes
4. make money from

**a. Look** at the photograph and **imagine** when it was taken. **Justify** your answer.

**b. Read** the text and **explain** what is special about this photograph.

**c. Pick out** information about the evolution of the selfie.

**d. Discuss**: *"occasional selfies have evolved into normal lifestyle impulses"* (l. 23-24).

## Doc 3. The original king of selfies

LANDMARKS p. 264-265

**a. React** to Andy Warhol's self-portrait. How does it create an impression of the artist's unique persona?

**b. Read** the text and **explain** why his self-portraits seem similar to those on social media accounts.

**c.** VOCABULARY **Focus** on words related to artistic creation. **Explain** how they help to qualify Andy Warhol's art.

**YOUR TASK** You take part in a debate about selfie culture. **Discuss**: Are selfies just an expression of narcissism, or can they also be a form of art?

### The Andy Warhol Museum

Andy WARHOL, *Self-Portrait*, 1963-64

In early 2014, *Huffington Post* reported that Andy Warhol was "The Original King of Selfies." [...]

Warhol left behind a vast collection of self-portraits, including Polaroid prints and silkscreen paintings[1], spanning from young adulthood to death.

An early image cut from a photo-booth[2] strip reveals a casual, cool-kid Warhol. With dark black shades, the artist used the photobooth to capture his own image and experimented with self-portrayal. The result is strikingly similar to much of what can be seen on a young adult's Instagram account today. [...]

Warhol's self-portraits give us an insider's look into the artist's personal sphere. From his youthful photobooth moments to his dramatic silkscreen self-portraits, the changing images allow us to observe his lifelong experimentation and to understand his cultural fixations.

Maybe, however, the answer is much simpler, as Warhol is quoted as saying: "I paint pictures of myself to remind myself that I'm still around."

Maeve MCALLISTER, *warhol.org*, December 30, 2015

1. *sérigraphies* 2. *photomaton*

**BOOST YOUR SKILLS!**

**Nuancer ses propos**

- Utilise des auxiliaires modaux : *It **might** be said that selfies...* • *One **could** argue that selfies **may** be...*
- Utilise des adverbes de modalisation : *Self-portraits are **quite possibly**...* • *It is **certainly** true that selfie culture...*

# 2 Self-made and self-portrayed

LANDMARKS p. 260-261

## Doc 1. Meet Benjamin Franklin

VIDÉO

▲ David GOTHARD, *wsj.com*, 2019 (Video: History Channel, 2004)

### CULTURE SPOT

The famous **Kite Experiment** is thought to have been conducted by Benjamin Franklin in 1752. In order to prove that lightning is a form of electricity, he flew a kite during a storm and showed that a charge could be obtained.

**a. Watch** the video and **say** what strikes you about Benjamin Franklin.

**b. List** the achievements he was responsible for.

**c.** VOCABULARY **Listen** for words related to personality. Explain what image of Benjamin Franklin they create.

**d. Focus** on how Franklin's autobiography is described, then **explain** why his life is described as a *"hall of mirrors"*.

**e. Use** what you have learned to comment on the cartoon.

## Doc 2. "A man diligent in his calling"

This library afforded[1] me the means of improvement by constant study, for which I set apart an hour or two each day, and thus repair'd in some degree the loss of the learned education my father once intended for me. Reading was the only amusement I allow'd myself. I spent no time in taverns, games, or frolicks[2] of any kind; and my industry[3] in my business continu'd as indefatigable as it was necessary. I was indebted for my printing-house; I had a young family coming on to be educated, and I had to contend with[4] for business two printers, who were established in the place before me. My circumstances, however, grew daily easier. My original habits of frugality continuing, and my father having, among his instructions to me when a boy, frequently repeated a proverb of Solomon, "Seest thou a man diligent[5] in his calling[6], he shall stand before kings, he shall not stand before mean[7] men," I from thence considered industry as a means of obtaining wealth and distinction, which encourag'd me, tho' I did not think that I should ever literally *stand before kings*, which, however, has since happened; for I have stood before *five*, and even had the honor of sitting down with one, the King of Denmark, to dinner.

Benjamin FRANKLIN, *The Autobiography of Benjamin Franklin*, 1771-1790

**1.** give **2.** parties **3.** hard work
**4.** compete against **5.** *assidu*
**6.** work **7.** common

**a. Read** the excerpt and **identify** Benjamin Franklin's initial situation.

**b. Explain** how his circumstances changed over time.

**c.** SPELLING **Find** words spelled archaically and **rewrite** them in their modern forms.

**d. Comment** on the following quote and **explain** what it shows about Benjamin Franklin's values: *"Reading was the only amusement I allow'd myself"* (l. 5).

**e. Analyse** the way Franklin portrays himself.

### WORDS

- achievement
- calling
- purpose /'pɜːpəs/
- personal success

- diligent

- long-term
- meaningful

- aspire /ə'spaɪə/ to do sth
- make sth a reality
- pursue a dream

## Doc 3. The self-made man

**a.** **Examine** the statue and **explain** what is striking about it.

**b.** **Listen** to the recording and **write down** information about Frederick Douglass.

**c.** **Identify** the topic of Douglass's famous lecture.
**Say** what kinds of people he focused on.

**d.** **Give** Frederick Douglass's definition of the "self-made man" and **explain** how he himself exemplified this figure.

AUDIO

▲ Bobbie CARLYLE, *Self-Made Man*, 1996
(Audio: Timothy Sandefur, 2018)

## Doc 4. A self-made woman

Throughout my childhood, my parents emphasized the importance of pursuing a meaningful life. Dinner discussions often centered on social injustice and those fighting to make the world a better place. As a child, I never thought about what I wanted to be, but I thought a lot about what I wanted to do. As sappy[1] as it sounds, I hoped to change the world. My sister and brother both became doctors, and I always believed I would work at a nonprofit[2] or in government. That was my dream. And while I don't believe in mapping out each step of a career, I do believe it helps to have a long-term dream or goal.

A long-term dream does not have to be realistic or even specific. It may reflect the desire to work in a particular field or to travel throughout the world. Maybe the dream is to have professional autonomy or a certain amount of free time. Maybe it's to create something lasting or win a coveted[3] prize. Some goals require more traditional paths; anyone who aspires to become a Supreme Court justice should probably start by attending law school. But even a vague goal can provide direction, a far-off guidepost to move toward.

With an eye on my childhood dream, the first job I took out of college was at the World Bank as research assistant to Larry Summers, who was serving a term as chief economist. Based in Washington, D.C., the Bank's mission is to reduce global poverty. I spent my first nine months in the stacks of the Bank library on the corner of Nineteenth and Pennsylvania, looking up facts and figures for Larry's papers and speeches. Larry then generously arranged for me to join an India health field mission to get a closer look at what the Bank actually did. Flying to India took me into an entirely different world. [...]

I returned to D.C. with a plan to attend law school, but Lant Pritchett, an economist in Larry's office who has devoted his life to the study of poverty, persuaded me that business school would be a better alternative. I headed back[4] to Cambridge.

Sheryl SANDBERG, *Lean In: Women, Work and the Will to Lead*, 2013

1. sentimental 2. *association à but non lucratif* 3. highly desired 4. return

### CULTURE SPOT

**Sheryl Sandberg** is the chief operating officer of Facebook. In 2012, she was named one of the most influential people in the world by *Time magazine*.

**a.** **Read** the text and **identify** Sheryl Sandberg's dream when she was a child.

**b.** **Retrace** her career path and **explain** how it changed.

**c.** **Comment** on the following quote: *"As a child, I never thought about what I wanted to be, but I thought a lot about what I wanted to do"* (l. 3-4).

**d.** **Imagine** Sheryl Sandberg's goals in writing this passage. Who is she writing for?

**YOUR TASK** **Write** a blog post about a famous American self-made man or woman.

### BOOST YOUR SKILLS!

**Construire un récit efficace**

- Choisis le prétérit pour retracer le parcours d'une personne : *Frederick Douglass* ***worked*** *at a variety of jobs.*
- Varie les expressions liées aux projets et aux désirs : *Sheryl Sandberg* ***wanted to*** *change the world.* • *She returned* ***with a plan to*** *attend law school.*
- Utilise des structures qui expriment la cause et le but : *He read books* ***because of*** *his desire to learn.* • ***In order to*** *succeed, Benjamin Franklin worked day and night.*

# 3 Voicing American history

LANDMARKS p. 260-261

## Doc 1. A slave's story

I was born in Tuckahoe, near Hillsborough, and about twelve miles from Easton, in Talbot county, Maryland. I have no accurate knowledge of my age, never having seen any authentic record containing it. By far the larger part of the slaves know as little of their ages as horses know of theirs, and it is the wish of most masters within my knowledge to keep their slaves thus ignorant. I do not remember to have ever met a slave who could tell of his birthday. They seldom[1] come nearer to it than planting-time, harvest-time, cherry-time, spring-time, or fall-time. A want of information concerning my own was a source of unhappiness to me even in childhood. [...]

As to my own treatment while I lived on Colonel Lloyd's plantation, it was very similar to that of the other slave children. [...] I was seldom whipped[2] by my old master, and suffered little from any thing else than hunger and cold. I suffered much from hunger, but much more from cold. In hottest summer and coldest winter, I was kept almost naked — no shoes, no stockings, no jacket, no trousers, nothing on but a coarse[3] tow linen shirt, reaching only to my knees. I had no bed. I must have perished with cold, but that, the coldest nights, I used to steal a bag which was used for carrying corn to the mill. I would crawl into this bag, and there sleep on the cold, damp, clay floor, with my head in and feet out. My feet have been so cracked with the frost[4], that the pen with which I am writing might be laid in the gashes[5].

We were not regularly allowanced[6]. Our food was coarse corn meal boiled. This was called *mush*. It was put into a large wooden tray or trough[7], and set down upon the ground. The children were then called, like so many pigs, and like so many pigs they would come and devour the mush; some with oyster-shells, others with pieces of a shingle[8], some with naked hands, and none with spoons. He that ate fastest got most; he that was strongest secured the best place; and few left the trough satisfied.

I was probably between seven and eight years old when I left Colonel Lloyd's plantation. I left it with joy.

Frederick DOUGLASS, *My Bondage and My Freedom*, 1855

**a. Read** the text and **find** information about the author's childhood.

**b.** STYLE **Study** the author's portrayal of the plantation: how does he use simile and extended metaphor in order to denounce the condition of slaves?
OBJECTIF BAC p. 284-285

**c.** GRAMMAR **Pick out** the verbs in the passive voice. What do they convey? **Contrast** them with the use of the active voice on lines 25-26.

**d. Discuss** how Frederick Douglass uses his personal narrative to expose historical events.

1. rarely 2. flagellate 3. rudimentary 4. *givre* 5. cuts 6. provided for 7. *auge* 8. *tuile, ardoise*

## Doc 2. A unique genre

VIDÉO

WORDS

- glimpse into the past
- misinterpret**a**tion
- h**au**nting
- **i**ntimate
- prof**ou**nd
- aff**i**rm one's subject**i**vity
- portr**ay** oneself
- reint**e**rpret

**a. Observe** the daguerreotype of Frederick Douglass and **comment** on his posture and expression. **Say** what you know about him.

**b. Watch** the video and **identify** the context.

**c. Write down** information about the literary genre presented.

**d. Focus** on facts about slavery and **discuss** the goals of the person interviewed.

Daguerreotype of Frederick Douglass, 1855
(Video: University at Buffalo, 2015)

# Doc 3. Native self-portraits

LANDMARKS p. 266-267

aperture CONNECT

Edward Curtis, a photographer known for his prolific documentation of Native Americans, created over 40,000 images of Native American life. These images are thought of as a glimpse[1] into the past; they did not necessarily represent Native Americans as they were, but how whites wanted them to be remembered. They craved[2] the imagery and a romanticized American past, but not the Indian himself.

In response to the widespread erasure[3] of their subjectivity in popular images, an increasing number of indigenous artists are pushing back, and working to change the face of Native representation. They are portraying themselves and their communities, showing how they want to be seen and heard. Wendy Red Star, a Crow[4] photographer based in Portland, Oregon, is one such artist. Red Star's work is humorous, surreal, and often abrasive, yet deeply rooted in a celebration for Crow life. Red Star's work responds, on her own terms, to these misrepresentations of Native Americans.

Abaki BECK, *aperture.org*, December 14, 2016

▲ Wendy RED STAR, self-portrait for the *Four Seasons Series: Fall*, 2006

1. look 2. strongly desire 3. deletion 4. a Native American tribe from present-day Montana

**a. Look** at the self-portrait and **describe** the composition.

**b. Analyse** Wendy Red Star's clothing, posture and expression. **Explain** what effect they create.

**c.** VOCABULARY **Read** the text and **focus** on words related to art. **Write down** information about the two photographers.

**d. Explain** how these two photographers differ and how Wendy Red Star's work can be characterized.

**YOUR TASK** You are a curator at the National Museum of American History. **Record** an audioguide track explaining how artists have used self-portrayal to voice American history.

**AT HOME** Look at photographs by Edward Curtis (1868-1952). Analyse the way Native people are portrayed and think about the photographer's use of light and composition.

IMAGES

**BOOST YOUR SKILLS!**

**Manier l'emphase**

- Utilise des adverbes de degré : *The **highly** unjust portrayal of Native Americans...* • *The **profoundly** troubling aspects of Frederick Douglass's story...*
- Emploie l'auxiliaire *do* à valeur d'emphase : *Wendy Red Star's work doesn't contain a direct message, but it **does** reshape our vision of the historical narrative.*
- Insiste sur les modaux ou la négation : *Contemporary artwork **might** just be the perfect way for Native Americans to find their voice.* • *Frederick Douglass's book was **not** well received in the South.*

EXPLORE

# 4 Celebrating the American self

LANDMARKS p. 260-261

## Doc 1. "I hear America singing"

VIDÉO

▲ The beginning of Walt Whitman's poem "I Hear America Singing" (1860) painted on wood panels, 20th century (Video: Poetry Foundation, 2019)

**a.** **Describe** the work of art and **imagine** the artist's intentions.

**b.** **Watch** the video and **identify** the speakers. Then **take** notes about their ideas regarding Walt Whitman.

**c.** STYLE **Identify** the main lexical field in the excerpt from "I Hear America Singing". What or whom is the poet describing?

**d.** *"You feel alive in his words."* **Comment** on Martín Espada's phrase about Walt Whitman.

### CULTURE SPOT

Born in 1819 on Long Island, **Walt Whitman** became one of America's most influential poets. *Leaves of Grass*, his monumental poetry collection, was published progressively between 1855 and 1892. As the bard of democracy, Whitman sang the praises of common people and experimented with free verse.

## Doc 2. An immigrant's song

AUDIO

### Learning to love America

because it has no pure products

because the Pacific Ocean sweeps along the coastline
because the water of the ocean is cold
and because land is better than ocean

because I say we rather than they

because I live in California
I have eaten fresh artichokes
and jacaranda bloom in April and May

because my senses have caught up with[1] my body
my breath with the air it swallows
my hunger with my mouth

because I walk barefoot in my house

because I have nursed[2] my son at my breast
because he is a strong American boy
because I have seen his eyes redden when he is asked
who he is
because he answers I don't know

because to have a son is to have a country
because my son will bury me here
because countries are in our blood and we bleed them

because it is late and too late to change my mind
because it is time.

Shirley GEOK-LIN LIM, "Learning to Love America", 1998

1. *rattraper* 2. breastfeed

**a.** **Read** the poem and **identify** its central theme.

**b.** STYLE **Find** examples of repetition and anaphora and **comment** on the effects they create. OBJECTIF BAC p. 284-285

**c.** *"because it has no pure products"* (l. 1) **Discuss** and **explain** how this quote characterises the American population.

**d.** **Analyse** how the author portrays herself and depicts the experience of immigration.

## Doc 3. "My name is America"

My name is America, and at nine years old, I hate my name. Not because I hate my country. No! In fact, at nine years old I love my country! When the national anthem plays, I cry into my Dodger Dog[1] thinking about how lucky I am to live in the only nation in the world where someone like me will grow up to be the first girl to play for the Dodgers. I do hate the Pledge of Allegiance[2], though, not because I don't believe in it. I believe every word of it, especially the "liberty and justice for all" part. I believe the Pledge of Allegiance to my bones. And at nine years old I feel honored, self-righteous[3], and quite smug[4] that I was smart enough to be born in the one country in the whole world that stands for the things my little heart knows to be true: we are all the same and deserve an equal shot at life, liberty, and a place on the Dodgers' batting lineup[5]. I hate the Pledge of Allegiance because for as long as I can remember there is always at least one smart-ass[6] in class who turns to face me with his hand over his heart to recite it, you know, 'cause my name is America.

The first day of every school year is always hell. Teachers always make a big deal of my name in front of the whole class. They either think it's a typo[7] and want to know what my real name is, or they want to know how to pronounce it (ridiculous, I know), and they always follow up with, "America? You mean, like the country?"

"Yes, like the country," I say, with my eyes on my desk and my skin burning hot.

America FERRERA,
*American Like Me*, Introduction, 2018

American actress America Ferrera, born in 1984 in Los Angeles, California, to Honduran parents

1. hot dog named for the Dodgers, a Los Angeles baseball team 2. patriotic saying recited by schoolchildren 3. morally superior 4. self-satisfied 5. list of batters (baseball) 6. *petit malin* 7. mistake, misprint

**WORDS**

- democratic outlook
- patriotism

- celebratory
- poetic
- uplifting

- celebrate oneself
- have mixed feelings
- sing the praises of

**a. Read** the text and **identify** the feelings the author attributes to her childhood self.

**b. Explain** the sense of emotional conflict the author creates in this passage.

**c. Identify** examples of the author's use of humour. What effect do they create?

**d. Comment** on the way the author portrays herself.

## FINAL TASK

MÉDIATION

**As the host of an arts and culture podcast, present American works of self-portrayal.**

**Every week, you host a podcast for English teenagers on a topic related to American culture and history. In the opening three minutes of a show entitled "American Selves", you present several American works of self-portrayal and share your enthusiasm for them.**

1. **Make** a selection of works that you find relevant and interesting. **Be** sure to include works from different genres: poetry, non-fiction, the visual arts, etc.
2. **Compare** and **contrast** the works in order to analyse what they have in common and how they differ. **Find** ways in which the works reflect the American experience.
3. **Establish** two or three main points you would like to address. **Use** examples from several works to illustrate each point.
4. **Organise** your notes and **practise** your presentation. To sound more natural, **don't read** from your notes.

BOOST YOUR ENGLISH p. 180

# BOOST YOUR ENGLISH!

## Grammar — Décrire et analyser des œuvres littéraires et artistiques

- **Utilise des tournures impersonnelles pour renforcer l'objectivité de tes arguments.**

*__One might argue that__ photographic self-portraits create a special kind of intimacy.*

*__It is often said that__ self-portrayal reflects the American experience in specific ways.*

*__There is reason to believe that__ selfie culture has reinforced narcissism.*

- **Emploie le présent simple pour évoquer les intentions de l'artiste et mettre en lumière les effets créés.**

*The photographer __emphasises__ the subject's eyes.*

*The writer __challenges__ dominant historical narratives.*

*The work __creates__ a sense of intimacy with the reader.*

- **Utilise des auxiliaires modaux pour introduire des nuances.**

*I __would__ suggest another way of looking at the poem.*

*It __may__ be necessary to recall the historical context.*

*Perhaps we __might__ examine another aspect of the poem.*

- **Structure ton propos à l'aide de connecteurs logiques à valeur d'opposition.**

*__In spite of__ its complexity,* Leaves of Grass *has become a classic.*

*__On the one hand__, self-portrayal creates a feeling of honesty; __on the other hand__, it is the perfect vehicle for mythmaking.*

*__Notwithstanding__ the criticism levelled at the film, it remains timeless.*

**1 Rédige un paragraphe pour analyser une œuvre narrative que tu as étudiée.**

- Explique ta vision de l'œuvre en utilisant des tournures impersonnelles.
- Évoque au présent simple les intentions de l'artiste et les effets créés.

**2 À l'oral, compare deux œuvres que tu as étudiées.**

- Fais ressortir leurs différences et leurs points communs en utilisant des auxiliaires modaux pour introduire des nuances.
- Structure ton propos avec des connecteurs logiques à valeur d'opposition.

## Vocabulary — Self-portrayal

EXO Lexiquiz

**Enjoyment** (AUDIO)
- appreciate
- be moved by sth
- feel drawn to sth

**Self-promotion** (AUDIO)
- narcissism

- self-centered

- publicise oneself
- write one's own story

**Analysis** (AUDIO)
- hall of mirrors
- critique

- question the author's motives
- read between the lines

**Introspection** (AUDIO)
- reflection
- subjectivity

- intimate
- soul-searching

**Culture** (AUDIO)
- selfie culture
- self-made woman/man

- better oneself

**Writing** (AUDIO)
- laudatory /ˈlɔːdətəri/
- lyrical
- rational

- celebrate

**History** (AUDIO)
- challenge the reader's assumptions
- denounce
- give voice to sth
- speak for one's community

**The visual arts** (AUDIO)
- self-portrait
- sculpture
- snapshot
- photograph

# TRANSLATION WORKSHOP

Vers le **BAC**

ÉPREUVE ÉCRITE

**Relis le texte extrait de *Lean In* (2013) de Sheryl Sandberg (Doc 4 p. 175) et concentre ton attention sur le passage suivant.**

Throughout my childhood, my parents emphasized the importance of pursuing a meaningful life. Dinner discussions often centered on social injustice and those fighting to make the world a better place. As a child, I never thought about what I wanted to be, but I thought a lot about what I wanted to do. As sappy as it sounds, I hoped to change the world. My sister and brother both became doctors, and I always believed I would work at a nonprofit or in government. That was my dream. And while I don't believe in mapping out each step of a career, I do believe it helps to have a long-term dream or goal.

## 1 Analyse l'extrait

**a. Réfléchis** d'abord au genre du texte et au schéma de communication (qui s'adresse à qui ?).

**b. Identifie** les temps verbaux : est-ce qu'ils changent au cours du passage ?

**c. Repère** les connecteurs logiques pour comprendre l'enchaînement des idées.

• En lisant le texte, identifie le sujet et le verbe de chaque proposition principale pour comprendre la structure des phrases.

## 2 Développe une stratégie de traduction : la modulation

OBJECTIF BAC p. 286-287

**a. Observe** cette phrase. **Choisis** la traduction la plus idiomatique. Ensuite, **identifie** les éléments modulés et **explique** pourquoi la modulation est nécessaire.

*Dinner discussions often centered on social injustice and those fighting to make the world a better place.*

**A.** Au repas du soir, les discussions avaient souvent pour objet l'injustice sociale et les efforts de ceux qui luttaient pour rendre le monde meilleur.

**B.** Les discussions du dîner étaient souvent centrées sur l'injustice sociale et ceux qui luttaient pour faire du monde un endroit meilleur.

**b.** Dans la phrase suivante, **observe** l'élément en gras. **Propose** une traduction idiomatique grâce à la modulation.

*As a child, I never thought about* ***what I wanted*** *to be, but I thought a lot about what I wanted to do.*

Enfant, je ne réfléchissais jamais à...

**c. Traduis** les énoncés suivants, en utilisant la modulation lorsque c'est nécessaire.

**1.** *That was my dream.*

**2.** *I don't believe in mapping out each step of a career...*

**3.** *But I do believe it helps to have a long-term dream or goal.*

• La modulation consiste à changer de perspective ou de point de vue, pour rendre la même idée de façon idiomatique.
• La voix passive se traduit parfois par la voix active et inversement. *It is said that...* → On dit que...

## 3 Traduis l'extrait

**Traduis** le passage en veillant aux points suivants :

• Les formes en V-*ing* (*pursuing*, *fighting*) : quelles formes vas-tu choisir en français ?

• La concordance des temps : lorsque la narration est au prétérit, *would* + V peut représenter le futur dans le passé. Quel temps utiliseras-tu en français ?

• L'expression *as sappy as it sounds* : comment vas-tu la traduire ?

• Tu peux utiliser un dictionnaire unilingue si besoin.

Vers le **BAC**

## LET'S BRAINSTORM!

OBJECTIF BAC p. 280-303

## Claiming selfhood

- Self-portrayal as a means of expressing a unique self

→ *Self-Portrait*, A. Warhol, p. 173

- Capturing the self through innovative media

→ *Self-Portrait*, R. Cornelius, p. 173 • Oscars selfie, p. 172

- Expressing one's subjectivity through art

→ *The Four Seasons Series: Fall*, W. Red Star, p. 177 • "Learning to Love America", S. Geok-lin Lim, p. 178

## Contributing to the historical narrative

- Personal narrative as a means of breaking down social hierarchies

→ *Lean In*, S. Sandberg, p. 175

- Questioning the national story through self-portrayal

→ *The Four Seasons Series: Fall*, W. Red Star, p. 177 • *My Bondage and My Freedom*, F. Douglass, p. 176

EXPRESSION ET CONSTRUCTION DE SOI
Axe 2

**What does the art of self-portrayal reveal about the American experience?**

## Publicising the self

- Autobiography and memoirs as vehicles for inspiration and self-promotion

→ *Lean In*, S. Sandberg, p. 175

- Self-portraiture as a "hall of mirrors"

→ *The Autobiography*, B. Franklin, p. 174 • *Self-Portrait*, A. Warhol, p. 173

## Saying "we"

- When the first-person singular stands in for the plural

→ *My Bondage and My Freedom*, F. Douglass, p. 176 • *The Four Seasons Series: Fall*, W. Red Star, p. 177

- Celebrating an inclusive American identity

→ "I Hear America Singing", W. Whitman, p. 178 • "Learning to Love America", S. Geok-lin Lim, p. 178 • *Introduction: American Like Me*, A. Ferrera, p. 179

## Entraîne-toi à la synthèse

ÉPREUVE ÉCRITE

Focus on Doc 1 p. 178 (artwork), Doc 2 p. 178 and Doc 3 p. 179. Write a short commentary (around 500 words) showing how self-portrayal reveals the diversity of the American experience.

OBJECTIF BAC p. 280

Fiche d'auto-évaluation

## Évaluation

→ Now test your skills!

Sujet d'épreuve écrite type BAC

# BUILD YOUR PORTFOLIO

## Poem

"Self-Portrait", Afaa Michael Weaver, 2000

> I see myself in the shadows of a leaf
> compressed to the green blades growing
> to a point like the shards of miles of mirrors
> falling and cracking to perfect gardens.

- **Study** the poem and **explain** how the speaker's relationship to nature allows him to express his uniqueness.

POÈME

## Film

*Twelve Years a Slave*, Steve McQueen, 2013

This film adaptation of Solomon Northup's 1853 slave narrative was awarded the Golden Globe for Best Motion Picture in 2013.

- **Watch** the trailer or the film and **explain** how it adapts the slave-narrative genre to the silver screen. **Analyse** how the story may be a way of saying "we".

VIDÉO

## Book

"Impressions from an Indian Childhood," from *American Indian Stories*, Zitkala-Ša, 1921

Zitkala-Ša (1876-1938) was a Sioux writer born in South Dakota. Her autobiographical narratives are some of the most poignant examples of early Native American writing. In this story, she tells of being separated from her mother at a young age in order to be educated by missionaries.

- **Read** the story and **analyse** the way the author uses self-portrayal to add a new voice to the writing of American history.

## Article

"Books Increasingly Show It's All About Me", Tom Jacobs, *Pacific Standard*, June 14, 2017

> Researchers who have scanned books published over the past 50 years report an increasing use of words and phrases that reflect an ethos of self-absorption and self-satisfaction. "Language in American books has become increasingly focused on the self and uniqueness in the decades since 1960," a research team led by San Diego State University psychologist Jean Twenge writes in the online journal *PLoS One*.

- **Read** the article and **summarise** the societal changes it evokes. **Focus** on the way innovative media contribute to self-construction.

ARTICLE

## ÉPREUVE ORALE / GRAND ORAL — Entraîne-toi à l'oral

### Step 1 — Build up your speech!

**ÉPREUVE ORALE**

- Choose one topic presented in the mindmap p. 182.
- Pick out two documents from the file and add a personal one to illustrate this topic.
- Prepare your presentation: you must show how these documents relate to the topic you chose.

**GRAND ORAL**

- Choose one topic in the mindmap p. 182.
- Find a key question about the topic and write it down. Think about links with other subjects (*HLP, HGGSP*).
- Gather arguments and examples from the file.
- Prepare an outline for your presentation and write your note sheet.

### Step 2 — Make your oral presentation in front of two classmates.

**ÉPREUVE ORALE**

- Show your documents to your classmates and explain your point in five minutes.

**GRAND ORAL**

- Give your note sheet to your classmates.
- Stand up and make a five-minute presentation to answer your key question.

### Step 3 — Answer your classmates' questions about your presentation.

# EXPLORE 2 Gender and education

LANDMARKS p. 250-251

## Doc 1. No boys here!

AUDIO

*David is a young orphan. After many adventures, he arrives at his aunt's.*

"Go away!" said Miss Betsey, shaking her head, and making a distant chop[1] in the air with her knife. "Go along! No boys here!" [...]

"If you please, aunt."

"EH?" exclaimed Miss Betsey, in a tone of amazement I have never heard approached.

"If you please, aunt, I am your nephew."

"Oh, Lord!" said my aunt. And sat flat down in the garden-path.

"I am David Copperfield, of Blunderstone, in Suffolk—where you came, on the night when I was born, and saw my dear mama. I have been very unhappy since she died. I have been slighted[2], and taught nothing, and thrown upon myself, and put to work not fit for me. It made me run away to you. I was robbed at first setting out, and have walked all the way, and have never slept in a bed since I began the journey." Here my self-support gave way all at once; and with a movement of my hands, intended to show her my ragged state, and call it to witness that I had suffered something, I broke into a passion of crying, which I suppose had been pent up[3] within me all the week. [...]

"Mr. Dick," said my aunt, "you have heard me mention David Copperfield? Now don't pretend not to have a memory, because you and I know better."

"David Copperfield?" said Mr. Dick, who did not appear to me to remember much about it. "David Copperfield? Oh yes, to be sure. David, certainly."

"Well," said my aunt, "this is his boy—his son. He would be as like his father as it's possible to be, if he was not so like his mother, too."

"His son?" said Mr. Dick. "David's son? Indeed!"

"Yes," pursued my aunt, "and he has done a pretty piece of business. He has run away. Ah! His sister, Betsey Trotwood, never would have run away." My aunt shook her head firmly, confident in the character and behaviour of the girl who never was born.

"Oh! you think she wouldn't have run away?" said Mr. Dick.

"Bless and save the man," exclaimed my aunt, sharply, "how he talks! Don't I know she wouldn't? She would have lived with her god-mother[4], and we should have been devoted to one another. Where, in the name of wonder, should his sister, Betsey Trotwood, have run from, or to?"

"Nowhere," said Mr. Dick.

Charles DICKENS, *David Copperfield*, 1850

**1.** act of cutting **2.** treat as unimportant **3.** repressed **4.** *marraine*

**a. Read** the text and **sum up** the situation.

**b.** GRAMMAR **Comment** on the way David introduces himself. What effect does the passive voice convey?

**c. Analyse** Aunt Betsey's attitude. What does it say about her vision of boys and girls?

**d. Discuss:** Is this passage emotional or humorous?

**AT HOME** Watch the trailer of *The Personal History of David Copperfield* (2019) and present the elements of this coming-of-age story to the class. To what extent is it a modern version of the novel?

VIDÉO

**WORDS**

- conventions
- gender stereotypes
- manners

- distinguished = genteel
- proper = suitable
- subversive ≠ rebellious
- well-behaved ≠ ill-behaved

- conform (to) ≠ rebel
- suit

## Doc 2. From girl to lady

AUDIO

Augustus Leopold EGG (1816-1863), *The Rev. and Mrs. Palmer-Lovell with their daughters Georgina and Christina*
(Audio: The British Library, 2014)

**a. Look** at the painting and **comment** on how it portrays feminine education.
OBJECTIF BAC p. 281

**b. Listen** to the recording and **sum up** how the emergence of the middle class changed the role of girls in the 19th century.

**c. Discuss** the possible impact of those changes on 19th-century coming-of-age stories.

## Doc 3. An unlady-like girl AUDIO

"You said the other day you thought we were a deal happier than the King children, for they were fighting and fretting all the time, in spite of their money."

"So I did, Beth. Well, I think we are. For though we do have to work, we make fun for ourselves, and are a jolly set, as Jo would say."

"Jo does use such slang words," observed Amy, with a reproving look at the long figure stretched on the rug. Jo immediately sat up, put her hands in her pockets, and began to whistle.

"Don't, Jo. It's so boyish!"

"That's why I do it."

"I detest rude, unlady-like girls!"

"I hate affected niminy-piminy chits[1]!"

"Birds in their little nests agree," sang Beth, the peacemaker, with such a funny face that both sharp voices softened to a laugh, and the "pecking" ended for that time.

"Really, girls, you are both to be blamed," said Meg, beginning to lecture[2] in her elder-sisterly fashion. "You are old enough to leave off boyish tricks, and to behave better, Josephine. It didn't matter so much when you were a little girl, but now you are so tall, and turn up your hair, you should remember that you are a young lady."

"I'm not! And if turning my hair up makes me one, I'll wear it in two tails till I'm twenty," cried Jo, pulling off her net, and shaking down a chestnut mane[3]. "I hate to think I've got to grow up, and be Miss March, and wear long gowns, and look as prim[4] as a China Aster[5]! It's bad enough to be a girl, anyway, when I like boys' games and work and manners! I can't get over my disappointment in not being a boy. And it's worse than ever now, for I'm dying to go and fight with Papa. And I can only stay home and knit, like a poky[6] old woman!"

And Jo shook the blue army sock till the needles rattled like castanets, and her ball bounded across the room.

"Poor Jo! It's too bad but it can't be helped. So you must try to be contented with making your name boyish, and playing brother to us girls," said Beth, stroking the rough head with a hand that all the dish washing and dusting in the world could not make ungentle in its touch.

"As for you, Amy," continued Meg, "you are altogether too particular and prim. Your airs are funny now, but you'll grow up an affected little goose, if you don't take care. I like your nice manners and refined ways of speaking when you don't try to be elegant, but your absurd words are as bad as Jo's slang."

"If Jo is a tomboy[7] and Amy a goose, what am I, please?" asked Beth, ready to share the lecture.

"You're a dear, and nothing else," answered Meg warmly, and no one contradicted her, for the "Mouse" was the pet of the family.

Louisa May ALCOTT, *Little Women*, 1868

1. gossipy girls 2. reproach 3. hair 4. *raide* 5. type of flower 6. boring 7. *garçon manqué*

**a. Read** the excerpt. **Identify** the four sisters and **pick out** information about each of them.

**b.** VOCABULARY **Pick out** the expressions meaning "like a boy". **Explain** why they express disapproval.

**c. Compare** and **contrast** Jo and Amy. **Say** what the best attitude is according to Meg.

**d. Discuss**: Is Jo March a feminist figure for that time?

**YOUR TASK** Jo is invited at a very elegant ball. She explains to Meg why she refuses to go there. Meg tries to convince her to change her mind. **Act out** their dialogue.

**AT HOME** Watch the trailer of *Little Women* (2019) and take notes on what will happen to the four sisters in the story. VIDÉO

**BOOST YOUR SKILLS!**

**Convaincre quelqu'un**

- Utilise des modaux : *You **should** remember that you are a young lady.* • *You **must** try to be contented with...*
- Fais référence aux normes sociales : *The sole aim really **for a middle-class woman** now is...* • *It's too bad but **it can't be helped**...* • *You're **old enough** to...*

LANDMARKS p. 272-273

## Doc 1. A life lesson

AUDIO

"Mother, can I come into your room?" Laura turned the big glass door-knob.

"Of course, child. Why, what's the matter? What's given you such a colour?" And Mrs. Sheridan turned round from her dressing table. She was trying on a new hat.

"Mother, a man's been killed," began Laura.

"Not in the garden?" interrupted her mother.

"No, no!"

"Oh, what a fright you gave me!" Mrs. Sheridan sighed with relief and took off the big hat and held it on her knees.

"But listen, mother," said Laura. Breathless, half-choking, she told the dreadful story. "Of course, we can't have our party, can we?" she pleaded. "The band and everybody arriving. They'd hear us, mother; they're nearly neighbours!"

To Laura's astonishment, her mother behaved just like Jose, it was harder to bear because she seemed amused. She refused to take Laura seriously.

"But, my dear child, use your common sense. It's only by accident we've heard of it. If someone had died there normally—and I can't understand how they keep alive in those poky[1] little holes—we should still be having our party, shouldn't we?" [...]

"Mother, isn't it really terribly heartless of us?" she asked.

"Darling!" Mrs. Sheridan got up and came over to her, carrying the hat. Before Laura could stop her she had popped it on. "My child!" said her mother, "the hat is yours. It's made for you. It's much too young for me. I have never seen you look such a picture. Look at yourself!" [...]

Now the broad road was crossed. The lane began, smoky and dark. [...] A low hum came from the mean[2] little cottages. In some of them there was a flicker of light, and a shadow, crab-like, moved across the window. Laura bent her head and hurried on. She wished now she had put on a coat. How her frock[3] shone! And the big hat with the velvet streamer[4]—if only it was another hat! Were the people looking at her? They must be. It was a mistake to have come; she knew all along it was a mistake. Should she go back even now?

No, too late. This was the house. It must be. [...]

There lay a young man, fast asleep—sleeping so soundly, so deeply, that he was far, far away from them both. Oh, so remote, so peaceful. He was dreaming. Never wake him up again. [...] He was given up to his dream. What did garden-parties and baskets and lace frocks matter to him? He was far from all those things. He was wonderful, beautiful. While they were laughing and while the band was playing, this marvel had come to the lane. Happy… happy… All is well, said that sleeping face. This is just as it should be. I am content.

But all the same you had to cry, and she couldn't go out of the room without saying something to him. Laura gave a loud, childish sob.

"Forgive my hat," she said.

Katherine MANSFIELD, "The Garden Party", 1922

**a. Read** the first part of the extract (l. 1-25) and **say** why this is a special day for Laura.

**b. Explain** the contrast between Laura's and her mother's reactions to the accident.

**c. Read** the second part (l. 26- 33) and **identify** where Laura is going and what happened before.

**d. Compare** and **contrast** the two social classes.

**e. Read** the last part (l. 34-44) and **comment** on Laura's reaction.

**f. Comment** on the last words of the extract and **explain** how this episode helped her grow up.

### WORDS

- misfit
- outcast
- social barriers

---

- low-caste = low-ranking
- upper-class = well-heeled /ˌwel ˈhiːld/

---

- fit in
- exclude
- discriminate

1. uncomfortably small
2. poor and dirty
3. dress
4. ribbon

## Doc 2. Outcasts

LANDMARKS p. 278-279

*The God of Small Things is set in India in the 1960s. It relates the impossible love story between Velutha, a young Untouchable, and the daughter of his employers (Mammachi and Pappachi) who live on the other side of the river.*

Velutha wasn't supposed to be a carpenter[1].

He was called Velutha – which means White in Malayalam – because he was so black. His father, Vellya Paapen, was a Paravan[2]. [...]

As a young boy, Velutha would come with Vellya Paapen to the back entrance of the Ayemenem House to deliver the coconuts they had plucked from the trees in the compound. Pappachi would not allow Paravans into the house. Nobody would. They were not allowed to touch anything that Touchables touched. [...] In Mammachi's time, Paravans, like other Untouchables, were not allowed to walk on public roads, not allowed to cover their upper bodies, not allowed to carry umbrellas. They had to put their hands over their mouths when they spoke, to divert their polluted breath away from those whom they addressed. [...]

Much to his mother's dismay[3], Velutha began to avoid going home. He worked late. He caught fish in the river and cooked it on an open fire. He slept outdoors, on the banks of the river.

Then one day he disappeared. For four years nobody knew where he was. [...]

When he returned to Ayemenen after his years away from home, Velutha still had about him the same quickness. The sureness. And Vellya Paapen feared for him now more than ever. But this time he held his peace. He said nothing.

At least not until the Terror took hold of him. Not until he saw, night after night, a little boat being rowed across the river. Not until he saw it return at dawn. Not until he saw what his Untouchable son had touched. More than touched. [...]

Loved.

When the Terror took hold of him, Vellya Paapen went to Mammachi. [...]

Vellya Paapen told Mammachi what he had seen. He asked God's forgiveness for having spawned[4] a monster. He offered to kill his son with his own bare hands.

Arundhati Roy, *The God of Small Things*, 1997

1. *menuisier* 2. Untouchable 3. despair 4. give life to

**a. Read** the text and **pick out** information about the characters (social class, family links, job).

**b.** STYLE **Focus** on the repetitions and **explain** how they reinforce discrimination against the untouchables.

**c. Imagine** what Velutha *"touched"* (l. 21) and **explain** why Vellya Paapen is ready to kill him.

**d. Discuss**: How can coming-of-age stories associate sentimental and social transgressions?

## Doc 3. Growing up as Untouchables

VIDÉO

(Video: PBS, 2012)

**a. Watch** the interview of Urmi Basu and **say** who her NGO protects and what it tries to promote.

**b. Pick out** information about the destinies of the boys and girls mentioned in the interview.

**c. Explain** which way Arundhati Roy and Urmi Basu fight against the caste system. Can you think of other ways?

**YOUR TASK** **Interview** Arundhati Roy about Velutha and Vellya Paapen and her motives when she created these characters.

**BOOST YOUR SKILLS!**

**Représenter les barrières sociales**

- Utilise les démonstratifs *that* et *those* pour exprimer la distance sociale : ***those** poky little holes*
- Utilise des modaux et périphrases modales exprimant l'interdiction : *You **can't** change your caste position.* • *They **were not allowed** to touch anything...*
- Représente la séparation sociale en termes géographiques : *And now the **broad road was crossed**.* • *A little boat was **rowed across the river**.*

LANDMARKS p. 266-267

## Doc 1. Hip-hop star coming up

Aunt Pooh knocks on the side door. Feet shuffle and someone hollers out, "Who is it?"

"P" is all Aunt Pooh says.

Several locks click, and when the door opens, it's like that moment in *Black Panther* when they go through the hologram and enter the real Wakanda. It's like we just stepped through a hologram that showed everyone else a trap house and into a studio.

It's not the fanciest, but it's better than I expected. The walls are covered in those cardboard cup holders that restaurants give when you have multiple drinks to carry. Soundproofing. There are several computer monitors at a table, with drum pads, keyboards, and speakers nearby. A mic sits on a stand over in a corner.

A potbellied[1] bearded guy in a wife-beater[2] sits at the table. "Whaddup, P?" he says with a mouthful of gold. His words come out slow, like somebody turned down the tempo on his voice.

"Whaddup, Doc?" Aunt Pooh slaps palms with him and the other guys. There are about six or seven of them. "Bri, this is Doc, the producer," Aunt Pooh says. Doc nods at me. "Doc, this is Bri, my niece. She 'bout to murder this beat you got for her."

"Hold up, you made that for this li'l girl?" some guy on the couch asks. "What she gon' do, spit some nursery rhymes?"

There go the smirks[3] and snickers[4].

This is that stale[5] and predictable shit Aunt Pooh warned me about when I first told her I wanted to be a rapper. She said I'd have to do double the work to get half the respect. On top of that, I gotta be just as cutthroat, and I better not show weakness. Basically, I gotta be one of the guys and then some in order to survive.

I look the dude[6] on the couch dead in his eyes.

"Nah. I'll leave the nursery rhymes to you, Father Goose[7]."

Angie THOMAS, *On the Come Up*, 2019

1. with a round stomach 2. white vest with no sleeves
3. mocking smiles 4. silly unkind laugher 5. no longer fresh
6. man 7. Mother Goose is the imaginary author of nursery rhymes.

▲ Angie Thomas, *CBS This Morning*, 2019

a. **Read** the text and **identify** the setting and the various characters.

b. **Pick out** information about the narrator: name, aspirations, personality.

c. PHONOLOGY *"Whaddup?"* (l. 16), *"What she gon' do?"* (l. 23), *"I gotta be"* (l. 27). **Say** what these oral expressions mean and **write** them **out**. **Comment** on their use.

d. **Sum up** all the obstacles Bri has to overcome in order to fulfil her dream.

e. **Watch** the video and **explain** why Angie Thomas wrote a coming-of-age story. **Comment** on her motives.

f. **Discuss:** *"There is no reluctant readers, but only kids who have not found the right book."*

### WORDS

- drive = motivation
- will = determination

- intimidated
- resilient = persevering
- strong-willed = determined /dɪ'tɜːmɪnd/

- unstoppable

- come to terms with
- fulfil one's dream
- make peace with oneself
- prove oneself
- push the limits

## Doc 2. The British Dream

*This passage is at the very end of the memoir.*

When I was young I used to fantasise about renouncing my British passport and moving to the United States. I was fascinated by the idea of the American Dream, the suggestion that everyone had an equal chance to make something of their lives and to be considered equally American. Bruce Springsteen seemed to be the very embodiment[1] of that dream: someone who had been born to a working-class immigrant family and who had, through his talent and tenacity, reached the very peak of his profession. Bruce Springsteen changed my life because in his music I saw the promise of hope and escape and self-improvement, but where once I longed to escape to the United States, these days I'm convinced my father did the right thing coming to Britain.

It has taken me three decades to realise that there is only one country which is truly mine. The life my father had built, the family he raised and the life I have fashioned[2] are all due to living in Britain. Every opportunity, every job and every chance to pursue my dreams has been offered by this country, not by America, and not by Pakistan. My father used to tell me he regretted coming to Britain, but in truth it was the greatest gift he gave his children. I was born in Pakistan but made in England; it is Britain which is my land of hope and dreams.

Sarfraz MANZOOR, *Greetings from Bury Park*, 2007

▲ A scene from *Blinded by the Light*, directed by Gurinder Chadha, 2019. The film is based on journalist Sarfraz Manzoor's memoir *Greetings from Bury Park*.

LANDMARKS p. 278-279

1. *personnification* 2. create

**a.** **Read** the text and **pick out** information about the narrator (age, nationality, origins, family history).

**b.** **Explain** what his dream was and the reasons for his fascination.

**c.** GRAMMAR *"It has taken me three decades."* (l. 16). **Comment** on the use of the present perfect in this sentence.

**d.** **Comment** on the narrator's evolution from innocence to experience.

**AT HOME** Watch the trailer of *Blinded by the Light* and take notes on the pitch of the film. Explain why it can be considered as a coming-of-age film. VIDÉO

## FINAL TASK

### Write a coming-of-age short story about a life-changing day.

**You write a coming-of-age short story for a writing competition organised in your school. The topic of the competition is "That day changed my life".**

1. **Decide** on the type of narration (1st or 3rd person) and on the main character. **Take** notes on his or her name, nationality, and personality.

2. **Examine** the coming-of-age story pattern and **take** notes about the five phases in your story. **Write** your short story, following the advice given page 192.

| | | | | |
|---|---|---|---|---|
| **1.** The hero is young and innocent. | **2.** The hero encounters a problem or challenge. | **3.** The hero struggles with the problem or challenge. | **4.** The hero makes a difficult choice and overcomes the problem or challenge. | **5.** The hero has matured with the experience |

BOOST YOUR ENGLISH p. 192

# BOOST YOUR ENGLISH!

## Grammar — Écrire une histoire captivante

- **Emploie des propositions relatives pour donner des détails sur les personnages et les circonstances.**
  *Christine, aka Lady Bird, is a teenager* ***who*** *is kind of rebellious.*
  *It's like that moment in* Black Panther ***when*** *they go through the hologram...*
- **Utilise des procédés de mise en relief.**
  *They soon know that they will grow up,* ***and the way Wendy knew was this****.*
  ***It has taken me three decades to realise that*** *there is only one country which is truly mine.*
- **Utilise des conjonctions exprimant l'opposition ou la concession pour montrer la complexité des situations.**
  *Laura had to say yes* ***but*** *she felt it was all wrong.*
  *For* ***though*** *we have to work, we make fun for ourselves.*
- **Rapporte les paroles de tes personnages au discours direct et choisis un niveau de langue approprié.**
  *"I hate to think I've got to grow up, and be Miss March, and wear long gowns, and look as prim as a China Aster!"*
  *"I gotta be one of the guys and then some in order to survive."*

**1 Lis les quelques phrases de ce début de roman et rédige le paragraphe suivant en utilisant les conseils donnés.**

"My name is Karim Amir, and I'm an Englishman born and bred, almost. I am often considered to be a funny kind of Englishman, having emerged from two old histories. [...] Perhaps it is the old mixture of continents and blood, of here and there, of belonging and not, that makes me restless and easily bored. Or perhaps it was brought up in the suburbs that did it. [...] Quite frankly, it was all getting me down and I was ready for anything. Then one day everything changed. In the morning things were one way and by bedtime another. I was seventeen."

Hanif KUREISHI, *The Buddha of Suburbia*, 1990

## Vocabulary — Coming-of-age stories

EXO Lexiquiz

**Growing up**

**Adolescence** (AUDIO)
- constraint
- doubt
- insecure
- self-conscious
- enthusiastic
- hesitant
- hopeful
- aspire to /əˈspaɪə/
- graduate
- long for

**Childhood** (AUDIO)
- capacity for wonder
- conviction
- fright
- innocence
- fanciful
- imaginative

**Adulthood** (AUDIO)
- self-acceptance
- self-confidence
- self-fulfilment
- come to terms with
- earn a living = make a living
- feel remorseful
- regret /rɪˈgret/

**Obstacles**

**People** (AUDIO)
- antagonist
- enemy
- rival

**Social barriers** (AUDIO)
- caste
- conventions = norms
- discrepancy = gap
- lower classes ≠ upper classes
- social class
- cross
- hit bottom
- transgress

**Attitudes** (AUDIO)
- discriminatory
- disparaging
- unpleasant = obnoxious
- look down on
- look up to

**Motivation**

**Determination** (AUDIO)
- perseverance
- conviction
- constancy
- will
- determined /dɪˈtɜːmɪnd/
- driven by
- overcome = surpass

**Hopes and dreams** (AUDIO)
- crazy for
- impassioned by
- passionate about
- be eager to
- be keen to
- fulfil
- long to doing sth = long for sth
- push the limits

# TRANSLATION WORKSHOP

Vers le **BAC**

ÉPREUVE ÉCRITE

**Relis le texte extrait de *The God of Small Things* (1997) de Arundhati Roy (Doc 2 p. 189) et concentre ton attention sur le passage suivant.**

Much to his mother's dismay, Velutha began to avoid going home. He worked late. He caught fish in the river and cooked it on an open fire. He slept outdoors, on the banks of the river.

Then one day he disappeared. For four years nobody knew where he was. [...]

When he returned to Ayemenen after his years away from home, Velutha still had about him the same quickness. The sureness. And Vellya Paapen feared for him now more than ever. But this time he held his peace. He said nothing.

At least not until the Terror took hold of him. Not until he saw, night after night, a little boat being rowed across the river. Not until he saw it return at dawn. Not until he saw what his Untouchable son had touched.

## 1 Analyse l'extrait

**a. Identifie** le type de narrateur (omniscient, à la première ou à la troisième personne, interne ou externe à l'histoire).

**b. Identifie** les temps utilisés et **réfléchis** à tes choix de temps en français.

**c. Observe** les caractéristiques stylistiques du texte : temps, longueur des phrases, type de discours (direct, indirect, indirect libre), répétitions, etc.

• Le contexte géographique est important à repérer dans ce texte.

## 2 Développe une stratégie de traduction : l'équivalence

OBJECTIF BAC p. 286-287

**a. Observe** cette expression et **trouve** quelle est la traduction littérale, c'est-à-dire mot à mot, et quelle est la traduction utilisant l'équivalence.

*Much to his mother's dismay*

**A.** Beaucoup pour le désarroi de sa mère

**B.** Au grand désespoir de sa mère

**b. Observe** la phrase suivante et **identifie** la partie de cette phrase qui doit être traduite par une équivalence. **Propose** une traduction préservant le sens de la phrase. Est-il nécessaire de changer l'ordre des mots ?

*Velutha still had about him the same quickness.*

• On utilise souvent l'équivalence pour traduire des expressions idiomatiques, des proverbes, des expressions figées.

**c. Identifie** la phrase que tu devras traduire en utilisant une équivalence.

**A.** *He worked late.*

**B.** *Then one day he disappeared.*

**C.** *But this time he held his peace.*

## 3 Traduis l'extrait

**Traduis** le passage en veillant aux points suivants :

• Les temps du passé : la plupart des phrases sont au prétérit. Selon les cas, tu devras les traduire par le passé simple (actions ponctuelles) ou l'imparfait (actions répétées).

• Les procédés stylistiques : dans la mesure du possible, garde-les pour respecter le style de l'auteur. Fais attention aux répétitions, aux gradations, à la longueur des phrases.

• Après avoir traduit le texte, laisse passer un peu de temps, puis relis ta traduction à voix haute. Si certains passages ne te semblent pas naturels, retravaille-les.

Vers le
# BAC

## LET'S BRAINSTORM!

OBJECTIF BAC p. 280-303

### From childhood to adulthood

- Becoming aware that childhood is over

→ *The Garden Party*, K. Mansfield, p. 188 • *The Curious Incident of the Dog in the Night-Time*, M. Haddon, p. 185

- Refusing to grow up

→ *Peter and Wendy*, J.M. Barrie, p. 184 • *Little Women*, L. M. Alcott, p. 187

### Understanding the rules of society

- Gender roles

→ *David Copperfield*, C. Dickens, p. 186 • *The Rev. and Mrs. Palmer-Lovell with their daughters Georgina and Christina*, A. L. Egg, p. 186 • *Little Women*, L. M. Alcott, p. 187 • *On the Come Up*, A. Thomas, p. 190

- Social classes

→ *The God of Small Things*, A. Roy, p. 189 • "The Garden Party", K. Mansfield, p. 188

EXPRESSION ET CONSTRUCTION DE SOI
Axe 3

**How do coming-of-age stories deal with personal growth in English-speaking countries?**

### Fighting against the others

- Exploring forbidden territories

→ *The God of Small Things*, A. Roy, p. 189 • "The Garden Party", K. Mansfield, p. 188 • *On the Come Up*, A. Thomas, p. 190

- Refusing to submit

→ *The God of Small Things*, A. Roy, p. 189 • *Little Women*, L. M. Alcott, p. 187 • *Lady Bird*, G. Gerwig, p. 185

### Finding one's identity

- Discovering one's potential

→ *The Curious Incident of the Dog in the Night-Time*, M. Haddon, p. 185 • *On the Come Up*, A. Thomas, p. 190

- Finding one's real self

→ *Greetings from Bury Park*, S. Manzoor, p. 191 • *Blinded by the Light*, G. Chadha, p. 191

## Entraîne-toi à la synthèse

ÉPREUVE ÉCRITE

Focus on Doc 1 p. 186, Doc 2 p. 186 (painting) and Doc 3 p. 187. Write a short commentary (around 500 words) showing how coming-of-age stories reflect the rules of society on gender education.

OBJECTIF BAC p. 280

Fiche d'auto-évaluation

## Évaluation

→ Now test your skills!

Sujet d'épreuve écrite type BAC

# BUILD YOUR PORTFOLIO

## Book

*Moon Palace*, Paul Auster, 1989

After his only relative's accidental death, Marco Stanley Fogg, an 18-year-old New Yorker, loses everything and ends up living in Central Park. He will cross the USA by foot, in his ancestors' footsteps, and solve the mysteries of his past.

"It was the Summer that Men first walked on the Moon. I was very young back then but I didn't think there would ever be a future. I wanted to live dangerously, to push myself as far as I could go and see what would happen to me when I got there."

**Read** the book and **find** an extract showing how the hero grows up.

## Article

"The coming-of-age movie is reborn, with fresh stories and characters" Steven Zeitchik, *latimes.com*, October 21, 2016

"The coming-of-age film is timeless for a reason: it's the one experience directors can be assured every moviegoer has gone through."

**Read** the article and **explain** the evolution of the coming-of-age movie genre in recent years.

ARTICLE

## Series

*Derry Girls*, Michael Lennox, 2018

This successful Northern Irish TV series addresses the difficulties of coming of age during the Troubles in the city of Londonderry in the 1990s; and more especially for James, the first boy to be accepted at an all-girl school.

**Watch** the series trailer and **identify** the universal aspects of growing up and the specific aspects of growing up in Londonderry in the 1990s.

VIDÉO

## Film

*Love, Simon*, Greg Berlanti, 2018

Based on teen novel *Simon vs. the Homo Sapiens Agenda* by Baceky Albertalli (2015), *Love, Simon* is the first Hollywood coming-of-age film about a gay high-school boy. It was so successful that a TV series of the same name is to be released on Disney+ in 2020.

**Watch** the trailer or the film and **identify** the coming-of-age characteristics of the film.

VIDÉO

ÉPREUVE ORALE | GRAND ORAL | Entraîne-toi à l'oral

### Step 1 — Build up your speech!

**Épreuve orale**

- Choose one topic in the mindmap p. 194.
- Pick out two documents from the file and add a personal one to illustrate this topic. OBJECTIF BAC p. 288-289
- Prepare your presentation: you must show how these documents relate to the topic you chose.

**Grand oral**

- Choose one topic in the mindmap p. 194.
- Find a key question about the topic and write it down. Think about links with other subjects (*HLP* for example).
- Gather arguments and examples from the file.
- Prepare an outline for your presentation and write your note sheet.

### Step 2 — Make your oral presentation in front of two classmates.

**Épreuve orale**

- Show your documents to your classmates and explain your point in five minutes.

**Grand oral**

- Give your note sheet to your classmates.
- Stand up and make a five-minute presentation to answer your key question. OBJECTIF BAC p. 292-293

### Step 3 — Answer your classmates' questions about your presentation.

GUIDE DU LYCÉEN
Présentation des épreuves p. 14-15

## Sujet type bac

**Le sujet porte sur la thématique « Expression et construction de soi ».**

Durée : 4 heures

Matériel autorisé : l'usage du dictionnaire unilingue non encyclopédique est autorisé.

Niveau attendu : B2/C1

- **Prenez connaissance des documents A, B, C et D et traitez le sujet suivant en anglais :**

Write a short commentary (around 500 words) on documents A, B, C and D, using the following guidelines:

**1.** Compare and contrast the documents in order to show how they make reference to emotional experiences.

**2.** Analyse how the documents link nature and gardens to the expression of emotions.

**3.** Show how the documents create an emotional response in the reader.

- **Traduisez en français le passage du document A allant de « She watches late » (l. 20) à « branch of lilacs! » (l. 26).**

### Document A In the garden

*The young Englishman William Crimsworth has been hired as a teacher at a girls' school in Brussels. There he encounters Zoraide Reuter, the headmistress of the school.*

Certainly that May day was a lovely one, and it closed in moonlight night of summer warmth and serenity. I remember this well; for, having sat up late that evening, correcting *devoirs*, and feeling weary and a little oppressed with the closeness of my small room, I opened the often-mentioned boarded window, whose boards, however, I had persuaded old Madame Pelet to have removed since I had filled the post of professor in the *pensionnat de demoiselles*, as, from that time, it was no longer "inconvenient" for me to overlook my own pupils at their sports. I sat down in the window-seat, rested my arm on the sill, and leaned out: above me was the clear-obscure of a cloudless night sky—splendid moonlight subdued the tremulous sparkle of the stars—below lay the garden, varied with silvery lustre and deep shade, and all fresh with dew—a grateful perfume exhaled from the closed blossoms of the fruit-trees—not a leaf stirred, the night was breezeless. My window looked directly down upon a certain walk of Mdlle. Reuter's garden, called *l'allée défendue*, so named because the pupils were forbidden to enter it on account of its proximity to the boys' school. It was here that the lilacs and laburnums grew especially thick; this was the most sheltered nook in the enclosure, its shrubs screened the garden-chair where that afternoon I had sat with the young directress. I need not say that my thoughts were chiefly with her as I leaned from the lattice, and let my eye roam, now over the walks and borders of the garden, now along the many-windowed front of the house which rose white beyond the masses of foliage. I wondered in what part of the building was situated her apartment; and a single light, shining through the *persiennes* of one *croisée*, seemed to direct me to it.

"She watches[1] late," thought I, "for it must be now near midnight. She is a fascinating little woman," I continued in voiceless soliloquy; "her image forms a pleasant picture in memory; I know she is not what the world calls pretty—no matter, there is harmony in her aspect, and I like it; her brown hair, her blue eye, the freshness of her cheek, the whiteness of her neck, all suit my taste. [...] "Now, Zoraide Reuter," thought I, "has tact, *caractère*, judgment, discretion; has she heart? What a good, simple little smile played about her lips when she gave me the branch of lilacs!" [...] Here a strain of music stole in upon my monologue, and suspended it; it was a bugle, very skilfully played, in the neighbourhood of the park, I thought, or on the Place Royale. So sweet were the tones, so subduing their effect at that hour, in the midst of silence and under the quiet reign of moonlight, I ceased to think, that I might listen more intently. The strain retreated,

1. be awake

its sound waxed fainter and was soon gone; my ear prepared to repose on the absolute hush of midnight once more. No. What murmur was that which, low, and yet near and approaching nearer, frustrated the expectation of total silence? It was some one conversing—yes, evidently, an audible, though subdued voice spoke in the garden immediately below me. Another answered; the first voice was that of a man, the second that of a woman; and a man and a woman I saw coming slowly down the alley. Their forms were at first in shade, I could but discern a dusk outline of each, but a ray of moonlight met them at the termination of the walk, when they were under my very nose, and revealed very plainly, very unequivocally, Mdlle. Zoraide Reuter, arm-in-arm, or hand-in-hand (I forget which) with my principal, confidant, and counsellor, M. François Pelet. And M. Pelet was saying—

*"À quand donc le jour des noces, ma bien-aimée?"*

Charlotte BRONTË, *The Professor*, 1857

**Document B**

The film *Bright Star* is based on the tragic love story of Romantic poet John Keats (1795-1821) and Fanny Brawne (1800-1865), his well-born young neighbour.

Film poster for Jane Campion's *Bright Star*, 2009

## Document C

### I wandered lonely as a cloud

I wandered lonely as a cloud
That floats on high o'er vales and hills,
When all at once I saw a crowd,
A host, of golden daffodils[1];
Beside the lake, beneath the trees,
Fluttering and dancing in the breeze.

Continuous as the stars that shine
And twinkle on the milky way,
They stretched in never-ending line
Along the margin of a bay:
Ten thousand saw I at a glance,
Tossing their heads in sprightly dance.

The waves beside them danced; but they
Out-did the sparkling waves in glee:
A poet could not but be gay,
In such a jocund company:
I gazed—and gazed—but little thought
What wealth the show to me had brought:

For oft, when on my couch I lie
In vacant or in pensive mood,
They flash upon that inward eye
Which is the bliss of solitude;
And then my heart with pleasure fills,
And dances with the daffodils.

William WORDSWORTH, *Collected Poems*, 1815

1. *jonquilles*

## Document D

### Romantic gardens

The Romantic Movement, its seeds planted in the seventeenth century, became the ascendant philosophical and aesthetic ethos of the nineteenth century. The opposite of Classicism, with its regard for order, rationality, rules, and balance, Romanticism gave primacy to the imagination, to the senses, to intuition and inspiration, putting a premium on the spectacular, the mysterious, the dramatic. Above all, its emphasis was faith in the self, in the individual. As a movement, Romanticism has been minutely examined in the genres of music, literature, and art. But in this comprehensive survey, we see its development in that most transient manifestation of human effort: the garden.

Romantic gardens were a source of sensory delight, moral instruction, spiritual insight, and artistic inspiration. Here nature stimulated reverie and sentiment. Rustic structures, inscribed monuments, sweeping vistas, and naturalistic lakes and cascades were elements in an ever-changing panorama. Nature, and by extension, gardens were expected to stir the imagination, to clear the mind, to relieve the soul of its burdens, to provide both solace and salvation.

Elizabeth BARLOW ROGERS, *Romantic Gardens: Nature, Art and Landscape Design*, 2010

## Synthèse du dossier

**1. Lis et observe attentivement les documents du dossier.**

- Prends rapidement connaissance du dossier : identifie d'abord les dates, les auteurs et les titres. Repère l'époque, l'aire géographique et le genre (littéraire ou pictural) qui correspondent à chaque document. Ensuite, après une première lecture rapide, essaie de choisir quelques mots qui reflètent l'unité du dossier (*gardens*, *Romanticism*, *self-expression*, etc.).
- En examinant chaque document, essaie d'aller plus loin dans l'analyse du dossier : repère la manière spécifique dont chaque document reflète la cohérence thématique du dossier – ou la met en tension. C'est lors de l'étude du dossier que tu travailleras la **qualité du contenu**, qui fait partie des critères sur lesquels tu seras évalué.
- Assure-toi de bien annoter tous les documents : il faut veiller à la **richesse de la langue**, et il est souhaitable de réfléchir au vocabulaire de la synthèse dès la lecture du dossier.

OBJECTIF BAC Comprendre un document iconographique p. 281
Lire et comprendre un texte p. 282

### TIPS AND PROMPTS

- Pense aux expressions que tu utiliseras pour faire référence aux documents : *an excerpt from a novel • a turning point in the plot • lyricism • the speaker of the poem • a film poster • a love letter • an excerpt from a study • the romantic movement • a vivid description*

- Fais ressortir les tensions à l'intérieur du dossier : ***Despite*** *its apparent simplicity, document B...* • ***However descriptive*** *it may seem,* ***the poem...*** • ***In contrast to*** *the novel's focus on...* • *The file is characterized by* ***a tension between...***

**2. Fais la synthèse de tes observations en t'appuyant sur les questions du sujet (environ 500 mots).**

**1.** *Compare and contrast the documents in order to show how they make reference to emotional experiences.*

**2.** *Analyse how the documents link nature and gardens to the expression of emotions.*

**3.** *Show how the documents create an emotional response in the reader.*

- Organise tes idées en classant tes notes selon les trois ou quatre idées majeures que tu comptes aborder dans ton développement. Assure-toi d'avoir assez de matière pour rédiger : si ce n'est pas le cas, il faut prendre le temps d'enrichir ta réflexion.
- Dans l'introduction, veille à présenter tous les documents et à avancer une interprétation du dossier. Dans le développement, il s'agira de creuser cette interprétation en étant plus spécifique et en utilisant des exemples.
- Quand tu introduis un exemple, veille d'abord à présenter l'idée que tu veux illustrer. La citation ou le renvoi au texte viendra ensuite, puis un commentaire de la citation.
- Varie les documents à l'intérieur de chaque partie de la synthèse : il ne faut pas consacrer un paragraphe à chaque document, mais au contraire confronter plusieurs documents à l'intérieur de chaque paragraphe.
- Dans la conclusion, propose un rapide bilan de ton travail. Il faut éviter de poser une question en guise de conclusion ; néanmoins, tu peux ouvrir ta réflexion à d'autres perspectives : le dossier pose-t-il les jalons d'un autre débat ? Y a-t-il d'autres interprétations à explorer ?
- Veille à démontrer une bonne **cohérence dans la construction du discours** et une parfaite **correction de la langue écrite,** car ces critères guideront l'évaluation de ta synthèse.

OBJECTIF BAC Élaborer une synthèse p. 280
La focalisation et les modes narratifs p. 283
Les procédés stylistiques p. 284-285

## TIPS AND PROMPTS

- Note des mots et expressions précis : *a dream-like scene • a moonlight reverie • a hyperbolic description • a sense of intrigue • lavish • joyful • harmonious • an admiring gaze • self-projection • the poetic imagination • sensory experience • the centrality of the self • beholding the beloved • the poet's self-construction through the contemplation of beauty*

- Présente tes idées de manière claire et succincte, puis introduis une référence précise : *The narrator asks the reader to become lost in the garden, an invitation* ***which is keenly felt on line***... • *The poster's concern with the experience of beauty* ***is attested to by*** *its...* • *The speaker of the poem engages in a process of poetic introspection,* ***as can be seen on line***... • *Romanticism revolutionized the role of nature in poetry,* ***as the author of the study suggests in the second paragraph***...

- Utilise des formules pertinentes pour conclure ta synthèse : ***In conclusion***... • ***To conclude***... • *In order to* ***draw this analysis to a close****, let us...* • ***As has been argued/demonstrated/shown****, the documents...* • ***Furthermore, it appears logical/pertinent/worthwhile*** *to suggest that...* • ***All in all****, the documents ...*

## Traduction

MÉDIATION

**Traduis en français le passage du document A allant de « She watches late » (l. 20) à « branch of lilacs! » (l. 26).**

- En relisant de plus près le passage à traduire, assure-toi d'avoir bien compris l'énonciation : qui s'adresse à qui ? À qui ou à quoi renvoient les pronoms ? Comment vas-tu traduire les temps verbaux ?
- Lorsque le passage comporte un dialogue ou des éléments de discours direct, réfléchis à la manière de mettre en page la traduction (utilisation de tirets, de guillemets français, etc.).
- Repère les figures de style et veille autant que possible à ne pas en perdre le sens et la dimension stylistique lors de la traduction : l'oxymore (*voiceless soliloquy*) ; la parataxe (*her brown hair, her blue eye, the freshness of her cheek, the whiteness of her neck, all suit my taste*) ; le singulier poétique (*her blue eye*), etc.

OBJECTIF BAC Traduire de l'anglais vers le français p. 286
Les procédés de traduction p. 287

## TIPS AND PROMPTS

- Pour traduire les mots en gras dans les expressions suivantes, tu peux utiliser les procédés de traduction suggérés :
  - ***voiceless*** *soliloquy*
    → la transposition grammaticale
    TRANSLATION WORKSHOP p. 29 et 163
  - *she is not* ***what the world calls pretty***
    → la modulation
    TRANSLATION WORKSHOP p. 53 et 175
  - *What a good, simple little smile* ***played about her lips***
    → le chassé-croisé
    TRANSLATION WORKSHOP p. 41 et 135

FILE 17

VOYAGES, TERRITOIRES, FRONTIÈRES

AXE 1 : EXPLORATION ET AVENTURE

# Exotic Britain

▶ What does exoticism say about colonial Britain?

More on SPEAKEASY NEWS speakeasy-news.com

FINAL TASK Deliver the opening speech for a new exhibition about exoticism in 19th-century Britain.

## 1 An everlasting fascination

### Doc 1. Egyptomania

VIDÉO

(Video: Heritage Key Media, 2010)

a. **Read** the text and **identify** the situation.

b. **Focus** on the point of view. What vision of Egypt does it give?

c. **Look** at the photo and **identify** the place. What is striking?

d. **Watch** the video and **pick out** the different Egyptian traces that can be found in the city.

e. **Say** whether "Egyptomania" still exists in Great Britain today and why.

Simon and Linnet Doyle set off on their expedition to Philae[1] about eleven o'clock the following morning. Jacqueline de Bellefort, sitting on the hotel balcony, watched them set off in the picturesque sailing boat. [...] Hercule Poirot decided to pass the remaining two hours before lunch on the island of Elephantine immediately opposite the hotel.

He went down to the landing stage. There were two men just stepping into one of the hotel boats and Poirot joined them. [...]

It was very peaceful on the water, the great smooth slippery black rocks gliding by and the soft breeze fanning their faces. Elephantine was reached very quickly and on going ashore Poirot and his loquacious acquaintance made straight for the museum.

Agatha CHRISTIE, *Death on the Nile*, 1937

1. an island in the Nile River with Egyptian temples

## Doc 2. The Jewel in the Crown

LANDMARKS p. 278-279

*Abdul Karim was twenty-four years old when he arrived in England from India. He became Queen Victoria's servant and confidant.*

Abdul Karim was painted in cream, red and gold by the Austrian artist. The portrait showed a handsome young man in a reflective mood, holding a book in his hand. He looked more like a nawab[1] than a servant. The artist seemed to have captured the Queen's romantic vision of the subject. I learned later that Queen Victoria had loved the painting so much she had copied it herself.

Along the Indian corridor of Osborne House[2] were portraits of Indian craftsmen, specially commissioned by the Queen. Weavers[3], blacksmiths[4] and musicians stared back from the walls, all meticulously painted so the Queen could glimpse[5] the ordinary people of India. The striking life-size portrait of Maharajah Duleep Singh painted by Winterhalter stood out amongst the canvases. It captured the Queen's fascination for the young boy who had presented her with the Koh-i-Noor — one of the world's largest diamonds and still a part of the Crown Jewels — when the British had defeated the Sikhs and annexed the Punjab after the Second Anglo-Sikh War in 1849.

The Durbar Room, restored by English Heritage to mark the centenary of the Queen's death, had its own revelations. The room spoke to me of the Queen's love for India, the country she knew she could never visit, but which fascinated and intrigued her. If the Queen could not travel to India, then she would bring India to Osborne. The marble ceiling, the intricate carvings, the balconies with their Indian-style *jali* work were the Queen's Indian haven. Here she sat as Empress of that faraway land to sense its atmosphere. Fittingly, it was at her beloved Osborne, with its collection of Indian antiquities, that she had died. Was her love for Abdul an extension of her love for India and the Empire, her way of touching the Jewel in the Crown?

Shrabani BASU, *Victoria and Abdul*, 2010

1. *nabab* 2. a former royal residence on the Isle of Wight 3. *tisserands* 4. *forgerons* 5. *avoir un aperçu de*

**a. Read** the text and **explain** the relationship between the Queen and Abdul Karim.

**b. Focus** on enumerations. **Explain** what they reveal about the Queen's feelings for India.

**c. Comment** on the mention of the Koh-i-Noor.

**d. Observe** the picture of the Royal Pavilion and **identify** its location.

**e. Show** the link between the Osborne House and the Royal Pavilion.

**YOUR TASK** **Record** the audio guide of the Osborne House using information from the text.

### BOOST YOUR SKILLS!

**Exprimer un but**

- Utilise *so (that)* devant un auxiliaire modal : ***so*** *the Queen* ***could*** *glimpse the ordinary people of India* • ***so that*** *she* ***could*** *touch the Jewel in the Crown*
- Utilise *to*, *in order to* ou *so as to* (et non *for*) devant une base verbale : ***to mark*** *the centenary of the Queen's death* • ***to sense*** *its atmosphere*

### WORDS

- cruise /'kru:z/ = boat trip
- grandeur /'grændʒə/ = splendor
- Sphinx
- tour = journey

---

- dazzling = impressive
- faraway = distant

- perilous = hazardous
- quixotic /kwɪk'sɒtɪk/ = imaginative
- recognisable
- unexpected

---

- delve into = explore
- go down (a river)
- immerse in = plunge

▼ The Royal Pavilion in Brighton, a former royal residence built in the 19th century for King George IV. Mostly designed by architect John Nash, the palace has a mix of Indo-Gothic architecture and Regency style.

# 2 From fantasy to real travel

LANDMARKS p. 250-251

## Doc 1. Dreams of the exotic

AUDIO

[...] The Poet wandering on, through Arabie
And Persia, and the wild Carmanian[1] waste,
And o'er the aërial mountains which pour down
Indus and Oxus from their icy caves,
In joy and exultation held his way;
Till in the vale of Cashmire[2], far within
Its loneliest dell[3], where odorous plants entwine
Beneath the hollow rocks a natural bower[4],
Beside a sparkling rivulet he stretched
His languid limbs. A vision on his sleep
There came, a dream of hopes that never yet
Had flushed his cheek. He dreamed a veilèd maid
Sate near him, talking in low solemn tones.
Her voice was like the voice of his own soul
Heard in the calm of thought; its music long,
Like woven[5] sounds of streams and breezes, held
His inmost sense suspended in its web
Of many-coloured woof[6] and shifting hues[7].
Knowledge and truth and virtue were her theme,
And lofty[8] hopes of divine liberty,
Thoughts the most dear to him, and poesy,
Herself a poet. Soon the solemn mood
Of her pure mind kindled through all her frame
A permeating fire: wild numbers then
She raised, with voice stifled in tremulous sobs
Subdued by its own pathos: her fair hands
Were bare alone, sweeping from some strange harp
Strange symphony, and in their branching veins
The eloquent blood told an ineffable tale.
The beating of her heart was heard to fill
The pauses of her music, and her breath
Tumultuously accorded with those fits
Of intermitted song. Sudden she rose,
As if her heart impatiently endured
Its bursting burthen: at the sound he turned,
And saw by the warm light of their own life
Her glowing limbs beneath the sinuous veil
Of woven wind, her outspread arms now bare,
Her dark locks floating in the breath of night,
Her beamy bending eyes, her parted lips
Outstretched, and pale, and quivering[9] eagerly.
His strong heart sunk and sickened with excess
Of love. He reared his shuddering limbs and quelled[10]
His gasping breath, and spread his arms to meet
Her panting bosom:... she drew back a while,
Then, yielding to the irresistible joy,
With frantic gesture and short breathless cry
Folded his frame in her dissolving arms. [...]

Percy Bysshe SHELLEY,
"Alastor or the Spirit of Solitude", 1815

1. Persian
2. region in India
3. *vallon*
4. *tonnelle*
5. *tissés, mêlés*
6. woven fabric
7. shades, tints
8. morally high
9. trembling
10. calm

**a.** **Read** the poem and **identify** its atmosphere.

**b.** **Identify** the "exotic" elements and **explain** the link between exoticism and dream.

**c.** STYLE **Study** the alliterations and **show** how they reinforce the general impression. OBJECTIF BAC p. 284-285

**d.** **Discuss:** In what way is the woman a muse for the poet?

**CULTURE SPOT**

**Percy Bysshe Shelley** (1792-1822) was a famous British Romantic poet. Although his poetry often contained exotic elements, he never travelled to any Oriental country.

## Doc 2. *Leila*

Franck DICKSEE, *Leila*, 1892

**a.** **Look** at the painting and **analyse** its composition: central figure, lines, colours. OBJECTIF BAC p. 281

**b.** **Read** the Culture Spot and **explain** why this work of art is said to be an "orientalist" painting.

**c.** **Compare** the woman in the painting to Shelley's poem.

**CULTURE SPOT**

In art history, **orientalism** refers to the depiction of a fantasised Eastern world by Western artists in the 19th century.

## Doc 3. Imperial roots

### The travel agency of Britain's far-flung 19th-century empire is dead

The British travel agency Thomas Cook, which announced its bankruptcy today (Sept. 23), was born with a railway journey that took place in 1841—the same year that Hong Kong was ceded to Britain, then at the peak of its imperial power.

Historians often refer to the period between 1815 and 1915 as Britain's "imperial century." It was a time when Britain would come to control the lives of some 400 million people globally, as well as enormous swathes[1] of territory around the world. While Thomas Cook, a cabinet-maker[2] in his 30s, started out by offering short day trips by rail in England in 1841 initially for free, he soon began organizing for-profit trips. After successes that included bringing 150,000 travelers from rural England to London for the Great Exhibition of 1851, he expanded into offering trips to far-flung[3] locales, taking his first party[4] of British travelers on a trip to Egypt and Palestine in 1869.

"Tourists were part of the growing number of westerners—missionaries, teachers, traders, developers, bankers, messianic dreamers, and empire builders—who arrived each year in Jerusalem, Cairo, and other cities of the eastern Mediterranean," wrote historian F. Robert Hunter. [...] "The tourist enterprise accompanied British armies to Egypt and the Sudan in the 1880s and 1890s. Tourism was inseparable from the west's conquest of the Middle East."

The company, which often worked closely with the British government overseas, was able to provide travelers reassurance of their safety in destinations that were under British protection or outright rule[5]. Egypt, in particular—a British protectorate from 1882—became a huge draw, which is why graffiti of travelers of that era can still be found at sites there. [...]

The agency also helped imperial subjects travel between parts of the empire. Prior to visiting Mumbai in the 1880s, John Thomas Cook (the "& Son" of the enterprise) mused, "...while it would be well to arrange for the visits of Englishmen to India, it would be even more serviceable if the wealthy natives of India could be induced[6] to visit Europe." One such visit was organized for Queen Victoria's jubilee celebrations—the travel party in 1887 included 200 servants and 33 tame tigers.

Tripti LAHIRI, *QZ.com*, September 23, 2019

1. parts 2. *ébéniste* 3. remote 4. group 5. government 6. persuaded

▲ Cover of *Cook's Oriental Travellers' Gazette*, 1892

a. **Read** the article and **explain** why it was written.

b. **Explain** how the company started and **say** what allowed it to expand.

c. **Comment** on the relation between the travel agency and the British government.

**YOUR TASK** **Prepare** a 60-second radio commercial for Thomas Cook which could have matched the cover above in 1892.

**WORDS**

- archeology
- excursion
- expedition
- itinerary
- peregrination
- steam locomotive/boat
- sightseeing (tour)
- age-old = ancient /ˈeɪnʃənt/
- globe-trotting
- go on a trip/journey /ˈdʒɜːnɪ/
- roam = wander
- sail
- tour = travel

**BOOST YOUR SKILLS!**

**Mettre en avant quelque chose**

- Utilise le gérondif pour parler de l'activité du voyagiste : *He began **organising** for-profit trips.* • *Prior to **visiting**...*
- Exprime l'enthousiasme : *You will be **delighted**...* • *British tourists are **thrilled**...*
- Ajoute des adjectifs pour qualifier l'expérience : *fantastic* • *unbelievable*

# 3 A powerful Empire

LANDMARKS p. 252-253

## Doc 1. Maintaining of the Empire

AUDIO

*This speech was given in 1872 at the Crystal Palace by Benjamin Disraeli, Member of Parliament and Leader of the Conservative Party.*

Gentlemen, there is another and second great object of the Tory party[1]. If the first is to maintain the institutions of the country, the second is, in my opinion, to uphold the Empire of England. If you look to the history of this country since the advent[2] of Liberalism[3] – forty years ago – you will find that there has been no effort so continuous, so subtle, supported by so much energy, and carried on with so much ability and acumen[4], as the attempts of Liberalism to effect the disintegration of the empire of England. […]

Well, what has been the result of this attempt during the reign of Liberalism for the disintegration of empire? It has entirely failed. But how has it failed? Through the sympathy of the colonies with the mother country. They have decided that the Empire shall not be destroyed, and in my opinion no minister in this country will do his duty who neglects any opportunity of reconstructing as much as possible our colonial empire, and of responding to those distant sympathies which may become the source of incalculable strength and happiness to this land. Therefore, gentlemen, with respect to the second great object of the Tory party also – the maintenance of the Empire – public opinion appears to be in favour of our principles – that public opinion which, I am bound to say, thirty years ago, was not favourable to our principles […].

When you return to your homes, when you return to your counties and your cities, you must tell to all those whom you can influence that the time is at hand, that, at least, it cannot be far distant, when England will have to decide between national and cosmopolitan principles. The issue is not a mean one. It is whether you will be content to be a comfortable England, modelled and moulded upon continental principles and meeting in due course an inevitable fate, or whether you will be a great country, – an imperial country – a country where your sons, when they rise, rise to paramount[5] positions, and obtain not merely the esteem of their countrymen, but command the respect of the world…

Benjamin DISRAELI, "The Maintenance of Empire", 1872

**a.** **Read** this speech and **pick out** the strongest argument put forward by Disraeli to defend the existence of the Empire.

**b.** STYLE **Read** from *"When you return"* to *"cosmopolitan principles."* (l. 17-20). **Explain** what devices Disraeli uses here and for what purpose.
OBJECTIF BAC p. 284-285

**c.** **Explain** what *"those distant sympathies"* (l. 12) were and meant to England.

**d.** *"Command the respect of the world."* (l. 24) **Say** what these words reveal about the British state of mind at the time.

**1.** Conservative Party **2.** coming **3.** the Liberal Party wanting a lot of political and economic freedom and supporting gradual social and political change **4.** *perspicacité* **5.** more important than anything else

## Doc 2. A taste for power

VIDÉO

▲ Map of the world showing the extent of the British Empire in 1886 (Video: Open University, 2012)

**a.** **Look** at the map and **explain** what allegory was chosen to represent Britain.

**b.** **Watch** the video and **find** the reasons for British expansion.

**d.** **Focus** on the end of the video and **comment** on the journalist's tone.

MÉDIATION

**YOUR TASK** **Prepare** a presentation for your history class about the British Empire and its potent position in the 19th century.

**BOOST YOUR SKILLS!**

**Exposer des faits avec clarté**

- Utilise des connecteurs logiques : ***First,*** *let's define…* • ***Then,*** *it has to be said…* • ***Finally,*** *I was convinced that…*
- Présente tes choix et les exemples qui t'ont frappé : ***What is particularly striking*** *is…* • *I couldn't fail but* ***notice****…*

## Doc 3. Shooting the elephant?

*In this essay, George Orwell describes an eye-opening experience for the English narrator (possibly himself), while working as a police officer in Burma.*

One day something happened which in a roundabout[1] way was enlightening[2]. It was a tiny incident in itself, but it gave me a better glimpse than I had had before of the real nature of imperialism—the real motives for which despotic governments act. Early one morning the sub-inspector at a police station the other end of the town rang me up on the phone and said that an elephant was ravaging the bazaar. Would I please come and do something about it? I did not know what I could do, but I wanted to see what was happening and I got on to a pony and started out. I took my rifle, an old 44 Winchester and much too small to kill an elephant, but I thought the noise might be useful *in terrorem*[3] [...] The Burmese population had no weapons and were quite helpless against it. It had already destroyed somebody's bamboo hut, killed a cow and raided some fruit-stalls and devoured the stock; also it had met the municipal rubbish van and, when the driver jumped out and took to its heels, had turned the van over and inflicted violences upon it. [...]

I had halted on the road. As soon as I saw the elephant, I knew with perfect certainty that I ought not to shoot him. [...] But at that moment I glanced round at the crowd that had followed me. It was an immense crowd, two thousand at the least and growing every minute. It blocked the road for a long distance on either side. I looked at the sea of yellow faces above the garish[4] clothes—faces all happy and excited over this bit of fun, all certain that the elephant was going to be shot. They were watching me as they would watch a conjurer[5] about to perform a trick. They did not like me, but with the magical rifle in my hands I was momentarily worth watching. And suddenly I realised that I should have to shoot the elephant after all. The people expected it of me and I had got to do it; I could feel their two thousand wills pressing me forward, irresistibly. And it was at this moment, as I stood there with the rifle in my hands, that I first grasped the hollowness, the futility of the white man's dominion in the East. Here was I, the white man with his gun, standing in front of the unarmed native crowd—seemingly the leading actor of the piece; but in reality I was only an absurd puppet pushed to and fro by the will of those yellow faces behind. I perceived in this moment that when the white man turns tyrant it is his own freedom that he destroys. He becomes a sort of hollow, posing dummy[6], the conventionalised figure of a sahib[7]. For it is the condition of his rule that he shall spend his life in trying to impress the "natives," and so in every crisis he has got to do what the "natives" expect of him. He wears a mask, and his face grows to fit it. I had got to shoot the elephant.

George ORWELL, *Shooting an Elephant*, 1936

1. indirect 2. instructive 3. Latin expression meaning "by way of intimidation" 4. very brightly coloured 5. magician 6. model 7. word used in colonial India to address a European man

▲ British police officers in Burma (then a province of India, now Myanmar) in 1923. George Orwell is standing on the left.

**WORDS**

- avidity = greed
- desire = craving = lust

---

- forceful = convincing ≠ unconvincing
- merciless = pitiless = ruthless

---

- force sb to do sth = coerce /kəʊ'ɜːs/ sb into doing sth
- impose
- rule over

**a. Read** the text and **explain** why the whole experience was *"enlightening"* (l. 2).

**b.** From line 24 to line 35, **pick out** four images used by the writer to describe himself and other imperialists.

**c. Show** the link between the symbolic value of the elephant and George Orwell's story.

**d.** GRAMMAR Lines 18, 26 and 27, **pick out** the modal verbs and their substitutes and **say** what they express.

**e.** In groups, **discuss** what George Orwell means when he writes: *"when the white man turns tyrant it is his own freedom that he destroys."* (l. 33-34)

**CULTURE SPOT**

**George Orwell** wrote against imperialism /ɪm'pɪərɪəlɪz(ə)m/ in reaction to the atrocities he witnessed in Burma. Several anti-imperialist elements are present in his writings.

# 4 Facing the colonised

## Doc 1. Face to face

▲ Régis WARGNIER, *Man to Man*, 2005

**a. Watch** the video and **define** who the men are and what "dicovery" they have made.

**b. Pick out** the word Jamie insists on and **say** what his concern is.

**c.** PHONOLOGY **Focus** on the end of the video and **explain** how the character emphasises what he is saying here.

**d. Compare** the two men's visions.

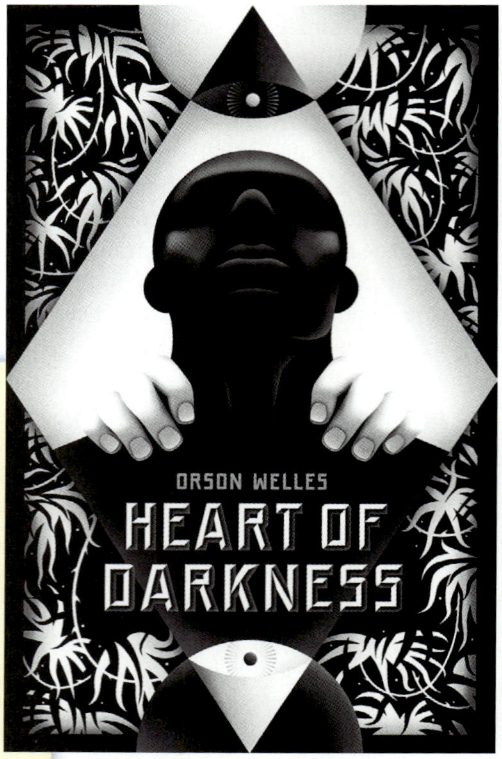


▲ Film poster by Fiona Banner and La Boca exploring Orson Welles's unproduced screenplay for *Heart of Darkness*

## Doc 2. In the heart of Africa

*The story centres around Marlow, a British sailor working for a Belgian trading company in Africa. As he travels up the Congo River to meet Kurtz, he comes across widespread inefficiency and brutality in the Company's trade stations.*

A slight clinking behind me made me turn my head. Six black men advanced in a file, toiling up[1] the path. They walked erect and slow, balancing small baskets full of earth on their heads, and the clink kept time with their footsteps. Black rags[2] were wound round their loins[3], and the short ends behind waggled to and fro like tails. I could see every rib, the joints of their limbs were like knots in a rope; each had an iron collar on his neck, and all were connected together with a chain whose bights[4] swung between them, rhythmically clinking. Another report from the cliff made me think suddenly of that ship of war I had seen firing into a continent. It was the same kind of ominous[5] voice; but these men could by no stretch of imagination be called enemies. They were called criminals, and the outraged law, like the bursting shells, had come to them, an insoluble mystery from the sea. All their meagre breasts panted together, the violently dilated nostrils quivered, the eyes stared stonily uphill. They passed me within six inches, without a glance, with that complete, deathlike indifference of unhappy savages. Behind this raw matter one of the reclaimed[6], the product of the new forces at work, strolled despondently[7], carrying a rifle by its middle. He had a uniform jacket with one button off, and seeing a white man on the path, hoisted his weapon to his shoulder with alacrity. This was simple prudence, white men being so much alike at a distance that he could not tell who I might be. He was speedily reassured, and with a large, white, rascally grin[8], and a glance at his charge, seemed to take me into partnership in his exalted trust. After all, I also was a part of the great cause of these high and just proceedings.

Instead of going up, I turned and descended to the left. My idea was to let that chain-gang[9] get out of sight before I climbed the hill. You know I am not particularly tender; I've had to strike and to fend off. I've had to resist and to attack sometimes [...]. I've seen the devil of violence, and the devil of greed, and the devil of hot desire; but, by all the stars! these were strong, lusty[10], red-eyed devils, that swayed and drove men—men, I tell you. But as I stood on this hillside, I foresaw that in the blinding sunshine of that land I would become acquainted with a flabby, pretending, weak-eyed devil of a rapacious and pitiless folly.

Joseph CONRAD, *Heart of Darkness*, 1902

**a. Read** the text and **explain** who the *"product of those new forces at work"* (l. 15-16) is.

**b. Say** how the black and the white people are represented in this extract.

**c. Pick out** an example of the narrator's irony on lines 21-22 and **show** what it reveals about his state of mind.

**d. Look** at the poster and **explain** what it highlights. **Decide** if it is a relevant illustration of the novel.

1. *peiner pour grimper* 2. pieces of old clothes 3. *aine* 4. *(ici) cordes* 5. threatening 6. a black man forced to guard the others 7. without hope 8. a wide smile without respect 9. a group of prisoners chained together and forced to work 10. *vigoureux, robuste*

## Doc 3. Understanding Africa

LANDMARKS p. 276-277

### Chinua Achebe: 'Heart of Darkness' is inappropriate

Nigerian novelist Chinua Achebe redefined the way readers understood Africa in his first novel, *Things Fall Apart*. Published in 1958, that book told the story of the English coming to Africa — from the perspective of Africans. It stands in stark contrast to Joseph Conrad's 1902 novella *Heart of Darkness*, which follows an Englishman named Marlow who embarks on a journey up the Congo.

Though Achebe was attracted to Conrad's book as a child, he excoriated[1] it in the 1970s, and he continues to dismiss it today.

"Conrad was a seductive writer. He could pull his reader into the fray[2]. And if it were not for what he said about me and my people, I would probably be thinking only of that seduction," Achebe tells Robert Siegel.

Achebe says that once he reached a certain age, he realized that he was "not on Marlow's ship" but was, instead, one of the unattractive beings Marlow encounters in passing. At one point, Conrad describes an African working on the ship as a "dog wearing trousers".

"The language of description of the people in *Heart of Darkness* is inappropriate," says Achebe. "I realized how terribly, terribly wrong it was to portray my people — any people — from that attitude."

Though Achebe dislikes Conrad's description of Africans, he does not feel that *Heart of Darkness* should be banned: "Those who want to go on enjoying the presentation of some people in this way — they are welcome to go ahead. The book is there. ... I simply said, 'Read it this way, ' and that's all I have done."

*NPR*, October 15, 2009

1. criticise severely 2. *entraîner son lecteur avec lui*

**a. Read** this article and **find** information about Chinua Achebe.

**b. Rephrase** his opinion about Joseph Conrad's *Heart of Darkness*.

**c. Explain** the difference between Chinua Achebe's perspective in *Things Fall Apart* and Joseph Conrad's in *Heart of Darkness*.

**WORDS**

- barbarity
- ignorance

- appalling /ə'pɔːlɪŋ/= dreadful = scandalous
- condescending = deprecating
- disparaging = denigrating
- harsh
- inhuman

- exploit
- raise awareness about

## FINAL TASK

### Deliver the opening speech for a new exhibition about exoticism in 19th-century Britain.

**You are the curator for a new exhibition showing Great Britain's fascination and many connections with exoticism in the 19th century. Give a three-minute speech to open the exhibition.**

1. **Select** works of art or artists related to exoticism in Great Britain in the 19th century. **Choose** examples of paintings, works of architecture, films, books, writers, etc. that strike you most.
2. **Take notes** about these works of art or artists and how they are relevant for the exhibition. **Make connections** between your examples.
3. **Think** of a catchy introduction to make the guests want to visit the exhibition.
4. **Prepare** a personal conclusion explaining the impact of exoticism on Great Britain.
5. **Practise**, then **deliver** your speech. **Use** your notes but **do not read** them to be lively and grab your audience's attention.

BOOST YOUR ENGLISH p. 208

# BOOST YOUR ENGLISH!

## Grammar — Donner envie de voir une exposition

- **Intègre des questions rhétoriques à ton discours pour interpeller le public.**
*__Why host__ an exhibition about exoticism?*
*__Did__ all British writers __have__ the same outlook?*
*__Was__ architecture a component of that fascination?*

- **Utilise le futur pour captiver l'attention de ton auditoire.**
*You __will see__ photographs of incredible places.*
*Some excerpts __will puzzle__ you.*
*You __will wonder__ about the many aspects of this fascination.*

- **Utilise le présent et le prétérit pour décrire les œuvres et artistes choisis.**
*The palace __stands for__ the splendour of India and China.*
*The novel __was written__ at the height of the British Empire.*

- **Structure ton propos avec des connecteurs logiques.**
*__At first sight__, the pictures will attract you and __then__ you will learn about the context, __such as__ the extent of the Empire. __In any case__, you will love this exhibition!*

**Observe ce document et fais ressortir son intérêt dans l'exposition en utilisant les conseils donnés.**

▲ A luxurious Indian tent at the Great Exhibition of 1851 in London

## Vocabulary — Exoticism

EXO Lexiquiz

**Influence** (AUDIO)
- app**ea**ling
- attr**a**ctive
- comp**e**lling
- p**o**werful
- un**u**sual

**People** (AUDIO)
- col**o**nial m**i**ndset
- imp**e**rialists
- n**a**tives
- **o**therness
- s**e**nsuous
- sup**e**rior
- tyr**a**nnical

---
- expl**oi**t

**Places** (AUDIO)
- col**o**nialism

---
- f**a**raway
- rem**o**te
- tr**o**pical

**Attraction** (AUDIO)
- ench**a**ntment ≠ disench**a**ntment
- obs**e**ssion
- tr**a**velling

---
- all**u**ring
- beg**ui**ling
- c**a**ptivating
- sed**u**cing = sp**e**llbinding

---
- be drawn to
- enc**ou**nter
- enr**a**pture
- m**e**smerise

Interactions — Discovery — Fascination

**Travel** (AUDIO)
- expl**o**re = delve into
- go on a trip/j**ou**rney /ˈdʒɜːni/
- roam = w**a**nder
- tour (ar**ou**nd)

**British heritage** (AUDIO)
- id**ea**lised
- im**a**ginative
- end**u**re
- rule

**Inspiration** (AUDIO)
- **a**rchitecture
- l**i**terature
- p**ai**nting
- p**o**etry

# TRANSLATION WORKSHOP

Vers le **BAC**

ÉPREUVE ÉCRITE

**Relis le texte extrait de *Victoria and Abdul* (2010) de Shrabani Basu (Doc 2 p. 201) et concentre ton attention sur le passage suivant.**

Abdul Karim was painted in cream, red and gold by the Austrian artist. The portrait showed a handsome young man in a reflective mood, holding a book in his hand. He looked more like a nawab than a servant. The artist seemed to have captured the Queen's romantic vision of the subject. I learned later that Queen Victoria had loved the painting so much she had copied it herself.

Along the Indian corridor of Osborne House were portraits of Indian craftsmen, specially commissioned by the Queen. Weavers, blacksmiths and musicians stared back from the walls, all meticulously painted so the Queen could glimpse the ordinary people of India.

## 1 Analyse l'extrait

**a. Identifie** le type de texte (descriptif, narratif, dialogue).

**b. Détermine** l'époque dont il est question et son incidence sur la traduction.

**c. Observe** les temps. Quels temps vas-tu choisir en français ?

**d. Identifie** les intentions de l'auteur.

• En lisant le texte, essaie de visualiser la scène mentalement. Tu pourras mieux en saisir l'ambiance.

## 2 Développe une stratégie de traduction : l'étoffement

OBJECTIF BAC p. 286-287

**a. Observe** cette phrase. **Choisis** la traduction la plus élégante. **Précise** si l'on a calqué ou étoffé le texte de départ et **explique** pourquoi.

*Abdul Karim was painted **in** cream, red and gold by the Austrian artist.*

**A.** L'artiste autrichien a choisi de peindre Abdul Karim **en** crème, rouge et doré.

**B.** L'artiste autrichien a choisi de peindre Abdul Karim **dans une palette de couleurs** crème, rouge et doré.

**b. Observe** cette phrase et étoffe la partie en gras.

*The artist seemed to have captured **the Queen's romantic vision of the subject**.*

L'artiste semblait avoir saisi la vision romantique que…

• Pour étoffer une préposition, on utilise souvent un verbe : *the charge **against** her* → l'accusation **portée contre** elle

**c. Entraîne**-toi à traduire les énoncés en utilisant l'étoffement.

1. *The painting was on the wall on the left.*
2. *You can reach it through the corridor.*
3. *She felt his presence around her.*

• Repère les prépositions dans les énoncés. L'étoffement les concernera.

## 3 Traduis l'extrait

Traduis le passage en veillant aux points suivants :

• Les temps du passé : quels temps vas-tu utiliser en français pour traduire les verbes au prétérit et ceux au *past perfect* ?

• Les adjectifs possessifs : vas-tu traduire les déterminants possessifs anglais par des déterminants possessifs ou des articles (le, la, les) en français ?

• Les verbes *stare* et *glimpse* : quels verbes français vas-tu utiliser pour marquer la différence entre ces deux façons de regarder ?

• Tu peux utiliser un dictionnaire unilingue pour t'aider à traduire les mots que tu ne connais pas. Ne laisse jamais de blancs dans ta traduction.

Vers le **BAC**

# LET'S BRAINSTORM!

OBJECTIF BAC p. 280-303

## Fascination for exotic lands

- Dreaming of the East

→ "Alastor", P. Bysshe Shelley, p. 202 • *Leila*, F. Dicksee, p. 202

- Inspired by India

→ The Royal Pavilion, J. Nash, p. 201 • *Victoria and Abdul*, S. Basu, p. 201

## Travelling to faraway countries

- The development of tourism

→ "The travel agency of Britain's far-flung 19th-century empire is dead", T. Lahiri, p. 203 • Cover of *Cook's Oriental Travellers' Gazette*, p. 203

- Tourism in literature

→ *Death on the Nile*, A. Christie, p. 200

VOYAGES, TERRITOIRES, FRONTIÈRES
Axe 1

**What does exoticism say about colonial Britain?**

## An Empire stretching across borders

- Asserting Great Britain's power

→ Map of the British Empire in 1886, p. 204 • "The Maintenance of the Empire", B. Disraeli, p. 204

- Developing the Empire

→ *A Taste for Power*, BBC series, p. 204 • *Shooting an Elephant*, G. Orwell, p. 205

## A colonial Empire

- Imperialistic visions

→ "The Maintenance of the Empire", B. Disraeli, p. 204 • *Heart of Darkness*, J. Conrad, p. 206 • *Man to Man*, R. Wargnier, p. 206

- A modern vision of the Empire

→ *Shooting an Elephant*, G. Orwell, p. 205 • "Chinua Achebe: 'Heart of Darkness' is inappropriate", *NPR*, p. 207

## Entraîne-toi à la synthèse

ÉPREUVE ÉCRITE

Focus on the text of Doc 2 p. 201, Doc 1 p. 202 and Doc 2 p. 202.
Write a short commentary (around 500 words) showing how 19th-century Britain's fascination for exotic places impacted the arts.

OBJECTIF BAC p. 280

Fiche d'auto-évaluation

## Évaluation

→ **Now test your skills!**

Sujet d'épreuve écrite type BAC

# BUILD YOUR PORTFOLIO

## Poetry

"Kubla Khan or, A Vision in a Dream: A fragment", Samuel Taylor Coleridge, 1816

"In Xanadu did Kubla Khan
A stately pleasure-dome decree:
Where Alph, the sacred river, ran
Through caverns measureless to man
Down to a sunless sea.
So twice five miles of fertile ground
With walls and towers were girdled round;
And there were gardens bright with sinuous rills,
Where blossomed many an incense-bearing tree;
And here were forests ancient as the hills,
Enfolding sunny spots of greenery."

- **Read** the poem and **show** how the poet expresses his fascination for the East.

POÈME

## Series

*Indian Summers*, Paul Rutman, 2015-2016

Set in Northern India between 1932 and 1935, the series tells the rich and explosive story of the decline of the British Empire and the birth of modern India, from both sides of the experience.

- **Watch** the trailer or the series and **explain** how the British colonial spirit of the time is illustrated in this TV series.

VIDÉO

## Film

*Greystoke*, Hugh Hudson, 1984

Based on the story of Tarzan, the film tells the story of the son of a rich British family, raised in the jungle by the Apes, who returns to England and discovers the British customs and traditions, as well as its fascination for exoticism.

- **Watch** the trailer or the film and **explain** the criticisms expressed by the director.

VIDÉO

## Book

*A Passage to India*, E.M. Forster, 1924

Two English women, the young Miss Adela Quested and the elderly Mrs. Moore, travel to India. Adela expects to become engaged to Mrs. Moore's son, Ronny, a British magistrate in the Indian city of Chandrapore. Adela and Mrs. Moore each hope to see the real India during their visit, rather than cultural institutions imported by the British.

- **Read** the book and **show** how the novel contrasts different British visions of India.

## ÉPREUVE ORALE / GRAND ORAL — Entraîne-toi à l'oral

### Step 1 — Build up your speech!

**ÉPREUVE ORALE**

- Choose one topic in the mindmap p. 210.
- Pick out two documents from the file and add a personal one to illustrate this topic.

OBJECTIF BAC p. 288-289

- Prepare your presentation: you must show how these documents relate to the topic you chose.

**GRAND ORAL**

- Choose one topic in the mindmap p. 210.
- Find a key question about the topic and write it down. Think about links with other subjects (*histoire* for example).
- Gather arguments and examples from the file.
- Prepare an outline for your presentation and write your note sheet.

### Step 2 — Make your presentation in front of two classmates.

**ÉPREUVE ORALE**

- Show your documents to your classmates and explain your point in about five minutes.

OBJECTIF BAC p. 292-293

**GRAND ORAL**

- Give your note sheet to your classmates.
- Stand up and make a five-minute presentation to answer your key question.

OBJECTIF BAC p. 294-297

### Step 3 — Answer your classmates' questions about your presentation.

# 2 Facing the ordeal

a. **Read** the text and **sum up** the situation briefly.

b. VOCABULARY **Focus** on the lexical fields of movement and sounds. **Explain** what they convey.

c. **Focus** on the use of personal pronouns and **analyse** the contrast between bestiality and humanity.

d. **Pick out** and **analyse** the comparisons used to describe Richard Parker.

e. **Discuss**: Is the scene real or is it a dream? Why?

## Doc 1. Chapter 47

*Pi's father, the owner of the Zoo of Pondicherry, decides to migrate to Canada with his family and his zoo animals. The ship transporting them sinks in the Pacific Ocean. Pi finds himself on a lifeboat with a zebra, a hyena and an orang-utan called Orange Juice. He believes they are the only survivors.*

The hyena came back. It jumped on the bench and caught Orange Juice at the wrist[1] before she could strike. Orange Juice hit the hyena on the head with her other arm, but the blow only made the beast snarl[2] viciously. She made to bite, but the hyena moved faster. Alas, Orange Juice's defence lacked precision and coherence. Her fear was something useless that only hampered[3] her. The hyena let go of her wrist and expertly got to her throat.

Dumb with pain and horror, I watched as Orange Juice thumped the hyena ineffectually and pulled at its hair while her throat was being squeezed by its jaws[4]. To the end she reminded me of us: her eyes expressed fear in such a humanlike way, as did her strained whimpers[5]. [...] She fell off the bench to the bottom of the lifeboat, the hyena with her. I heard noises but no longer saw anything.

I was next. [...] I raised my hands to the level of my chest – the weapons I had against the hyena. It looked up at me. Its mouth was red. Orange Juice lay next to it, against the dead zebra. [...] Just before throwing myself upon the hyena, to collect myself before the final struggle, I looked down.

Between my feet, under the bench, I beheld Richard Parker's head. It was gigantic. It looked the size of the planet Jupiter to my dazed[6] senses. His paws were like volumes of *Encyclopædia Britannica*.

I made my way back to the bow[7] and collapsed. I spent the night in a state of delirium. I kept thinking I had slept and was awaking after dreaming of a tiger.

Yann MARTEL, *Life of Pi*, 2001

1. forearm 2. roar 3. slowed [her] down 4. *mâchoire* 5. cries 6. confused 7. front part of the boat

### CULTURE SPOT

**Hinduism** is a polytheist religion with thousands of deities, many of them with animal features, like Ganesh (Elephant) or Hanuman (Monkey). Shiva, one of the creators of the universe, is associated to animals. He represents both destruction and protection.

## Doc 2. Shiva and the tiger

AUDIO

(Video: Appu Series, 2010)

a. **Look** at the picture and **find** similarities with *Life of Pi*.

b. **Listen** to the story of the Hindu God Shiva and **name** the various qualities he represents.

c. **Explain** the symbolic dimension of Shiva's story.

d. Considering *Life of Pi* is set in India, **imagine** why author Yann Martel featured animals in his story.

### STEP 2

**Take** notes about the atmosphere on the boat and **write** the next paragraph of the story.

### BOOST YOUR SKILLS!

**Décrire un personnage animal**

- Utilise le lexique des parties du corps : *throat • hair • jaws • paws*
- Utilise des images : *His paws were* ***like two volumes of Encyclopædia Britannica*** • *His head* ***looked the size of the planet Jupiter.***
- Décris les sentiments et les actions avec des verbes précis : *snarl • cry • whimper • strike • hit • thump • let go of*

# 3 Taming one's fears

## Doc 1. Chapter 89

These are the last pages of my diary:

*[...] No rain. Only morning greyness. Dolphins. Tried to gaff[1] one. Found I could not stand. R.P. weak and ill-tempered. Am so weak, if he attacks I won't be able to defend myself. Simply do not have the energy to blow whistle.*

*Calm and burning hot day. Sun beating without mercy. Feel my brains are boiling inside my head. Feel horrid.*

*Prostrate body and soul. Will die soon. R.P. breathing but not moving. Will die too. Will not kill me.*

*Salvation. An hour of heavy, delicious, beautiful rain. Filled mouth, filled bags and cans, filled body till it could not take another drop. Let myself be soaked[2] to rinse off salt. Crawled[3] over to see R.P. Not reacting. Body curled, tail flat. Coat clumpy with wetness. Smaller when wet. Bony. Touched him for first time ever. To see if dead. Not. Body still warm. Amazing to touch him. Touched him and fur shuddered[4] as if I were a gnat[5]. At length, head half in water stirred. Better to drink than to drown. Better sign still: tail jumped. Threw piece of turtle meat in front of nose. At last half rose – to drink. Drank and drank. Ate. Did not rise fully. Spent a good hour licking himself all over. Slept.*

*It's no use. Today I die. [...]*

I closed my eyes and waited for my breath to leave my body. I muttered "Goodbye, Richard Parker. I'm sorry for having failed you. I did my best."

Yann MARTEL, *Life of Pi*, 2001

**1.** catch **2.** wet **3.** move
**4.** tremble **5.** small insect

**a. Read** the text and **say** why the situation is extreme.

**b.** STYLE **Focus** on the structure of the sentences. **Explain** what the syntax reveals about the narrator.

**c. Focus** on Pi and Richard Parker and **explain** how their relationship has evolved.

**d. Give** your interpretation of this quote: *"Goodbye, Richard Parker. I'm sorry for having failed you. I did my best."* (l. 22-23).

**WORDS**

- exh**au**sted
- **o**verwhelmed
- **o**verwhelming
- tame ≠ wild

- dare
- fear = dread
- grab (by the throat...)
- grow fond of
- **re**spect
- scratch
- snatch = take hold of sth r**ou**ghly /ˈrʌfli/

LANDMARKS p. 270-271

## Doc 2. A simple story

VIDÉO

(Video: PBS, 2002)

**a. Watch** the interview and **pick out** all the different ways of defining the novel *Life of Pi*.

**b. Explain** the common points between a castaway story and a domestic drama according to Yann Martel.

**c. Say** what elements keep up the suspense in the story.

**d. Explain** why *Life of Pi* is more complex than it seems to be at first.

**AT HOME** Watch Yann Martel's full interview and pick out more information about the meaning of *Life of Pi*. VIDÉO

# 4 The strength within

## Doc 1. Chapter 95

AUDIO

**1**

*While Pi is in hospital after he was found on the coast of Mexico, two Japanese investigators question him in order to understand the causes of the shipwreck of the* Tsimtsum.

"You want a story without animals."
"Yes!"
"Without tigers or orang-utans?"
"That's right."
"Without hyenas or zebras."
"Without them." [...]
"So I'm right. You want a story without animals."
"We want a story without animals that will explain the sinking of the *Tsimtsum*."
"Give me a minute please."
"Of course. **I think we're finally getting somewhere. Let's hope he speaks some sense.**"
*(Long silence)*
"Here's another story."
"Good."

Yann MARTEL, *Life of Pi*, 2001

AUDIO

**2**

*Pi has just told the Japanese investigators the second version of his story: a version without animals.*

"The *Tsimtsum* sank on July 2nd, 1977."
"Yes."
"And I arrived on the coast of Mexico, the sole human survivor of the *Tsimtsum*, on February 14th, 1978."
"That's right."
"I told you two stories that account for the 227 days in between."
"Yes, you did."
"Neither explains the sinking of the *Tsimtsum*."
"That's right."
"Neither makes a factual difference to you."
"That's true."
"You can't prove which story is true and which is not. You must take my word for it."
"I guess so."
"In both stories the ship sinks, my family dies, and I suffer."
"Yes, that's true."
"So, tell me, since it makes no factual difference to you and you can't prove the question either way, which story do you prefer? Which is the better story, the story with animals or the story without animals?"
Mr Okamoto: "That's an interesting question."
Mr Chiba: "The story with animals."
Mr Okamoto: "Yes. The story with animals is the better story." [...]
Mr Chiba: **"Oh look – he's crying."**
*(Long silence)*
Mr Okamoto: "We'll be careful when we drive away. We don't want to hit Richard Parker."
Pi Patel: "Don't worry, you won't. He's hiding somewhere you'll never find him."

Yann MARTEL, *Life of Pi*, 2001

**a. Read** extracts **1** and **2** and **explain** the similarities and the differences between Pi's two versions of his story.

**b. Comment** on the evolution of the Japanese investigators' attitude.

**c. Imagine** what *"the story without animals"* may be like and why the investigators prefer the first version.

**d. Focus** on the last sentence said by Pi. Where may Richard Parker be hiding?

**+ GOING FURTHER** Listen to the interview of the film's cast. Using all you have learnt about this story, comment on this sentence: *"I hope when people watch the movie, [...] they start thinking the unbelievable".* AUDIO

**WORDS**

- embodiment
- mirror image
- resilience
- heart-broken
- painful
- symbolic

**FINAL STEP**

**Browse** your notes on *Life of Pi* and **write** a new scene of the novel depicting Pi and Richard Parker on the lifeboat. **Do not forget** to include action and emotions.

# BUILD YOUR PORTFOLIO

## Poem

"The Tyger", in *Songs of Innocence*, William Blake, 1794

An innocent child questions a tiger about what he is. Fascinated by its power and fiery beauty, he wonders how God was able to create such a sublime, awesome and destructive creature.

- **Read** the poem and **explain** what characteristics of William Blake's tiger can also apply to Richard Parker. **Comment** on what a tiger symbolizes.

## Book

*Priya's Shakti*, Ram Devineni and Dan Goldman, 2014

Priya is a new Indian superheroine who fights against gender violence with the help of Goddess Parvati and her tiger. It demonstrates the strength ("Shakti") and courage of women in the face of sexism and sexual violence.

- **Watch** the presentation of Priya's Shakti and **explain** what values Hindu Gods and Goddesses represent today.

VIDÉO

## Book

*Moby Dick*, Herman Melville, 1851

This book relates Captain Ahab's obsessive quest to seek revenge on Moby Dick, the giant whale that ate his leg.

> "Consider, once more, the universal cannibalism of the sea; all whose creatures prey upon each other, carrying on eternal war since the world began."

- **Search** the web for more quotes from *Moby Dick* and **find** some that could also describe *Life of Pi*.

## Film

*The Jungle Book*, Jon Favreau, 2016

Adapted from Rudyard Kipling's collection of stories, *The Jungle Book* tells the story of Mowgli, an Indian child lost in the jungle, who was raised by a pack of wolves. His confrontation with Shere Khan, the tiger who rules over the jungle, will change his destiny. In this story, each animal represents a human archetype and a different form of authority.

- **Watch** the film and **compare** the relationship of Mowgli and Shere Khan with that of Pi and Richard Parker. **Say** what human archetypes the other animals represent.

## Entraîne-toi à l'oral

ÉPREUVE ORALE

**Step 1** **Build up your speech!**

- Choose one document from the file and at least two other documents to illustrate the symbolic dimension of adventure stories. OBJECTIF BAC p. 288-289
- Take notes about the environment, the "dangerous others" and the ordeals the hero has to face.
- Prepare your presentation: you must show how these documents are related to each other.

**Step 2** **Make your presentation in front of two classmates.**

- Show your documents to your classmates and explain your point in about five minutes. OBJECTIF BAC p. 292-293

**Step 3** **Answer your classmates' questions about your presentation.**

## Doc 1. Western literature

AUDIO

*Virgil Cole and the narrator, Everett Hitch, are lawmen who have arrested Randall Bragg, a murderer.*

Vince came back with twenty riders on a hot, still day with no clouds and a hard sun. I was sitting out front with Whitfield when they turned the corner at Second Street and started down toward us at a slow walk, nobody saying anything.

"God, Jesus," Whitfield said and stood up.

"There's a loaded gun in the table drawer," I said to him. "If they rush us, shoot Bragg."

Whitfield went inside the office. I took out my Colt[1] and fired two shots in the air and reloaded and holstered[2]. A couple of the horses in Vince's party shied[3] at the gunfire. No one else reacted. I picked up the eight-gauge[4] and stood. There were people on the sidewalks on Main Street. As the riders approached, the people disappeared into the nearest doors. The riders fanned out[5] across the street behind Vince three rows deep, halted in front of the office, and turned their horses toward me. The riders in the second and third rows moved slowly sideways to form a big single-file circle in front of me. Some of them had Winchesters[6].

"Morning, Hitch," Vince said to me.

"Vince," I said.

"We come for Mr. Bragg," Vince said.

"Can't have him," I said.

"We'll take him if we have to."

The rider on the far right end of the circle had a riderless saddle horse on a lead[7]. To my right, Virgil Cole came walking on the boardwalk toward us. He didn't seem to raise his voice, but everyone heard him clear.

"If you do, he'll be dead."

No one said anything.

"Everett," Cole said, "you step on into the office with that eight-gauge and first thing, anything happens, you blow Mr. Bragg's head off."

I wanted to say that Whitfield had that assignment and I could do him more good out here. But I didn't. I did what he told me. I always did what he told me, because in a lot of towns over a lot of years, I'd learned that in a tight crease, you'd best do what Virgil Cole told you. No questions. Virgil always knew the situation better than you did, and he always knew what he was doing better than anyone did. I reached behind me and pushed open the office door and went inside.

Behind me, I heard Cole say, "You boys best wheel them animals around and shoo[8]."

I glanced over my shoulder at Bragg.

Bragg was standing in his cell, close to the bars, looking at me.

Robert B. PARKER,
*Appaloosa*, Chapter 22, 2005

1. type of revolver 2. put a gun into its holder 3. *faire un écart* 4. firearm 5. spread out 6. type of rifle 7. *en laisse* 8. go away

▲ A scene from the 2008 film *Appaloosa* directed by Ed Harris and adapted from Robert B. Parker's novel

a. **Read** the text and **sum** it **up**.
b. **Pick out** elements that are characteristic of the western genre and **comment** on the general atmosphere.
c. **Explain** what is cinematographic about the passage.
d. STYLE **Focus** on repetitions (l. 36-42) and **explain** the narrator's perception of Virgil.
e. **Identify** the time period and publication date. **Explain** what it reveals about the western genre.

**YOUR TASK** **Imagine** and **write** the ending to this scene.

**BOOST YOUR SKILLS!**

**Écrire un passage de fiction**

- Utilise des verbes d'action : *I **took out** my Colt and **fired** two shots in the air and **reloaded** and **holstered**.*
- Décris le paysage en tenant compte du genre : *There were **people** on the **sidewalks** on **Main Street**.*
- Mets-toi dans la tête du personnage : ***I wanted to say** that Whitfield had that assignment and **I could do** him more good out here. But **I didn't**.*

## Doc 2. A classic of the genre

LANDMARKS p. 262-263

▲ John Ford, *Stagecoach*, 1939

**a. Observe** the poster and **list** the different archetypes that are represented.

**b. Focus** on the text and **imagine** the plot.

**c. Identify** the two opposing sides. **Read** the Culture Spot and **explain** what the poster reveals about Hollywood's representation of American identity.

**AT HOME** Watch the first two minutes of the scene and comment on the depiction of the two opposing sides. VIDEO

**CULTURE SPOT**

The **American Indian Wars** took place between the 17th and early 20th centuries. Settlers fought Native Americans to conquer their land and decimated the Native American population in the process.

**WORDS**

- anti-hero /ˈæntiˌhɪərəʊ/
- maverick = free spirit
- outlaw
- quarrel

- biased /ˈbaɪəst/ = prejudiced
- binary
- stereotypical

## Doc 3. An overview of the genre

**a. Read** the article and **identify** its purpose.

**b. Create** a timeline of the main historical events mentioned in the text. **Identify** their impact on the western.

**c.** STYLE **Look up** the definition of *"inkblot test"* (l. 41) and **explain** the meaning of this simile.
OBJECTIF BAC p. 284-285

**d. Discuss**: *"The western is flexible, that's why it's alive still."* (l. 39-40)

### 'The American epic': Hollywood's enduring love for the western

The western has been a movie staple[1] since the pioneering 1903 film, *The Great Train Robbery*. It became the dominant genre, especially after the Second World War, creating an image – John Wayne – of rugged American self-reliance[2] and manliness. From 1910 through 1960, approximately a quarter of all films featured hats and horses and the television landscape was similarly populated with cowboys. [...]

The classic westerns "celebrated American exceptionalism", Richard Aquila, professor of history, says. [...]

Radical change arrived in the 1960s with a young generation opposing the Vietnam war and supporting the civil-rights and women's movements. "Old westerns were like a checklist of what their revolution was against," Robert Thompson, media scholar, says: macho heroes, "might makes right"[3] and manifest destiny against "savages".

In a nation divided, John Wayne westerns remained popular but anti-heroes such as Clint Eastwood in Sergio Leone's legendary spaghetti western trilogy and Paul Newman and Robert Redford as doomed robbers in *Butch Cassidy and the Sundance Kid* became the cultural touchstones[4], alongside Sam Peckinpah's bloody *The Wild Bunch*, which he said was an allegory for Vietnam, *Butch Cassidy* was the most successful western ever ... until *Blazing Saddles*, which completely subverted the entire genre. Revisionist westerns took over, led by movies like *McCabe & Mrs Miller* and *Little Big Man*.

"The western is flexible, that's why it's alive still," says Aquila. "It's like an inkblot test and every generation uses it for its own purposes."

Stuart Miller, *theguardian.com*, October 21, 2016

1. foundational element
2. independence
3. *la loi du plus fort*
4. points of reference

LANDMARKS p. 260-261

## Doc 1. Rewriting the western

### Afterword

Like most children of the fifties, my first impressions of Native American people were not very positive. Indians were widely portrayed as devils, whose destruction was purely a matter of necessity in the process of taming[1] the West. Every publication or film I saw as a child was slanted[2] in this way.

But from the first, I sensed somehow that the story was incomplete. Late in elementary school I read a book by Quentin Reynolds that was written for young readers. I can't remember the title, but the book was about Custer and the Seventh Cavalry and the Little Big Horn. I enjoyed it immensely and, as most boys would, I identified strongly with the white soldiers.

There was something else, however, that sparked my interest for years to come. One particular Indian was portrayed in Reynold's book as a great warrior and leader—Crazy Horse. From the moment I read about him I wanted to know more. Perhaps it was the ring of his name or the description of his fighting spirit, but I recall distinctly that I laid the book down with the thought, I'd like to know more about that Crazy Horse.

In succeeding years, I never fully lost the desire to know more, but it wasn't until my mid-twenties that I encountered the Indian people again, the time reading Dee Brown's classic *Bury My Heart at Wounded Knee*. I was stunned, heartbroken, and enlightened. [...]

Another ten years have passed and I am still reading Native American history. It is often a sad study of genocide, of cultural annihilation perpetrated by our forefathers[3] in the name of growth and of the "future generations" that we now comprise.

When I think of what was lost in the trampling[4] of the great horse culture and its people, I am made immeasurably sad. Here were a people living in rough perfection; at home with sky, earth and plain; strong families living in societies that valued and cared for their members. Not only was most of this destroyed but what little remained was locked up on reservations in desolate territory, far from public sight.

So the novel *Dances with Wolves* was written in part because I wanted to present some of the record of history as I see it. It was my hope that in showing what was lost, something might be regained—not the least of which could be new respect for the proud descendants of the people I wrote about, who are living yet on reserves where our ancestors confined them.

Michael BLAKE,
*Dances with Wolves*, 1988
(afterword written in 1991)

Kevin Costner (as Lieutenant Dunbar) and Graham Greene (as Kicking Bird) in *Dances with Wolves*, directed by Kevin Costner, 1990

1. controlling, conquering 2. prejudiced 3. ancestors 4. destruction

**CULTURE SPOT**

**George Armstrong Custer** was a cavalry commander in the American Civil War and the American Indian Wars. He led the Seventh Cavalry which suffered a major defeat in the **Battle of the Little Big Horn** (1876) also called Custer's Last Stand because he was killed there.

a. **Read** the text and **identify** its nature and purpose.

b. **Describe** Michael Blake's vision of Native Americans when he was a child.

c. **Explain** what made it evolve.

d. STYLE *"It was my hope that in showing what was lost, something might be regained."* (l. 27-28) **Explain** how Michael Blake insists on his intent.

e. **Comment** on his aim in writing *Dances with Wolves*.

**AT HOME** Watch the trailer of *Dances with Wolves*. Explain how the film reflects Michael Blake's intentions.

VIDEO

## Doc 2. The untold story of the Wild West

*Posse*, a big, brawny[1] western starring and directed by Mario Van Peebles, displays a stormy love-hate relationship with westerns gone by. On the one hand, this obviously talented film maker celebrates all the aggrandizing features of the genre: the laconic tough talk, the manly camaraderie, the proud posturing, the power of walking tall past the awestruck[2] citizenry of a prairie town. On the other hand, *Posse* does its best to reject and avenge what it regards as the flagrant distortions of the past.

So the turbulent, high-voltage *Posse* is part entertainment and part history lesson. In the course of describing the adventures of a band of black heroes (with one token[3] white boy in their midst), it also seeks redress[4] for the racial attitudes of Hollywood's most thoughtless cowboys-and-Indians pictures. Mr. Van Peebles and his screenwriters, Sy Richardson and Dario Scardapane, care most about making their points emphatically, even if that sometimes leaves "Posse" riding heavy in the saddle. Luckily, most of their film is fast-paced and star-studded enough to avoid an overly preachy[5] tone.

Janet MASLIN, *The New York Times*, May 14, 1993

1. strong 2. amazed 3. used as a symbol 4. reparation 5. moralistic

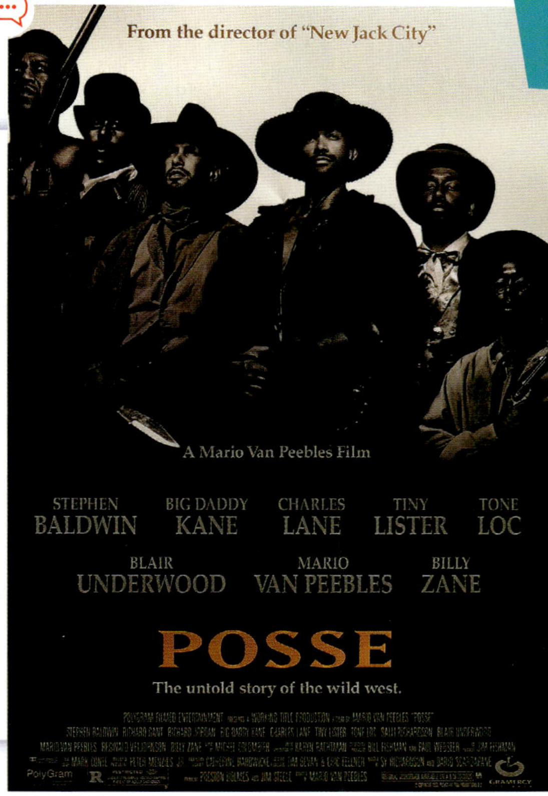


▲ Mario VAN PEEBLES, *Posse*, 1993

**a. Describe** the poster and **explain** how it differs from the classic western genre.

**b. Read** the review and **pick out** elements to describe the film's subject.

**c. Explain** the two aims of the film by using examples from the review.

**CULTURE SPOT**

The **revisionist western** questions the traditional archetypes and ideals of western films.

**WORDS**

- frontier life
- gunplay = the use of guns
- pioneer /ˌpaɪəˈnɪəʳ/
- wagon party = a group of people travelling in a wagon
- blustering = aggressive
- wild
- find oneself adrift
- hone in = focus on
- threaten
- walk tall = behave proudly

## Doc 3. Women in the West

VIDÉO

▲ Michelle Williams as Emily Tetherow in Kelly Reichardt's film *Meek's Cutoff*, 2010 (Video: Fandor, 2018)

**a. Look** at the film still and **explain** how it might depict women differently than classic western films.

**b. Watch** the video and **sum up** the plot of *Meek's Cutoff*.

**c. Describe** Kelly Reichardt's intentions in making this period film.

**d. Explain** how *Meek's Cutoff* differs from traditional western films.

MÉDIATION

**YOUR TASK** As a film critic, **explain** the importance of revisionist westerns such as *Dances with Wolves*, *Posse*, or *Meek's Cutoff* by briefly reviewing one of these works.

**BOOST YOUR SKILLS!**

**Faire la critique d'un film**

- Utilise des adjectifs variés : *a **big**, **brawny** western • the **turbulent**, **high-voltage** Posse • Their film is **fast-paced** and **star-studded** enough to avoid an overly **preachy** tone.*
- Explique l'objectif de l'œuvre : *It also **seeks** redress for the racial attitudes of Hollywood's most thoughtless cowboys-and-Indians pictures. • It was my **hope** that in showing what was lost, something might be regained.*

# 4 An eclectic genre today

## Doc 1. 20th-century cowboys

*"Brokeback Mountain" is a short story about a friendship between two cowboys that turns into love.*

They were raised on small, poor ranches in opposite corners of the state, Jack Twist in Lightning Flat, up on the Montana border, Ennis del Mar from around Sage, near the Utah line, both high-school dropout[1] country boys with no prospects, brought up to hard work and privation, both rough-mannered, rough-spoken, inured to[2] the stoic life. Ennis, reared by his older brother and sister after their parents drove off the only curve on Dead Horse Road, leaving them twenty-four dollars in cash and a two-mortgage[3] ranch, applied at age fourteen for a hardship license[4] that let him make the hour-long trip from the ranch to the high school. The pickup was old, no heater, one windshield wiper, and bad tires; when the transmission went, there was no money to fix it. He had wanted to be a sophomore[5], felt the word carried a kind of distinction, but the truck broke down short of it, pitching him directly into ranch work.

In 1963 when he met Jack Twist, Ennis was engaged to Alma Beers. Both Jack and Ennis claimed to be saving money for a small spread; in Ennis's case that meant a tobacco can with two five-dollar bills inside. That spring, hungry for any job, each had signed up with Farm and Ranch Employment—they came together on paper as herder[6] and camp tender for the same sheep operation north of Signal. The summer range lay above the tree line on Forest Service land on Brokeback Mountain. It would be Jack Twist's second summer on the mountain, Ennis's first. Neither of them was twenty.

Annie PROULX, "Brokeback Mountain", 1997

**a. Identify** the two characters, the environment they come from, and when their story takes place.

**b. Describe** the obstacles Ennis has faced.

**c. Compare** and **contrast** this passage with the excerpt from *Appaloosa* (Doc 1 p. 220).

**1.** someone who has left high school without finishing **2.** accustomed to **3.** *hypothéqué* **4.** driver's license given under exceptional circumstances **5.** student in his second year of school **6.** cowboy

## Doc 2. Rescripting the western

AUDIO

**a. Listen** to the recording and **identify** the western characteristics of the film.

**b.** GRAMMAR *"In a normal western, there **would** be only one possible conclusion."* **Comment** on the meaning conveyed by this modal.

**c. Name** the central moment in most classic western films. **Explain** how the film differs from a classic western.

▼ A scene from *No Country for Old Men*, directed by Ethan and Joel Coen, 2007: Llewelyn Moss (played by Josh Brolin) finds a suitcase full of money while he is out hunting. (Audio: Brain Blender, 2016)

## Doc 3. A western out in space

SCREEN CRUSH — LONGFORM | MOVIES | TV | REVIEWS | TRAILERS | FEATURES | VIDEO

### *The Mandalorian* is definitely a western. And not just one specific kind.

Almost every episode of *The Mandalorian* has leaned[1] heavily on the show's influences, but "The Gunslinger," was especially full of callbacks[2] to the Western genre. Those include an arid and inhospitable landscape, a frontier bar in the form of the famous *Star Wars* Cantina — the same one from *Star Wars* where Greedo famously exclaimed "Maclunkey!" before he tried and failed to kill Han Solo — speeder bikes in place of cowboys' horses, and even indigenous people (the Tusken Raiders) who our heroes must negotiate with in order to arrange for safe passage through their territory.

"The western" is not a singular concept, though, and one of the cool things about *The Mandalorian* is how many different kinds of westerns it touches upon. "The Gunslinger"'s story of an experienced vigilante[3] taking a young man under his wing recalls John Wayne's final film, *The Shootist*. Previous episodes included visual or narrative references to *The Searchers*, *The Magnificent Seven*, *Shane*, and *The Good, The Bad, and the Ugly* just to name a few of the most obvious inspirations. [...]

*The Mandalorian*'s general concept about a kind-hearted bounty hunter[4] roaming[5] the untamed wilderness recalls western series like *Wanted Dead or Alive*, which was recently spoofed[6] as *Bounty Law* in Quentin Tarantino's *Once Upon a Time in Hollywood* — whose title is inspired by a spaghetti western directed by Sergio Leone, a man whose international breakthrough was a western called *A Fistful of Dollars*, which was based on a samurai film by Akira Kurosawa called *Yojimbo*. And around and around we go. *The Mandalorian* is taking all of these influences and synthesizing them into something new.

Matt Singer, *screencrush.com*, December 6, 2019

Din Djarin ("The Mandalorian", played by Pedro Pascal) and Kuiil in the series *The Mandalorian*, created by Jon Favreau in 2019

**a.** **Observe** the still. **Identify** the elements reminiscent of the western.

**b.** **Read** the review and **explain** why *The Mandalorian* may be considered as a western.

**c.** VOCABULARY **Pick out** words from the lexical field of reference. **Explain** what they reveal about the show.

**AT HOME** Find out more about three films mentioned in connection with *The Mandalorian*. Be ready to explain their influence on the TV show.

**WORDS**

- impending climax /ˈklaɪmæks/
- nod to = reference to

- tamed ≠ untamed
- ever-changing = evolving
- eclectic = varied
- melancholic
- slow-paced
- thoughtful = profound

- reaffirm oneself as a hero

1. depend
2. references
3. person who enforces the law without the authority to do so
4. *chasseur de primes*
5. wander
6. parody

## FINAL TASK

**Prepare a mini-documentary about the heritage of western films in today's America.**

**The western film genre will be celebrated at an American film awards ceremony. Prepare your mini-documentary to introduce this celebration.**

1. **Choose** three ideas that you would like to focus on (the classic western, revisionist westerns, contemporary adaptations, the influence of the western on American culture, etc.).
2. For each idea, **pick** at least one example to illustrate your point. For example, if you choose to focus on the classic western, you could analyse *Stagecoach*.
3. **Select** images, texts or video extracts that will enhance your argument.
4. **Record** yourself in voice-over as you present your project.

BOOST YOUR ENGLISH p. 226

# BOOST YOUR ENGLISH!

## Grammar — Présenter un genre

- **Utilise le *present perfect* pour parler de la continuité entre passé et présent.**

*Another ten years **have passed** and I am still reading Native American history.*

*Almost every episode of* The Mandalorian ***has leaned** heavily **on** the show's influences.*

- **Pour montrer l'évolution du genre, utilise *since* avec une date et *for* avec une durée.**

*The western has been a movie staple **since** the pioneering 1903 film,* The Great Train Robbery.

*The western has been one of the most glorious genres **for** the past century.*

- **Donne des exemples concrets en utilisant des adjectifs descriptifs, notamment des adjectifs composés.**

Posse *is **fast-paced** and **star-studded** enough to avoid an overly **preachy tone**.*

*a **kind-hearted** bounty hunter roaming the untamed wilderness*

- **Structure ton discours grâce à des conjonctions de subordination et des connecteurs logiques.**

*They care most about making their points emphatically, **even if** that sometimes leaves* Posse *riding heavy in the saddle.*

***On the one hand**, this film maker celebrates all the features of the genre. **On the other hand**,* Posse *does its best to reject the distortions of the past.*

**1** **Forme des phrases au *present perfect* à partir des expressions données.**

**a.** western films • influence American culture
**b.** Native Americans • be portrayed negatively
**c.** women with meaningful roles • be absent from traditional westerns
**d.** revisionist westerns • renew the genre

**2** **Choisis entre le *present perfect* et le prétérit.**

**a.** Since the 1990s, the western (*renew*) itself.
**b.** The first western film (*come out*) in 1903.
**c.** From its beginnings until now, the western genre (*show*) its flexibility.
**d.** Native Americans (*be portrayed*) differently across the decades.

## Vocabulary — Western films

EXO Lexiquiz

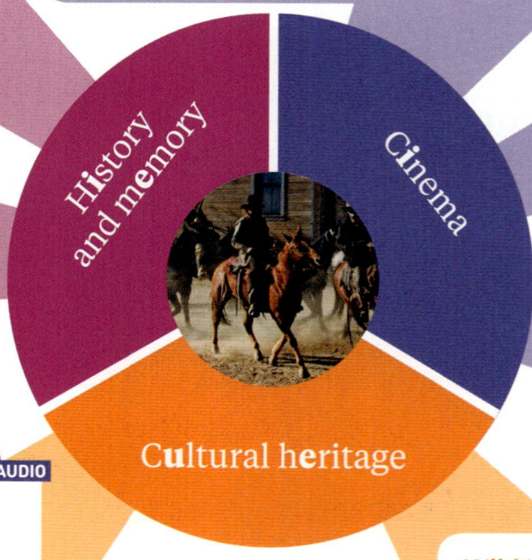


### Remembering (AUDIO)
- legacy
- heritage

- historic = famous, notable
- historical = from the past

- pay homage to = pay tribute to

### Characters (AUDIO)
- anti-hero /'ænti,hɪərəʊ/
- maverick = free spirit
- outlaw
- protagonist
- blustering = aggressive
- eclectic
- ever-changing = evolving
- good ≠ evil
- kind-hearted
- tamed ≠ untamed
- wild

- reaffirm oneself as a hero

### Plot and situations (AUDIO)
- impending climax /'klaɪmæks/
- quarrel

- find oneself adrift
- threaten
- walk tall = behave proudly

### Representation (AUDIO)
- biased /'baɪəst/ = prejudiced
- binary
- stereotypical

### Describing films (AUDIO)
- montage
- period piece
- scene
- hone in = focus on
- portray
- shoot a film, a scene

### Identity (AUDIO)
- ideology
- marginalisation
- pride
- reappropriation
- values
- assimilate
- differ from
- discriminate
- identify with
- reclaim

### Wild West (AUDIO)
- frontier life
- gunplay
- pioneer /,paɪə'nɪər/
- railroad
- ranch
- wagon party

# TRANSLATION WORKSHOP

Vers le **BAC**

ÉPREUVE ÉCRITE

**Relis le texte extrait de *Appaloosa* (2005) de Robert B. Parker (Doc 1 p. 220) et concentre ton attention sur le passage suivant.**

There were people on the sidewalks on Main Street. As the riders approached, the people disappeared into the nearest doors. The riders fanned out across the street behind Vince three rows deep, halted in front of the office, and turned their horses toward me. The riders in the second and third rows moved slowly sideways to form a big single-file circle in front of me. Some of them had Winchesters.
"Morning, Hitch," Vince said to me.
"Vince," I said.
"We come for Mr. Bragg," Vince said.
"Can't have him," I said.
"We'll take him if we have to."

## 1 Analyse l'extrait

**a. Identifie** le type de texte (descriptif, narratif, dialogue).

**b. Observe** les temps grammaticaux et **choisis** ceux que tu emploieras en français.

**c. Identifie** les niveaux de langue employés. Le registre semble-t-il soutenu, courant ou familier ?

**d. Explique** ce que l'auteur veut communiquer avec les différents registres de langue.

• Pense au contexte et au type de personnages pour évaluer le registre de langue des dialogues.

## 2 Découvre un point important pour la traduction : le niveau de langue

OBJECTIF BAC p. 286-287

**a. Observe** cette phrase et **choisis** la traduction qui correspond au registre de langue du texte original.

*Can't have him*

**A.** Vous pouvez pas le prendre.

**B.** Vous ne pouvez pas l'emmener.

**b. Identifie** le type de texte de chaque passage. Quel est le niveau de langue de chaque type de texte ? **Trouve** une traduction en français qui respecte chaque registre.

**1.** *As the riders approached, the people disappeared into the nearest doors.*

**2.** *"We come for Mr. Bragg," Vince said.*

• Lorsque le registre de langue est familier, tu traduiras *we* par « on » plutôt que « nous ».

## 3 Traduis l'extrait

**Traduis** le passage en veillant aux points suivants :

• L'expression *three rows deep* : vas-tu traduire mot à mot ou étoffer afin de donner à voir le sens de l'expression ?

• Les temps du passé : quand utiliseras-tu le passé simple ou l'imparfait en français pour traduire les verbes au prétérit en anglais ?

• La ponctuation : quelle ponctuation vas-tu employer en français pour les passages de dialogue ?

• Pour traduire le prétérit, détermine si l'action est ponctuelle ou dure dans le passé. Les actions ponctuelles se traduisent souvent par le passé simple et celles qui durent par l'imparfait.

Vers le **BAC**

# LET'S BRAINSTORM!

OBJECTIF BAC p. 280-303

## Revising the genre

- Acknowledging the contribution of African Americans to the West

→ *Posse*, M. Van Peebles, p. 223

- A new depiction of Native Americans

→ *Dances with Wolves*, book by M. Blake and film by K. Costner, p. 222

- Honoring women's contribution to the West

→ *Meek's Cutoff*, K. Reichardt, p. 223

- Reclaiming the cowboy identity

→ Picture of Lil Nas X at the Grammys, p. 218

## A popular and enduring genre

- Analysing the reasons for the western's success

→ "'The American epic': Hollywood's enduring love for the western", S. Miller, p. 221

- A classic western written today

→ *Appaloosa*, R. B. Parker, p. 220 (and film adaptation by E. Harris)

- A popular and lucrative genre

→ "A Spaghetti Western becomes a cute cartoon in AT&T's latest cinema mashup", A. Jardine, p. 219

VOYAGES, TERRITOIRES, FRONTIÈRES
Axe 2

**How has the western genre evolved alongside American society?**

## Crossing the frontier between genres

- An intimist western

→ "Brokeback Mountain", A. Proulx, p. 224

- Honoring daily life in a thoughtful, slow-paced western

→ *Meek's Cutoff*, K. Reichardt, p. 223

- Playing with the codes of the western

→ *No Country for Old Men*, E. and J. Coen, p. 224

- Exporting the western out to space

→ "*The Mandalorian* is definitely a western", M. Singer, p. 225 • *The Mandalorian*, p. 225

## A genre tied to the land

- Classic western films and the conquest of the West

→ *Stagecoach*, J. Ford, p. 221

- Ghost town tourism

→ Picture of Bodie, California, p. 219

## Entraîne-toi à la synthèse

ÉPREUVE ÉCRITE

Focus on Doc 3 p. 221, Doc 1 p. 222 and Doc 2 p. 223 (film poster). Write a short commentary (around 500 words) showing how the evolution of American society has influenced the western genre.

OBJECTIF BAC p. 280

Fiche d'auto-évaluation

## Évaluation

→ Now test your skills!

Sujet d'épreuve écrite type BAC

Vers le **BAC**

# BUILD YOUR PORTFOLIO

## Film

*Cheyenne Autumn*, John Ford, 1964

The film is Ford's last western which he dedicated to Native Americans who had been misrepresented in Hollywood.

- **Watch** the movie trailer and **reflect** on how Ford scrutinizes his own legacy.

VIDÉO

## Essay

*The Significance of the American Frontier*, Frederick Jackson Turner, 1983

“From the conditions of frontier life came intellectual traits of profound importance. […]
That coarseness and strength combined with acuteness and inquisitiveness; […]
that restless, nervous energy; that dominant individualism […]
– these are traits of the frontier.”

- **Research** Frederick Jackson Turner's frontier thesis. **Explain** how Americans' fundamental characteristics (as perceived by Turner) relate to western heroes.

TEXTE

## Painting

*A Dash for the Timber*, Frederic S. Remington, 1889

- **Observe** the painting and **reflect** on the opposition between the two groups.

## Book

*The Sisters Brothers*, Patrick DeWitt, 2011

This western novel is set in Oregon and California in 1851. It features dark humour and was adapted as a film by Jacques Audiard in 2018.

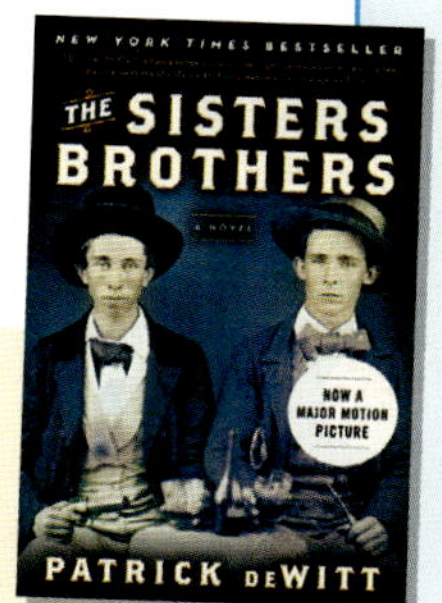


- **Read** the book and **find** an extract showing what the use of dark humour and the picaresque genre reveal about contemporary adaptations of the western.

ÉPREUVE ORALE | GRAND ORAL — Entraîne-toi à l'oral

**Step 1** — **Build up your speech!**

ÉPREUVE ORALE:
- Choose one topic in the mindmap p. 228.
- Pick out two documents from the file and add a personal one to illustrate this topic. OBJECTIF BAC p. 288-289
- Prepare your presentation: you must show how these documents relate to the topic you chose.

GRAND ORAL:
- Choose one topic in the mindmap p. 228.
- Find a key question about the topic and write it down. Think about links with other subjects (*HLP* for example).
- Gather arguments and examples from the file.
- Prepare an outline for your presentation and write your note sheet.

**Step 2** — **Make your oral presentation in front of two classmates.**

ÉPREUVE ORALE:
- Show your documents to your classmates and explain your point in five minutes. OBJECTIF BAC p. 292-293

GRAND ORAL:
- Give your note sheet to your classmates.
- Stand up and make a five-minute presentation to answer your key question. OBJECTIF BAC p. 294-297

**Step 3** — **Answer your classmates' questions about your presentation.**

# Memory keepers

LANDMARKS p. 268-269

## Doc 1. The Great Hunger

▲ *The Arrival* sculptures by Rowan Gillespie in Ireland Park, Toronto, Canada
(Video: Pan Am Communications, 2016)

**CULTURE SPOT**

**The Great Famine** was a period of mass starvation in Ireland from 1845 to 1849. A potato disease ruined the crops, and resulted in a long-lasting economic crisis. Hundreds of thousands of people found themselves without work. Food shortages caused the death of about one million Irish people and led to massive emigration.

**a. Observe** the photograph and **explain** why Rowan Gillespie made these sculptures.

**b. Watch** the video. **Pick out** information about the places and the main historical events.

**c. Focus** on the first part of the video and **account for** the great number of Irish immigrants in New Orleans.

**d. Find out** what the ships carrying emigrants were called and why. **Comment** on the way they are represented in the engravings.

## Doc 2. To the City of Chicago

▲ Christy MOORE, East West Records, 1991

**a. Listen** to the song and **find out** who the singer is referring to. **Comment** on the melody to show how the singer feels about these people.

**b. Refer** to specific elements in the song to describe their travelling conditions.

**c. Identify** the two parts of the song. **Comment** on their differences and the effect such a structure produces.

**d.** Using both the song and the CD cover on the left, **discuss** the power of music to keep the memory of past events alive.

**AT HOME** Listen to the song "Thousands Are Sailing" by The Pogues and focus on the homage paid to Irish emigrants.

**WORDS**

- crossing
- hardship = hard time
- memorial
- mixed feelings
- starvation = famine

---

- cram-full = packed with
- gruelling = exhausting
- hazardous = perilous

---

- rough /rʌf/ (sea)
- scrawny = skeletal

---

- be deprived of = lack
- bear = endure
- experience = go through
- overcome an obstacle
- pay tribute to = do homage to

## Doc 3. A new start

*1958. A young Irishman is keen to see the world and escape from his back-breaking life. At the moment, he is working in England.*

With a toss of a coin[1] you chose between Canada or Australia. Canada, the coin said, so you travelled home on the *Princess Maud*[2] with Mick Carey and Charlie Ryan, *for the American wake*. They insisted. They were headed for New York. You'd travel with them that far. You had a week before you'd set sail.

On one of the last afternoons, you walked along the hedges of the fields you knew so well. You loved the land and hated it, too, for breaking your back with the stones you picked and the beet[3] you thinned, for the ache in your legs from the miles you walked behind the plough[4], for the cold that went through you many a winter out there in the field, you wishing you were inside at the fire warming your feet. [...]

You sat down and looked all about you, at the bright green young corn, and the *sceac* bushes dressed in lace; at the smoke coming from the cottages in thin grey curls, *the kettle on the hob/ Sing peace into his breast*, you remembered, Yeats. Even though you hated school, nearly every long minute of it, you liked the poems. Memorise every detail of the scene in front of you as if it's a poem, you told yourself, every line. [...]

Your going-away party was a blur of whiskey and stout[5]. The *craic*[6] was mighty, the singing and the recitations, reminders of how many and how long Irish men and women had been leaving their own land. Threads of tunes ran one into the other, refrains of Mother Ireland, *ochón, ochón, Éire mo chroí*, until the night ran into day and the old men had far-away looks in their eyes. You wondered which bit of Ireland's tragic history they were thinking of. But there was a humming in your gut, too, pure excitement that the old men wouldn't understand. You were bursting to go, to see the world. But to admit this would be to betray your country, your people, these old men.

Besides, you'd be coming back, wouldn't you?

It was an old boat, and the passage rough and uncomfortable. You had more than a week of the Atlantic, and your fill of long-life food, what you could keep down. You were looking for it the whole way, New York, but when you set eyes on the Statue of Liberty with her arm in the air in greeting, you weren't ready. New York. The masses of people coming, people going, all shouting and pushing, all in a great big hurry.

Paula McGRATH, *Generation*, 2015

1. *en tirant à pile ou face* 2. ferry going from Great Britain to Ireland 3. *betteraves* 4. *charrue* 5. dark beer 6. entertainment (Irish word)

**CULTURE SPOT**

**The American wake** was a traditional ceremony held on the evening prior to an emigrant's departure for the USA. Relatives and neighbours were invited to share a meal, and express both their grief and joy through prayers, games, singing, and dancing. The American wake is named after the Catholic wake held for the dead, as country people considered emigration as death's equivalent.

**a.** **Read** the text and **find out** the narrator's destination. **Comment** on the way it is determined.

**b.** **List** the different stages leading to his arrival in New York City. **Explain** what we learn about Irish emigration.

**c.** GRAMMAR *"You were bursting to go, to see the world."* (l. 25-26) **Describe** the effect created by the use of the personal pronoun *"you"*.

**d.** **Comment** on his feelings when he sees the Statue of Liberty.

**YOUR TASK** **Write** the page of a diary in which a young Irish man or woman relates his or her crossing of the Atlantic Ocean.

**BOOST YOUR SKILLS!**

**Faire le récit de moments difficiles**

- Emploie le prétérit et le *past perfect* pour rendre compte de la chronologie des événements : *Even if people* ***got*** *to America, we know that their health* ***was*** *badly* ***affected*** *by all the privations they****'d been through****.*
- Utilise des procédés d'accumulation et de répétition pour insister sur la pénibilité des expériences décrites : *...where they endured storms* ***and*** *sea sickness* ***plus*** *food* ***and*** *water shortages.* • *The masses of* ***people*** *com****ing****,* ***people*** *go****ing****,* ***all*** *shout****ing*** *and push****ing****,* ***all*** *in a great big hurry.*

EXPLORE

# 3 Connecting through art

## Doc 1. Home thoughts

VIDÉO

▲ John CROWLEY, *Brooklyn*, 2015 (Video: Hey U Guys, 2015)

**a.** **Watch** the video. **Explain** what *Brooklyn* is about and what the film director has in common with the young woman in the film.

**b.** **Say** why this story is more than *"a period piece"*.

**c.** VOCABULARY **Observe** the expression *"hovering between two spaces"*. **Translate** it into French. **Show** how the film poster represents this idea.

**d.** **Read** the excerpt from the novel. **Pick out** information about the characters.

**e.** **Explain** what elements remind Eilis of Ireland.

**f.** **Comment** on the impact the song has on the characters.

*Eilis[1], who left Enniscorthy in Ireland to live in New York City, has been serving food to Irish workers at a Christmas party organised by Father Flood. He starts speaking.*

"I don't want to interrupt the proceedings," he said, "but we'd like to thank a nice girl from Enniscorthy and two nice women from Arklow for their hard day's work."

There was a round of applause.

"And, as a way of thanking them, there's one great singer in this hall and we're delighted to see him this year again."

He pointed to the man whom Eilis had mistaken for her father. [...]

"That man," Miss Murphy whispered to Eilis, "has made LPs[2]."

When Eilis looked up the man was signalling to her. He wanted her, it seemed, to come and stand with him. It struck her for a second that he might want her to sing so she shook her head, but he kept beckoning and people began to turn and look at her; she felt that she had no choice but to leave her seat and approach him. She could not think why he wanted her. As she came close she saw how bad his teeth were.

He did not greet her or acknowledge her arrival but closed his eyes and reached his hand towards hers and held it. The skin on the palm of his hand was soft. He gripped[3] her hand tightly and began to move it in a faint circular motion as he started to sing. His voice was loud and strong and nasal; the Irish he sang in, she thought, must be Connemara Irish because she remembered one teacher from Galway in the Mercy Convent who had that accent. He pronounced each word carefully and slowly, building up a wildness, a ferocity, in the way he treated the melody. It was only when he came to the chorus, however, that she understood the words—*"Má bhíonn tú liom, a stóirín mo chroí"*[4]—and he glanced at her proudly, almost possessively, as he sang these lines. All the people in the hall watched him silently. There were five or six verses; he sang the words out with pure innocence and charm so that at times, when he closed his eyes, leaning his large frame against the wall, he did not seem like an old man at all; the strength of his voice and the confidence of his performance had taken over. And then each time he came to the chorus he looked at her, letting the melody become sweeter by slowing down the pace, putting his head down then, managing to suggest even more that he had not merely learned the song but that he meant it.

Colm TÓIBÍN, *Brooklyn*, 2009

**WORDS**

- daydream = fantasy
- reminiscence = recollection

- distorted = skewed
- biased /'baɪəst/
- caught in-between = torn between
- vivid
- wistful = nostalgic

- conjure up = evoke
- connect = bond
- embellish
- idealise
- look ahead ≠ look back on
- recall
- rekindle = revive

1. /'aɪlɪʃ/
2. music albums
3. hold
4. "And if you are with me be with me, oh love of my heart"

## Doc 2. Recalling home

AUDIO

### The Lake Isle of Innisfree

I will arise and go now, and go to Innisfree,
And a small cabin build there, of clay and wattles[1] made;
Nine bean-rows will I have there, a hive[2] for the honey-bee,
And live alone in the bee-loud glade[3].
And I shall have some peace there, for peace comes dropping slow,
Dropping from the veils of the morning to where the cricket sings;
There midnight's all a glimmer[4], and noon a purple glow[5],
And evening full of the linnet's[6] wings.
I will arise and go now, for always night and day
I hear lake water lapping with low sounds by the shore;
While I stand on the roadway, or on the pavements grey,
I hear it in the deep heart's core.

William Butler YEATS, *The National Observer*, December 13, 1890

1. sticks and rods 2. *ruche* 3. clear space in a forest
4. pale light 5. warm light 6. small bird

**a. Read** the poem and **pick out** information about the two places mentioned.

**b. Say** what the speaker intends to do and why.

**c.** STYLE **Observe** the alliteration on line 10. **Describe** the effect produced. OBJECTIF BAC p. 284-285

**d. Pick out** images showing that the speaker is daydreaming. **Comment** on the way the island is idealised.

**CULTURE SPOT**

Dublin-born poet William Butler Yeats wrote **The Lake Isle of Innisfree** in London in 1888 after he heard "a little tinkle of water" as he was walking along Fleet Street.

## Doc 3. Imagining Ireland

### Art People: Willie Doherty imagines Ireland

Northern Ireland native Willie Doherty says, "There isn't an authentic Ireland. Those ideals are just as legitimate as the ones I grew up with living in Derry." *True Nature*, Doherty's video installation at the Renaissance Society, explores American perceptions of Ireland, which he says are informed as much by family storytelling traditions and the movies as by the tourism industry.

Doherty visited Chicago last August and conducted about a dozen interviews with Americans of Irish descent, eventually selecting three of them to make up three-quarters of the sound track to *True Nature*. [...]

The voices form a counterpoint[1] to the video images, shot by Doherty in Ireland and Chicago, which are projected on five ten-foot-tall screens. Lush green scenery melts into[2] views of Lake Shore Drive; an airplane flying overhead alternates with turbulent ocean waves.

*True Nature* addresses a phenomenon that used to perplex Doherty. About ten years ago, when he started exhibiting his work in this country, he noticed that Irish-Americans tended to show unmitigated[3] enthusiasm for what were largely

bleak, ominous[4] images of their ancestral home. Doherty found that being Irish gave him an "inherent authenticity" in their eyes, a talisman that made them "suspend their critical faculties." [...]

For Doherty, both America and Ireland are "places that exist solely in the imagination." When he takes out his camera, he's not looking for something new or different but rather for "images that are referential to other images" from the movies and TV." [...]

Mark SWARTZ, *chicagoreader.com*, March 11, 1999

1. contrast 2. fuse with 3. total 4. dark and gloomy

**a. Look** at the photo and **read** the article. **Pick out** information about Willie Doherty's exhibition.

**b. Explain** what inspired him. **Comment** on the vision Irish Americans have of Ireland.

**c. Discuss** what role the artist plays in expressing these visions of Ireland.

**YOUR TASK** **Record** a short interview between Willie Doherty and an Irish American about how he or she feels about Ireland.

**BOOST YOUR SKILLS!**

**Exprimer des impressions et des sensations**

- Utilise des verbes de perception pour traduire un ressenti :
*He **did not seem like** an old man at all.* • *I **hear** lake water lapping with low sounds by the shore.*
- Opte pour des tournures imagées pour refléter des impressions :
*There midnight's all **a glimmer**, and noon **a purple glow**.* • *I hear it in the deep **heart's core**.*

# 4 A new Irishness

## Doc 1. A cosmopolitan Dubliner

VIDÉO

(Video: The School of Life, 2016)

**a. Watch** the video and **say** why James Joyce is described as a *"central figure in the history of the novel"*.

**b. Pick out** information about his life abroad and **explain** why he decided to emigrate.

**c. Read** the article and **comment** on the role played by exile in James Joyce's career as a writer.

**d.** GRAMMAR *"It was an imagination that found itself by* ***moving out into*** *the world."* (l. 14-16) **Explain** the meaning of the verbal form in bold letters. **Translate** it.

### Why James Joyce had to leave Dublin to find himself

Joyce's exile was the catalyst he needed to produce the books for which he is famous. He once said that: "When the soul of a man is born in this country there are nets flung at it to hold it back from flight. You talk to me of nationality, language, religion. I shall try to fly by[1] those nets."

And it was in the act of fleeing those nets – of heading to Trieste and Zurich and Paris – that Joyce could write about Dublin. There are many reasons why you should read *Ulysses* and many reasons why it is an extraordinary novel. But perhaps one of the key reasons why it is so important is that this novel, which revels in[2] the minutiae[3] of day-to-day life in Dublin, was the product of a truly cosmopolitan – and truly European – imagination. It was an imagination that found itself by moving out into the world.

Ian WALKER, *The New European*, June 23, 2017

1. *traverser à toute vitesse* 2. enjoy 3. small and often not important details

## Doc 2. Merging cultures

### IRISH AUSTRALIAN SONG LIBRARY

Kev Carmody's father was Irish and his mother Aboriginal from the Murri people in Queensland. He grew up on a cattle station[1] near Goranba in the Darling Downs area of South Eastern Queensland.

Kev commented "My background and my grandparents and parents' was stock[2] work. Droving[3], mustering[4], branding etc. through the 1950s to the early 1970s. Music was around the campfire, the loungeroom, the kitchen and the pub.

"The indigenous oral tradition fitted perfectly with the Irish oral tradition. The key thing was everyone could have an input[5] into the music. No-one was excluded. If you couldn't sing or play an instrument you could say poetry. The communal presentation of culture through music was paramount. For many years, the two populations shared a common position at the bottom of the colonial social ladder."

"The storytelling and music and dance were the way we transmitted our traditions from generation to generation. This is common with the Irish tradition as well. Because all this historical knowledge was so large, individuals and groups were entrusted with the custodianship[6] of rituals, songs dances, and stories."

As the 19th century progressed, working-class Irish and Aborigines often found themselves working together on the properties of the big landlords. Conditions were bad for the Irish but the Aboriginal farm workers received by far the worst deal, many of them being little better than slaves. Kev Carmody drew on this experience for his best-known song "From Little Things Big Things Grow" with Paul Kelly.

Dr Enda V. MURRAY, *irishaustraliansonglibrary.irishassociation.org.au*, 2016

**a. Read** the text and **pick out** information about singer Kev Carmody.

**b. Find out** about the links between the Irish and Aboriginal communities in Australia.

**c. Comment** on how Kev Carmody's music has brought the two cultures together.

**AT HOME** Watch the video of Kev Carmody singing "From Little Things Big Things Grow" with Paul Kelly. Comment on how the Irish and Aboriginal cultures are combined.

VIDÉO

1. large farm
2. *bétail*
3. leading
4. gathering
5. contribution
6. protection

## Doc 3. Voyages

VIDÉO

▲ Mary SWANZY, *Flowers and Lighthouse*, 1920s (Video: IMMA, 2016)

**a. Watch** the video and **pick out** information about Mary Swanzy's life and career.

**b. Focus** on the paintings and **explain** why the exhibition is entitled *Voyages*.

**c. Look** at the painting above and **comment** on the way it combines various influences.

**WORDS**

- ren**e**wal
- fragm**e**nted
- geom**e**tric
- h**y**brid /ˈhaɪbrɪd/
- overl**a**pping
- blend in = comb**i**ne = **i**ntegrate
- f**o**llow in the steps of
- have sth in c**o**mmon
- interw**ea**ve
- join = put tog**e**ther
- reinv**e**nt oneself = ren**ew**

## FINAL TASK

**Write a poem or a song in memory of Irish emigrants.**

**You take part in a writing contest organised by EPIC - The Irish Emigration Museum in Dublin. Write a poem or a song inspired by the experiences of Irish emigrants.**

1. **Choose** a specific historical context and the Irish people you would like to refer to. You can write your text either in the second or the third person.
2. **Choose** what particular events you would like to focus on: the reasons for leaving, the journey, or the new life abroad.
3. **List** specific facts to integrate in your text focusing on the changes entailed by exile.
4. **Write** your poem or song. Use various devices to express the emigrants' feelings.

BOOST YOUR ENGLISH p. 238

# BOOST YOUR ENGLISH!

## Grammar — Écrire un hommage émouvant

- **Emploie le gérondif pour rendre ton récit plus vivant.**
  *The masses of people* ***coming****, people* ***going****, all* ***shouting*** *and* ***pushing****, all in a great big hurry.*
  *And then each time he came to the chorus he looked at her,* ***letting*** *the melody become sweeter by slowing down the pace,* ***putting*** *his head down then,* ***managing*** *to suggest even more that he had not merely learned the song but that he meant it.*
- **Utilise des quantifieurs pour mettre en relief certains faits.**
  *Well, there were people from* ***every*** *county, from* ***every*** *parish and town in Ireland in America.*
  *In those* ***few*** *moments, the balance of Ireland tilted in my mind.*
- **Choisis des noms ou des adjectifs composés pour créer des images poétiques.**
  *Nine* ***bean-rows*** *will I have there, a hive for the* ***honey-bee****,*
  *And live alone in the* ***bee-loud*** *glade*
  *The night ran into day and the old men had* ***far-away*** *looks in their eyes.*
- **Opte pour des énumérations et des gradations pour donner de l'emphase à ton texte.**
  *Go somewhere different enough like*
  ***Canada, Australia, Thailand***
  ***or Mars*** *if you have to.*
  *A person would see* ***Chinamen and black men and Indians and Jews and Mexicans and people from all over the whole world*** *in America.*

**1** Reformule les phrases suivantes en utilisant des quantifieurs pour les rendre plus marquantes.

**a.** The passengers of this coffin ship did not survive.
**b.** In the 19th century Irish people left Ireland.
**c.** They did not go back to Ireland.
**d.** I have admiration for them.

**2** Forme des expressions avec des adjectifs composés à partir de ces mots et utilise-les dans une phrase.

**a.** sailor • wild • eye
**b.** change • life • experience
**c.** place • away • far
**d.** go • party • away

## Vocabulary — The Irish in exile

EXO Lexiquiz

**Leaving Ireland**

### Hardships (AUDIO)
- starvation = famine
- homeland = motherland
- scrawny = skeletal
- be deprived of = lack

### Dreams of a better life (AUDIO)
- eye-opener = revelation
- crave sth = long for sth
- expect

### The call of the unknown (AUDIO)
- captivating = fascinating
- compelling = enthralling /ɪn'θrɔːlɪŋ/
- remote = far-off

**Remembering Ireland**

### A new vision (AUDIO)
- biased /'baɪəst/
- distorted = skewed
- hybrid /'haɪbrɪd/
- fragmented
- idealise = embellish
- reinvent
- renew

### Nostalgia (AUDIO)
- daydream = fantasy
- recollection = reminiscence
- wistful
- look back

### Homage (AUDIO)
- memorial
- conjure up = evoke
- pay tribute to
- recall
- rekindle = revive

**Going abroad**

### A new life (AUDIO)
- life-changing
- go into exile
- look ahead
- make a fresh start
- seize an opportunity

### Mixed feelings (AUDIO)
- caught in-between = torn between
- connect = bond

### The crossing (AUDIO)
- gruelling = exhausting
- hazardous
- cram-full = packed with
- perilous
- rough /rʌf/
- bear = endure

# TRANSLATION WORKSHOP

Vers le **BAC**

ÉPREUVE ÉCRITE

**Relis le texte extrait de *Brooklyn* (2009) de Colm Tóibín (Doc 1 p. 234) et concentre ton attention sur le passage suivant.**

When Eilis looked up the man was signalling to her. He wanted her, it seemed, to come and stand with him. It struck her for a second that he might want her to sing so she shook her head, but he kept beckoning and people began to turn and look at her; she felt that she had no choice but to leave her seat and approach him. She could not think why he wanted her. As she came close, she saw how bad his teeth were. He did not greet her or acknowledge her arrival but closed his eyes and reached his hand towards hers and held it. The skin on the palm of his hand was soft. He gripped her hand tightly and began to move it in a faint circular motion as he started to sing.

## 1 Analyse l'extrait

**a. Identifie** la nature du texte.

**b. Indique** quel est le point de vue adopté.

**c. Relève** les structures verbales qui servent à exprimer ce point de vue.

**d. Explique** l'effet recherché par l'auteur.

• Demande-toi quels types de verbes sont associés à Eilis pour décrire la scène.

## 2 Découvre un point important pour la traduction : l'agencement syntaxique

OBJECTIF BAC p. 284-285

**a. Observe** ce passage et **compare** l'ordre des mots en anglais et dans la traduction française. Que remarques-tu sur la place des pronoms ?

*When Eilis looked up the man was signalling to her. He wanted her, **it seemed**, to come and stand with him.*

Lorsqu'Eilis leva les yeux, l'homme **lui** faisait signe. Il voulait, **semblait-il**, qu'**elle** vienne près de lui.

• L'ordre des mots dans la phrase diffère d'une langue à l'autre. L'anglais privilégie par exemple la coordination alors que le français préfère la subordination.

**b. Complète** la traduction en prêtant attention au réagencement syntaxique.

*As she came close, she saw how bad his teeth were.*

En approchant, elle vit que…

**c. Entraîne-toi** à traduire le passage suivant en prêtant attention à l'ordre des mots. Comment vas-tu traduire *she felt that she* et *approach him* ?

*she felt that she had no choice but to leave her seat and approach him*

## 3 Traduis l'extrait

**Traduis** le passage en veillant aux points suivants :

• Les formes verbales au prétérit : quel(s) temps vas-tu choisir en français pour les traduire ?

• Les verbes servant à retranscrire le ressenti du personnage principal : comment vas-tu choisir les équivalents français à utiliser ?

• Les modaux : détermine leur valeur avant de traduire le passage.

• Relis ta traduction en te demandant si l'ordre des mots fonctionne en français. Si ce n'est pas le cas, c'est peut-être que tu as conservé le même agencement syntaxique que dans la phrase anglaise.

Vers le

# BAC

## LET'S BRAINSTORM!

OBJECTIF BAC p. 280-303

### Exile as the promise of a new life

- Dreams of a new life

➜ Poster of the play *Philadelphia, Here I Come*, p. 230 • "How to be an Irish emigrant", C. Hodgers, p. 230

- Fascination for another country

➜ *Sweet Liberty*, J. O'Connor, p. 231 • *Generation*, P. McGrath, p. 233

### Exile as a necessary escape

- A quest of the self

➜ "Why James Joyce had to leave Dublin to find himself", I. Walker, p. 236

- An economic necessity

➜ *The Arrival*, R. Gillespie, p. 232 • "City of Chicago", C. Moore, p. 232 • *Generation*, P. McGrath, p. 233

VOYAGES, TERRITOIRES, FRONTIÈRES

Axe 3

How have centuries of exile inspired Irish artists?

### Exile as a new identity

- Combining two cultures

➜ "Merging cultures", E. V. Murray, p. 236 • "From Little Things Big Things Grow", K. Carmody and P. Kelly, p. 236 • *Flowers and Lighthouse*, M. Swanzy, p. 237

- Reinventing oneself

➜ *Generation*, P. McGrath, p. 233 • "How to be an Irish emigrant", C. Hodgers, p. 230

### Exile as a new relation to the world

- Experiencing new emotions

➜ Film poster for *Brooklyn*, J. Crowley, p. 234 • *Generation*, P. McGrath, p. 233

- Keeping in contact with one's homeland

➜ *Brooklyn*, C. Tóibín, p. 234" • "How to be an Irish emigrant", C. Hodgers, p. 230

- Reinventing Ireland

➜ "The Lake Isle of Innisfree", W. B. Yeats, p. 235 • *True Nature*, W. Doherty, p. 235 • "Art People: Willie Doherty imagines Ireland", M. Schwartz, 1999

## Entraîne-toi à la synthèse

ÉPREUVE ÉCRITE

Focus on Doc 1 p. 234 (film poster), Doc 3 p. 233 and Doc 3 p. 235 and write a short commentary (around 500 words) showing how artists can give voice to emigrants' feelings about the experience of exile.

OBJECTIF BAC p. 280

Fiche d'auto-évaluation

## Évaluation

➜ Now test your skills!

Sujet d'épreuve écrite type BAC

# BUILD YOUR PORTFOLIO

## Book

*Portrait of The Artist as a Young Man*, J. Joyce, 1916

The story of Stephen Dedalus and his quest of identity through art is also that of James Joyce leaving Ireland to accomplish himself as a writer.

- **Describe** the book cover and compare it to the poster of the play *Philadelphia, Here I Come*. **Explain** how the main character's longing for a new life is expressed.

## Song

"Thousands Are Sailing", The Pogues, 1988

This song is a powerful tribute paid to people who left everything behind and contributed to build the USA.

> "Thousands are sailing
> Across the western ocean
> To a land of opportunity
> That some of them will never see"

- **Listen** to the song and **explain** how The Pogues contribute to telling the story of Irish emigrants.

AUDIO

## Article

"Ireland's emigrants sing songs of exile that echo through the generations", *theguardian.com*, S. O'Hagan, February 28, 2010

> "When Mary Robinson became president of Ireland in 1990, one of her first, and most symbolic, actions was to light a lamp in the kitchen window of her official residence to acknowledge the many millions of Irish people overseas. [...] Robinson's inspiration was a poem by Eavan Boland called "The Emigrant Irish". "Like oil lamps," it begins, "we put them out the back – of our houses, of our minds.""

- **Read** the article and **find out** how art has been used to connect Irish people all around the world.

ARTICLE

## Book

*Angela Ashes: A Memoir*, Frank McCourt, 1996

An Irish-American writer writes about his childhood in Brooklyn and his going back to Ireland. The novel was adapted to the screen in 1999 by Alan Parker.

> "I'm on deck the dawn we sail into New York. I'm sure I'm in a film, that it will end and lights will come up in the Lyric Cinema. [...] Rich Americans in top hats white ties and tails must be going home to bed with the gorgeous women with white teeth. The rest are going to work in warm comfortable offices and no one has a care in the world."

- **Read** the book and **find out** what role exile plays in the author's life.

ÉPREUVE ORALE | GRAND ORAL — Entraîne-toi à l'oral

### Step 1 — Build up your speech!

**Épreuve orale**
- Choose one topic in the mindmap p. 240.
- Pick out two documents from the file and add a personal one to illustrate this topic.
  OBJECTIF BAC p. 288-289
- Prepare your presentation: you must show how these documents relate to the topic you chose.

**Grand oral**
- Choose one topic in the mindmap p. 240.
- Find a key question about the topic and write it down. Think about links with other subjects (*HLP* for example).
- Gather arguments and examples from the file.
- Prepare an outline for your presentation and write your note sheet.

### Step 2 — Make your presentation in front of two classmates.

**Épreuve orale**
- Show your documents to your classmates and explain your point in about five minutes.
  OBJECTIF BAC p. 292-293

**Grand oral**
- Give your note sheet to your classmates.
- Stand up and make a five-minute presentation to answer your key question. OBJECTIF BAC p. 294-297

### Step 3 — Answer your classmates' questions about your presentation.

GUIDE DU LYCÉEN
Présentation des épreuves p. 14-15

## Sujet type bac

**Le sujet porte sur la thématique « Voyages, territoires, frontières ».**

Durée : 4 heures

Matériel autorisé : l'usage du dictionnaire unilingue non encyclopédique est autorisé.

Niveau attendu : B2/C1

- **Prenez connaissance des documents A, B et C et traitez le sujet suivant en anglais :**

Write a short commentary (around 500 words) on documents A, B and C, using the following guidelines:

1. Compare and contrast the documents in order to analyse how they represent the border.
2. Demonstrate how the documents depict human interactions with the border.
3. Show how the documents appeal to the reader's or viewer's emotions.

- **Traduisez en français le passage du document A allant de « Natives » (l. 21) à « escape. » (l. 26).**

### Document A The crossing

There is a pathway traveled by migrants that cuts away from the Mexican border as it slithers north through the Arizona desert up to Interstate 8. Migrants know this highway as *la Ocho*, the road that takes them to a better life, but the trail that leads to that highway is ruthless and unforgiving. Its sand, underpinned by sighs and shattered dreams, begins in Sonora, somewhere in *El Gran Desierto*, and slashes through Sonoyta on Mexico's side of the border. It swings in a westerly direction and crosses the line toward the American side at Tinajas Altas. At that point the route pushes north through the Lechuguilla Desert into Arizona and beyond, finally reaching *la Ocho*. There the pathway stops without reason or explanation. It just stops.

Hot wind blows through that desert corridor and sweeps across miles of sand; it swirls dust devils beyond the horizon, and its fiery tongue licks cactus and ironwood trees nearly to the ground. Only the craggy mountains that rise from the flat floor of the desert can withstand the blasts. They stand defiant, and even their names evoke fear: Gilas, Aguilas, Growlers and Mohawks.

From sunrise to sunset, saguaro cactus cling to the skirts of those mountains seeking shelter from the relentless sun. Like sentinels, arms stretched upward, they wait patiently for lost travelers to slink by, usually seeking the meager shade given off by their branches. And just as the saguaro cactus seek the shade of the mountains, other life holds fast to them. Slithery lizards creep in and out of crevices to avoid the dangerous rattler, and even the skittering scorpion. Plants and stunted trees jut out of cracked ancient rocks. Fearfully, they all await the inexorable sandstorm that will come as it has for millions of years.

Natives, *conquistadores*, settlers and prospectors have dared to undertake the desert crossing, and it is undeniable: the dead outnumber those who have lived to tell what happens on that passage. So many migrants vanish without a trace, although a bone or a skull or a mangled shoe is sometimes sighted. Most likely it will be an empty plastic jug that is seen skittering across the sand. Yet despite so much danger, human migrations go on. People attempt the crossing because they have dreams to pursue or oppressive lives to escape. Those people fix their eyes on Yuma, Dateland, Ligurta, Gila Bend and beyond. They change routes, crisscross and retrace their steps, because of the danger of being discovered by *la Migra*[1], uniformed men who drive unstoppable vehicles, or worse, the others who call themselves vigilantes.

Despite the risks, some migrants make it to *la Ocho*, and once on that highway, the flow of people moves to where jobs wait. Word gets around when a letter with a few American dollars

1. the migration police

reaches towns in Mexico, in El Salvador or villages in Guatemala and Honduras. When news arrive telling that a loved one made it across, that he or she is at work in Pittsburgh, Bangor or Hayward, then the many disappearances on the desert road fade from memory. It is at that moment that a tiny spark flares inside Demetria, Pablo, Braulio or Chela, until it becomes a bonfire. A few clothes are packed, and the cycle is set in motion, embraces are exchanged, and the perilous journey begins. Only words of warning linger: *!Cuídate*[2] *de la Migra! !Cuídate del coyote! !Cuídate del narcotraficante! !Cuídate... cuídate...!*

Graciela LIMÓN, *The River Flows North*, 2009

2. beware

**Document B**

▲ Griselda SAN MARTÍN, from a photo exhibition entitled "The Wall", 2018

A man speaks to his family member through the border fence in Playas de Tijuana, Mexico. For many, it is the only way that they can see their loved ones in person.

BAC

## Document C Painting out the U.S.-Mexico border

There's a 50-foot strip of the U.S.-Mexico border fence in Nogales in Sonora, Mexico that bears little resemblance to the rest of the nearly 2,000-mile boundary separating the two countries. Rather than resembling the rusty bars that conjure images of prison cells, it looks like a clear blue sky on a cloudless day.

It was painted early last week as part of Performance in the Borderlands, an initiative of the ASU School of Film, Dance & Theatre headed by Mary Stephens that creates opportunities for students and community members to explore identity and politics through cultural performance.

San Francisco-based artist Ana Teresa Fernandez, who was born in Tampico, Mexico, spearheaded the painting as part of the initiative's inaugural statewide artist residency program. During a residency that ran from October 5 through 15, Fernandez participated in diverse public engagement activities in Phoenix, Flagstaff, Tucson, Nogales, and Douglas — including the re-creation of a 2011 work titled *Borrando la Frontera* (*Erasing the Border*) created along the border dividing Tijuana and San Diego, which consisted of painting a section of the border fence blue.

Fernandez conceived both "paint outs" as a way of erasing the border. By painting the border fence blue to match the sky, she created the illusion that the fence no longer existed along a portion of the border. In each case, she worked alongside others to make it happen. About three dozen people painted with her in Nogales, including ASU students, community members, and her mom — whom Fernandez credits with raising her consciousness of the border.

While Fernandez was studying art in San Francisco (she holds a B.F.A.[1] and an M.F.A.[2] from San Francisco Art Institute), her mother took a photography class and began using photography as a means of documenting the border. Fernandez was working in cafes and restaurants on the weekends at the time, where migrants she worked with often shared their stories. The experiences made her "want to reconnect with the border." [...]

It was 2011, and Fernandez started wondering how well people on opposite sides of the border debate were really communicating with each other — and whether they should be screaming at each other or having more quiet, intimate conversations. She asked herself: What should I do?

Fernandez called her mom, and shared an idea: She wanted to "paint out" a portion of the U.S.-Mexico border. "Let's do it," her mom said. And they did.

Lynn TRIMBLE, *The Phoenix New Times*, October 23, 2015

1. Bachelor (*licence*) of Fine Arts 2. Master of Fine Arts

## Synthèse du dossier

**1. Lis et observe attentivement les documents du dossier.**

- Prends connaissance des titres, des sources et des dates des trois documents, puis réfléchis à la cohérence du dossier : aires géographiques, notions abordées, partis pris, etc.
- Examine chaque document attentivement pour identifier sa logique interne et sa spécificité. Veille à prendre des notes détaillées, car **la richesse de la langue** sera évaluée dans ta synthèse.
- Essaie de comprendre la manière dont les documents se répondent en les mettant en parallèle : quels sont leurs points communs ? Leurs différences ?
- Cette première étape de réflexion est très importante, car tu seras évalué sur **la qualité du contenu**, c'est-à-dire ta capacité à traiter le sujet de manière fluide, convaincante et pertinente. Il est essentiel de prendre le temps de bien comprendre et analyser les documents avant de commencer à rédiger ta synthèse.

OBJECTIF BAC Comprendre un document iconographique p. 281
Lire et comprendre un texte p. 282

### TIPS AND PROMPTS

• Utilise des expressions précises pour analyser le sujet : *Document A is **an excerpt from** a novel **by** Graciela Limón.* • *The article **highlights the question of**...* • *The **framing** of the photograph **creates an impression of**...* • *The report **appeals to** the reader's sense of justice.* • *The author **intricately describes** the desert landscape.*

• Veille à identifier le point de vue et la démarche des artistes : *The author **seeks to**...* • *The work **creates awareness of**...* • *The artist **denounces**...* • *By representing... she **sheds light on**...* • *The author **appears to**...* • *The artist's work is **politically engaged**.*

BAC

**2. Fais la synthèse de tes observations (environ 500 mots) en t'appuyant sur les questions du sujet.**

**1.** *Compare and contrast the documents in order to analyse how they represent the border.*

**2.** *Demonstrate how the documents depict human interactions with the border.*

**3.** *Show how the documents appeal to the reader's or viewer's emotions.*

- Pour structurer ta synthèse, choisis deux ou trois idées majeures parmi celles que tu as identifiées. Fais en sorte que les idées directrices de ta réflexion répondent aux consignes du sujet.
- Pour chacune de tes idées majeures, choisis des exemples précis dans les documents. Veille à inclure tous les documents dans ta réflexion, et n'oublie pas de prévoir quelques citations pour illustrer tes arguments.
- Structure ton plan : prévois un paragraphe d'introduction, deux ou trois paragraphes d'analyse, puis une courte conclusion. Ne consacre surtout pas un paragraphe à chaque document. Chaque paragraphe de ta démonstration doit confronter plusieurs documents.
- En suivant ton plan, rédige ta synthèse en veillant à la progression et à l'articulation de tes idées. **La cohérence dans la construction du discours** fait partie des critères d'évaluation : tu dois être capable d'argumenter et de démontrer les liens entre tes idées.
- En relisant ton travail, vérifie **la correction de la langue écrite** : tu dois démontrer une maîtrise des structures courantes et une capacité à mobiliser des structures complexes.

OBJECTIF BAC Élaborer une synthèse p. 280
La focalisation et les modes narratifs p. 283
Les procédés stylistiques p. 284-285

### TIPS AND PROMPTS

- Note les mots clés qui te viennent à l'esprit en réfléchissant aux questions et en faisant le lien avec les documents que tu viens d'étudier : ***hardship*** • *a* ***hostile environment*** • *an* ***insurmountable barrier*** • *a* ***place of suffering*** • *the* ***search for a better life*** • *an* ***epic journey*** • ***joy*** *and* ***sorrow*** • ***fraternal sentiments*** • ***empathy*** *and* ***compassion***

- Mets en valeur les exemples et les citations que tu as choisis : ***For example...*** • *Let us* ***refer to...*** • *This is* ***best illustrated by...*** • ***An instance of this*** *can be found on line...* • ***A similar effect*** *is felt in the following paragraph...* ***As the narrator says*** *on line...* • ***As the reader discovers*** *on line...*

- Rédige des phrases complexes en utilisant des conjonctions de subordination : ***While*** *document A... document B...* • *On the* ***one hand****... on the* ***other hand****...* • *Document C can be read as...* ***whereas*** *document A may be interpreted as...* • ***Nevertheless****, document B...*

## Traduction

MÉDIATION

**Traduis en français le passage du document A allant de « Natives » (l. 21) à « escape. » (l. 26).**

- Relis le passage à traduire et repère le sujet et le verbe de chaque proposition. Essaie de comprendre la structure des phrases, notamment lorsqu'il y a une subordonnée (...*although a bone or a skull or a mangled shoe is sometimes sighted*).
- Repère les éléments lexicaux transparents (*migrants*, *plastic*, etc.), puis les éléments qui ne se traduisent pas par calque (*settlers*, *mangled*, etc.).
- Commence à traduire phrase par phrase. Si tu as du mal avec une tournure, tu peux y revenir plus tard.
- Garde du temps à la fin de l'épreuve pour relire soigneusement ta traduction, et vérifier que les formulations sont idiomatiques. Efforce-toi de ne pas laisser de blancs.

OBJECTIF BAC Traduire de l'anglais vers le français p. 286
Les procédés de traduction p. 287

### TIPS AND PROMPTS

- Pour traduire les mots en gras dans les expressions suivantes, tu peux utiliser les procédés de traduction suggérés :
  - *vanish* ***without a trace***
    → l'étoffement
    TRANSLATION WORKSHOP p. 91 et 209
  - ***those who have lived***
    → la transposition
    TRANSLATION WORKSHOP p. 29 et 163
  - *an empty plastic jug* ***is seen***
    → la modulation
    TRANSLATION WORKSHOP p. 53 et 175
  - ***skittering across the sand***
    → le chassé-croisé
    TRANSLATION WORKSHOP p. 41 et 135

LANDMARKS

# The Renaissance, the Elizabethan era

Map of the New Island of *Utopia*, from a 1518 edition of Thomas More's book

## *Utopia* by Thomas More

- Work of fiction in Latin depicting **a fictional island society and its religious, social, and political customs.** It has influenced modern literature and especially **dystopian novels.**
- The word "utopia" (from the Greek *utopos*: "the place that does not exist") describes a **perfect imaginary world.**

## Break with Rome

- **Act of Supremacy** declaring Henry VIII the "Supreme Head on Earth of the Church of England".
- In a context of **Protestant Reformation,** Henry VIII broke with Rome to cancel his marriage with Catherine of Aragon and marry Ann Boleyn.

**HUNDRED YEARS WAR** (1337–1453)
Series of conflicts between England and France

**WARS OF THE ROSES** (1455–1485)
Civil wars between the red rose of the House of Lancaster and the white rose of the House of York

**REIGN OF HENRY VIII** (1509–)

- 1337
- 1400 — *The Canterbury Tales*, Geoffrey Chaucer
- 1440 — **First printing press** set up by Johann Gutenberg
- 1453
- 1455
- 1485
- 1492 — **America discovered** by Christopher Columbus
- 1509
- 1516 — *Utopia*, Thomas More
- 1522 — **Magellan returns** from his voyage around the world

National history | International history | Literature and other arts

*The Ambassadors*, Hans Holbein the Younger, 1533

## The art of portraiture

- Portraits were complex images using **symbolic objects** to convey power and aspirations.
- Famous portrait painters were **Hans Holbein the Younger** as well as **Nicolas Hilliard** who specialised in **portrait miniature.**

*Portrait of a Woman*, Nicholas Hilliard, 1597

# and the Jacobean era

*The Armada Portrait of Queen Elizabeth I*, attributed to Georges Gower, 1588

## The Elizabethan era

### Humanism

- **Humanism** was the main intellectual movement of the Renaissance. European scholars like **Thomas More** rediscovered the work of the writers, thinkers and artists of **ancient Greece and Rome** and thought it was the key to understanding human beings.
- **William Shakespeare** was highly influenced by Latin and Greek myths. In *A Midsummer Night's Dream*, the scene takes place in Athens.

### Science

- During the Renaissance, **great advances** occurred in science: mathematics, astronomy, cartography, chemistry, anatomy, medicine.
- In **astronomy**, Copernicus (1473-1543) placed the Sun and not the Earth at the middle of the universe (**heliocentrism** or **Copernican revolution**). This theory appears in **some portraits of Queen Elizabeth I**, in the representation of her head in an imposing ruff.

### Society

- Between 1500 and 1600, the **population of England** almost doubled.
- Some towns grew very fast. London was a dirty city with deadly fires and diseases like the **bubonic plague**.

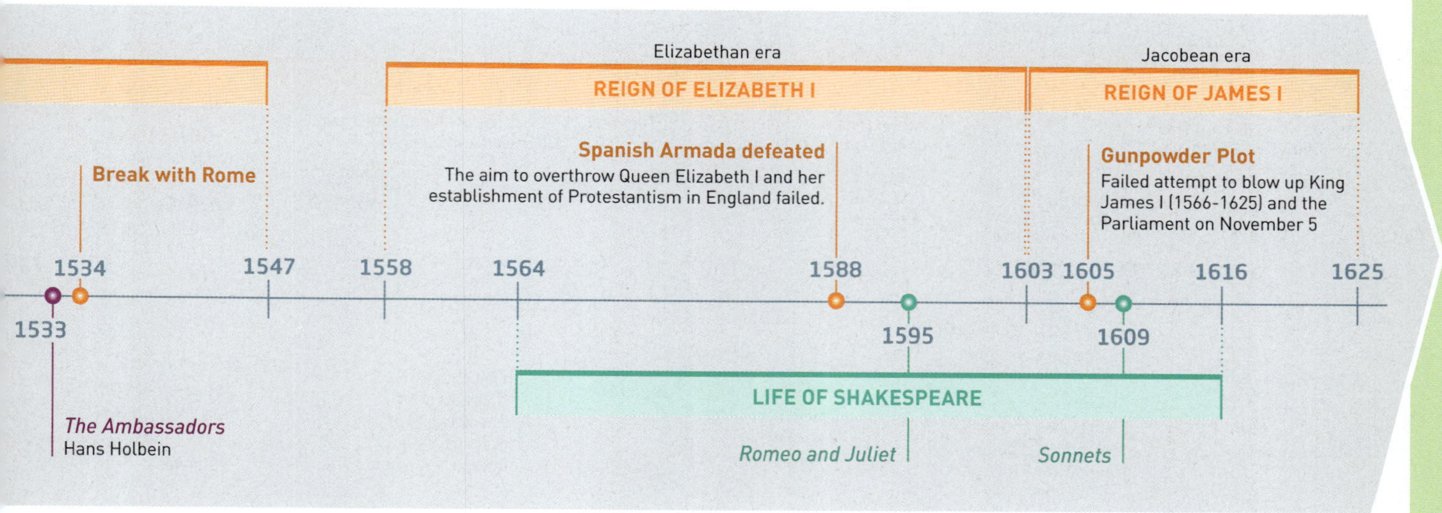


## William Shakespeare

### Plays

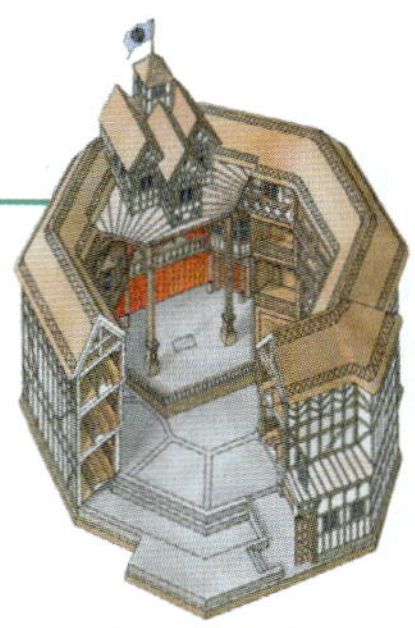

The Globe Theatre

- English actor, playwright and poet William Shakespeare wrote **39 plays**.
- His early plays were mainly **comedies** (*The Taming of the Shrew*, 1593) and **history plays** (*Richard III*, 1592). Then he wrote mainly **tragedies** (*Hamlet*, 1600; *Othello*, 1604; *King Lear*, 1605; *Macbeth* 1605).
- His playing company was the **Lord Chamberlain's Men**. At that time, female parts were played by men.
- He wrote his plays for the **Globe Theatre**, an Elizabethan playhouse built in 1599 in London.

### Sonnets

- Shakespeare also wrote **154 sonnets**.
- Originally developed by Italian scholar **Petrarch** (1304-1374), a sonnet is a **14-line poem** that is mainly about **love, time** or **mortality.**
- The usual **rhyme pattern** is ABAB CDCD EFEF GG, with the **final couplet** used to sum up the previous 12 lines or present a **surprise ending**.

→ File 13 p. 154-155

**Now test your culture!**

EXO Quiz

# The 17th and 18th centuries

Oliver Cromwell (1599-1658), painted by Gaspard de Crayer.

## From the Civil War to the Commonwealth

- **Oliver Cromwell**, a **Puritan**, was a leading opponent of Charles I during the **Civil War**. After defeating the King militarily, Cromwell was one of those who sentenced him to death in 1649. The **execution of a monarch** who ruled "by divine right" caused shock waves across Europe.
- England declared itself a **republic**, called the **Commonwealth**. In 1653, the army declared Cromwell **'Lord Protector'**, and he effectively became a military dictator. He brought in Puritan laws banning theatre, alcohol and the celebration of Christmas.
- Cromwell dismissed Parliament when it didn't agree with him, but that meant there was no political structure. When he died in 1658, his son, Richard briefly succeeded him but the Commonwealth soon collapsed. Charles II was **restored** to the throne in 1660.

REIGN OF CHARLES I — COMMONWEALTH — RESTORATION — REIGN OF WILLIAM AND MARY — RI QUE

RESTORATION: The monarchy was restored under the reigns of Charles II and James II

- 1611 — *Authorised Version of the Bible* Translation from Latin to English.
- 1625
- 1629 — **Abolition of Parliament** by Charles I leading to the Civil War.
- 1633 — *Poems* John Donne Metaphysical poetry: religious and love poetry
- **Civil War** (1642-48)
- 1644 — *Areopagitica* (political writing) John Milton
- 1649
- 1651 — *Leviathan* (philosophy) Thomas Hobbes
- 1659
- 1660
- 1667 — *Paradise Lost* (poetry) John Milton
- 1670 — *The Rover* Aphra Behn She was one of the first successful female playwrights.
- 1688 — **The Glorious Revolution**
- 1689 — *An Essay Concerning Human Understanding* (philosophy) John Locke
- 1702
- 170 — **Act of Union** England, Wales and Scotland become Great Britain.

## The rise of the novel

As the 18th century progressed, the number of Britons who could read increased massively. This created the conditions for the birth of the novel. The creation of **circulating libraries** from 1740 increased access.

Daniel Defoe (*Robinson Crusoe*, *Moll Flanders*, 1722) **realistically** described the lives of characters facing adversity. They reflected the Puritan faith in hard work and the possibility of economic progress.

Samuel Richardson (*Pamela*, 1740-41, *Clarissa*) developed the **epistolary novel** to permit **psychological analysis**. His virtuous heroines refuse to be seduced by libertines.

Henry Fielding (*Joseph Andrews*, 1742, *Tom Jones*) wrote about **picaresque heroes** on road trips that allow the author to present a **satire** of selfishness and hypocrisy.

By 1760, the novel was so well established that Laurence Sterne's *Tristram Shandy* could mock all the conventions of the new genre, abandoning chronology and digressing into **philosophical and comical** reflections about the subjectivity of perception and the passing of time.

*Robinson Crusoe*, Daniel Defoe, 1719

Litterature and oher arts

International history

National history

## Political writing

- John Milton wrote many pamphlets to **support Cromwell**'s government. He advocated **education for women, divorce** and, in his well-known *Areopagitica*, **liberty of the press**. Milton was also a poet, chiefly remembered for his epic poem *Paradise Lost*.
- In *Leviathan*, Thomas Hobbes advocated a **strong government** with absolute control over all aspects of citizens' lives.
- Fiction could be political too. Jonathan Swift's novel *Gulliver's Travels* is a **satire** presenting an innocent traveller experiencing different forms of government and society in an imaginary world.

*Gulliver's Travels*, Jonathan Swift, 1726.

## The Glorious Revolution

- The 1688 Glorious Revolution led to the modern British **parliamentary democracy** by limiting the powers of the sovereign and reinforcing those of Parliament through the 1689 Bill of Rights.
- The **Georgian** reign led to a period of relative stability and tolerance during which literature flourished.

### THE GEORGIAN PERIOD: REIGNS OF GEORGE I–GEORGE IV

- 1714
- 1719 — *Robinson Crusoe* (novel) Daniel Defoe
- 1721 — **First Prime Minister**: Sir Robert Walpole effectively becomes the first Prime Minister, confirming Britain is now a parliamentary democracy.
- 1726 — *Gulliver's Travels* (novel) Jonathan Swift
- c.1743 — *Marriage à la Mode* painted by William Hogarth
- 1747 — *Clarissa* (novel) Samuel Richardson
- 1749 — *Tom Jones* (novel) Henry Fielding
- 1759 — *Tristram Shandy* (novel) Laurence Sterne
- 1767
- 1776–1783 — **American War of Independence**: American colonists fought for independence from their colonial power, Britain.
- 1778 — *Evelina* (novel) Fanny Burney
- 1789–1799 — **French Revolution**

## Satire and caricature in this period

- The frequent **changes of political regime** in this period meant that criticism of those in power was both popular and dangerous. This led to the popularity of **satire** in literature and art: criticism was disguised, not overt, so it was safer for the author.
- William Hogarth's paintings and engravings were often bitingly satirical. *Marriage à la Mode* (c.1743) is a series of six paintings denouncing the folly of marriage as an economic contract, not a romantic relationship. It is one of his "Modern Moral" series which the public bought massively as engravings. These were ancestors of the **caricatures and cartoons** that later filled the popular press. → SnapFile 6 p. 76-81

In a series about elections, Hogarth denounced corruption, showing candidates distributing money in exchange for votes.

Now test your culture!

EXO Quiz

# The Romantic Age

## The Gothic

*The Nightmare*, Henry Fuseli, 1781

- Early Gothic literature centres on **sensitive heroines** and their fears in **old castles and abbeys**. The **supernatural**, or the fear of the supernatural, is a key element.
- Gothic novels became increasingly popular after the publication of Ann Radcliffe's *The Mysteries of Udolpho* in 1794.
- Mary Shelley's *Frankenstein* shows Gothic's fascination with, and fear of, **science**. A young scientist breaks natural laws by trying to create a human and instead constructing a **monster**. → File 2 pp. 32-43X
- One of the most popular authors of the era, Jane Austen, parodied the Gothic heroine in her novel Northanger *Abbey* (1818). Austen denounced the absurdities of Regency society and the portrayal of women in her witty novels such as *Pride and Prejudice*.

→ SnapFile 6 pp. 76-81

## Landscape painting

- In the early 19th century, many British landscape artists began oil **painting directly in the open air**.
- John Constable (1776-1837) was the greatest proponent of this new style of landscape painting. He spent much of his life painting the countryside of southern England.
- While Constable's paintings remain relatively realistic JMW Turner (1775-1851) began to push towards Impressionism with evocative, atmospheric paintings.

*The Hay Wain*, John Constable, 1821.

## REIGN OF GEORGE III (1760-1820)

**French Revolution** (1789-99)

- **1793** — **The Terror** during the French Revolution: Britain declares war against France.
- **1794** — *The Mysteries of Udolpho* (Gothic poetry) Ann Radcliffe; "Tyger" (Romantic poetry) William Blake
- **1796** — *The Night-Hag Visiting Lapland Witches* (Gothic painting) Henry Fuseli
- **1798** — *The Lyrical Ballads* (Romantic poetry) William Wordsworth and Samuel Taylor Coleridge
- **1799** — **Napoleon becomes First Consul of France.**
- **1801** — **Act of Union** England, Wales, Scotland and Ireland become the United Kingdom.
- **1803** — *An Avalanche in the Alps* (Romantic painting) Philip James De Loutherbourg
- **1805** — **Battle of Trafalgar** The British Navy defeats the French and Spanish (giving Britain complete control of the seas.)
- **1805** — *"I Wandered Lonely as a Cloud"* (Romantic poetry) William Wordsworth
- **1813** — **Napoleon defeated by the Duke of Wellington at Waterloo.**
- **1813** — *Pride and Prejudice* (novel) Jane Austen; *Oriental Tales* (Romantic poetry) Lord Byron

## The Industrial Revolution

- The first Industrial Revolution started around 1760 with the perfection of the **steam**. Britain was the first country to industrialise.
- It brought dramatic changes to the country. New machinery changed the means of production, and agriculture.
- New **factories** encouraged people to move from the countryside to cities. The population of London almost doubled from 750,000 in 1760 to 1.4 million in 1815.
- The infrastructure of towns was insufficient. People lived in crowded conditions with poor hygiene and **epidemics** were common. **Crime** was a major problem.
- But towns also allowed the development of **education**, and gave people access to **culture and entertainment**.

*Rain, Steam and Speed*, The Great Western Railway, JMW Turner, 1844

National history
International history
Literature and other arts

## Romanticism

- The Romantic movement in poetry and art was a reaction to **the Enlightenment** that had dominated the early 18th century.
- Rather than logic, the Romantics valued **instincts, emotions and imagination**.
- **Nature** was very important to the Romantics like John Keats and William Wordsworth. A key concept is the **sublime**: strong feelings inspired by impressive landscapes. Percy Bysshe Shelley described his reaction to stunning scenery in the poem "Mont Blanc" (1816).
- Visionary poet and artist William Blake developed a complex **mythology** in *Songs of Innocence* and *Songs of Experience* (1794).
- The second generation of Romantic poets, such as Lord Byron and Shelley portrayed **rebellious, unsatisfied characters** who became known as the Romantic hero.

→ File 17 pp. 200-211

*An Avalanche in the Alps*, Philip James De Loutherbourg, 1803

REIGN OF GEORGE IV.

- **14** — *Waverley* (Historical novels.) Sir Walter Scott
- **1816** — *Alastor or the Spirit of Solitude* (Romantic poetry) Percy Bysshe Shelley; *Kubla Khan* (Romantic poetry) Samuel Taylor Coleridge
- **1818** — *Frankenstein* (Gothic novel) Mary Wollstonecraft Shelley
- **1820**
- **1821** — *Odes* (Romantic poetry) John Keats; *The Hay Wain* (landscape painting) John Constable
- **1824** — *The Private Memoirs and Confessions of a Justified Sinner* (novel) James Hogg
- **1825** — **The first railway** The world's first passenger railway line opens in the north of England.
- **1829** — **Robert Peel sets up the Metropolitan Police** The London police force is the first in Britain
- **1830** — **Accession of William IV.**; *Poems, Chiefly Lyrical* (Romantic poetry) Alfred, Lord Tennyson
- **1832** — **The Reform Act** Extends the right to vote in Britain (though not to women, or poor men).

## Exoticism

- As the **Empire** expanded, British people became fascinated with images of people and places they felt were fundamentally different and **exotic**.
- Some images, texts and objects were authentic examples of foreign cultures, but many were fantasies created by people who had never travelled.
- Samuel Taylor Coleridge's popular poem *Kubla Khan* shows his fascination for anything "foreign", although he had never left Britain, despite having an African father.
- Lord Byron's *Oriental Tales* (1814) were, however, inspired by his travels in the Ottoman Empire.

→ File 17 pp. 200-211

*Portrait of Lord Byron in Albanian Dress*, Thomas Phillips, 1813

Now test your culture!

EXO Quiz

# The Victorian Era

## The Brontë Sisters

- Charlotte, Emily and Anne Brontë wrote few novels, but they are some of the most popular in the English language, particularly Charlotte's *Jane Eyre* and Emily's *Wuthering Heights*.
- Their novels show the influence of the **Romantic** and **Gothic** movements. They describe complex, passionate characters, often in desolate settings.
- The women only managed to have their books published by using male pseudonyms, like another popular Victorian novelist, George Eliot. → BAC pp. 150-156

*Jane Eyre* has had more film adaptations than any other novel. Mia Wasikowska as Jane in the 2011 version.

## The Victorian Age

Queen Victoria, 1877.

- The Victorian Age saw great advances in **technology** such as railways and telegraph systems.
- New urban populations and education led to movements for **social reform** such as the Chartist movement, which demanded **voting rights** for ordinary men.
- There were major scientific advances such as the theory of evolution proposed by **Charles Darwin**, which questioned religious certainties.
- Victorian society was very hierarchical, with a rigid **class** system. The Victorians were considered to be Puritanical moralists.

REIGN OF QUEEN VICTORIA

- **1833** – Slavery abolished in the British Empire
- **1834** – New Poor Law reforms Britain's social security system
- **1837** – *Oliver Twist* (novel) Charles Dickens
- **1838** – Beginning of the Chartist movement (democratic reform)
- **1843** – "The Cry of the Children" (poetry) Elizabeth Barrett Browning
- **1847** – *Jane Eyre* (novel) Charlotte Brontë; *Wuthering Heights* (novel) Emily Brontë
- **1848** – Slavery abolished in the French Empire; *Vanity Fair* (novel) William Thackeray; The Pre-Raphaelite Brotherhood founded
- **1851** – The Great Exhibition, London
- **1854–1856** – Crimean War
- **1859** – Publication of Charles Darwin's *On the Origin of Species*.
- **1861–1865** – American Civil War
- **1862** – *Goblin Market and Other Poems* Christina Rossetti
- **1865** – *Alice's Adventures in Wonderland* (novel) Lewis Carroll

## Writing in favour of social reform

- Many voices called for **social reform** during the Victorian era, including many writers.
- Charles Dickens used his novels and the magazines he edited to promote reform and denounce **poverty, overcrowded slums, cruelty** and **injustice**. He opposed **child labour**, particularly in *Oliver Twist* and the semi-autobiographical *David Copperfield* (1850). Elizabeth Barrett Browning's poem "The Cry of the Children" helped gain support for a law limiting children's working hours to ten a day in mines and factories.
- William Thackeray's *Vanity Fair* is a **satire on the corruption** of contemporary society, while George Eliot criticised provincial life and the way **education, religion and class limited people's development** (particularly women's) in *The Mill on the Floss* (1860) and *Middlemarch*.
- Thomas Hardy's novels such as *Tess of the d'Urbervilles* portray humans as the **victims of economic and social changes** they can't control. → File 9 pp. 108-119

In Charles Dickens' *Oliver Twist*, Oliver, an orphan, asks for more food.

National history · International history · Literature and other arts

## A growing Empire

Six million visitors to the Great Exhibition in 1851 saw many objects from all around the Empire.

- The British Empire had been expanding since Elizabethan times. When Victoria came to the throne, it included **Australia**, **Canada**, **Ireland**, **India** and parts of **Africa** and the **Caribbean**.
- By the end of Victoria's reign, the British Empire included **one-fifth of the world's surface** and a quarter of its population.
- The riches of the parts of the Empire, especially in the Americas and Caribbean, were based on **slavery** and they suffered financially after the **Abolition Act of 1833**.

→ File 17 pp. 200-211

- 1872: *Middlemarch* (novel) George Eliot
- 1876: Victoria crowned Empress of India
- 1880–1881: First Boer War in South Africa
- 1886: *Dr Jekyll and Mr Hyde* (novel) Robert Louis Stevenson
- 1890: *News from Nowhere* (Utopian novel) William Morris; *The Picture of Dorian Gray* (novel) Oscar Wilde
- 1891: *Tess of the d'Urbervilles* (novel) Thomas Hardy
- 1894: *The Jungle Book* (novel) Rudyard Kipling
- 1895: *The Importance of Being Earnest* (play) Oscar Wilde
- 1898: *The War of the Worlds* (novel) HG Wells
- 1899: *Heart of Darkness* (novel) Joseph Conrad
- 1901

## The Pre-Raphaelites

- **The Pre-Raphaelite Brotherhood** was founded in 1848 by art students who opposed the forms of art promoted by the Royal Academy. The Pre-Raphaelites, including Dante Gabriel Rossetti, William Holman Hunt and John Everett Millais were fascinated by the medieval era and literary greats the called the Immortals, such as Shakespeare and Tennyson, Edgar Allan Poe, Byron, Keats and Shelley.
- The Pre-Raphaelites also included writers such as Christina Rossetti, whose poetry collection *Goblin Market*, was a great success.
- Later in the century, the brotherhood transformed into the **Arts and Crafts** movement around William Morris, and the **Aesthetic** movement.
- Irish playwright and novelist Oscar Wilde was a leading figure of the Aesthetic movement, which believed in "art for art's sake". Wilde felt that all aspects of life should be artistic. He was famous for his flamboyant clothes.

*Ophelia*, Sir John Everett Millais (1851-52)

Now test your culture!

EXO Quiz

# From 1900 to 1945

## Depicting World War I

- The group of writers who became known as the war poets were directly involved in trench warfare. The poetry of Wilfred Owen, Roland Leighton and Siegfried Sassoon protests against the absurdity, the waste and the horror of war. For example, Owen's "Dulce et Decorum Est" and Sassoon's "Counter-Attack" (both 1917).
- In an era when news reporting from the front was generally censored, the poems give the soldiers news.
- War artists, commissioned by the government, also portrayed the desolate reality. Some of the most famous are Christopher Nevinson, Paul and John Nash, and John Singer Sargent.

→ File 5 pp. 66-75

*We Are Making a New World*, Paul Nash, 1918.

## The Bloomsbury Group

Virginia Woolf painted by her sister Vanessa Bell c.1912.

- From 1905 to about 1940, a group of writers and artists used to meet, originally in the home of artist Vanessa Bell and her novelist sister Virginia Woolf. The house was in the Bloomsbury area of London.
- Virginia Woolf (as well as Irish author James Joyce) was famous for developing a narrative technique called **stream-of-consciousness**, using **interior monologue**. Her novels such as *Mrs Dalloway* try to show all the perceptions and ideas that go through a person's head at one time.
- Woolf and her writer husband Leonard published some of the most influential writing of the period: poet T.S. Eliot, short story specialist Katherine Mansfield, novelist E.M. Forster and psychoanalyst Sigmund Freud.

→ File 3 p. 144-55 → SnapFile 14 p. 166-171

(Edwardian period)

REIGN OF EDWARD VII

REIGN OF GEORGE V

First World War

Treaty of Versailles

- 1901 – *The Hound of the Baskervilles* (Sherlock Holmes novel) Sir Arthur Conan Doyle
- 1910
- 1912 – *Pygmalion* (play) George Bernard Shaw
- 1913 – *Sons and Lovers* (novel) DH Lawrence
- 1914
- 1918 – "The Send-Off" (WWI poetry) Wilfred Owen; *We Are Making a New World* (WWI artists) Paul Nash
- 1919 – *Gassed* (WWI artists) John Singer Sargent
- 1922 – *The Wasteland* (poetry) TS Eliot

Literature and other arts · International history · National history

## Votes for Women

- In 1780, only 3% of the British population had the right to vote, all men. By 1914, only one third of men could vote.
- The campaign for women's votes started in 1866.
- In 1903, Emmeline Pankhurst founded the Women's Social and Political Union. WSPU members, known as **Suffragettes**, chained themselves to railings outside Parliament and attacked property (not people). Many Suffragettes were sent to prison.
- During WWI, the Suffragettes organised women working for the war effort.
- After the War, it was impossible to refuse the vote to the men and women who had made enormous efforts and sacrifices. In 1918, the government finally gave the vote to all men over 21 and women over 30 who had property, before opening votes to all women over 21 in 1928.

A Suffragette demonstration in London in 1910.

A 1940 propaganda poster with a photo of Winston Churchill and a quote from his first speech as Prime Minister.

## Winston Churchill (1874-1965)

- Winston Churchill was an army officer before becoming an MP in 1900. He was a minister but also served in WWI.
- In May, 1940, Churchill became **Prime Minister** of a coalition government, although his own party didn't support him. Britain was in a terrible position militarily. The Army had been defeated by the Germans and 400,000 men were blocked in northern France. The **Dunkirk** evacuation was much more successful that Churchill or his generals hoped.
- Churchill was famous for his memorable speeches during WWII, broadcast on BBC radio. He promised '"blood, toil, tears and sweat" in order to win "victory at all costs", and the country followed him.
- Despite his popularity as a war leader, he lost the elections in 1945, before returning as PM from 1951 to 55.
- Churchill won the Nobel Prize for Literature in 1953, for his autobiography and histories of WWI and WWII.

### Timeline

REIGN OF GEORGE VI (1936-52)

- **1924** – *A Passage to India* (novel), EM Forster
- **1925** – *Mrs Dalloway* (novel), Virginia Woolf
- **1928** – Women get full rights to vote
- **1929** – New York Stock Exchange Crash
- **1930** – *Poems*, WH Auden
- **1933** – Unemployment reaches 25% as a result of the Great Depression
- **1933** – *Poems*, Stephen Spender; *Brave New World* (dystopian novel), Aldous Huxley
- **1934** – *Death on the Nile*, Agatha Christie
- **1936** – George V dies and is succeeded by Edward VIII, who then abdicates.
- **1936–1939** – Spanish Civil War
- **1939–1945** – Second World War
- **1940** – Winston Churchill becomes Prime Minister for the duration of the War
- **1940** – *The Power and the Glory* (novel), Graham Greene
- **1945** – *Animal Farm* (dystopian novel), George Orwell

## 1930s: social and moral concerns

- The **Depression** of the 1930s and the rise of totalitarianism in Germany deepened the sombre mood of the nation. This led to more committed writing.
- Many of Graham Greene's novels show moral dilemmas, often with corrupt characters who are shown to be still capable of redemption.
- George Orwell (*Animal Farm*) and Aldous Huxley (*War of the Worlds*) wrote satires of their society and turned the **utopian** genre into **dystopias**. Orwell also fought with Franco's Communist opponents in the Spanish Civil War and wrote about it in *Homage to Catalonia* (1938).
- The poetry of WH Auden was influenced by Marxism and mainly deals with social and political issues. He often used traditional poetic forms like the ballad to appeal to a wider audience.

*Coming from the Mill*, LS Lowry, 1930.

Now test your culture!

EXO Quiz

# From 1946 to 1979

The 1961 film version of Shelagh Delaney's play *A Taste of Honey*.

## Angry Young Men

- A new type of theatre writing appeared in the late 1950s, its authors called "angry young men". Both their authors and their characters were typically **working class**, and rejected middle-class conventions. John Osborne's *Look Back in Anger* (1956), Shelagh Delaney's *A Taste of Honey* (1958) Alan Sillitoe's *Saturday Night, Sunday Morning* (1958) all featured characters who spoke with working-class accents and slang, and seemed to struggle to find a place in post-war Britain.
- These new plays contrasted with traditional theatre which still consisted mainly of polite "drawing-room" comedies in wealthy settings.
- Cinema and TV also treated these **social realist** themes, often called "kitchen-sink dramas".

→ File 9 p. 108-119

## Post-War British society

On 5 July, 1948, the health minister Aneurin Bevan visits a Manchester hospital to launch the National Health Service.

- Britain was in deep **financial trouble** after WWII. Many cities had been bombed and needed money for reconstruction. **Rationing** of food, clothes and other basic items continued until 1954.
- But it was also a period of great social change. The post-war Labour government led by Clement Atlee introduced the **Welfare State** system, designed to care for British citizens "from the cradle to the grave" with old-age pensions, unemployment benefits and a free National Health Service.

### REIGN OF GEORGE VI (1936-52)

**Labour Government (1945-51)** Nationalisation of industries and creation of the National Health Service

- **1945** — *Brief Encounter* (film) David Lean based on Noël Coward's play
- **1947** — Indian independence
- **1948** — Windrush: beginning of post-war immigration from the Commonwealth
- **1949** — *1984* (dystopian novel) George Orwell
- **1951**
- **1952** — *Collected Poems* Dylan Thomas; *The Children of Violence* (novel series 1952-69) Doris Lessing
- **1954** — *Lord of the Flies* (novel) William Golding; *The Lord of the Rings* (fantasy novels) JRR Tolkien
- **1956** — *Look Back in Anger* (play) John Osborne
- **1957** — Ghana becomes the first British colony in Africa to gain independence.; *The Alexandria Quartet* (novels 1957-60) Laurence Durrell
- **1960** — *The Dumb Waiter* (theatre of the absurd) Harold Pinter
- **19**[…] — *Dr No* The first James Bond film

## The Swinging Sixties

- After the financial problems of the 1950s and before worldwide recession in the 1970s, the 1960s was a golden decade in the UK when people with a more optimistic future and more money in their pockets enjoyed leading the world in fashion and music.
- **Carnaby Street** in London became the place to buy the most fashionable clothes. Fashion designer Mary Quant invented the **mini-skirt**, which became an international sensation. Models like Twiggy and Jean Shrimpton became icons around the world.
- British pop music spread around the world with bands like The Beatles and The Rolling Stones being surrounded by hysterical fans everywhere they went.
- The James Bond films, starting with *Dr No* in 1962 presented an archetypal British hero who was always impeccably styled.

National history | International history | Literature and other arts

## From the Empire to the Commonwealth

The Notting Hill Caribbean Carnival is now a major event, but it started with a dance in London in 1959.

- By 1945, there were **independence movements** building in several colonies. Britain didn't have the money or the military capacity to maintain the colonies by force.
- **India** had the most developed independence movement, led by Mohandas **Gandhi**, whose pacific civil disobedience campaigns had been very successful. India became independent, in 1947. It was divided into two separate countries: **India and Pakistan**.
- Decolonisation continued in Africa and the West Indies.
- From 1948, there were a series of recruitment campaigns inviting citizens from the Empire to work in Britain to help reconstruct the country. Many people from the Caribbean and Asia arrived in the UK in this way. The first group arrived from Jamaica on a ship called the *Empire Windrush* in 1948, and so these migrants are referred to as the **Windrush Generation**.

→ File 8 p. 94-105

**REIGN OF ELIZABETH II**

- [19]63 – *"Please Please Me"* The Beatles' first Number One single.
- 1966 – *Rosencrantz and Guildenstern are Dead* (theatre of the absurd) Tom Stoppard
- 1969 – **British troops deployed in Northern Ireland** because of "The Troubles".
- 1971 – "Crow" (poetry) Ted Hughes
- 1973 – **Britain joins the European Economic Community**
- 1974 – *High Windows* (poetry) Philip Larkin
- 1976 – "Anarchy in the UK" (punk) *The Sex Pistols*
- 1978–1979 – **The Winter of Discontent:** many strikes and disputes bring the country to a standstill.
- 1979 – *The Bloody Chamber* (short stories) Angela Carter
- 1979 – **Margaret Thatcher elected Conservative Prime Minister**

## Punk

- By the late 1970s, **youth unemployment** was high and the economy was in trouble. The optimism of the 60s turned into much more pessimistic, anarchistic movement: punk.
- There were punk bands in New York a year before, but the music took off in Britain in 1976, when The Sex Pistols released "Anarchy in the UK". The music was loud and aggressive. The band members made no pretence of knowing how to play their instruments.
- **Fashion** was a big part of the movement. A lot of punks made or customised their clothes. They became recognisable with their spiky Mohican hairstyles, ripped clothes, chains and heavy make-up.

Punk fashion in London, 1985.

**Now test your culture!**

EXO Quiz

# From 1980 onwards

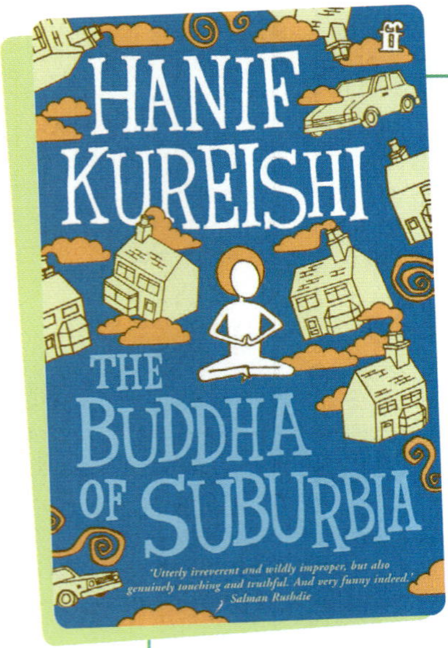


## Multicultural voices

- The 1980s saw the beginning of a literary trend of authors from diverse ethnic backgrounds reaching large audiences.
- Salman Rushdie's debut novel *Midnight's Children* is a vast fresco set against the Partition of India in 1947.
- Hanif Kureishi and Zadie Smith, both from mixed heritage, started out exploring the lives of characters like themselves. Smith's *White Teeth* focuses on an English-Jamaican family like her own and their friendship with a Bengali family from WWII to the end of the century. In Kureishi's semi-autobiographical *The Buddha of Suburbia*, a British-Pakistani teenager grows up to become an actor in political theatre.
- Andrea Levy's breakthrough novel *Small Island* explored the lives of Jamaicans like her parents who arrived with Windrush but didn't find the welcoming motherland they expected.
- Spoken-word poetry by Benjamin Zephaniah, of Jamaican heritage, and George the Poet, whose parents are from Uganda, is another popular way of exploring the experiences of multicultural Britons.

→ File 8 pp. 94-107
→ File 9 pp. 108-119

REIGN OF ELIZABETH II

Margaret Thatcher's Conservative Government

- 1979 – *The Hitchhiker's Guide to the Galaxy* (radio series, then novel) Douglas Adams
- 1981 – Race riots in Brixton, London, and other areas
- 1981 – *Midnight's Children* (novel) Salman Rushdie
- 1982 – Falklands War
- 1983 – *The Colour of Magic* (the first Discworld novel) Terry Pratchett
- 1984–1985 – Miners' strike
- 1988 – *Matilda* (novel) Roald Dahl
- 1989 – *Remains of the Day* (novel) Kazuo Ishiguro
- 1990 – *The Buddha of Suburbia* (novel) Hanif Kureishi
- 1993 – *Birdsong* (novel) Sebastian Faulks
- 1994 – *Waterland* (novel) Graham Swift
- 1995 – *Northern Lights* (novel) Philip Pullman
- 1997 – Referendums decide devolved parliaments for Scotland and Wales
- 1997 – *Harry Potter and the Philosopher's Stone* (novel) JK Rowling
- 199[8] – The Good Friday Agreement finally brings peace in Northern Ireland

## Imagination and fantasy

- Britain has a long tradition of imaginative literature, but in recent years it's become one of the country's chief cultural exports.
- Roald Dahl's extraordinary imagination produced classics like *Charlie and the Chocolate Factory* (1964), *The BFG* (1982) and *Matilda*. He also wrote chilling short stories for adults.
- JK Rowling revived book sales worldwide with her Harry Potter books (1997-2007) set in two parallel Britains, one run by witches and wizards.
- Like Rowling, Philip Pullman's *His Dark Materials* trilogy (1995-2000) is a classic coming-of-age story. His heroine Lyra must overcome enormous obstacles to survive in a world where human souls take the form of an animal.
- Neil Gaiman, Terry Pratchett and Douglas Adams can be classified as science-fiction writers but with a very British quirkiness and humour.

→ File 1 pp. 20-31
→ File 16 pp. 184-195

The BBC/HBO adaptation of Philip Pullman's *His Dark Materials*.

National history | International history | Literature and other arts

## Thatcherism

- Margaret Thatcher was Britain's first female Prime Minister. Winning three consecutive elections, her policies had a major influence on the country from 1979 to 1990.
- Since 1945, both Labour and Conservative governments had pursued policies that assumed that the government must intervene in the economy for the good of the country. **Thatcherism** opposed this with the concept of **free trade**. Companies and industries must succeed in the free market. Government intervention should be kept to a minimum.
- The Thatcher governments **privatised industries** such as telecommunications, gas, buses and trains, which had been nationalised by previous governments. They limited the powers of trade unions. **Unemployment** doubled in two years, reaching a high of almost 12% . The 1984-85 miners' strike ended with the closure of many mines and devastation of towns in mining areas.

→ File 9 pp. 108-119

## Disunited Kingdom

- Britain seems to be having a bit of an identity crisis in the 21st century. While the **Good Friday Agreement** in 1998 put an end to the effective civil war in Northern Ireland, Scotland and Wales both voted for **devolved parliaments**, which first sat in 1999. Both countries have parliaments for domestic affairs, and also elect MPs for Westminster.
- In 2014, the Scottish government held a **referendum on independence**, losing 45% to 55.
- In June 2016, Conservative Prime Minister David Cameron gave in to demands from his own party for a referendum on leaving the European Union. Voters chose **Brexit** by 52% overall but both Scotland and Northern Ireland voted strongly to remain.
- After more than three-and-a-half years and two changes of Prime Minister, Britain finally left the EU on 31 January 2020, beginning an 11-month transition period.
- The Scottish government called for a new Scottish independence referendum.

**New Labour Government under Tony Blair, then Gordon Brown** (2000–2010)

**Conservative governments under David Cameron, Theresa May, Boris Johnson** (2010– )

- 2000: *White Teeth* (novel) Zadie Smith
- 2001: *Too Black Too Strong* (poetry) Benjamin Zephaniah
- 2002–2003: **Iraq War**
- 2003: *The Curious Incident of the Dog in the Night-Time* (novel) Mark Haddon
- 2004: *Brick Lane* (novel) Monica Ali; *Small Island* (novel) Andrea Levy
- 2006: *Neverwhere* (novel) Neil Gaiman
- 2007: *Greetings from Bury Park* (memoir) Sarfraz Manzoor
- 2010
- 2012: **London Olympic and Paralympic Games**
- 2013: *Life After Life* (novel) Kate Atkinson
- 2014: **Referendum: Scotland refuses independence**
- 2015: *Search Party* (poetry) George the Poet
- 2016: **Brexit referendum**; *I, Daniel Blake* (film) Ken Loach
- 2018: *2018 Middle England* (novel) Jonathan Coe
- 2020: **Brexit**

## Ken Loach, a cinema activist

- Ken Loach (1936-) started his career in political "agitprop" theatre before joining the BBC and directing **"kitchen-sink dramas"**.
- His groundbreaking *Cathy Comes Home* in 1966 looked more like a documentary than a fiction. It told the story of a family's descent into poverty and homelessness after the father is injured at work and loses his job. The film marked British public opinion so strongly that it provoked a change in the **homelessness** laws.
- Throughout his career, Loach has denounced **social injustice**. His documentaries have often been **censored**: series about trade unions and the 1984 miners' strike were cancelled.
- At over 80, Loach meant to stop making films. But after his *Palme d'or* in Cannes in 2016 for *I, Daniel Blake*, he felt a need to make a film about another issue he discovered while researching that film: the **gig economy**. The result was *Sorry We Missed You* (2019).

Loach's 1998 film *My Name is Joe*, about a recovering alcoholic on a Glasgow council estate.

**Now test your culture!**

EXO Quiz

# From 1946 to 1979

## The Beat writers

- The **Beat Generation** was an **anti-conformist movement** in the 1950s.
- The Beat writers were rebels against capitalism. In their search for interior truth, any means was acceptable: sex, hallucinogens, but also religious mysticism.
- They also believed in **spontaneous writing** to convey the intensity of experience without the intervention of reason. This is clear in the poetry of Lawrence Ferlinghetti, in Allen Ginsburg's poem "Howl", which shocked America, and in Jack Kerouac's novel *On the Road*, an endless journey through America. → File 7 pp.82-93

Lawrence Ferlinghetti giving a reading in a San Francisco jazz club, 1957

## The Cold War

- After WWI, the U.S. was **isolationist**, refusing to get involved in international disputes. But they entered WWII when the Japanese attacked **Pearl Harbor** in 1941.
- During WWII, the U.S. and the Soviet Union were allies but after the war, President Harry Truman was convinced the Soviet Union wanted to spread Communism. Under the **Truman Doctrine**, the U.S. acted to contain Communism.
- The U.S. went to war to help anti-Communist groups oppose Communist groups in **Korea** and **Vietnam**.
- The U.S. and the U.S.S.R. both had nuclear weapons. In 1962, they came close to firing them when the U.S. discovered Soviet missiles in **Cuba**.
- In the 1950s, Republican Senator Joseph **McCarthy** led a campaign to find Communist supporters, in particular in Hollywood and the theatre. People denounced as Communists were **blacklisted** and couldn't get work. → BAC pp. 150-153

**1947** – Beginning of the Cold War
- *A Streetcar Named Desire* (play) Tennessee Williams

**1950** – McCarthyism: anti-Communist crusade begins
- Korean War (1950–1953)
- *A Change of World* (feminist poetry) Adrienne Rich
- *The Catcher in the Rye* (novel) JD Salinger

**1951**

**1952**
- *Invisible Man* (novel) Ralph Ellison
- *Convergence* (art) Jackson Pollock

**1953**
- *The Crucible* (play) Arthur Miller
- *Go Tell it on the Mountain* (novel) James Baldwin

**1954** – Brown v. Board of Education ruling

**1955**
- Montgomery bus boycott (1955–1956)
- "Howl" (Beat poetry) Allen Ginsberg

**1956**

**1957**
- *On the Road* (Beat novel) Jack Kerouac:
- *Twelve Angry Men* (play) Reginald Rose

**1958**
- *A Coney Island of the Mind* (Beat poetry) Lawrence Ferlinghetti

**1960** – John F. Kennedy elected President: The New Frontier speech
- *To Kill a Mockingbird* (novel) Harper Lee

**1961**
- *Catch-22* (novel) Joseph Heller

**1962** – The Cuban Missile Crisis almost provokes nuclear war
- *Who's Afraid of Virginia Woolf* (play) Edward Albee

Literature and other arts | International history | National history

## Theatre

- Until WWI, American theatres showed plays mainly by European playwrights. The first successful American playwright was Eugene O'Neill (Nobel Prize 1936). O'Neill experimented with many styles and took inspiration from Ancient Greek theatre, reworking *Oresteia* trilogy by Aeschylus set in the U.S. Civil War: *Mourning Becomes Electra* (1931).
- The major plays produced after WWII depict **individuals** as **victims of society**, or of their own **delusions**.
- Tennessee Williams focused on disturbed emotions within families — most of them Southern — dealing with alcoholism, promiscuity, incest and mental illness in plays such as *The Glass Menagerie* (1944) and *A Streetcar Named Desire*.
- Arthur Miller was overtly **political**. *The Crucible* is set in 1692. Its subject seems to the **Salem witch trials** when Massachusetts Puritans accused early colonists of witchcraft. But it drew clear parallels between the historic witch hunt and the contemporary **McCarthyist** search for Communist infiltrators.
- **African American stories** broke into theatre long before the cinema. For instance, Lorraine Hansberry's *A Raisin in the Sun* (1959). → BAC pp.106-17

Jessica Lange playing Amanda in *The Glass Menagerie* in London, Britain, 2007

## The Civil-Rights Movement

- Although slavery had been abolished in 1863, the 1896 Supreme Court ruling **Plessy v. Ferguson** said that segregation was legal as long as citizens had **"separate but equal"** facilities.
- In 1954 another Supreme Court ruling, **Brown v. Board of Education** outlawed segregation in schools.
- In 1955 Rosa Parks refused to give up her seat to a white man in a Montgomery, Alabama, bus and sparked a year-long bus boycott. Dr Martin Luther King, Jr led the Montgomery black community to victory.
- In 1963, a quarter of a million people marched to Washington, DC to hear Dr King deliver his **"I Have a Dream"** speech.
- In 1964, Dr King received the **Nobel Peace Prize**. The same year, the **Civil Rights Act** made racial segregation illegal. In 1965, all African Americans got the right to vote.
- In 1968, Dr King was assassinated by a white racist. → File 12 pp. 138-149

Dr Martin Luther King, Jr

**Vietnam War** (1964–1973)

- .963: ivil Rights March n Washington; ennedy ssassinated; haam! (pop art) y Lichtenstein; *Ariel* (poetry) Sylvia Plath; Specific Objects" ext) Donald Judd
- 1964: **The Civil Rights Act**
- 1965: **Immigration Act** ends quotas that limited immigration mainly to people from Western Europe.
- 1966: **The National Organization for Women founded**; *In Cold Blood* (novel) Truman Capote; *Equivalent VIII* (sculpture) Carl André
- 1968: **American Indian Movement founded**; *House Made of Dawn* (novel) N. Scott Momaday; *Morning Choice* (art/sculpture) Anne Truitt
- 1969: **First landing on the Moon**; *I Know Why the Caged Bird Sings* (memoir) Maya Angelou
- 1971: **Voting age lowered to 18**; *Music in 12 Parts* (music) Philip Glass (1971-74)
- 1973: **Roe v. Wade** the Supreme Court confirms abortion is legal. **The Watergate Scandal** leads to President Richard Nixon's resignation.
- 1976: *Will You Please Be Quiet, Please?* (short stories) Raymond Carver
- 1977: *The Shining* (novel) Stephen King
- 1978: *The World According to Garp* (novel) John Irving
- 1979

## Pop Art and Minimalism

- The early 1960s was a time of relative affluence in the U.S.A. Mass-produced consumer products were widely available and they inspired artistic movements.
- **Pop artists** took the images of advertising, packaging and comic books and presented it as art. Andy Warhol reproduced soup tins, or photographs of actors and politicians tinted different colours. Roy Lichtenstein made large paintings of frames from comic strips, including the colour dots used to print comic books.
- **Minimalism**, in contrast, used simple, geometric shapes. But like Pop Art, it opposed the highly personal art of the **Abstract Expressionism** movement of the 1940s and 50s. Minimalists such as Donald Judd, Carl André and Anne Truitt believed that a work of art should not refer to anything other than itself. It does not represent another object or an emotion.
- **Sculpture** was the typical minimal art but there were also minimalist painters, composers and writers.

→ File 11 pp.126-137 → BAC pp.106-107

*Still Life N°25*, Tom Wesselmann, 1965

**Now test your culture!**

EXO Quiz

# From 1980 onwards

## Party Polarisation

- The U.S. electoral system is designed with **checks and balances** between the three main parts: The Presidency, the two houses of Congress and the Supreme Court.
- **Elections** to the two houses of Congress are staggered, with part of each House being renewed every two years. This often leads to Presidents having difficulty enacting their policies, if one, or both houses are held by the opposing party.
- From the **New Deal** in 1932 to 1980, there was a general consensus in both major political parties that it was the government's role to provide welfare services for citizens, paid for by taxes. But Ronald Reagan opposed this, cutting taxes, but also services.
- Since the 1980s, the **polarisation** between the two parties has become wider, and this has accelerated since the advent of social media. By and large, Republicans want low taxation, little government intervention, oppose immigration and gun control, and prefer the status quo in terms of diversity. Democrats tend to support raising taxes to provide services such as the **Obamacare** health legislation. They are generally anti-guns and pro-diversity, whether that is ethnic, cultural or sexual.

The Democratic Party is traditionally represented by a donkey and the Republican Party by an elephant.

- **1980** — **The Soviet Union invades Afghanistan**
- **1981** — **Ronald Reagan President (1981-89)**
- **1982** — **The highest rate of unemployment recorded since 1940: 0.4%**
- **1982** — *The Color Purple* (novel) Alice Walker
- **1984** — *The House on Mango Street* (novel) Sandra Cisneros
- **1986** — **Martin Luther King Day** is first observed as a federal holiday
- **1987** — *Beloved* (novel) Toni Morrison
- **1989** — **The Berlin Wall comes down**
- **1989** — **George H.W. Bush President (1989-93)**
- **1989** — *Moon Palace* (novel) Paul Auster
- **1989** — *The Mambo Kings Play Songs of Love* (novel) Oscar Hijuelos
- **1991** — **The Gulf War**
- **1991** — *How the García Girls Lost Their Accents* (novel) Julia Alvarez
- **1993** — **Bill Clinton President (1993-2001)**
- **1993** — **The World Trade Center, New York, bombed**
- **1994** — **The North American Free Trade Agreement (NAFTA)** creates a free-trade zone between Canada, the USA and Mexico
- **1995** — **The Oklahoma City bomb** kilss 168 people
- **1997** — "Brokeback Mountain" (short story) Annie Proulx
- **1997** — *American Pastoral* (novel) Philip Roth
- **1998** — *The Hours* (novel) Michael Cunningham

The 9/11 attacks on the World Trade Center, New York.

## The Aftermath of the Cold War

- The 1980s saw the **end of the Cold War.** By 1991, Soviet-style Communism had ceased to exist. The U.S.A. became the only Superpower.
- The Superpowers had dominated international relations during the Cold War thanks to both **military and economic** force. After the disappearance of the Soviet Union, the economic element became more important. **China**, although nominally Communist, began to develop economically. By its sheer size, the Chinese economy began to rival the U.S.'s.
- In the 1990s, the U.S. participated in several international conflicts as part of the United Nations: in **Kuwait, the Balkans** and **Somalia**.
- The 9/11 terrorist attacks in 2001, which killed 3000 people, changed American foreign policy. President George W. Bush declared that the U.S had the right to protect itself against countries that promote terrorism. This was the justification for the "**war on terror**" and Western intervention in Afghanistan and Iraq.

National history
International history
Literature and other arts

## Finding a Voice

- As U.S. society has become more diverse, the bookshelves and book awards have started featuring more varied experiences and voices.
- Native American authors began giving a much more authentic vision of Native American experience in the past and present. In 1969, N. Scott Momaday won the Pulitzer Prize for *The House Made of Dawn*, the story of a young man torn between the reservation and the city. Louise Erdrich and Sherman Alexie both explore similar themes, whereas several of James Welch's novels explore the early days of Native/European encounters.
- **African American** writers have continued to gain recognition, with Toni Morrison winning the Nobel Prize for Literature in 1993. Maya Angelou used her own extraordinary life as her subject matter in her series of memoirs starting with *I Know Why the Caged Bird Sings* in 1969. Octavia Butler took a science-fiction perspective, for example in *Kindred* (1979), where a black woman is sent back in time to a pre-Civil War plantation, becomes a slave, and rescues her white, slave-owning ancestor. Angie Thomas, meanwhile, takes her inspiration from the world of hip-hop in her popular young adult novels.

Nobel Laureate Toni Morrison.

- **Latino** authors come from various backgrounds but share the experience of bilingualism and often a dual culture. Sandra Cisneros's bestselling *The House on Mango Street* is a coming-of-age story about growing up in Chicago with Mexican roots. Many Latino authors mix Spanish into their English texts. Graciela Limón goes a step further and publishes her books in two versions, one English, one Spanish.

→ File 15 pp.172-183 → File 16 pp.184-195 → BAC pp.242-245

**2000**
- *The Heartsong of Charging Crow* (novel) James Welch

**2001**
- **Beginning of the Afghanistan War**
- **George W. Bush President (2001-09)**
- **11 September terrorist attacks.**

**2002**
- *Middlesex* (novel) Jeffrey Eugenides

**2003**
- **Iraq War**

**2004**
- **Facebook** founded in Silicon Valley

**2005**
- **Hurricane Katrina** kills 1,800 people in New Orleans

**2006**
- *The Road* (novel) Cormac McCarthy

**2007**
- *The Absolutely True Diary of a Part-Time Indian* (novel) Alexie Sherman

**2008**
- **Lehman Brothers bank collapses,** starting an international financial crisis

**2009**
- *The River Runs North* (novel) Graciela Limón
- **Barack Obama President (2009-2017)** The first African-American President

**2010**
- *Freedom* (novel) Jonathan Franzen

**2011**
- **Occupy Wall Street** a series of protests about economic inequality

**2013**
- *The Round House* (novel) Louise Erdrich
- **Black Lives Matter movement** started to oppose police brutality to African Americans.

**2014**
- *The Goldfinch* (novel) Donna Tartt
- **"Obamacare" begins to be implemented**

**2016**
- **Hillary Rodham Clinton** is the first female candidate for the Presidency
- **Donald Trump elected President**

**2017**
- *The Underground Railroad* (novel) Colson Whitehead
- *The Hate U Give* (novel) Angie Thomas

**2019**

The Women's March in 2017 attracted more than 4 million protesters in the U.S.A., including Gloria Steinem.

## Feminism

- Many American women fought for equality and voting rights before 1920. Two books, Betty Friedan's *The Feminine Mystique* and Gloria Steinem's *Outrageous Acts and Everyday Rebellions* (1983), inspired women to question the roles they were given in a male-dominated society.
- In 1966, Friedan co-founded the National Organization for Women to fight for gender equality.
- Feminists believed "the personal is political" and that it was important for women's stories to be heard. They popularised earlier women writers like Kate Chopin ("The Story of an Hour", 1894) or Charlotte Perkins Gilman who wrote *Herland*, a feminist Utopian novel in 1915.
- Toni Morrison and Maya Angelou both explored African American women's experience.
- *Ariel* (1964), Sylvia Plath's posthumous poetry collection, focused on her frustration at the limitations put on her as a woman.

→ File 3 pp.44-45

**Now test your culture!**

EXO Quiz

# Ireland

## Ireland before the 19th century

- The **Celts** arrived in Ireland about 3,000 years ago. In 432 AD, **St Patrick** brought Christianity.
- There were a number of different regional kings and chiefs. In **1171**, English King Henry II invaded Ireland. The English occupied Irish land but over time Irish chieftains won back control.
- In **1541** Henry VIII declared himself King of Ireland. The English confiscated land from Irish Catholics and gave it to Scottish and English settlers. Laws restricted the rights of Catholics. There were a series of **rebellions** against British colonial rule. After savagely repressing the 1798 Rebellion led by Wolfe Tone, Britain integrated Ireland into the United Kingdom in 1801. The Irish parliament was abolished and Irish MPs sat in Westminster.

SEARCHING FOR POTATOES IN A STUBBLE FIELD.

## The Great Hunger

- By the 1840s, about half of Ireland's population were **tenant farmers**: they had to pay rent to British landlords. Most were extremely poor and relied on potatoes they grew as their main food.
- From **1845 to 1849**, the potato crop was affected by a **blight** (a disease). A terrible famine ensued. The British government was slow to provide aid, and allowed landlords to continue exporting grain.
- About one million people died from **starvation** or famine-related diseases. Up to two million were forced to **emigrate**. Between 1841 and 1850, 49 percent of the total immigrants to the United States were Irish.
- Emigration continued for decades after the famine. By independence in 1921, the population was only half that of the 1840s.

→ File 20 pp. 230-245

**Timeline**

- 1845–1849: **Irish Potato Famine**
- 1870: **The Home Rule League founded** – It became a party and sent 56 MPs to Westminster in 1874
- 1890: *"The Lake Isle of Innisfree"* (poetry) WB Yeats
- 1893: **The Gaelic League founded** to promote the Irish language
- 1894: *Arms and the Man* (play) George Bernard Shaw
- 95: *Dracula* (novel) Bram Stoker; *The Importance of Being Earnest* (play) Oscar Wilde
- 1899: *A Literary History of Ireland* (history) Douglas Hyde
- 1905: **A nationalist party, Sinn Féin** ("We Ourselves"), founded
- 1907: *The Playboy of the Western World* (play) JM Synge
- 1914: **Irish Home Rule Bill passed**
- **First World War** (1914-1918)
- 1916: **Easter Rising**
- 1919–21: **War of Independence**
- 1922–23: **Civil war**
- 1922: *Ulysses* (novel) James Joyce
- 24: *Juno and the Paycock* (play) Sean O'Casey

## The Struggle for Independence

- Irish demands for independence had been growing throughout the 19th century. Two **Home Rule** bills, for self-government of domestic affairs, failed in 1886 and 1893. In 1914 a third bill passed, but wasn't put into effect because of WWI.
- On **Easter Monday, 1916**, a small group of nationalists proclaimed a provisional Irish government and occupied government buildings. The Rising only lasted a week, and its leaders were executed.
- In the elections in 1918, Sinn Féin won a majority of Irish seats. It declared a **Republic** under Eamon de Valera. This began the **War of Independence** with Britain, which ended with the Anglo-Irish Treaty, 1921, creating the **Irish Free State** (a self-ruling Dominion like Canada). Six northern counties with unionist majorities stayed in the UK as **Northern Ireland**. A **civil war** broke out: some nationalists opposed the **partition**.

Ken Loach's 2006 film *The Wind that Shakes the Barley* depicts the War of Independence and the Civil War.

National history · International history · Literature and other arts

## The Irish Literary Revival

*Cathleen Ni Houlihan,*
Sir John Lavery, 1928

- At the end of the 19th century, Irish literature flourished alongside the nationalist movement to define an Irish identity, based on the Irish language, poetry, music, sport and myth.
- The Literary Revival authors were influenced retellings of ancient heroic legends by Standish O'Grady *(The History of Ireland,* 1890) and Douglas Hyde, who became Ireland's first president.
- The major figure of the Revival was William Butler Yeats, poet and playwright and the first Irish writer to win the Nobel Prize for Literature. In 1899, he co-founded the Abbey Theatre in Dublin to stage plays about Ireland by Irish writers. Yeats's play *Cathleen Ni Houlihan* (1902), was a high point of the Revival forging a national myth of Irish womanhood inspiring heroic male sacrifice. → File 20 pp. 230-245

## A Musical Island

- Ireland is the only nation to have a musical instrument as a national emblem, the harp, and music is an important part of Irish life.
- Traditional music, featuring harp, violin, accordion and guitar can be heard in pubs across the land. Internationally known bands include Christy Moore, The Dubliners, The Chieftains, Clannad and Enya.
- But Irish pop and rock musicians are also known around the world whether it's U2's rock anthems like "Sunday Bloody Sunday", The Cranberries' relentless "Zombie", The Pogues' high energy "Fairytale of New York" or Sinéad O'Connor's haunting "Nothing Compares 2 U".

- 1937: **Creation of the Republic of Ireland**
- 1939–1945: **Second World War**
- 1952: *Waiting for Godot* (play) Samuel Beckett
- 1964: *Philadelphia, Here I Come* (play) Brian Friel
- 1966: *The Death of a Naturalist* (poetry) Seamus Heaney
- 1973: **Ireland joins the European Economic Community**
- 1974: *How Many Miles to Babylon?* (novel) Jennifer Johnston
- 1993: **A period of economic prosperity till 2001:** Ireland dubbed "the Celtic tiger"
- 1996: *Angela Ashes* (memoir) Frank McCourt; *Sweet Liberty* (travelogue) Joseph O'Connor
- 1998: **The Good Friday Agreement** finally brings peace in Northern Ireland
- 2009: *Brooklyn* (novel) Colm Tóibín
- 2011–2013: **Ireland is badly affected by the global financial crisis**
- 2016: **Brexit referendum in the UK:** the Irish border is a sticking point in negotiations.
- 2018: *Cosmocartography* (poetry) Ciarán Hodgers

## On Stage

- The legendary Abbey Theatre in Dublin was the first national theatre in the world. It staged plays by homegrown talent like the JM Synge's darkly comic masterpiece *The Playboy of the Western World*. Sean O'Casey explored the effect on ordinary Dubliners of the independence era in a trilogy of plays.
- Two other major playwrights of the era worked mainly in London. George Bernard Shaw was a socialist and won fame with plays like the anti-war *Arms and the Man* and anti-class *Pygmalion* (1913). Wilde wrote witty comedies such as *The Importance of Being Earnest* but also the dark gothic novel *The Picture of Dorian Gray* (1890).
- Samuel Beckett's exploration of the theatre of the absurd led to his masterpiece *Waiting for Godot.*
- The Field Day Theatre Company was founded in 1980 in Derry by playwright Brian Friel and actor Stephen Rea. It premiered Friel's *Translations*, a powerful play about the British army mapping Ireland and choosing the names to record for places.

→ File 2 pp. 32-43 → File 20 pp. 230-245

A 2015 production of Oscar Wilde's The Importance of Being Earnest in London.

**Now test your culture!**

EXO Quiz

# Canada

*A Hudson Bay Company trading store*, 1888, Frederic Remington

## The Early Years

- Canada's first inhabitants were the First Nations and Inuit.
- European exploration began in 1497 with John Cabot, who claimed **Newfoundland** for England and mapped the east coast. In 1541, Jacques Cartier started a French settlement, which became **Quebec.**
- In 1610 **English settlement** of Newfoundland began.
- France and Britain established trading companies which were *de facto* colonial governments: the **New France Company** (1627) and the **Hudson Bay Company** (1670). Trade was mainly in fish and furs.
- Following the **Seven Years' War** (1756-63) between French and British colonies, France sold Quebec to Britain. However, the 1774 Quebec Act recognised the French language and Catholic religion and established the bilingual, bicultural country that continues today.

## Bilingual country

- The history of colonisation means that Canada has two main linguistic groups. There are 18 million **Anglophones** and 7 million **Francophones**. Most Francophones live in Quebec Province, but about a million live in the other provinces.
- In 2006, Parliament recognised that the Quebecois form a nation within a united Canada.
- There have been two unsuccessful referendums for Quebec independence.

**1867** — **British North America Act** creates the new Dominion of Canada with four provinces

**1870** — **The creation of the Northwest Territories and Manitoba**

**1873** — **Royal Canadian Mounted Police (Mounties) founded**

**1885** — **The Canadian Pacific Railroad is completed,** crossing the country

**1898** — **Klondike Gold Rush**

**1908** — *Anne of Green Gables* (novel) Lucy Montgomery

**1914–1918** — **First World War**

**1918** — **Women obtain the right to vote in Federal elections**

**1929** — **New York Stock Exchange Crash followed by Depression**

**1931** — **Canada and other British Dominions have complete autonomy**

**1939** — **Second**

**1941** — *As for Me and My House* (novel) Sinclair Ross

## Where is Here?

- Critic Northrop Frye said that Canadian literature is haunted by the question, "Where is here?" as writers struggle with the immensity of the country, the harsh climate, infertile soil and isolated towns.
- The earliest Canadian books were **travel narratives and diaries**. In the 19th century, two British sisters, Susanna Moodie and Catharine Traill wrote contrasting accounts of immigrant life in Ontario. Moodie's *Roughing It in the Bush* (1852) was written to discourage prospective emigrants, but Traill's *Backwoods of Canada* (1836) presents a much rosier picture. Margaret Atwood wrote a poetry collection, and Robertson Davies a play about Moodie.
- Small-town life has inspired fiction by Alice Munro. Sinclair Ross wrote about struggling Depression-era farmers. Jane Urquhart's *Away* chronicles migrants who escaped the Irish Famine to almost starving as they try to farm in Canada.
- *Anne of Green Gables*, which has sold 50 million copies around the world, is the story of an 11-year-old orphan sent to live in rural Prince Edward Island. It is the image many foreigners have of Canadian life. → File 18 pp.212-217

In the early 20th century, the "Group of Seven" was a group of painters who used bold colours to paint the Canadian landscape. *Lake and Mountains*, 1928 Lawren Harris.

National history
International history
Literature and other arts

## Aboriginal Canadians

*Shaman Eagle*, an example of Inuit art in the capital of Nunavut.

- Today, Aboriginal people make up 5% of the population. There are three groups: the **First Nations**, the **Inuit** and the **Métis**. The Métis are a distinct people of mixed Aboriginal and European ancestry. They speak the dialect Michif.
- In the early days, the Aboriginal people formed alliances with the Europeans, who hadn't established permanent settlements. But Aboriginal populations were decimated by European diseases.
- Many **treaties** were signed with Indigenous groups, but they were often disregarded by the Europeans.
- In 1876, the **Indian Act** aimed to eradicate First Nations culture in favour of assimilation into Euro-Canadian society. This led to the creation of the **Residential School** system in the 1880s, where Aboriginal children were separated from their communities. The mortality rate of students was as high as 25 per cent.
- It wasn't until 2007 that Aboriginal people started to receive official recognition and compensation.
- **Inuit** people, who live in the Arctic, have had an autonomous territory, **Nunavut**, since 1999.

- 1945: World War
- 1947: Oil discovered in Alberta
- 1948: *At My Heart's Core* (play) Robertson Davies
- 1950: Korean War till 1953
- 1960: First Nations people obtain the right to vote in Federal elections
- 1965: The Canadian flag is adopted
- 1968: Pierre Trudeau becomes Prime Minister until 1984 / Parti Québecois is formed to demand independence
- 1968: *Selected Poems 1956–68* Leonard Cohen
- 1969: *I Am an Indian* (anthology)
- 1978: *Who Do You Think You Are?* (short stories) Alice Munro
- 1981: *Home Truths* (short stories) Mavis Gallant
- 1982: Canada adopts a new constitution
- 1988: *The Rez Sisters* (play) Tomson Highway
- 1991: The Gulf War after Iraq invades Koweit
- 1992: *The English Patient* (novel) Michael Ondaatje
- 1996: *Alias Grace* (novel) Margaret Atwood
- 1999: The Inuit territory of Nunavut separates from the Northwest Territories
- 2001: *Life of Pi* (novel) Yann Martel
- 2008: The Truth and Reconciliation Commission created
- 2012: *Indian Horse* (novel) Richard Wagamese
- 2016: Canada signs a free-trade agreement with the EU
- 2017: The government agrees to pay compensation to indigenous people forced into residential schools.

## Writing Today

- In recent years, Canadian writers have made a big impact on the world scene. Alice Munro was awarded the Nobel Prize in 2013 for her many short stories, often linked, which explore small-town Ontario life.
- Margaret Atwood, became an international star with the 2016 TV adaptation of her 1985 dystopian novel *The Handmaid's Tale*. In 2019, she wrote a sequel, *The Testaments*.

→ File 3 pp. 44-55

- Yann Martel's *Life of Pi* is the story of a teenager who is shipwrecked with a number of zoo animals on his way from India to Canada.

→ Snapfile 18 pp. 212-217

- Sri-Lankan-born Michael Oondaatje's work often addresses displacement and alienation. *The English Patient*, features a burned, possibly English, man, a Canadian nurse, an Indian soldier and a Canadian thief in Italy in WWII.
- Aboriginal authors express their experiences, particularly through theatre, for example Tomson Highway and Margo Kane. Ojibwe author Richard Wagamese's novel *Indian Horse* portrays a young man trying to escape Residential School thanks to his talent for ice hockey.

The 2017 film version of Richard Wagamese's novel *Indian Horse*.

Now test your culture!

EXO Quiz

# Australia and New Zealand

## Australian History

- Archaeologists say **Aboriginal people** have been living in Australia for more than 50,000 years. They are one of the oldest surviving human civilisations.
- In 1770 British explorer James Cook "discovered" part of the east coast of Australia. He declared it was British and named it **New South Wales**. In 1788, the British government started a colony there for prisoners. Other colonies followed. The **penal colony** system ended in 1868.
- The **Aboriginal** population was decimated by brutal treatment and by European diseases. Estimated at about 750,000 at Cook's arrival, by 1901, there were less than 95,000. Today there are 650,000 Aboriginal and Torres Strait Islander people, 2.8% of the population.
- Policies of "assimilating" Indigenous children became systematic from 1910 till the 1970s. Children were sent to boarding schools or placed with white families as foster children or servants. Many never saw their families again. Indigenous languages were banned. Today the children who were taken away are called the **Stolen Generations**. → SnapFile 10 pp. 120-125

Aboriginal protests on 26 May, Sorry Day.

### Australia

- **1850** A series of gold rushes attracts immigrants. Population triples in 10 years
- **1880** Execution of outlaw and folk hero Ned Kelly
- **1901** The six colonies unite as the Commonwealth of Australia
- **1911** Canberra is founded and designated the capital
- **1915** The Gallipoli Campaign
- First World War (1914-1918)
- **1929** New York Stock Exchange Crash followed by Depression
- **1939 1945** Second World War
- **1948** Australia encourages immigration from Europe. Two million people immigrate in the next 30 years
- **1967** Referendum on changes to the Constitution. Aboriginal people no longer excluded from census
- **1977** A plebiscite chooses "Advance Australia Fair" as the national anthem
- **1993** The Native Title Act establishes Aboriginal land rights
- **1999** Referendum on making an Australia a republic defeated
- **2008** Government apologises for the past treatment of Aboriginal people. 26 May is commemorated annually as Sorry Day
- **2019** Devastating bushfires destroy 20% of the country's forest
- **202**

## Australian Literature

- The main themes in Australian literature are the difficulty of accepting the past as a **penal colony** and the difficult climate and landscape of the **bush**.
- **Convict** literature started with an early novel, *His Natural Life* by Marcus Clarke (1874) and was explored by Eleanor Dark in 1941's *The Timeless Land* and Raymond Clarke in *Hannah* (2009). There is also a national fascination with outlaw Ned Kelly (1855-1880). He has inspired art, a play, *Our Sunshine* by Robert Drewe (1991) and Peter Carey's novel *True History of the Kelly Gang* (2000).
- **Bush** literature is linked to stories of adventure. It includes popular poetry by Les Murray, Henry Lawson and the iconic song "Waltzing Matilda" by Banjo Paterson, which almost became the national anthem. Bush novels include *My Brilliant Career* (1901) by Miles Franklin, *The Thorn Birds* (1977) by Coleen McCullough and *Remembering Babylon* (1993) by David Malouf.
- **Aboriginal** writing came of age with Oodgeroo Noonuccal's 1966 poetry collection *The Dawn is at Hand*. The novels *Follow the Rabbit-Proof Fence* (1996) by Doris Pilkington Garamara and *Benang* (1999) **Kim Scott** are both stories of the **Stolen Generations**, as is Jane Morrison's 1998 play *Stolen*.

→ SnapFile 10 pp. 120-125

*Ned Kelly*, 1946, Sir Sidney Nolan. Nolan specialised in making images of the outlaw in different styles.

## The ANZACs and Gallipoli

*The Homecoming from Gallipoli*, by Walter Armiger Bowring, 1916. On 15 July 1915, the *SS Willochra* arrived in Wellington carrying the first batch of New Zealand wounded from Gallipoli.

- At the outbreak of WWI, many citizens of the British Empire volunteered to fight. A joint Australian and New Zealand Army Corps was sent into action at **Gallipoli** in 1915.
- The Gallipoli Campaign was disastrous. The Turkish forces were well prepared and the Allied forces landing in small boats were decimated. They held out for eight months. More than 10,000 ANZAC troops died.
- The Gallipoli Campaign has become enshrined in both countries as a founding moment, an example of courage and resilience, and a type of fraternity and solidarity called "**mateship**", considered a major feature of the Australian character. April 25, **ANZAC Day**, is a public holiday.

## New Zealand History

- The **Maori** arrived from **Polynesia** in canoes about 1,000 years ago.
- In 1769, Captain James Cook declared New Zealand was British.
- In 1840, the British signed a treaty with 500 Maori chiefs. The **Waitangi Treaty** is the basis of New Zealand government. But there followed many years of internal war as the Maori resisted colonial rule.
- The **Maori population** is estimated to have been about 100,000 at Cook's arrival. It dropped to 42,000 in 1896. In 2018 Maori comprised approximately 16.5% of the population (800,000 people).

The Maori meeting house at Waitangi, on the site where the treaty was signed.

## New Zealand

- **1840** – Treaty of Waitangi
- **1845–1872** – The New Zealand Wars
- **1861** – The first of a series of Gold Rushes
- **1893** – New Zealand is the first country in the world where women can vote
- **1902** – The national flag is adopted
- **1907** – New Zealand becomes a self-ruling Dominion within the British Empire
- **1914–1918** – First World War
- **1915** – The Gallipoli Campaign
- **1939–1945** – Second World War
- **1953** – New Zealander Sir Edmund Hillary and Sherpa Tenzing Norgay conquer Everest
- **1985** – New Zealand refuses to accept US nuclear ships in its ports. Greenpeace ship *Rainbow Warrior* is blown up by French secret service in Auckland
- **2011** – A severe earthquake devastates Christchurch
- **2017** – The Whanganui River, revered by Maori, is recognised as a living entity by law.
- **2019** – 50 people are killed when a far-right gunman attacks two mosques in Christchurch

## New Zealand Literature

- Katherine Mansfield remains New Zealand's most influential writer. Born in Wellington, she did most of her writing in Europe before her early death at age 34. She was a member of the **Bloomsbury Group** and was one of the founders of literary modernism. She wrote mainly short stories and many are set in New Zealand, such as "The Garden Party" (1922).
- Janet Frame drew on a difficult adolescence, when she was incorrectly diagnosed as schizophrenic and spent several years in hospital. She wrote poetry and novels. Her autobiography was immortalised in Jane Campion's 1990 film *An Angel at My Table*.
- Maori writers writing in English include Patricia Grace, who has written about Maori myths and respect for the land. Her 2004 novel, *Tu*, portrays Maori soldiers in WWII. Witi Ihimaera's novel *The Whale Rider* and Alan Duff's *Once Were Warriors*, describing urban Maori gangs, were made into successful films.
- Eleanor Catton's epic historical novel about the 1860 Gold Rush, *The Luminaries*, won the 2013 Booker Prize.

Katherine Mansfield

**Now test your culture!**

EXO Quiz

# The English-speaking Caribbean

## History of the West Indies

- In **1492**, Italian navigator Christopher Columbus, made his first voyage to the New World. He thought he had arrived in India, which is why the islands are called the **West Indies**.
- In the 16th century the **Spanish Empire** claimed the entire Caribbean and most of Latin America. Colonisation wiped out the **native Arawak and Carib peoples**.
- Between 1625 and 1814, **Britain** colonised Anguilla, Antigua, Barbados, Barbuda, Bermuda, Dominica, Grenada, Jamaica, Nevis, Saint Kitts, Saint Lucia, the Bahamas, Trinidad and Tobago, and the Turks and Caicos. It either colonised directly or supplanted Spanish, French or Dutch colonists.
- Initially, the colonists grew tobacco but after 1645, most plantations switched to **sugar cane**. Sugar was increasingly popular in Europe but it was extremely labour-intensive to produce. **Slaves** from Africa were the solution: they guaranteed good profits and resisted the tropical climate. Despite this, a third of slaves died within three years.
- Even after slavery was abolished, many former slaves were obliged to work for the same plantations for minimal pay.

Making sugar from cane was extremely hard work.

- 1736: **A slave revolt in Antigua,** the first of many on British islands (1736-1832)
- 1739: **The colonial authorities in Jamaica sign treaties with the Maroons**
- 1791: **The Haitian Revolution**
- 1831: **Slave revolt in Jamaica:** more than 20,000 rebels set planters' houses on fire
- 1834: **Slavery abolished in the British Empire**
- 1848: **Slavery abolished in the French Empire**
- 1912: *Songs of Jamaica* (poetry) Claude McKay
- 1914–1918: **First World War**
- 1933: *The Case for West-Indian Self-Government* (politics) CLR James
- 1939–1945: **Second World War**

## Maroons

- IMaroons were **escaped slaves** who managed to hide in isolated country and survive independently. There were Maroons in many colonial countries.
- There were already Maroons in **Jamaica** when the British took possession from the Spanish in 1655. By 1830, new slaves had joined them and a **guerilla war** had broken out. The Maroons lived high in the mountains and knew the terrain well. The British couldn't defeat them and in 1739 and 1740 signed **treaties** with two Maroon groups leaving them autonomy.
- There are still four Maroon communities in Jamaica today, where the population continues to function autonomously and has stronger links to its African heritage than the rest of the island. In 2003, UNESCO added Moore Town to the List of the Intangible Cultural Heritage of Humanity for its traditional ceremonies and music.

Nanny of the Maroons was a legendary Maroon leader. She is commemorated as a National Hero in Jamaica and is represented on the $500 note.




The 9/11 attacks on the World Trade Center, New York.

## Writing the Islands

Jean Rhys

- Poets were amongst the first writers to celebrate the West Indies. Claude McKay's *Songs of Jamaica* are in patois, as is VS Reid's novel *New Day*. McKay emigrated to the U.S. and became a leading light of the **Harlem Renaissance**. St Lucian poet and playwright, Nobel prizewinner Derek Walcott's collection *In a Green Night* celebrates of the Caribbean's natural beauty. Another Nobel laureate, VS Naipaul, explored the experience of an Indian immigrant to Trinidad in *A House for Mr Biswas*.
- Naipaul, like many other West Indians, migrated to the UK. Another Trinidadian author, Sam Selvon, wrote of the experience in *The Lonely Londoners*.
- The education system in the British islands was British-centred. After independence, many writers have played with the white literary canon. Dominican author Jean Rhys's *Wide Sargasso Sea takes* Mr Rochester's mad wife from *Jane Eyre* and imagines her life in Jamaica before coming to England. It shows how the cultural disconnect and oppression she suffered as a Caribbean-born white led to her "madness". Derek Walcott's *Pantomime* reworked *Robinson Crusoe*, reversing the roles of white Crusoe and black Friday. Jamaican poet Olive Senior derides her history lessons which, "Told us nothing about ourselves/There was nothing about us at all."

→ File 8 pp. 194-105

- **1948** – **Windrush:** beginning of post-war immigration to Britain from the Commonwealth. / *"London is the Place for Me"* (Calypso) Lord Kitchener
- **1949** – *New Day* (novel) VS Reid
- **1953** – *"I was There (At the Coronation)"* (Calypso) George Browne aka Young Tiger
- **1956** – *The Lonely Londoners* (novel) Sam Selvon
- **1958–1962** – **The West Indies Federation attempts to federate the British islands**
- **1961** – *A House for Mr Biswas* (novel) VS Naipaul
- **1962** – **Jamaica and Trinidad and Tobago become independent**
- **1966** – **Barbados becomes independent** / *Wide Sargasso Sea* (novel) Jean Rhys
- **1974** – **Grenada becomes independent**
- **1976** – **Trinidad and Tobago becomes a republic**
- **77** – *Exodus* (reggae) Bob Marley and the Wailers
- **78** – **Dominica becomes independent** followed by St Lucia (1979). / *Pantomime* (play) Derek Walcott
- **1980** – *Strange Fruit* (play) Caryl Phillips
- **1981** – **Antigua and Barbuda becomes independent** followed by Saint Kitts And Nevis (1983).
- **1985** – *Talking of Trees* (poetry) Olive Senior
- **2000** – *The Arrival of Brighteye and Other Poems* Jean "Binta" Breeze
- **2008** – *A Brief History of Seven Killings* (novel) Marlon James

## Island Rhythm

- The mix of cultures in the Caribbean has made for a rich musical tapestry. Slaves came from different places and didn't speak the same languages. In **Trinidad**, slaves used Calypso songs as a way to communicate, and to criticise their slave masters in a mocking style. Mento had a similar role in **Jamaica**. In today's Calypso competitions, singers improvise satirical lyrics about modern society. Trinidad has a large population from India. Soca evolved by mixing Calypso with faster rhythms from Indian music.
- Trinidad is also the home of a unique musical instrument. The colonists made African drums illegal in the 19th century. In the 1930s, musicians created a similar effect with old oil drums: the steel pan. Today, **steel bands** are a familiar sound in **Carnivals** in the Caribbean, and the **Notting Hill Carnival**, started by West Indians in London.
- Reggae emerged in Jamaica at the end of the 1960s as rebel music: the songs were protests about the injustice of slavery and colonisation. There are many reggae artists but Bob Marley (1945-1981) was the one whose music inspired people around the world.

→ File 8 pp. 194-105

Reggae legend Bob Marley.

**Now test your culture!**

EXO **Quiz**

# English-speaking Africa

## The Scramble for Africa

- By the late 19th century, Europe's imperial powers had colonised large parts of the world. One region that was largely untouched was Africa: only some coastal regions had been colonised, essentially for the **slave trade**.

At an 1884 conference, European countries divided up Africa

- In 1884, the imperial powers met for a three-month conference in **Berlin** that started "the scramble for Africa."
- By 1900 a significant part of Africa had been colonised mainly by **Britain**, **France**, **Germany**, **Belgium**, **Spain**, **Portugal**, and **Italy**.

## The "Wind of Change"

- Although **Egypt**, **South Africa**, **Sudan** and **Ghana** had already gained independence from Britain, the major wave of decolonisation happened in the 1960s.
- In 1960, British Prime Minister **Harold McMillan** made a speech to the South African parliament in which he spoke of the **"wind of change"** blowing through the continent of Africa, as more and more colonies claimed the right to rule themselves. **Somalia** and **Nigeria** became independent that year, as did 15 French and Belgian colonies. This was followed by independence from Britain for **Sierra Leone**, **Uganda**, **Kenya**, **Malawi**, **Tanzania**, **Zambia**, **Gambia**, **Botswana**, **Lesotho**, **Mauritius** and **Swaziland** by 1968. **The Seychelles** followed in 1976 and, after years of conflict, **Zimbabwe** in 1980.

**Timeline**

- **1879** – **Britain victorious in the Zulu War** against the Zulu nation in South Africa
- **1881** – **The first Boer War** (1880-1881) opposes Dutch and British settlers in South Africa
- **1912** – **Foundation of the South African Native Congress** (later the ANC)
- **1914–1918** – **First World War**
- **1930** – *Mhudi* (novel) Thekiso Plaatje (SA)
- **1939–1945** – **Second World War**
- **1948** – **Apartheid introduced in South Africa**
- **1948** – *Cry, the Beloved Country* (novel) Alan Paton (SA)
- **1952–1956** – **The Mau Mau uprising in Kenya** opposing British colonial rule savagely repressed
- **1958** – *Things Fall Apart Chinua* (novel) Chinua Achebe (Nigeria)
- **1960** – **Harold McMillan's "wind of change" speech** / **The ANC is banned**

## Apartheid

- **South Africa** had a longer period of colonisation, and power structures in the country led to the invidious apartheid system imposed by the white authorities.
- From 1652, the **Dutch**, **British** and **French** colonised southern Africa. By 1910, the Union of South Africa was British dominion. In 1931 it became independent.
- From 1948, the apartheid system legally classified every South African as white, black, coloured, or Asian, and gave them different rights. Black people were force to live in "homelands" where the agricultural land was poor, or in "townships" – ghettos outside the big cities or near mines or other places where black people worked. They couldn't vote and had limited access to education.
- Different organisations opposed apartheid. In 1964, **Nelson Mandela** and many other **ANC** leaders were arrested and sentenced to life imprisonment.
- Finally, in 1991, apartheid was abolished. There were democratic elections, and, in 1994, Nelson Mandela was elected the first black **president**.

Nelson Mandela voting for the first time at the age of 65.

## Militant Writing

- Many South African authors opposed apartheid in their work. Mainly white authors could get published, notably Nadine Gordimer and JM Coetzee (both Nobel Prize winners), Alan Paton, and André Brink and playwright Athol Fugard. Towards the end of the period, some black authors also managed to be published. Miriam Tlali (*Amandla*, 1980) and Mbulelo Mzamane both wrote about the Soweto Uprising.
- Nigerian author Chinua Achebe's *Things Fall Apart* was one of the first novels to show an international audience the effects of colonisation and evangelisation on African populations. Achebe chose to write in English in order to be read in colonialising countries. Kenyan author Ngugi wa Thiong'o preferred to publish first in his native Gikuyu. In *Decolonising the Mind, The Politics of Language in African Literature* (1986) he called English "a time bomb in the African mind" that would slowly destroy what remains of African culture. Another Nigerian author, Ken Siro-Wiwa, chose to write in pidgin.

South African actors Winston Ntshona and John Kani in *The Island*, a play they co-wrote with Athol Fugard about two men in a prison like Robben Island.

**1964** – Malawi, Tanzania and the Zambia become independent

**1967** – Biafran War in Nigeria: three years of civil war

**1967** – *Madmen and* ... *ecialists* (play) ... oyinka (Nigeria)

**1968**

**1970**

**1974** – Soweto Uprising in South Africa: 600 schoolchildren killed

**1974** – *The Conservationist* (novel) Nadine Gordimer (SA)

**1979** – *A Dry White Season* (novel) André Brink (SA)

**1980** – *Waiting for the Barbarians* (novel) JM Coetzee (SA); *Devil on the Cross* (novel) Ngugi wa Thiong'o (Kenya)

**1982** – Kenya becomes a one-party state, a decision reversed in 1991

**1982** – *The Children of Soweto* (novel) Mbulelo Mzamane (SA)

**1985** – *Sozaboy: A Novel in Rotten English* Ken Siro-Wiwa (Nigeria)

**1990** – Nelson Mandela is released and the ANC legal again

**1994** – First democratic elections in South Africa. Nelson Mandela is elected president

**2001** – *Welcome to Our Hillbrow* (novel) Phaswane Mpe (SA)

**2004** – Kenyan ecologist Wangari Maathai wins the Nobel Peace Prize

**2010** – *The Memory of Love* (novel) Aminata Forna (Sierra Leone)

**2014** – *Lagoon* (novel) Nnedi Okorafor (Nigeria)

**2019** – *House of Stone* (novel) Novuyo Rosa Tshuma (Zimbabwe)

## Telling (hi)stories

- In his ironic 2006 essay "How to Write About Africa" Kenyan author Binyavanga Wainaina criticised foreigners for writing picturesque or tragic stories treating, "Africa as if it were one country." The continent has a multiplicity of literary voices.
- Some authors use fiction as a way to explore their country's history. Nobel-prizewinning Nigerian playwright Wole Soyinka wrote about the Biafran war while he was imprisoned during the war. A generation later, Chimamanda Ngozi Adichie wrote about the same conflict that her parents survived. Aminatta Forna also writes about war, in Sierra Leone, while Novuyo Rosa Tshuma explores Zimbabwe's difficult post-colonial history.
- Phaswane Mpe and Niq Mhlongo (*Dog Eat Dog*, 2011) write about life in South African townships where apartheid has disappeared by poverty and violence haven't.
- In a less realistic vein, authors use give a specifically African twist to imaginative genres like sci-fi. Nnedi Okorafor imagines an alien invasion of Lagos and Lily Herne set *Deadlands* (2011) in a post-apocalyptic Cape Town overrun by zombies.

The 2013 film adaptation of Chimamanda Ngozi Adichie's 2007 novel *Half of a Yellow Sun*.

Now test your culture!

EXO Quiz

# India and Pakistan

## A long and rich history

- From **3000 BC,** there was a sophisticated civilisation in the Indus Valley with complex architecture, towns and water systems, and the first traces of the Hindu religion.
- Around **1500 BC** Aryans invaded from the north, bringing their language, **Sanskrit**.
- In the 4th century BC, Emperor Ashoka united India.
- From 1526 to 1700s the Muslim **Moghuls** from Iran governed India. A famous Moghul emperor, Shah Jahan, built the Taj Mahal as a memorial to his dead wife.
- From the 16th century Europeans invaded: the **Portuguese**, **French**, **Dutch** and **British**.
- By 1818, the British **East India Company** effectively ruled most of India. Less than 100,000 British employees, and a number of Indian princes, dominated a country of 120 million people.
- In 1857, soldiers in Bengal mutinied and caused a **rebellion**. Britain responded by making India a colony and governed officially, making Queen Victoria Empress of India.
- In 1916, Indians started to demand **independence**. Mohandas Gandhi led the movement. Finally, on 15 August 1947, the British left, but they left two countries: India (with a Hindu majority, led by Jawaharlal Nehru) and Pakistan (with a Muslim majority, led by Mohammed Ali Jinnah). This **Partition** forced 16 million people to leave their homes and change country in chaotic circumstances. Historians believe a million people died.

Independence talks in 1947 with Jawaharlal Nehru, Lord Mountbatten and Mohammed Ali Jinnah

**Timeline**

- 1857 – **Soldiers mutiny in Bengal**
- 1858 – **The British government takes control** in the place of the East India Company
- 1885 – **The Indian National Congress** is founded to push for independence
- 1913 – **Rabindranath Tagore** revered Bengali poet who also wrote in English wins the **Nobel Prize for Literature**.
- 1914–1918 – **First World War**
- 1920–22 – **Gandhi launches campaign of civil disobedience**
- 1931 – **Gandhi leads a campaign against the salt tax**
- *Untouchable* (novel) Mulk Raj Anand
- 1935 – **Government of India Act,** the first step towards independence
- 1938 – *Kanthapura* (novel) Raja Rao
- 1939–1945 – **Second World War**
- 1947 – **Independence and Partition into two countries: India and Pakistan**

Gandhi in traditional Indian clothes in front of 10 Downing Street, London, 1931.

## Gandhi

- Mohandas Gandhi (1869-1948) was a Bombay lawyer. He had spent 23 years in **South Africa** opposing racial discrimination against Indians, where he had refined his philosophy of **non-violent resistance** which he would use to great effect in India.
- From 1916 on, he campaigned for an independent India which would embrace all its **religions** (the Hindu majority, large Muslim minority, Sikhs, Buddhists and Christians).
- He encouraged people to refuse to buy British products, or pay taxes, but always be **pacifist**. He was **imprisoned** several times.
- In 1931, he led a national **"salt march"** to the sea to protest at taxes on salt. This led to the British organising a **conference** in London on future independence.
- Gandhi and many other independence leaders opposed **Partition**, but Muslim leaders insisted their community would be in danger as a minority in the new country.
- In January 1948, Gandhi was **assassinated** by a Hindu extremist who thought Gandhi was too pro-Muslim.

## Country and identity

- The vast majority of books published in India and Pakistan are in one of the dozens of languages in use (the Indian Constitution recognises 22 official languages). But some writers use English, to gain a wider audience.
- Writers analyse history, such as the trauma of Partition. Salman Rushdie's *Midnight's Children* is an epic account of the lives of the first children born at Independence, who Rushdie endows with special powers. Kamila Shamsie gives a Pakistani take on the same events in *Burnt Shadows* (2009). Raja Rao's *Kanthapura* depicts Gandhi's teachings in a rural village.
- In 1935, Mulk Raj Anand wrote about the fate of the **Untouchable** caste and Arundhati Roy's masterpiece *The God of Small Things* returns to the topic in 1969 against the background of Communist uprisings.
- Mohammed Hanif writes irreverently of the plane crash that killed Pakistan's General Zia, whereas Aravind Adiga condemns corruption in modern India in *The White Tiger* (2008). Anita Desai's *In Custody* (1984) explores tension in India between Urdu and Hindi speakers.
- Arranged marriage is still common in both countries and is often a topic for literature, such as Vikram Seth's *A Suitable Boy* and Soniah Kamal's *Unmarriageable*.

The 2012 film adaptation of Salman Rushdie's Partition novel *Midnight's Children*.

**1948** – **Gandhi assassinated**. **Indo-Pakistani war** over the disputed regions of Kashmir.

**1966** – **Nehru's daughter Indira Gandhi** becomes Indian Prime Minister

**1971** – **Bangladesh declares independence** from Pakistan

**1976** – *The Painter of Signs* (novel) RK Narayan

**1977** – **Military coup in Pakistan** by General Mohammad Zia-ul-Haq. Prime Minister Zulfikar Bhutto is executed

**1981** – *Midnight's Children* (novel) Salman Rushdie

**1984** – **Indira Gandhi assassinated**. **Explosion** at a U.S. chemical plant in Bhopal

**1988** – **General Zia** is killed in an air crash. *Brunizem* (poetry) Sujata Bhatt

**1991** – **Rajiv Gandhi assassinated**

**1993** – *A Suitable Boy* (novel) Vikram Seth

**96** – **Hindu nationalist BJP party** wins Indian electios

**97** – *The God of Small Things* (novel) Arundhati Roy

**1999** – **Military coup in Pakistan** by General Pervez Musharraf

**2005** – *Q & A* (novel) Vikas Swarup

**07** – **Benazir Bhutto assassinated** on her return from exile. *Greetings from Bury Park* (memoir) Sarfraz Manzoor

**2008** – *A Case of Exploding Mangoes* (novel) Mohammed Hanif

**2012** – **Malala Yousafzai**, a Pakistani teen campaigner for girls' rights, is shot by the Taliban

**2019** – *Unmarriageable* (novel) Soniah Kamal

## Crossing Cultures

- Literature in English addresses the heritage of **colonialism**, including the choice of language itself. In Arundhati Roy's *The God of Small Things*, the family has been involved in colonial administration and twins Rahel and Esta stage their own linguistic rebellion when forced to speak English by speaking it backwards. In *Inheritance of Loss* (2006) Kiran Desai also features a pathetic former Indian colonial administrator, and his granddaughter struggling to define her identity.
- Like many writers in English, poet Sujata Bhatt has experienced **emigration** and questions her own linguistic loyalty in "A Different History": "Which language/ has not been the oppressor's tongue?"
- Mohsin Hamid examines the attraction of Islamic fundamentalism for an expatriated Pakistani.
- Sarfraz Manzoor looks back at his adolescence as an immigrant Pakistani in the north of England obsessed with American rock music.

Mira Nair's film *Monsoon Wedding* (2001) depicts the culture clashes when home-based and expatriate Indians are thrown together at an arranged marriage.

**Now test your culture!**

EXO Quiz

**Objectif BAC** ÉCRIT

# 1 Élaborer une synthèse

**L'épreuve de synthèse consiste en la mise en lien d'au moins trois documents sous forme d'une expression écrite structurée contenant les idées directrices de ces documents organisées de manière logique.**

## A ANALYSER LE SUJET

Lis bien la **consigne** et identifie la **problématique** qui sous-tend cette synthèse. Puis **note les mots-clés** qui te viennent à l'esprit à la lumière de cette problématique et en lien avec la thématique du programme. **Fais des hypothèses** sur les réponses à y apporter. Cela t'aidera ensuite à **construire ton plan**.

*Problématique : Is marriage related to love or social position?*

**Thématique** : Rencontres – **Axe** : l'amour et l'amitié

Write a short commentary on the three documents (minimum 300 words) comparing and contrasting the vision of marriage.

Documents :

– William Hogarth, Marriage A-la-Mode: 4, the Toilette, 1743-1745 (p. 81)

– Jane Austen, Pride and Prejudice, 1813 (doc 2 p. 77)

– Soniah Kamal, Unmarriageable, 2019 (doc 3 p. 77)

*Mots-clés : love/emotions, marriage, social codes*

## B IDENTIFIER LES DOCUMENTS À SYNTHÉTISER

Fais un premier tour rapide des documents afin :
– d'**identifier la nature** de chaque document ;
– de repérer **les sources** (auteur, date, contexte géographique...) ;
– d'**évaluer son lien avec la problématique** et les hypothèses que tu as émises à partir du sujet ;
– de **choisir dans quel ordre tu vas les étudier** en fonction de leur nature et de leur importance.

**TIPS**

- **Tour rapide** = lecture des titres et sous-titres, chapeaux ou autre paragraphes mis en exergue, sources, etc.
- **Nature d'un texte** = article, éditorial, extrait littéraire, etc.
- **Nature d'un document iconographique** = photographie, œuvre d'art, publicité, caricature, etc.

## C ÉTUDIER LES DOCUMENTS

- **Étudie chacun des documents** en gardant toujours en tête la problématique donnée dans le sujet :
– identifie **la situation d'énonciation** : qui parle ? à qui ? de quoi ? ;
– dégage **l'organisation logique** de chaque document : structure, mise en lien des informations ;
– repère **les points de vue et la manière dont ils sont véhiculés** (ex. : l'ironie dans un pamphlet, les couleurs dans une affiche, les lignes dans un tableau, les métaphores dans un poème, etc).
- **Mets en regard les documents** pour **faire émerger les arguments** qui vont dans le même sens ou qui se contredisent.
- **Mobilise tes connaissances (inter)culturelles** pour enrichir ton analyse (connaissances de la thématique et de l'axe d'étude).

**TIPS**

- Le repérage simple ne suffit pas : il faut dégager les **effets** et leur **visée**.
- Prend bien en compte tous les documents du dossier et la spécificité de chacun.

## D FAIRE UN PLAN ET RÉDIGER

- À partir de tes notes, tu vas pouvoir **dégager la structure de ta synthèse** : il s'agit de **traiter les thèmes fédérateurs communs** aux documents en **mettant en exergue les convergences et les divergences**. Prends appui sur **la consigne qui te donnera parfois des axes pour ton plan.**
- Ta synthèse doit être organisée et comporter les trois parties suivantes :
– une **introduction** dans laquelle tu identifies les documents et annonces leur lien à la problématique et les thèmes communs traités dans les documents ;
– un **développement** organisé en paragraphes traitant chacun d'un thème fédérateur (généralement 2 ou 3 paragraphes), dans lesquels tu peux enrichir les éléments issus des documents avec tes connaissances ;
– une **conclusion** qui doit faire le lien avec l'axe d'étude et ouvrir sur de nouvelles perspectives.

**TIPS**

- Utilise du **lexique précis et varié** et **relis-toi** pour traquer les erreurs : la richesse et la correction de la langue font partie des critères évalués.
- Utilise **des connecteurs logiques** pertinents pour articuler ta production.

# 2 Comprendre un document iconographique



## A
### IDENTIFIER ET RÉAGIR

- **Relève les informations** relatives à l'image : son titre, sa nature, le nom de l'auteur et sa date de publication ou de création.
- **Appuie-toi sur ton ressenti pour comprendre le document** : quelle émotion cette image suscite-t-elle ou quelle atmosphère dégage-t-elle ?

*__This picture was painted by__ William Hogarth and is part of a series entitled* Marriage A-la-Mode *created between 1743 and 1745. The title of the painting __indicates that__ the scene takes place before a wedding. A __relaxed__ and __congenial__ atmosphere __prevails__ in the scene.*

## B
### OBSERVER ET ANALYSER

- **Observe** et **note des mots-clés** pour décrire l'image. **Identifie sa composition** en situant les différents éléments dans l'espace.
- **Explique** ce que l'on peut apprendre des **personnages** en décrivant leurs gestes, leur attitude, leur regard, leur expression.
- **Observe les lignes et les couleurs** qui composent le document et identifie les éléments de **contraste** et/ou de similitude qui s'en dégagent.

William Hogarth, *Marriage A-la-Mode: 4, The Toilette*, 1743-1745

***What?*** *a reception before a wedding (cf. title) – British aristocracy*

***Where?*** *a bedroom (bed in the background)*

***Who?*** *2 ladies in the centre turning their backs at each other / space division / rupture.*

***What's going on?***

*<u>On the right:</u> the bride-to-be being hair-styled – talking to her lover – paintings above their heads showing mythological and biblical seduction scenes ➜ symbolism of their love. <u>In the bottom right-hand corner:</u> a black page pointing at a horn which may symbolize, adultery. suggesting the countess is having an affair?*

*<u>On the left:</u> opera singer and flutist entertaining the guests + servants helping them with chocolates – guests are not concerned at all by the bride-to-be.*

## C
### INTERPRÉTER L'IMAGE

- **Place le document dans son contexte** culturel, historique ou artistique et détermine l'intention de l'artiste.
- **Partage ton opinion** sur le message de l'artiste, l'efficacité des techniques utilisées ou encore la valeur du document aujourd'hui.

*– In this painting, William Hogarth __criticizes__ the custom of 18th century British society of marrying wealthy young women for economic or political gain. He __shows that__ the bride-to-be would agree to such arrangements perfectly knowing that she would find lovers to replace her indifferent husbands.*

*– Besides, the painter __deliberately ridicules__ British aristocracy at the time by __drawing the viewers' attention to__ the fact that the guests attended this kind of reception out of a selfish desire to be entertained rather than out of real concerns for the bride-to-be. __The triangle-composition__ makes the viewer focus on…*

*– __Personally__, I find it very effective __in that__…*

### BOOST YOUR VOCABULARY!

- Exprimer son ressenti : ***What strikes me the most*** *about this picture is (that)…* • ***It arouses a feeling of*** *joy ≠ sadness / empathy ≠ disgust* • ***It makes me*** *want to laugh ≠ cry, etc.*
- Parler de ses impressions : *The picture* ***reminds me of…*** • *We are* ***under the impression that…***
- Commenter la prise de vue : *a close-up ≠ a wide-angle view* • *The subject* ***is seen from*** *above/ below.*
- Décrire le regard : ***stare at*** (fixer) • ***gaze at*** (contempler) • ***glance at*** (regarder furtivement) • ***glare at*** (lancer un regard furieux)
- Mettre en relief : *The author wants to* ***highlight/ emphasise…*** • *It* ***draws the viewer's attention to…*** • *It* ***points out…***
- Évoquer l'atmosphère : *The author* ***manages to convey/create*** *a lighthearted≠, oppressive / peace-ful≠ threatening / warm≠ cold / idyllic≠ nightmarish / pleasant≠ desolate atmosphere.*
- Le but recherché : ***The author intends to*** *show/ demonstrate/prove/denounce/ suggest/encourage/motivate…*

# 3 Lire et comprendre un texte

Nature du texte ?

**Texte de fiction**
- **Qui :** les différents personnages, le narrateur
- **Quoi :** les éléments principaux de l'intrigue
- **Quand et où :** le lieu et le moment de l'action, la date de publication, le contexte d'écriture

**Texte de presse**
- **Qui :** l'auteur de l'article (journaliste ? auteur ?, etc.)
- **Quoi :** la source, la date de publication, le contexte d'écriture
- **Quand et où :** le sujet abordé, la thèse défendue, le point de vue du journaliste

## A CHERCHER DES INDICES ET ANTICIPER

Commence par repérer le paratexte pour déterminer la **nature** du texte que tu vas lire (titre, auteur, source, date de publication, illustration ou photographie, etc.) et faire des **hypothèses** sur le contenu.

## B CONSTRUIRE LE SENS DU DOCUMENT

Pour bien comprendre le document, tu peux prendre en compte **trois critères** qui visent une compréhension de **l'implicite (niveaux B2-C1 visés)**.

*It is a truth universally acknowledged that a girl can go from pauper to princess or princess to pauper in the mere seconds it takes for her to accept a proposal.*

When Alysba Binat began working at age twenty as the English literature teacher at the British School of Dilipabad, she had thought it would be a temporary solution to the sudden turn of fortune that had seen Mr Barkat 'Bark' Binat and Mrs Khushoo 'Pinkie' Binat and their five daughters – Jenazbat, Alysba, Marizba, Qittyara and Lady – move from big-city Lahore to backwater Dilipabad. But here she was, ten years later, thirty years old, and still in the job she'd grown to love despite its challenges. Her new batch of Year 10s were starting *Pride and Prejudice*, and their first homework had been to rewrite the opening sentence of Jane Austen's novel, always a fun activity and a good way for her to know her students better.

Soniah Kamal, *Unmarriageable*, 2019

### Critère 1 > Comprendre la situation d'énonciation et le contexte

- Repère les informations sur le **contexte** : les lieux, les personnes, les événements et les enjeux.
- Identifie **qui parle**, **d'où** et **à qui**, l'**implicite** de la situation. Tu peux surligner à l'aide d'un marqueur les noms propres et les nombres.

Where? Dilipabad (Pakistan)
Who? Alysba Binat (English literature teacher), 30 years old When? Nowadays, beginning of the school year.
Narrator? omniscient
Implicit? bitterness / social downgrading and routine life.

### Critère 2 > Construire les réseaux de sens

- Identifie la **logique** du document (relations de cause à effet) ou la **chronologie** des faits. Appuie-toi sur les **connecteurs logiques** et les temps.

Alysba Binat has been an English literature teacher since her parents moved with her sisters from Lahore to Dilipabad after a turn of fortune. She found this situation very hard. 10 years later she is still a teacher. She teaches Pride and Prejudice and asked her pupils to rewrite its opening sentence.

### Critère 3 > Comprendre la stratégie de communication

- Identifie l'**intention** et la **visée** du document (relater, informer, critiquer, dénoncer, divertir, amuser, etc.).
- **Explicite**-les en t'appuyant sur les **figures de style** ou les **procédés d'écriture**.

This literary excerpt is the incipit. It introduces the situation, the context and catches the reader's attention. It is entertaining. The first sentence is a twist of the first sentence of Pride and Prejudice. A discerning reader will make the parallel between the Bennet family and the Barkat family. Unmarriageable is a rewriting of Pride and Prejudice in Pakistan nowadays.

# 4 La focalisation et les modes narratifs

Lorsque tu lis un texte littéraire, prête attention à trois éléments : qui raconte l'histoire, quel est son point de vue et de quelle façon l'histoire est racontée. Ces aspects te permettent d'analyser le sens du texte et l'effet produit sur le lecteur.

**TIP**

Pour repérer qui parle, focalise-toi sur les pronoms utilisés dans le récit : **I** = récit à la 1re personne.

## A
## LE NARRATEUR – *WHO TELLS THE STORY?*

| | |
|---|---|
| **Récit à la 1re personne** | • **Focalisation interne (*internal focalisation*) :** le narrateur est **un personnage** de l'histoire.<br>*I watch and listen, my nails carving half-moons into the flesh of my palms. (Christina Dalcher,* Vox*)* |
| **Récit à la 3e personne** | • **Focalisation externe (*external focalisation*) :** le narrateur observe les personnages mais ne participe pas à l'histoire. Il ne décrit que ce qui est **visible**.<br>*George stared morosely at the water. (John Steinbeck,* Of Mice and Men*, 1937)*<br>• **Focalisation zéro :** le narrateur est **omniscient (*omniscient narrator*)** = il sait tout.<br>*She'd heard a myth—from Hanna, of course—that Canada once held the third richest reserve of fresh water in the world. Canada used to have clean sparkling lakes deep enough for people to drown in. Hilda and her mother hadn't seen a good rain in over a decade. (Nina Munteanu,* The Way of Water*, 2016)*<br>• **Courant de conscience (*stream of consciousness*) :** le narrateur a **accès aux pensées désorganisées** (impressions, associations d'idées) du personnage.<br>*What can you do if you are thirty and, turning the corner of your own street, you are overcome, suddenly, by a feeling of bliss—absolute bliss! (Katherine Mansfield,* Bliss*, 1918)* |

## B
## LES MODES NARRATIFS – *SHOWING AND TELLING*

On distingue **trois modes narratifs** : le récit, la description et le discours.

- **Le récit (*narrative*) :** l'auteur raconte les actions des personnages et enchaîne les étapes de l'histoire.

*I only slept a few hours when I went to bed, and feeling that I could not sleep any more, got up. I had hung my shaving glass by the window, and was just beginning to shave. (Bram Stoker,* Dracula*, 1897)*

- **La description (*description*) :** l'auteur décrit le lieu, le moment, les personnages, etc.

*The night was stormy; the wind had been rising at intervals the whole afternoon; and by the time the party broke up, it blew and rained violently. (Jane Austen,* Northanger Abbey*, 1803)*

- **Le discours :** il s'agit des dialogues (*dialogues*)ou du discours rapporté (*reported speech*).

| Discours direct – *direct speech* | Discours indirect – *indirect speech* |
|---|---|
| L'auteur écrit les paroles **exactes** des locuteurs :<br>*"You write first," Naomi said to Sally, offering her the pencil.*<br>*"For Lord's sake," said Bea, "don't mention me." (Thomas Keneally,* The Daughters of Mars*, 2012)* | Les paroles sont **rapportées** par le narrateur :<br>*But then her parents came in and told her to mend the stockings or mind the stew and not moon about with books and papers. (Virginia Woolf,* A Room of One's Own*, 1928)* |

- Pour passer du style direct au style indirect, il faut faire attention aux formes verbales, aux noms et pronoms, à l'ordre des mots et aux repères de lieux et de temps.

*"You write first," Naomi said to Sally, offering her the pencil*
*→ Naomi said to Sally to write first, offering her a pencil.*

*"I went to the cinema yesterday." he said → He said that he had been to the cinema the day before.*

*"I've written many letters" said Vera to Roland, " but you haven't answered them".*
*→ Vera said to Roland that she had written him many letters and that he had not answered.*

**BOOST YOUR SKILLS!**

1. **Read** the text taken from ***The Daughters of Mars*** (doc 3 p. 69) and **identify**:
   - the narrator ;
   - the way the narrator tells the story ;
   - whether it is a description or not ;
   - if there is direct or indirect speech.
2. **Rewrite** one of the dialogues p. 216 into indirect speech.

Objectif **BAC** ÉCRIT

# 5 Les procédés stylistiques

stylistic devices

**Lorsque tu analyses un texte, le repérage des procédés stylistiques te permettra toujours de mieux en comprendre le sens et l'intention de l'auteur. La musicalité, le rythme et les tournures particulières sont soigneusement choisis pour produire des effets précis.**

## A REPÉRER LE TON ET LE RYTHME D'UN TEXTE

### La parataxe
(*parataxis*)

Juxtaposition de propositions sans les relier par des conjonctions ou avec *and*.

*The State had no motive, the State had no witnesses to the crime, the State had only the testimony of Ralph Myers (Bryan Stevenson,* Just Mercy *(Adapted for Young Adults), 2014*

### L'énumération
(*enumeration*)

Détailler des propos pour les amplifier ou pour passer en revue les diverses composantes d'un tout.

*His yellow skin scarcely covered the work of muscles and arteries beneath; his hair was of a lustrous black, and flowing; his teeth of a pearly whiteness. (Mary Shelley,* Frankenstein*, 1818)*

### La répétition
(*repetition*)

- L'anaphore (*anaphora*) : répétition en début de phrase ou de vers, qui donne de la force au texte et soutient l'attention de l'auditoire ou des lecteurs.

  *Speech "I have a dream" by Martin Luther King JR (1963)*

- L'épiphore (*epiphora*) : répétition d'un mot ou groupe de mots en fin de phrase ou de vers.

  *Verse "Not this tide" in Rudyard Kipling's poem* My Boy Jack *(1916)*

### Chiasme
(*chiasmus*)

Croisement d'éléments dans une phrase.

**Fair is foul**, *and* **foul is fair.** *(William Shakespeare,* Macbeth*, 1605)*

### Antithèse
(*antithesis*)

Utilisation dans une même phrase de deux éléments qui s'opposent.

*In my* ***beginning*** *is my* ***end****. (T.S. ELIOT, Four Quartets, 1943)*

### Oxymore
(*oxymoron*)

Juxtaposition de deux termes de sens contradictoires.

*A* ***terrible beauty*** *is born. (W.B. Yeats, « Easter 1916 », 1916)*

### Hyperbole
(*hyperbole* /haɪˈpɜbəlɪ/)

Mise en relief d'une notion par l'exagération des termes employés.

*There was* ***no hurry****, for there was* ***nowhere*** *to go,* ***nothing*** *to buy and* ***no money*** *to buy it with,* ***nothing*** *to see outside the boundaries of Maycomb County. (Harper Lee,* To Kill a Mockingbird*, 1960)*

### Gradation
(*climax, anticlimax, gradation*)

Énumération de termes d'intensité croissante ou décroissante.

*"little by little, bit by bit, and day by day, and year by year..." (Charles Dickens,* A Christmas Carol*, 1843)*

### Euphémisme
(*euphemism*)

Dire de façon atténuée une vérité trop dure à attendre.

*The Ministry of Peace, which concerned itself with war. (George Orwell,* 1984*, 1949)*
*My grandmother passed away. (= My grandmother died.)*

### Litote
(*litotes* /ˈlaɪtəʊˌtiːz *understatement*)

Dire le moins pour dire le plus.

*"I have to have this operation. It isn't very serious. I have* ***this tiny little tumor on the brain****." (J.D. Salinger,* The Catcher in the Rye*, 1951)*

## B IDENTIFIER LA MUSIQUE ET LA MÉTRIQUE D'UN TEXTE

**Allitération**
(*alliteration*)
Les consonnes initiales sont identiques.
*And lined the train with faces **grimly gay**. (Wilfred Owen, The Send-Off, 1918)*

**Consonance**
(*consonance*)
Les consonnes finales sont identiques.
*Blue, when his soaked blood was **red**,*
*For they grew around his **head**.*
*(Roland Leighton, Violets, 1915)*

**Assonance**
(*assonance*)
Le son des voyelles est le même.
*The wh**i**te l**i**ne in the middle*
*of the h**i**ghway unrolled*
*and hugged our left front tire as if*
*gl**ue**d to our gr**oo**ve. (Jack Kerouac, On the Road, 1957)*

**Iambe** (*iamb*) **et trochée** (*trochee*)
L'iambe est un pied composé d'une syllabe atone (non accentuée) suivie d'une syllabe accentuée. C'est le rythme le plus utilisé dans la poésie anglaise. Au XVIII^e siècle, ce procédé était souvent utilisé dans des vers de 5 pieds, ce qui a donné le nom de pentamètres iambiques (*iambic pentameters*). Le trochée est le contraire d'un iambe (une syllabe accentuée suivie d'une syllabe atone).
*A horse! A horse! My kingdom for a horse! (William Shakespeare, Richard III, 1593).*
*"Tyger! Tyger! Burning bright." (William BLAKE, "The Tyger", 1794)*

**Dactyle**
(*dactyl*)
Pied composé d'une syllabe accentuée suivie de deux syllabes atones (non accentuées).
*"Theirs not to reason why, theirs but to do and die." (Alfred Lord Tennyson, "The Charge of the Light Brigade", 1854)*

**Onomatopée**
(*onomatopoeia* /ˌɒnəˌmætəˈpiːə/)
Permet de rendre des sons sous forme écrite.
*Bang, the little drummer takes a solo, reaching his young hands all over traps and kettles and cymbals and foot-peddle BOOM in a fantastic crash of sound – 12 years old – what will happen? (Jack Kerouac, Desolation Angels, 1965)*

**TIP**
- Mètre (*metre*) = longueur d'un vers (nombre de pieds).
- Pied (*foot*) = combinaison de syllabes accentuées et atones.
- Strophe (*stanza*) = groupement organisé de vers.

## C REPÉRER LES IMAGES QUI RENDENT LE TEXTE PLUS VIVANT

**Comparaison**
(*simile* /ˈsɪm.ɪ.li/)
L'auteur compare deux éléments en utilisant le plus souvent *like*, *as* ou *than*.
***She**'s **like** an **angel**.*

**Métaphore**
(*metaphor*)
La métaphore fusionne les deux éléments comparés en se passant du comparatif.
*Your **bedroom** is a **jungle**.*

**Personnification**
(*personification*)
L'auteur attribue des caractéristiques humaines à un objet, animal ou concept.
***Lightning danced** across the sky.*

**BOOST YOUR VOCABULARY!**

**1. Pour parler de poésie**
- accent : *stress*
- pied : *foot*
- mètre : *meter*
- rime : *rhyme*
- rythme : *rhythm*
- strophe : *stanza*
- vers : *line*
- vers non rimés : *blank verse*
- en vers : *in verse*

**2. Pour parler d'un texte littéraire**
- *character*
- *climax*
- *denouement*
- *persona = speaker ; narrator*
- *irony*
- *narrative*
- *plot*
- *pun = play on words*
- *twist*
- *convey*
- *depict = represent*
- *describe*
- *highlight*
- *illustrate*
- *reinforce*
- *mean*
- *mimic = imitate*
- *stress*

Objectif **BAC** ÉCRIT

# 6 Traduire de l'anglais vers le français

**Pour bien traduire un texte, il faut respecter certaines étapes et apprendre à manipuler les différents procédés de traduction.**

## A ANALYSER ET COMPRENDRE LE TEXTE

Avant de te lancer dans la traduction de l'extrait, **relis plusieurs fois** le texte entier et **analyse** les éléments suivants.

**Texte**

1. Le titre, la source, le nom de l'auteur, la date de publication
2. Le sens global du texte : *Who? Where? When? What? Why?*
3. L'organisation du texte (structure chronologique, logique, etc.)
4. Le ou les temps utilisés, les aspects (aspect *-ing*...)
5. Le point de vue : celui d'un journaliste ? d'un narrateur qui écrit à la première personne ? d'un narrateur extérieur et omniscient ?
6. Le ton (factuel, humoristique, ironique, revendicatif, etc.) et le registre de langue (familier, soutenu)
7. Les images et l'imagerie dominante : y a-t-il un champ sémantique particulier, une métaphore filée à travers le texte ? Va-t-on pouvoir garder ces images en français ?
8. Les éventuels effets stylistiques

**TIPS**

- Surligne les connecteurs pour t'aider à repérer la structure du texte.
- Repère les temps verbaux avec des crayons de couleurs différentes pour faire ressortir la structure temporelle.
- S'il y a des mots ou expressions que tu ne connais pas dans le texte, essaie d'en déduire le sens à partir de la racine ou de la formation du mot ou du contexte. En dernier recours, sers-toi d'un dictionnaire unilingue.

## B TRADUIRE

L'objectif de la traduction est de fournir une « photocopie » du texte en français : on garde exactement le même sens et on restitue le plus possible les images et les effets de sens que l'auteur a créés.

- **Fais un premier brouillon** de ta traduction en essayant d'éviter les écueils suivants :

– Le « mot à mot », qui aboutit souvent à une phrase incompréhensible. La traduction implique parfois de changer l'ordre des mots ou d'avoir recours à des expressions de même sens mais formulées différemment.

– Le non-respect du texte, c'est-à-dire une traduction qui « réécrit » le texte de départ.

Utilise les procédés présentés à la page suivante pour t'entraîner.

- **Relis ensuite attentivement ton brouillon** en prenant garde à :

– L'orthographe et la ponctuation ;

– La qualité du français : cohérence des temps, accords, respect des règles de grammaire, etc.

**TIP**

Attention aux faux-amis dont la forme est proche ou semblable à celle de mots français mais dont le sens est différent. Quand tu as un doute, appuie-toi sur le contexte.

**BOOST YOUR TRANSLATION!**

**La ponctuation :**

- Les signes de ponctuation sont les mêmes en anglais et en français, sauf :
  – les guillemets : “...” ou ‘..., (anglais) ≠ « ... » (français) ;
  – le tiret à valeur d'incise : — (anglais) ≠ – (français).
- Dans les dialogues en anglais, la virgule ou le point se placent avant la fermeture des guillemets pour marquer une incise. Chaque passage à la ligne marque l'intervention d'un nouvel interlocuteur.

# 7 Les procédés de traduction

**Pour bien traduire, il faut combiner les différents procédés ci-dessous en fonction du texte. Tu peux commencer par essayer la traduction littérale, puis, si ça ne fonctionne pas, la modulation, et enfin, la transposition.**

**TEXTE À TRADUIRE**

### LA TRADUCTION LITTÉRALE

Traduction **mot à mot**, possible lorsque l'image de départ reste la même en français.
*That's the cherry on the cake!*
➜ C'est la cerise sur le gâteau !

L'emprunt est une forme de traduction littérale dans laquelle le mot étranger est utilisé tel quel afin de garder la couleur locale.

- Les noms et prénoms ; les titres anglais : *Mr* • *Mrs* • *Miss* • *Lady* • *Sir…*
- Certains noms de lieux et termes géographiques : ***Trafalgar Square*** ➜ Trafalgar Square • ***New York*** ➜ New York • They went to the **pub**. ➜ Ils se rendirent au **pub**.
- Les unités de mesure : *The tavern was five **miles** away.* ➜ La taverne était à cinq **miles** de là.

### LA MODULATION

Changement de point de vue, soit à cause d'une différence culturelle ou bien en passant de la voix active à la forme passive. La modulation est souvent nécessaire pour des raisons syntaxiques.
*the Lost Property **Desk***
➜ le **bureau** des objets trouvés
• *You **will be missed**.*
➜ *Vous* **allez nous manquer**.

**L'équivalence** consiste en la recherche d'une expression équivalente au message entier (procédé notamment utilisé pour les expressions idiomatiques).
*Do not count your chickens before they are hatched.* ➜ Il ne faut pas vendre la peau de l'ours avant de l'avoir tué. • *Hold your peace!* ➜ Restez calmes ! • *What's up?* ➜ *Ça va ?* • *What a kick!* ➜ Quel pied !
On peut aussi avoir recours à des équivalences culturelles (lorsqu'un emprunt ne serait pas compris par un lecteur français) :
*I'm in **year 13**.* ➜ Je suis en **Terminale**.

Il est parfois nécessaire de rajouter des mots (sans changer le sens) pour que la phrase soit correcte ou garde le même sens en anglais : cela s'appelle l'**étoffement**.
***Off the motorway**, they took the second on the left.* ➜ **En sortant de l'autoroute**, ils prirent la deuxième à droite.
*Don't hesitate to **call on me!*** ➜ *N'hésite pas à* **me demander de l'aide**.

### LA TRANSPOSITION GRAMMATICALE

Changement de catégorie grammaticale lorsqu'on passe dans une autre langue :
*He **shivered**.* ➜ Il **eut des frissons**.

Le **chassé-croisé** est utilisé notamment pour traduire les verbes à préposition : on traduit la préposition par un verbe et le verbe par une locution adverbiale.
*He **ran** down the hill.*
➜ Il descendit la montagne **en courant**.
*She **rowed** across **the river**.*
➜ Elle traversa la rivière **en barque**.

Le **contraire négativé** consiste à reproduire le sens d'une expression ou d'une phrase en utilisant son contraire (quand il est impossible de garder la syntaxe de départ).
*Quite **clever**!* ➜ Pas **idiot** !
***With small** hope* ➜ ***Sans grand*** espoir

Objectif **BAC** ORAL

# ❶ Construire ton dossier personnel

**Dès la Première, tu dois commencer à penser à la constitution de ton dossier personnel, constitué de tes choix, que tu devras présenter et mettre en valeur à l'oral en Terminale.**

## A
## DÉFINIR LES CONTOURS DU DOSSIER

- Le dossier *(the set of documents)* que tu vas présenter doit être **construit en lien avec une ou plusieurs des thématiques des programmes de Première et de Terminale**. Il ne s'agit pas simplement de présenter les documents les uns après les autres : il faut les **relier par une problématique** *(a key question)*.
- Pour définir cette **problématique**, appuie-toi sur ce que tu as étudié en cours : une séquence que tu as particulièrement appréciée ou un angle abordé dans l'une des œuvres intégrales que tu as lues.

***Thématiques "Rencontres" et "Voyages, territoires et frontières"*** ➜ *How has the road shaped American identity?*

***Thématique "Arts et débats d'idées"*** ➜ *To what extent have trials contributed to shedding light on social injustice in the USA?*

**TIPS**

- Une bonne problématique :
  - correspond à **un questionnement sur l'ensemble du dossier** qui te semble important ;
  - est **une question ouverte** qui peut mettre en jeu des **arguments contradictoires** ;
  - doit être **ancrée dans une réalité culturelle du monde anglophone.**
- Ta problématique évoluera peut-être en fonction de tes choix de documents et de tes découvertes sur la question.

## B
## BIEN SÉLECTIONNER TES DOCUMENTS

- Ton dossier doit comprendre **6 à 8 documents** que tu as soit étudiés en classe, soit découverts par toi-même (à l'occasion par exemple d'une exposition, une sortie au théâtre, un article que tu as lu ou un reportage que tu as vu).
- Dans ces 6 à 8 documents, il faut que tu intègres :
  - **au moins l'une des œuvres intégrales** que tu auras étudiées en Première ou en Terminale : tu peux la matérialiser par un extrait ou par une illustration (la couverture du roman par exemple ou une illustration suffisamment riche), mais il faudra montrer en quoi l'œuvre dans son intégralité répond à ta problématique ;
  - **au moins deux textes littéraires**(roman, nouvelle, poésie, pièce de théâtre, etc.) ;
  - **au moins un texte non littéraire** (article de presse, extrait de discours, etc.) ;
  - **au plus deux œuvres d'art visuel** (peinture, sculpture, caricature, dessin, photo de film, etc.).
- Fais attention à ce que tes documents ne se répètent pas : ils doivent **dialoguer**, c'est-à-dire **se compléter, proposer des points de vue différents voire s'opposer**.
- Pour chaque document choisi, prends des notes pour **expliciter en quoi il répond à la problématique**. Elles te serviront pour mettre en forme ton dossier et également pour préparer ta présentation orale.
- Pour articuler les documents dans ton dossier, tu peux choisir **une approche chronologique, diachronique (qui suit l'évolution des faits) ou thématique**.

**TIPS**

- **Fais-toi un classeur ou un carnet à part** pour les documents que tu choisis et pour tes notes avec tes impressions, les éléments qu'il te semble important de donner, les exemples percutants. N'attends pas et complète au fur et à mesure de tes découverte.
- Commence à sélectionner des documents **le plus tôt possible :** mieux vaut en avoir trop que pas assez pour pouvoir ensuite choisir les plus pertinents.
- En découvrant d'autres documents ou d'autres approches, tu pourras **amender ou compléter tes notes.**

## C
## BIEN SÉLECTIONNER TES DOCUMENTS

- Sur la première page (page de titre), indique clairement la ou les thématiques du programme que tu as choisies et la problématique de ton dossier.
- Sur les pages suivantes, présente tes documents en utilisant une typographie bien lisible pour les textes. N'oublie pas d'indiquer les sources précises (auteur, titre, date de publication, etc.).

# 2 Présenter ton dossier à l'oral

**Le jour de l'épreuve, tu auras 10 minutes pour présenter ton dossier et justifier tes choix à la lumière de ta problématique. Ensuite, tu disposeras de 10 minutes maximum pour interagir avec le jury.**

## Étape 1 - PRÉPARER DES FICHES SYNTHÉTIQUES

**FICHE 1**

- Introduction de ta présentation.
- Plan succinct de ton intervention, en indiquant à quel moment tu évoques chacun de tes documents, des mots-clés et des exemples pour soutenir ton argumentation.
- Conclusion dans laquelle tu pourras davantage t'engager personnellement.

**FICHE 2**

- Liste le vocabulaire que tu seras amené(e) à mobiliser dans ta présentation.
Note des noms, des adjectifs mais aussi des verbes.

**TIPS**

- Le jour de l'épreuve, tu n'auras **pas de temps de préparation** et tu n'auras **pas de notes** sur lesquelles t'appuyer : il faut donc **bien te préparer et t'entraîner en amont**.
- Un même document peut intervenir à différentes étapes de ton développement. Il ne s'agit pas de présenter les documents les uns après les autres mais bien de montrer **comment ils dialoguent**.

**TIP**

**10 minutes de présentation = 1600 mots environ.**
Entraîne-toi avec une montre pour vérifier que tu es dans le timing !

## Étape 2 - S'ENTRAÎNER SEUL(E)

- Appuie-toi sur tes fiches pour t'entraîner à présenter à l'oral : **tu peux t'enregistrer afin de pouvoir te réécouter** et modifier ce qui ne convient pas.
- Pendant ta présentation, fais attention à bien **naviguer entre tes documents** et à **parler avec naturel** : n'apprends pas par cœur pour ne pas donner l'impression de réciter mais bien d'expliquer, de justifier.
- **Auto-évalue ensuite ta prestation** à l'aide de la fiche téléchargeable, puis entraîne-toi à nouveau en modifiant les critères sur lesquels tu n'as pas encore atteint le niveau C1. Fiche d'auto-évaluation
- **Vérifie aussi que ta présentation n'est ni trop longue, ni trop courte** et que tes sous-parties sont équilibrées en termes de longueur.

**TIPS**

- Lors de l'interaction, **écoute bien la question** et prends le temps de réfléchir à ta réponse pour ne pas te limiter à un oui ou à un non.
- Pour anticiper les questions du jury, prépare une fiche qui présente d'autres œuvres et d'autres auteurs pour pouvoir donner des exemples supplémentaires pertinents. Les pages *Landmarks* te permettront d'approfondir le contexte culturel de tes documents.

OBJECTIF BAC p. 293

## Étape 3 - S'ENTRAÎNER AVEC QUELQU'UN

- Quand tu es suffisamment en maîtrise du contenu, **entraîne-toi à nouveau avec un camarade**, cette fois-ci **sans tes fiches** et en t'appuyant uniquement sur le dossier.
- Au terme de ta présentation, ton camarade te posera des questions, soit pour te faire préciser quelque chose qui n'était pas clair ou erroné, soit pour approfondir ou élargir d'autres points.

## Étape 4 - LE JOUR DE L'ÉPREUVE

- Traite ton sujet de manière **fluide** et **convaincante** en étayant ta présentation par des éléments culturels pertinents.
- Développe ton propos en n'oubliant pas d'**illustrer tes arguments** à l'aide des documents de ton dossier.
- Utilise un **répertoire lexical vaste et nuancé** pour montrer ta maîtrise de la langue.
- Exprime-toi de manière **intelligible**, en prenant garde à la prononciation.
- Au terme de ta présentation, reste concentré(e) pour aborder la seconde partie de l'épreuve : l'échange avec le jury est aussi **important** que la présentation. Il s'agira pour toi de montrer ta capacité à écouter et répondre de manière pertinente et argumentée d'une part ; et à nourrir l'échange en proposant d'autres perspectives d'autre part.

**TIPS**

- Le jour de l'épreuve, n'oublie pas :
  – ton dossier personnel en deux exemplaires ;
  – ta montre.
- Pense à bien respirer, à te tenir droit(e) et à ne pas parler trop vite. Tu t'es entraîné(e), tu seras convaincant(e) !
- Rappelle-toi qu'on a le droit d'hésiter (*Err... Well...*) ou de revenir sur ce qu'on a dit dans un entretien, ce n'est pas un problème !
- N'hésite pas à faire répéter une question (*Could you repeat please* ?) ou à demander des précisions (*I'm not sure I understand, do you mean...?*).

Objectif **BAC** ORAL

# ③ Présenter une œuvre intégrale dans ton dossier

**A**

## AVANT D'ENTRER DANS L'ANALYSE

Pour intégrer une œuvre intégrale à ton dossier, tu dois dans un premier temps réfléchir au lien qu'elle peut avoir avec les autres documents et la problématique que tu as choisie.

Au brouillon, réfléchis à toutes les idées qui te viennent à l'esprit suite à la lecture du roman. L'analyse de la couverture et de la quatrième de couverture peuvent te donner des indices.

**Theme from the curriculum**: Arts et débats d'idées
**Key issue for my file/portfolio:** *To what extent have trials contributed to shedding light on social injustice in the USA?*
**Book:** *To Kill a Mockingbird*, by Harper Lee
– author? publication context? Type of narrative?
– main ideas?
– possible key excerpts?
– plot elements linked to the key question?
– parallel with other documents?

**B**

## CHOISIR DES PASSAGES CLÉS ET ANALYSER LE TEXTE

• Réfléchis ensuite à **un ou deux passages clés de l'œuvre** que tu pourrais intégrer dans ta présentation : ils doivent être particulièrement marquants au regard de la problématique de ton dossier.

• **Analyse-les en détail** pour pouvoir présenter les liens de façon fine avec la problématique de ton dossier. N'hésite pas à surligner, entourer les mots et les citations qui te semblent importants.

**Entraîne-toi**

• Télécharge l'extrait du chapitre 20 de *To Kill a Mockingbird* sur le site compagnon ou affiche-le via ce lien
• Lis cet extrait et repère :
– les champs lexicaux de la **justice** et de l'**injustice** ;
– les **références au contexte historique** ;
– le **point de vue** des personnages et le **regard de la narratrice** sur les éléments.
• Fais le lien avec la question posée par la problématique :
– quelle vision de la justice est donnée ici ?
– le roman permet-il de faire évoluer les mentalités et la réflexion sur les injustices sociales ?
• **Choisis une ou deux citation(s)** que tu mettras en avant pour illustrer ton propos.

**TIPS**

▪ Le style d'écriture permet souvent à l'auteur de donner encore plus d'importance aux thèmes de l'œuvre. Porte une attention particulière aux figures de style, répétitions, rythme ou au ton du passage.

OBJECTIF BAC ▶ pp. 284-285

▪ Pour commenter le style d'écriture, utilise les tournures suivantes :
*The repetitions highlight the idea of...* • *There is a sharp contrast between...* • *The rhythm enables the writer to convey a message on ... to draw the reader's attention.*

**TIP**

Au brouillon, réfléchis à la structure de ta présentation orale et dans quelle partie tu souhaites mentionner l'œuvre intégrale : quelles grandes idées ressortent de l'analyse du texte ?

**C**

## PRÉSENTER L'ŒUVRE LITTERAIRE

*Until today, one of the most famous examples of trials in American literature remains Atticus's speech in To Kill a Mockingbird by Harper Lee. The novel, told through the eyes of 6-year-old Scout, takes us back to the Deep South in the 1930s when Jim Crow laws were implemented. Scout's father, Atticus, is a lawyer who defends Tom Robinson, a black man unfairly accused of raping a white girl.*
*1. A novel set in the Deep South inspired by a real case (Harper Lee, The Scottsboro boys case).*
*2. The trial: an attempt at restoring justice (chapter 20 / Atticus's speech / the children's point of view).*
*3. Discovering social injustice and the impact on readers (chapter 26 and the whole novel).*
*Actually, To Kill a Mockingbird clearly contributed to shedding light on social injustice through the eyes of Scout. The trial remains a key moment in literature and echoes other instances of injustice. For example, Atticus's words remind us of the lawyer's defense in the real-case mini-series When They See Us, directed by Ava Duvernay in 2019.*

**1** Pense à une façon d'**introduire l'œuvre intégrale** dans l'une des parties de ta présentation. Donne la source, situe le passage et explique le lien avec la problématique.

**2** Note des **arguments** et des **exemples** qui vont faire ressortir les grands enjeux du texte. Inclus des commentaires sur les citations, le style, etc.

**3** Au cours de ta présentation, montre en quoi l'œuvre permet de répondre à la **problématique** et mets-la en lien avec les autres documents de ton dossier personnel.

# 4 Analyser et présenter une œuvre filmique

## A
### AVANT L'ANALYSE FILMIQUE

Rassemble déjà des informations qui te permettront de présenter le film :

– observe et analyse **l'affiche** ;

– relève **le titre**, **le nom du réalisateur** et la **date de sortie**. Est-ce qu'ils te font penser à un genre de film particulier ? Est-ce l'adaptation d'un roman célèbre ? Est-ce que le réalisateur est connu pour être un artiste engagé ?

– cherche **le synopsis** afin d'en avoir une vision globale ;

– si le film appartient à un mouvement artistique, cherche une définition de ce mouvement afin de l'avoir en tête lors de ton analyse.

**À ton tour !**

a. Regarde l'affiche ci-dessus et repère les éléments significatifs.
b. Observe la posture des personnages, les contrastes de couleurs, le décor.
À quel style de film et d'intrigue peux-tu t'attendre ?

## B
### ANALYSER LE FILM DANS SON ENTIER

• Visionne le film une première fois, et note les éléments essentiels qui te serviront pour ton analyse :

– type de film (comédie ? drame ? western ? film muet ? film choral ? science fiction ?) ;

– personnages principaux ;

– structure du film (chronologique ? diachronique ?).

• Lors de ton deuxième visionnage, focalise-toi plus particulièrement sur **la structure de l'œuvre** : enchaînement des séquences, montage, bande-son, effets spéciaux pour ensuite sélectionner la séquence qui te paraît la plus pertinente pour ton dossier

## C
### ANALYSER UNE SÉQUENCE EN DÉTAIL

Pour t'approprier la séquence que tu as choisie, visionne-la plusieurs fois et identifie :

• à quel moment de la scène se situe l'intrigue ;

• les choix cinématographiques du réalisateur, c'est-à-dire **la façon dont la séquence est filmée** (les plans, les mouvements de caméra, les types de cadrage...), **le jeu des acteurs** et ce qu'il exprime, les éventuels **éléments implicites, la musique**, etc. ;

• **le message véhiculé** : l'impact et le rôle de cette scène ;

• **les émotions ressenties** : l'effet sur les spectateurs et pourquoi.

**À ton tour !**

Visionne la scène extraite de *Pride and Prejudice* de ton manuel p. 79 et analyse-la en suivant les conseils ci-dessus. VIDÉO

**TIP**

N'hésite pas à noter les mots et les citations qui te semblent importants. Observe la mise en scène, les mouvements de caméra et prête attention à la bande-son.

## D
### PRÉSENTER UNE ŒUVRE FILMIQUE

• **Introduis le film et son lien à la problématique de ton dossier :** indique la source, précise le genre de film et restitue l'extrait en faisant le lien avec ta problématique.

• **Évoque les grandes idées :**

– Fais ressortir dans ta présentation **les grands enjeux du film**. Inclus dans tes parties des commentaires sur le jeu des acteurs, les choix du réalisateur, les mouvements de caméra, le son, la lumière, etc.

*The film clearly encapsulates the reflection on love and marriage that was at stake during the Regency era. • Matthew Macfadyen plays the role of an upper-class gentleman. His acting echoes the pride characterizing Mr Darcy in Jane Austen's novel.*

– **Fais le lien entre cet extrait et les autres documents de ton dossier**, en montrant comment ils se complètent et illustrent une des pistes de réponse à ta problématique.

*This passage can be linked to my key question as it echoes... • It clearly illustrates the theme in a different way from my first document which focuses more on... • In fact, the movie helps us understand...*

• **Conclus** sur cet extrait en incluant ton avis de spectateur et en ouvrant éventuellement sur d'autres extraits du même film ou d'œuvres similaires pour faire un lien avec ta partie suivante.

*I found this movie, and especially that scene, extremely moving/powerful/efficient/dynamic. It reminded me a lot of...*

**BOOST YOUR VOCABULARY!**

▪ **Les plans de caméra :** *a close-up • a shot/counter shot technique • a shoulder level shot • a camera angle • a freeze-frame • a low-angle shot • a high-angle shot • a tracking shot • zooming in/out.*

▪ **Commenter une scène de film :** *The movement of the camera reflects... • The director follows the character with his/her camera to... • The musical soundtrack enhances the general mood... • The setting is a metaphor for the characters' separation • The sound of thunder represents the characters' upcoming anger.*

Objectif BAC ORAL

# 5 Exposer ses idées à l'oral

## A ORGANISER SES IDÉES

Introduction → Idée 1 + exemple → Transition → Idée 2 + exemple → Transition → Idée 3 + exemple → Conclusion

**TIPS**

- **Fais un schéma** de ta présentation pour mieux te souvenir des différentes étapes.
- **Mémorise** les transitions pour gagner en fluidité.

## B PARLER SANS NOTES

### Étape 1 - INTRODUIRE MA PRÉSENTATION

- J'énonce **la problématique** de mon dossier :
  *Today, I am going to talk about the following key issue/question: ...*
- Je la **relie à la ou aux thématique(s) du programme** concernée(s) :
  *This issue/question fits into/is part of the theme ... in the curriculum.*
- Je termine mon introduction en **annonçant mon plan** :
  *So first, I will reflect on... Then I will adress the issue of... And finally, I will tackle the idea of...*

**TIPS**

- Expose tes idées de manière **vive** et **convaincante** : ne récite pas, regarde et adresse-toi à ton interlocuteur et sois expressif(ve).
- Si tu hésites ou que tu sens que tu t'embrouilles :
  - **utilise des *gap fillers*** pour te donner le temps de réfléchir :
    *Let me think... • How could I put it?*
  - prends le temps de **reformuler** :
    *Let me put it this way... • What I'm trying to say is...*
- Si tu as le sentiment de ne pas te faire comprendre, passe à la suite :
  *Never mind, what I am driving at is... • Maybe my pronunciation is incorrect – should I say...?*

### Étape 2 - DÉROULER MON PLAN

- Je développe **une idée générale par partie** qui permet d'apporter un élément de réponse à la problématique énoncée dans l'introduction.
  *To begin with...*
  *In addition to this...*
  *One last aspect is that of...*
- **J'illustre chaque idée** en citant un exemple tiré d'un document.
  *To illustrate this idea, I would refer to a text in my portfolio/file taken from ... in which...*
  *For instance, I chose this painting which...*
  *It shows/depicts/exemplifies...*
- Je fais **des transitions claires** entre chacune de mes parties en utilisant des connecteurs logiques. Cela permettra au jury de suivre facilement la logique du déroulement de ma présentation.
  *In addition to this...*
  *Furthermore...*
  *With this in mind...*
  *Considering that...*
- Je prends garde à **varier les structures grammaticales** et à **mobiliser un lexique riche**.
  *In this document, the protagonist, who..., embodies... • The background in which the plot is set...*

### Étape 3 - POUR CONCLURE

- Je réponds à la problématique posée au départ.
  *All in all... • To sum it all up...*
- Je montre que ma réflexion aboutit à un avis nuancé et personnel.
  *Even if ..., one must not forget that... • It's true that... however... • Up to a certain point... • More or less • I consider... • I'm convinced that...• I guess... • To my mind...*

# 6 Interagir avec l'examinateur

**La partie d'interaction orale de l'épreuve nécessite de comprendre votre interlocuteur et de vous exprimer, mais également d'être prêt(e) à gérer l'imprévu, de réagir et de vous adapter à ses propos.**

## A ÉCOUTER ET COMPRENDRE LES QUESTIONS

- Sois attentif(ve) à la **formulation des questions** et repère bien les **mots-clés employés**.
- Si le débit de ton interlocuteur est trop rapide ou si son élocution te pose un problème, n'hésite pas à lui demander de **répéter** ou de **reformuler** ses propos.
  - → *I'm sorry, I didn't hear/catch what you said. • I didn't get your point. • Sorry but I didn't understand what you said. • Could you say that again please? • Can you repeat what you said, please? • Does that mean...? • Could you speak more slowly, please? • Excuse me, what do you mean by...? • I'm sorry, but I am not sure I have understood the question.*
- Sois proactif(ve) et montre ton intérêt.
  - → *Oh I see...• Really? • That's an interesting point: if I undestand it right...*

**TIP**

Mets-toi dans une posture d'écoute active en regardant ton interlocuteur et en réagissant à ce qu'il te dit.

**PROMPTS**

## B RÉPONDRE DE MANIÈRE ÉLABORÉE

- La réponse aux questions doit être **élaborée** et **ne peut se limiter à des mots isolés**. Il faut que tu montres **ta capacité à argumenter en anglais** et **ta maîtrise des attendus du programme** de l'enseignement de spécialité.
- N'hésite pas à **réutiliser les termes de la question** ou **à les reformuler** pour commencer ta réponse : cela te laisse le temps de réfléchir à ce qui suit.
  - → *To be perfectly clear on the issue of... • When you say that..., it makes me think/wonder... • The question of... in the curriculum is indeed crucial.*
- **Ta réponse ne doit pas être un long monologue**. Assure-toi que ton interlocuteur te comprend. Dialogue avec lui.
  - → *Do you know what I mean? • Do I make myself clear? • To answer your question, I'm going to give you an example...*
- Sois **assuré(e)** et **convaincant(e)** et **donne ton avis clairement** sur ce que dit ton interlocuteur en justifiant.
  - → *Yes, I think so because... / No, I don't think so because... • I (dis)agree with you about... because... • You may be right, but I wonder whether... • I suppose it's true, however...*
- Reprends-toi si nécessaire en **t'auto-corrigeant** ou en **nuançant tes propos**.
  - → *In other words... • That is to say... • Excuse me, let me rephrase... • Let me correct myself/put it differently...*
- Dans le cas où la question porte sur un élément de ton dossier abordé dans ta présentation, veille à **reformuler tes idées afin de montrer ta capacité à clarifier et à te faire comprendre**.
  - → *Indeed, to complete what I said earlier... • Yes, maybe I wasn't clear, what I meant is... • What I intended to show with this example is that...*
- Veille à **mobiliser tes connaissances** pour t'impliquer dans l'entretien et défendre ton point de vue.
  - → *What you have just said makes me think of... • Sure, this idea may be related to... • There is also another novel I have not mentioned yet, it is... • You may be referring to this painting by...*

**TIP**

Utilise des *gap fillers* pour éviter les moments de silence et te donner le temps de réfléchir.
*Actually... • You see... • You know... • Let me think...*

**Objectif BAC GRAND ORAL**

# Réussir le Grand oral : se préparer

**En fin d'année, tu vas passer l'épreuve du Grand oral.**
**Cette épreuve ne doit pas te stresser car :**
**– c'est toi qui choisis des questions qui t'intéressent ;**
**– tu vas préparer les réponses, pas de surprise ;**
**– tu as l'appui de tes professeurs, des autres élèves, du CDI... ;**
**– tu pourras compter sur la bienveillance du jury qui est là pour t'écouter, t'encourager et échanger avec toi.**

## A CHOISIR ET FORMULER SES QUESTIONS

**Les deux questions doivent t'intéresser : c'est la clé de ta réussite ! Pour rappel, ces questions doivent « mettre en lumière un des grands enjeux du programme » et « sont adossées à tout ou partie du programme de Première et de Terminale ».**

- Les questions choisies doivent **t'inspirer** des idées, des arguments, des exemples, des sources... qui rendront ta présentation attractive et convaincante.
- Établis **des liens entre les questions et ton projet d'orientation**. Par exemple, si tu te destines à des études de théâtre, choisis plutôt une question en lien avec ce genre littéraire.
- Demande-toi aussi s'il est réaliste d'y répondre en 5 minutes : **ne choisis pas un sujet trop vaste, ni trop pointu**. Et n'oublie pas que plus tes questions seront personnelles, plus tu seras à l'aise.

**TIPS**

- **Quelques types de questions :** *Comment ? Pourquoi ? Depuis quand ? Peut-on ? Doit-on ? Dans quelle mesure ? Et si ? Est-il souhaitable ? Est-il vrai que ? Faut-il ? Pour quelles raisons ? Quelles sont ? Quelles seraient les conséquences ? ...*
- Pour travailler les liens avec ton projet d'orientation, appuie-toi sur les fiches métiers pp. 298 à 303 de ton manuel.

## B PRÉPARER SON INTERVENTION ORALE

**Tu n'es pas seul(e)pour préparer ton oral. Interroge tes professeurs, ils sont là pour t'aider !**

- **Se documenter**

– **Élargis et varie tes sources d'information :** ouvrages documentaires (manuels scolaires, revues, essais, etc.), personnes (ton professeur de spécialité, le ou la professeur(e) documentaliste, tes camarades...), ressources numériques (Internet, ressources numériques du manuel, etc.).

– **Sélectionne tes sources** en fonction de leur fiabilité et de leur pertinence par rapport à ta question.

– **Conserve** et **classe tes sources** (par type, par date...) afin de les citer lors du Grand Oral.

- **Organiser ta réponse**

**En introduction :**

– explique pourquoi tu as choisi cette question ;

– éveille la curiosité du jury par une accroche bien choisie.

**Tu es libre du choix de ton plan :**

– dégage deux ou trois idées qui éclairent ta question. Chaque idée est soutenue par plusieurs arguments, illustrés par un exemple ou un fait ;

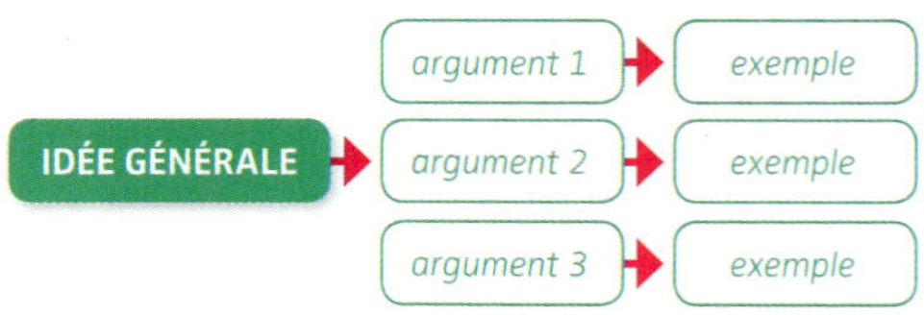


– recherche des exemples, des liens qui te concernent personnellement, avec l'actualité...

**En conclusion :**

– suggère des idées, fais le lien avec l'actualité, ton orientation ou un autre point de programme d'une de tes spécialités ;

– montre que la question posée reste ouverte.

**TIP**

**Appuie-toi sur l'actualité :** crée un dossier dans lequel tu regrouperas toutes les actualités entendues au cours de l'année et qui se rapportent à ton sujet.

**TIPS**

- **Tu n'as que 5 min :** inutile d'annoncer ton plan, surtout si le jury dispose de ton support sur lequel tu l'auras indiqué.
- Tu peux choisir entre **plusieurs types de plan** : thématique, analytique, chronologique, dialectique...

Les différents types de plan

**TIP**

Tu peux profiter de la conclusion pour « tendre une perche au jury », en posant une autre question par exemple.

## C
## PRÉPARER LE SUPPORT À REMETTRE AU JURY

20'

**Même s'il n'est ni obligatoire ni évalué, prends le temps de remettre un support au jury. Il prouvera la qualité de ta préparation.**

- Tu dois **préparer ce support manuscrit à l'avance** et le **reproduire durant le temps de préparation**. Cela clarifiera tes idées avant la présentation.
- Fais apparaître ton **plan**, les **mots-clés**, tes **arguments**, tes **exemples**, tes **sources les plus originales**, tes **choix d'orientation**, etc.
- Écris, dessine, souligne proprement, relis et évite les fautes d'orthographe.
- Si une ressource t'a été particulièrement précieuse pour préparer ta question, tu peux la porter à la connaissance du jury en l'indiquant sur le support (titre, auteur, source, nature, année).

**TIP**

Toutes les formes sont possibles : plan détaillé, fiche mémo, carte mentale, organigramme, tableau, schéma…

Des exemples de support

## D
## PRÉSENTER LA RÉPONSE À LA QUESTION DEVANT LE JURY

5'

- Si la question choisie par le jury concerne l'enseignement de spécialité LLCER, « chacun des deux premiers temps de l'épreuve orale terminale peut se dérouler, en partie, dans la langue vivante concernée par l'enseignement de spécialité, selon le choix du candidat. (BO spécial n°2 du 13 février 2020). Avant de commencer, annonce ton choix au jury.
- Le jour J, tu devras parler debout, sans note, pendant 5 mn. Ce n'est pas un exercice facile, mais avec un peu d'entraînement, tu vas rapidement progresser. Rendez-vous pp. 296-297 pour des conseils détaillés sur cette étape importante.

**TIP**

Si tu choisi de présenter en anglais, ne monte pas la voix en fin de phrase : l'anglais utilise plutôt l'intonation descendante. Mets en relief les mots-clés en les accentuant.

## E
## PRÉPARER LA DISCUSSION AVEC LE JURY

10'

**Contrairement à ce que tu pourrais croire, il est possible d'anticiper une partie des questions du jury et de s'y préparer. Ici encore, tout est une question d'entraînement ! Multiplie les séances de travail à plusieurs et alternez les rôles : candidat, jury…**

- Lors de tes entraînements en public : note les questions, contre-arguments, objections, discussions, demandes de précisions qui reviennent le plus souvent… et prépare-toi à y répondre !
- Apprends bien **le lexique dans les deux langues** et méfie-toi des faux-amis (ex. : *liberal* et libéral n'ont pas le même sens).
- Si tu ne sais pas quoi répondre à une question, ne reste pas muet : essaye de faire le lien avec ce que tu sais, demande des indications au jury, voire la réponse qui t'aidera certainement à rebondir.

Actually what I meant was…

I'd like to make myself clear…

Do you mean… ?

**TIP**

N'oublie pas de réviser le programme de tes deux spécialités !

LANDMARKS pp. 246 à 279

## F
## ÉCHANGER SUR SON PROJET D'ORIENTATION

5'

**Tu sais que le jury te demandera : « En quoi la question que vous avez choisie éclaire vos choix d'orientation, voire votre projet professionnel ? ». Sois prêt à répondre à cette question.**

- Au moment du Grand oral, en juin, tu connaîtras tes choix d'orientation. **Entraîne-toi à les exprimer précisément** : intitulé exact de la formation, lieu, mode d'accès (non sélectif, sélectif, concours…).
- Le jury ne te demandera pas de savoir quel métier tu veux faire, mais quelle voie tu emprunteras après le bac.
- Rappelle **comment tu t'es informé(e)** (Parcoursup, ONISEP, salons, rencontres, Portes ouvertes, sites étudiants…), fais le lien entre la spécialité et les attendus de la formation. Utilise les **fiches métiers** proposées pp. 298 à 303 de ton manuel.
- Enfin, utilise tes activités associatives, sportives, artistiques, engagements, jobs, stages pour mettre en avant certaines de tes qualités en phase avec tes choix d'orientation, voire avec ton projet professionnel.

**TIP**

Exprime ta motivation en t'appuyant sur ton projet de formation motivé.

**TIP**

Tu dois connaître le contenu des formations visées : consulte les plaquettes, sites internet ; va aux journées portes ouvertes… Tu pourras ainsi montrer en quoi la question que tu viens de traiter sera approfondie lors de tes études supérieures.

Grilles d'auto-évaluation

Objectif **BAC** GRAND ORAL

# Réussir le Grand oral : prendre la parole en public

## A ENTRAÎNE-TOI !

**Prendre la parole, ça s'apprend ! Ta préparation et tes entrainements te permettront d'améliorer ton travail et de te mettre en confiance. La réussite de ton Grand oral vient d'abord de ta maîtrise du contenu et d'un entraînement régulier à la prise de parole.**

- **Entraîne-toi régulièrement :**

– à **la réponse aux questions**, en te chronométrant : il est fondamental d'en maîtriser la durée. Tu as 5 minutes, pas plus, pas moins !

– **en classe avec tes professeurs, avec tes amis, ta famille**, devant un miroir, avec un smartphone, une montre... ;

– à **la discussion avec le jury** et à **présenter tes choix d'orientation**.

- Joue la scène comme au Grand oral : le « jury » s'assoit derrière une table, règle le volume de ta voix et ta position dans la salle.
- Travaille également ton oral dans toutes tes situations quotidiennes.

**TIP**

Soyez bienveillants les uns envers les autres ! Utilise-la grille d'évaluation pour être objectifs.

Grilles d'auto-évaluation

## B DÉDRAMATISE !

**Le Grand oral n'est pas un concours d'éloquence, ni une performance. Le jury sait la difficulté qu'il y a à passer un oral, tu peux donc compter sur sa bienveillance.**

*J'ai le trac...*

- Le trac est normal, il te permet de te concentrer et de bien démarrer. Il disparaitra vite car tu maîtrises le contenu.

*Je ne suis pas à l'aise à l'oral...*

- Ton entraînement t'apportera plus d'aisance. En spécialité LLCER Anglais, tu as l'habitude de prendre la parole souvent. Appuie-toi sur ton épreuve orale d'anglais qui a lieu plus tôt dans l'année pour te préparer au Grand Oral.

*Je ne sais pas quoi faire de mes jambes et de mes mains...*

- Ne surestime pas l'importance du « non verbal » ou des gestes parasites (ni même des tics verbaux). Concentre-toi sur le contenu et le jury.

*Dois-je apprendre mes réponses par cœur ou les rédiger intégralement...*

- Ne change pas tes habitudes mais tu ne devras pas donner l'impression de réciter.

**TIPS**

- On estime qu'une durée de 5 minutes correspond à environ 800 mots, soit environ 1 copie double à grands carreaux rédigée.
- Choisis une tenue soignée (chaussures de ville), pas trop décontractée (pas de survêtement ni de T-shirt), tout en étant à l'aise.

## C ADOPTE UNE POSTURE SEREINE ET DES GESTES EXPRESSIFS

**Fais simple : reste le plus naturel possible.**

- Une fois dans la salle, **place-toi au centre de la pièce**, à environ **deux mètres du jury.**
- **Ancre-toi dans le sol**, les pieds bien droits et légèrement écartés, la tête haute tournée vers le jury. Puis, conserve cette posture , comme référence, même si tu bouges un peu pour te tourner vers les membres du jury en parlant.
- **Ce sont tes mains qui vont parler pour toi**. Assure-toi qu'elles soient propres.
- Sois naturel avec tes mains, tu n'es ni une personnalité politique en campagne ni un mime ! Évite de croiser les bras, ne garde pas tes mains jointes : utilise-les plutôt **pour appuyer ce que tu dis**.

**TIP**

Si, comme tu en as la possibilité, tu choisis de t'asseoir après ta réponse de cinq minutes, de même, sur la chaise, ancre-toi au sol avec la tête et le dos droits.

RENDEZ-VOUS SUR LE SITE NATHAN.FR/GRAND-ORAL

## D
## PRÊTE ATTENTION À TA VOIX

**La voix est le premier instrument de l'orateur. Ses différentes composantes sont mêlées mais tu peux en travailler les différents éléments.**

- **Le volume sonore**

Entraîne-toi à parler de manière **suffisamment audible**, puis **varie les volumes** (plus bas / plus fort) et les distances en restant audible, sans jamais crier. Travaille ton élocution, exagérément parfois.

- **Le débit (vitesse / rythme)**

– Le rythme de ta prise de parole influera sur la qualité de sa réception.

– Tu attireras et garderas l'attention en **variant ton débit** en fonction de tes propos. Par exemple, en parlant plus vite quand tu racontes une anecdote, moins vite quand tu arrives en fin d'une sous-partie ou que tu veux insister sur un point.

– Si tu as l'habitude de parler vite, ce sera difficile à modifier. Dans ce cas, évite les phrases trop longues et surtout, fais des pauses !

- **L'intonation**

C'est le ton que tu prendras pour t'adresser au jury en accord avec le texte. Entraîne-toi à bien l'adapter à différents contenus et surtout à varier pour **éviter la monotonie**. Si tu choisis de présenter ta question en anglais, prête une attention particulière à la prononciation et au rythme de la langue.

**TIP**

**La prise de parole, c'est aussi des pauses !**
Ne commence pas à parler dès qu'on te donne la parole. Silence, d'abord.
Tu attireras l'attention et tu en profiteras pour respirer un grand coup.
Les pauses te permettront de marquer le début ou la fin d'une sous-partie, de réfléchir avant de répondre, et d'attirer l'attention sur ce que tu vas dire ensuite.

## E
## SOIGNE TON VOCABULAIRE

**Même si tu n'en n'as pas toujours conscience, il se peut que tu utilises un langage trop familier, trop quotidien. N'oublie jamais que tu t'adresses à un jury.**

- Élimine tous les termes qui te paraissent relever d'un langage trop familier. Même si ce n'est pas toujours facile, essaye de **bannir tes tics de langage** (en français : *ben, comment, euh, de base, trop, carrément, en mode, bof, je kiffe, au jour d'aujourd'hui...*/ en anglais : *like, whatever*). Si tu optes pour une présentation en anglais, prête une attention particulière à la forme et au choix des mots.
- Emploie des **termes précis** : tu dois connaître les définitions de toutes les notions que tu emploies. Tu peux nuancer ta réponse en utilisant des modalisateurs (*« Il m'a semblé... »* / *« J'ai trouvé... »* / *« J'ai apprécié... »* / *« En revanche... »*).

It seems to me...

On second thoughts...

On further examination...

To a certain extent...

**TIP**

Entraînez-vous à plusieurs : un élève présente son exposé, les autres relèvent les mots issus d'un langage trop familier. Cherchez ensemble des synonymes ou des expressions plus adaptés.

## F
## REGARDE ET SOURIS

**Crée un lien visuel avec les membres du jury dès ton entrée.**

- Comme tu ne liras pas tes notes, tu n'as que les membres du jury à regarder ! Regarde-les alternativement et en fonction de leurs actions (regarde le membre du jury qui t'interroge, débute ta réponse en le regardant, puis regarde le second).
- Souris régulièrement, c'est un ingrédient important d'un oral réussi.

**TIP**

Pense à saluer le jury en arrivant et à le remercier en concluant.

## G
## INSPIRE-TOI !

**Crée un lien visuel avec les membres du jury dès ton entrée.**

- Visionne les vidéos proposées via le lien ci-contre ou sur le site **nathan.fr/grand-oral**.
- Tu peux aussi regarder des vidéos type conférences TED ou « Ma thèse en 180 s » ; des discours politiques, même en langue étrangère pour n'étudier que les postures et les gestes.

Nathan GRAND ORAL

# Objectif BAC GRAND ORAL

**Les 5 dernières minutes du Grand oral consiste en un échange avec le jury sur ton projet d'orientation. Tu dois montrer que la question traitée lors de ta présentation orale a participé à la maturation de ton projet de poursuite d'études, et même pour ton projet professionnel. Découvre ces fiches métiers pour voir quel rôle l'anglais joue dans les différents parcours.**

*J'ai toujours su qu'il faudrait que l'anglais tienne une grande place dans ma vie.*

ISABELLE

## Traductrice audiovisuelle, Lille

**Pourquoi avez-vous choisi des études d'anglais ?**
J'aime l'anglais depuis mon premier cours en CM2 et j'ai toujours su qu'il faudrait que l'anglais tienne une grande place dans ma vie. J'ai choisi ce métier entre autres parce qu'il me permet d'entendre et de pratiquer l'anglais au quotidien.

**En quoi consiste votre métier au quotidien ?**
Je travaille seule chez moi sur ordinateur et je communique par mail et téléphone avec mes clients. Lorsqu'on me confie un programme, je reçois une vidéo et un script en anglais. Après accord sur le délai, je livre la traduction française du texte qui sera enregistrée en studio par des comédiens (texte sous Word), ou bien je sous-titre le programme à l'aide d'un logiciel professionnel.

**Quel usage faites-vous de l'anglais dans votre métier ?**
C'est ma langue de travail principale, je la lis et l'écoute tous les jours !

### Quelles études ?

- Licence LLCE Anglais
- Master 1 en Linguistique
- Master 2 en Traduction audiovisuelle et cinématographique

### Quelles compétences ?

- Maîtrise de la langue source, de ses différents registres et de sa culture
- Maîtrise parfaite de la langue française
- Curiosité et connaissance de la recherche documentaire
- Autonomie et discipline

VINCENT

## Responsable des droits étrangers, Paris

*L'anglais est la langue que j'utilise au quotidien.*

**Pourquoi avez-vous choisi des études d'anglais ?**
J'ai choisi l'anglais car je savais déjà que je voulais travailler dans un contexte international.

**En quoi consiste votre métier au quotidien ?**
Je suis chargé de prospecter les éditeurs des pays étrangers susceptibles d'être intéressés par l'acquisition des droits de traduction et de publication des titres créés par la maison d'édition pour laquelle je travaille. Lorsqu'un éditeur est intéressé, nous négocions les droits et nous établissons un contrat de cession de droits. Puis nous faisons le suivi de la cession avec l'éditeur.

**Quel usage faites-vous de l'anglais dans votre métier ?**
L'anglais est la langue que nous utilisons au quotidien pour communiquer avec les éditeurs étrangers, les prospects comme les clients.

### Quelles études ?

- Licence LLCE Anglais

### Quelles compétences ?

- Connaissance des marchés du livre à l'international
- Capacité à promouvoir les ouvrages de son catalogue à l'étranger
- Aisance relationnelle
- Sens de la relation commerciale

### Parcours Avenir

**Ces deux personnes ont fait une licence LLCE spécialité anglais.**

**1.** Fais des recherches pour savoir en quoi ces études consistent et présente ce cursus devant la classe (programme de formation, débouchés).

**2.** Réfléchis et prends des notes : en quoi l'enseignement LLCER anglais te prépare à des études LLCE (développement linguistique, enrichissement culturel, etc.) ?

## Thanh Ly

*J'exerce un métier où l'on ne s'ennuie jamais !*

### Responsable des Relations Internationales, Lille

**Pourquoi avez-vous choisi des études de langues ?**
Utiliser les langues (surtout l'anglais) était ce qui m'intéressait le plus : je voulais pouvoir le pratiquer régulièrement. J'avais également un fort intérêt pour les cultures liées à cette langue (civilisations anglaise, américaine, sud-africaine, irlandaise...).

**En quoi consiste votre métier au quotidien ?**
Je travaille au développement international d'une école d'ingénieurs. Cela consiste en différentes missions, comme par exemple :
- mettre en place, gérer et coordonner des programmes de mobilité d'étudiants et d'enseignants ;
- développer des partenariats universitaires ;
- recruter et accueillir des étudiants internationaux ;
- collaborer avec les équipes pédagogiques pour le suivi des étudiants internationaux et la mise en place de programmes en anglais ;
- orienter des étudiants français pour leurs séjours d'études à l'étranger.

**Quel usage faites-vous de l'anglais dans votre métier ?**
Je parle anglais tous les jours avec les nombreux étudiants et professeurs invités à Lille ou lors de mes déplacements à l'étranger.
J'échange aussi en anglais par mail avec les partenaires et autres institutions.
Il s'agit soit d'un anglais « de tous les jours » (conversations, mails, etc.), soit d'un anglais plus spécialisé quand il s'agit par exemple d'évoquer les contenus des programmes de cours (en l'occurrence, en agriculture, environnement, agroalimentaire, numérique, etc.).

#### Quelles études ?

- Licence LLCE Anglais
- Licence LEA Anglais-Espagnol
- Maîtrise LEA en Traduction Spécialisée (anglais et espagnol)
- DUT Technologies de l'Information et Communication en Entreprise

#### Quelles compétences ?

- ☑ Aisance relationnelle
- ☑ Compétences organisationnelles (gérer et coordonner plusieurs dossiers en même temps)
- ☑ Maîtrise de l'anglais et d'au moins une autre langue
- ☑ Maîtrise des outils informatiques et réseaux sociaux

## Marie

### Graphiste freelance, Paris

#### Quelles études ?

- DEUG de Langues Étrangères Appliquées (anglais, allemand, espagnol)
- Spécialisation en école de communication (1 an)
- Cursus en alternance dans une école de graphisme et web design (2 ans)

#### Quelles compétences ?

- ☑ Créativité
- ☑ Curiosité
- ☑ Aisance relationnelle
- ☑ Capacité d'analyse et de restitution par l'image

**Quelle importance a eu l'anglais dans vos études ?**
Au début de mes études, l'anglais a eu beaucoup d'importance ! Je pensais m'orienter vers une carrière de traduction - interprétariat (d'où mon choix de la filière LEA). Et puis, je me suis rendu compte que l'anglais (et les langues en général), pour moi, ce n'était pas un but mais un moyen : voyager, découvrir, communiquer avec le monde entier... Il ne s'agissait plus de "juste" traduire les mots des autres.

**En quoi consiste votre métier au quotidien ?**
Comprendre les besoins de communication de mes clients, trouver des solutions graphiques pour les exprimer clairement (c'est un peu de la traduction !), accompagner sur toute la conception des supports : de l'idée à la réalisation finie, en ligne ou sur papier.

**Quel usage faites-vous de l'anglais dans votre métier ?**
Je m'en sers tous les jours : pour chercher l'inspiration, trouver des visuels spécifiques, apprendre de nouvelles techniques ou de nouveaux logiciels. Beaucoup d'innovations dans le design et le web arrivent des États-Unis... Parler anglais couramment me permet donc de me former ou, au moins, de m'informer rapidement, sans attendre une traduction. J'ai aussi régulièrement des maquettes à réaliser en plusieurs langues, donc c'est toujours plus pratique de comprendre ce qu'on est en train de mettre en forme !

### Parcours Avenir

**Ces deux personnes ont fait des études de LEA.**

**1.** Fais des recherches pour savoir en quoi ces études consistent et présente ce cursus devant la classe (programme de formation, débouchés).

**2.** Réfléchis et prends des notes : en quoi l'enseignement LLCER anglais te prépare à des études de LEA (développement de compétences langagières, enrichissement inter-culturel, etc.) ?

## SOPHIE

### Coordinatrice de programmes internationaux chez SOS Villages d'Enfants, Bruxelles

**Quelle importance a eu l'anglais dans vos études ?**
Au cours de mes études, deux expériences importantes m'ont préparée au monde du travail en anglais. Tout d'abord, mon année Erasmus au Royaume-Uni pendant laquelle j'ai pu me familiariser avec les cours, la prise de note et la rédaction de petites dissertations en anglais. Puis le Master à Venise, complètement en anglais, qui s'est terminé par la soutenance d'un mémoire face à un jury international.

**En quoi consiste votre métier au quotidien ?**
Je suis chargée du développement et de la gestion des programmes internationaux financés par des partenaires institutionnels. Je coordonne tous les aspects (programmatique, financier, suivi et évaluation) de la mise en œuvre des projets. Actuellement, je suis en charge de la gestion d'un programme de cinq ans au Burundi et en République Démocratique du Congo.

**Quel usage faites-vous de l'anglais dans votre métier ?**
L'anglais intervient fréquemment à différentes étapes de la gestion des programmes : rédaction de projets, réunions de coordination (par téléphone ou en personne), missions sur le terrain, rapports aux bailleurs, participation à des conférences, rédaction de brochures ou supports de communication, etc.

#### Quelles études ?

- Master en sciences politiques (IEP de Strasbourg)
- Master en Droits humains et démocratisation (Venise)

#### Quelles compétences ?

- ☑ Planification
- ☑ Esprit de synthèse et d'initiative
- ☑ Gestion d'équipe
- ☑ Gestion budgétaire

## DAMIEN

### Architecte informatique, Irlande

*La majorité de la littérature scientifique et technologique est en anglais.*

**Quelle importance a eu l'anglais dans vos études ?**
Le diplôme d'ingénieur n'est délivré que si le candidat obtient un niveau d'anglais défini selon un test standard organisé par un organisme indépendant (TOEIC). En ce qui concerne la spécialité d'ingénieur informatique, l'anglais est quoi qu'il arrive inévitable : la majorité de la littérature scientifique et technologique ne sera disponible que dans une langue.

**En quoi consiste votre métier au quotidien ?**
Je travaille chez un éditeur de logiciel de gestion des activités liées aux marchés financiers. J'analyse et je documente les besoins du logiciel en collaboration avec les experts en marchés financiers, cherchant à mettre en commun nos connaissances techniques et fonctionnelles.

**Quel usage faites-vous de l'anglais dans votre métier ?**
La maîtrise avancée de la langue s'est imposée pour moi depuis mon stage de fin d'études en 2008, m'étant expatrié en Irlande où je réside toujours actuellement. Je travaille donc presque exclusivement en anglais au quotidien.
Mon entreprise est répartie dans 18 bureaux à travers le monde : même mes collègues du bureau parisien ne peuvent donc se passer d'un niveau d'anglais satisfaisant.

#### Quelles études ?

- Baccalauréat scientifique spéciali mathématiques
- Ingénieur Informatique, INSA Rennes

#### Quelles compétences ?

- ☑ Capacité d'abstraction
- ☑ Culture scientifique et technologique
- ☑ Sens de l'analyse
- ☑ Aisance relationnelle et capacité à travailler en équipe

## Parcours Avenir

**Ces deux personnes ont fait une partie de leurs études à l'étranger.**

**1.** Fais des recherches pour présenter le programme Erasmus à tes camarades.

**2.** Discutez : Quels sont les avantages d'une mobilité pendant les études ? Quelles compétences Sophie et Damien ont-ils développées ?

**3.** En quoi l'enseignement de spécialité LLCER peut te préparer à une mobilité ?

*L'anglais est primordial pour échanger avec mes homologues des autres pays européens.*

## PATRICK

## Chargé de mission en relations internationales,

**Bruxelles**

**Quelle importance a eu l'anglais dans vos études ?**
Pendant mes années de licence, la moitié des cours était dispensée en anglais, tout comme les examens. Il était donc indispensable d'avoir une bonne compréhension écrite et orale pour aborder les sujets théoriques du droit et de son histoire, mais également une bonne expression orale, pour faciliter les échanges avec les professeurs et les rendus de travaux.

**En quoi consiste votre métier au quotidien ?**
Ma mission consiste à porter les messages politiques des ministères français auprès des institutions européennes et internationales.
Je suis également amené à suivre les travaux des institutions européennes et à identifier les enjeux pour les ministères sur des domaines d'actions ciblés : environnement, transport, climat.

**Quel usage faites-vous de l'anglais dans votre métier ?**
L'anglais est primordial pour échanger avec mes homologues des autres pays européens. C'est la langue de travail privilégiée par l'ensemble des acteurs de la sphère des relations internationales.
L'ensemble des conférences, événements d'influence se fait en anglais, il est indispensable de bien comprendre l'anglais lorsque l'on veut faire une carrière à l'international.

### Quelles études ?

- Licence bilingue de droit français et de droit anglais et américain
- Master de Sciences politiques spécialité « Métiers de l'Europe »

### Quelles compétences ?

- ☑ Pratique de l'anglais courant, à l'écrit et à l'oral
- ☑ Connaissances dans les politiques publiques, le droit et les sciences politiques
- ☑ Aisance relationnelle et diplomatie

## RÉMI

## Responsable marketing digital,

**Paris**

### Quelles études ?

- DUT Techniques de Commercialisation
- Master en école de commerce

### Quelles compétences ?

- ☑ Agilité
- ☑ Autonomie
- ☑ Sens du travail en équipe
- ☑ Ouverture d'esprit

**Quelle importance a eu l'anglais dans vos études ?**
L'anglais n'était pas une des matières principales lors de mes études... mais ça a été primordial pour les métiers que j'ai exercés et que j'exerce !

**En quoi consiste votre métier au quotidien ?**
De manière générale, mon métier consiste à ce que nos clients potentiels découvrent nos offres sur Internet et nous contactent afin d'en savoir plus. Il s'agit donc de créer ou faire créer des contenus intéressants (articles de blog, vidéos, livres blancs), puis de suivre l'impact de ces publications sur tous nos canaux (sites web, réseaux sociaux, campagnes publicitaires en ligne). Pour ce faire, je travaille quotidiennement avec des agences et partenaires pour mettre en place et améliorer nos campagnes.

**Quel usage faites-vous de l'anglais dans votre métier ?**
Communiquer avec tous mes interlocuteurs : mes collègues, agences et partenaires mais également suivre les actualités du secteur dans le monde entier et faire de la veille.

### Parcours Avenir

**Ces deux personnes ont besoin de l'anglais au quotidien dans leur travail.**

1. Détermine leurs besoins et les compétences qu'elles ont dû développer. Pourquoi ?
2. Patrick a privilégié un cursus bilingue dès ses études. Fais des recherches sur les cursus bilingues et présente-les à tes camarades.
3. Discutez des avantages d'un cursus bilingue.
4. Explique en quoi l'enseignement de spécialité LLCER anglais te prépare pour envisager ce type de cursus.

RETROUVE D'AUTRES FICHES MÉTIERS SUR LYCEEN.NATHAN.FR/SHINE-BRIGHT-LLCE

GAËTAN

*J'échange tous les jours avec des pilotes de toutes nationalités.*

## Contrôleur aérien, Reims

**Quelle importance a eu l'anglais dans vos études ?**
L'anglais étant nécessaire à la pratique de mon métier, il a été déterminant lors du concours d'entrée à l'ENAC puisqu'une grande sélection est faite sur les capacités linguistiques. Il a été ensuite au centre de mes études pour pouvoir répondre aux exigences internationales et être apte à exercer mon métier.

**En quoi consiste votre métier au quotidien ?**
Mon métier consiste principalement à assurer la sécurité du trafic aérien et à assister les pilotes en leur parlant par radio et en s'aidant d'un radar. On trouve des contrôleurs aériens dans les aéroports, dans des tours de contrôle, où ils s'occupent de gérer la piste en autorisant les pilotes à atterrir ou à décoller. Mais leur rôle consiste également à coordonner le roulement des avions au sol ainsi qu'à les guider dans l'espace aérien alentour. Il y a également des contrôleurs aériens dans des centres « en route » qui s'occupent d'aider les avions en croisière et de s'assurer qu'ils n'entrent pas en collision.

**Quel usage faites-vous de l'anglais dans votre métier ?**
J'échange tous les jours avec des pilotes de toutes nationalités : l'anglais est donc primordial dans mon quotidien, notamment la compréhension et l'expression orale puisqu'il faut appréhender des accents du monde entier et pouvoir se faire comprendre de tous.

### Quelles études ?

- Classe préparatoire scientifique
- École Nationale de l'Aviation Civile (ENAC)

### Quelles compétences ?

- Capacité à analyser et gérer une situation en temps réel
- Aptitude à gérer des situations inattendues
- Gestion du stress

SAMUEL

## Coopérant militaire au sein de l'armée de l'air malaisienne, Malaisie

**Quelle importance a eu l'anglais dans vos études ?**
Dans mes études, l'anglais a été enseigné de façon classique comme dans toutes les écoles d'ingénieur. Une formation continue avec le CNED m'a ensuite permis de bien progresser.

**En quoi consiste votre métier au quotidien ?**
Actuellement en Malaisie, il s'agit d'apporter l'expertise de l'armée de l'air française pour la maintenance d'avions de transport modernes récemment acquis par la Malaisie. Aider également l'état-major de l'armée de l'air malaisienne à faire évoluer sa réglementation en termes de sécurité aérienne pour se rapprocher des standards européens.

**Quel usage faites-vous de l'anglais dans votre métier ?**
L'anglais est la langue de travail avec tous mes interlocuteurs.

### Quelles études ?

- École de l'air à Salon de Provence
- École SUPAERO à Toulouse

### Quelles compétences ?

- Connaissance des bases de la maintenance aéronautique et du fonctionnement des équipements constituants un avion
- Maîtrise des règlements nationaux et internationaux en termes de sécurité aérienne
- Sens de l'écoute, de la communication et de la pédagogie

### Parcours Avenir

**Ces deux personnes ont choisi un métier dans l'aviation.**

1. Explique en quoi la maîtrise de la compréhension orale et de la prononciation est essentielle dans ce type de métier.
2. Fais des recherches sur les épreuves d'anglais à l'entrée des écoles d'ingénieur. Quelles parties du programme LLCER anglais te permettent de consolider tes compétences pour ce type d'épreuves ?
3. Présente le résultat de tes recherches à tes camarades et discutez de l'importance de l'anglais dans les études d'ingénieur.

## Crédits photographiques

**Couverture g** © 2018 Paapa Essiedu and Eleanor Wyld, *Hamlet*, Royal Shakespeare Company ; **hd** © The Stapleton Collection/Bridgeman Images ; **md** © Bratosz Hadyniak/Getty ; **bd** © Lynn Yeh/Shutterstock ; **20, reprise 6h, 30hg** © Universal Pictures/Archives du 7ème Art/Photo12 ; **21** Viator/TripAdvisor DR ; **22 g** Joseph Delaney/Penguin Random House DR ; **d** Google Map 2020 ; **23 g, reprise 30b** © Bridgeman Images ; **d** © New Line-WingNut Films/Coll. Christophe L ; **24, reprise 30md** © 2014 Adrian Smith ; **25** New Line-WingNut Films/Coll. Christophe L ; **26, reprise 30 hd** © 2019 Troll Bridge ; **27 h** © New Line-WingNut Films/Coll. Christophe L ; **28, reprise 27b** © Samantha Shannon, 2019, The Priory of the Orange Tree, Bloomsbury Circus, an imprint of Bloomsbury Publishing Plc. ; **29** © Adrian Sherratt/ Rex Features/Sipa ; **31 g** © LucasFilms/Coll. Christophe L ; **31 d** © Netflix, Pioneer Stilking Films, Platige Image, Sean Daniel Company/Coll. Christophe L ; **33 h, reprise 42bg** © Mary Evans/Aurimages ; **b** © Photo12/Alamy ; **34 h, reprise 42bd** © akg-images/ullstein bild ; **b** © Heritage-Images/Art Media/akg-images ; **36** Collection Christophel © Davis entertainment company/Twentieth Century Fox Film Corporation ; **37 h** © Wellcome Collection ; **b** Showtime DR ; **38, reprise 42b** © akg-images/Interfoto/Friedrich ; **39** © andryuha1981/Shutterstock ; **40** Collection particulière ; **41** © Everett Historical ; **43g** Allstar Picture Library/Alamy/Photo12 ; **43d** The British Library ; **44** © Dna Films/Film4/The Kobal Collection/Aurimages ; **45 h** © UN Photo/Manuel Elias ; **b, reprise 54m** © 2017 Wall Street Journal ; **46** © Sotheby's/akg-images ; **47** © Courtesy Chatham House ; **48 h** Penguin Random House DR ; **b** Jean Malek/Penguin Random House ; **49 h** © Hulu/Change.org ; **m, reprise 54b** © Photo12/Alamy ; **50, reprise 54h** © Netflix ; **51** © Eli_Oz/ Shutterstock ; **52** © Chatto & Windus ; **53** © Alexandre Maneghini/Reuters ; **55 h** Penguin Random House DR ; **bg** © CBW/Alamy/Photo12 ; **bd** Little, Brown and Company DR ; **56 g** Key Creatives/The Kobal Collection/Aurimages ; **d** © 2016 Nnedi Okorafor ; **57** © Frédéric Soltan/Corbis News/Getty ; **58** *Lagoon*, Nnedi Okorafor © copyright 2014 Nnedi Okorafor, reproduced by permission of Hodder and Stoughton Limited ; **59** *Lagoon*, Nnedi Okorafor © copyright 2014 Nnedi Okorafor, reproduced by permission of Hodder and Stoughton Limited ; **60** Sven Torfinn/Panos/RÉA ; **61 h** © Inspired Minority Pictures/Coll. Christophe L ; **m** © Olalekan Jeyifous ; **b** Saint Martin's Press DR ; **62** © Charles Blackman/Licensed by Copyright Agency, Australia ; **64** © City of Toronto Archives, Fonds 1244, Item 828D ; **65 h** © John Singer Sargent/IWM via Getty Images ; **b, reprise 74b** © SWNS ; **66 h, reprise 74h** © akg-images/Album/BBC Films ; **b** © Hulton Archive/ Getty Images ; **67** 'These items are from The First World War Poetry Digital Archive, University of Oxford (www.oucs.ox.ac.uk/ww1lit); © [Copyright notice]'. ; **68 h** © Look and Learn/Bridgeman Images ; **b, reprise 74m** © britishlegion.org.uk/ITV News DR ; **69** © Sceptre Books ; **70** © COLL CHRISTOPHE L ; **71** © Keith Tarrier/ Shutterstock ; **72** Little, Brown and Company DR ; **73** © Mary Evans/Sipa ; **75 h** Aitken Alexander Associates Ltd DR ; **bg** © Matt Nettheim, Channel Four/Everett Collection/Aurimages ; **bd** © François Duhamel, Universal Pictures, Amblin Partners, Dreamworks, Neal Street Productions, New Republic Pictures/Coll. Christophe L ; **76 g** © 2019 Cover from *Unmarriageable* by Soniah Kamal, published by Allison & Busby Ltd, reproduced with permission of the Licensor through PLSClear. ; **d** © Alamy/Photo12 ; **78** © 2017 BBC ; **79, reprise 7mh** © Studio Canal, Working Title/Coll. Christophe L ; **80** © Soniah Kamal ; **81 hg, reprise 281** © The National Gallery, London/Akg-Images ; **hd** © 2009 Quirk Books ; **b** © Fickle Fish Films, Moxie Pictures/Coll. Christophe L ; **82, reprise 92bd** © Ian Guy, motoringartist.com ; **83 h** © Photo12/Alamy ; **b** © Photo12/Alamy ; **84, reprise 92bg** © Photo12/Alamy ; **85** © akg-images/Science Source ; **86** © Dorothea Lange/Library of Congress ; **87 h, reprise 92hd** © The Advertising Archive/Aurimages ; **b** Norman Rockwell Museum ; **88, reprise 92hg** © Andrey Bayda/Shutterstock ; **89 h** © Photo12/ Alamy ; **b** © Tancha/Shutterstock ; **90** Pearson DR ; **91** © MGM/Coll. Christophe L ; **93 g** Bona Fide Productions, Deeap River Productions/Coll. Christophe L ; **d** © Pathé Entertainment, Percy Main, MGM/Coll. Christophe L ; **94 g, reprise 7b, 101** © Paul Brown/Rex Features/Sipa ; **95** © Hulton Archive/Getty ; **96 h, reprise 104hg** © Yale Center for British Art, Paul Mellon Collection via Google Cultural Institute ; **b** © 2006 Momentum Pictures ; **97** © Laughing Kookaburra Productions, Sargasso Productions/Coll. Christophe L ; **98 h** © TfL from the London Transport Museum collection ; **b, reprise 104bg** Bettmann/Getty ; **99, reprise 104hd** Longman DR ; **100 h** © Hayley Madden ; **b, reprise 104bd** © 2018 Boiler Room ; **102** © Anthony Barboza/Getty ; **105 h** Tinder Press/Orion Books DR ; **b** Pulse Films DR ; **106** Archives Nathan, © Estate of Roy Lichtenstein New York / Adagp, Paris, 2020 ; **108 g** © 2016 STUC ; **d, reprise 116, 118mg** © Les Films du Fleuve, Why Not Productions, Wild Bunch/Coll. Christophe L ; **109 h, reprise 118md** © Courtesy of Pest Control Office, Banksy, Boston 2010 ; **b, reprise 8h** © PJP Photos/ Rex Features/Sipa ; **110 h** © 2018 Isaac Gotian ; **b** © Bridgeman Images ; **111** © 1968 Carol Reed ; **112, reprise 118hd** © Douglas McBride, Royal Lyceum Theatre Edinburgh ; **113, reprise 118b** © John Harris/Report Digital/RÉA ; **114 h** © Sixteen Films, BFI Film Fund, Les Films du Fleuve/Coll. Christophe L ; **b** © 2019 Ken Loach ; **119 hg** Jonathan Cape DR ; **hd** © BBC/Coll. Christophe L ; **b** © Warp Films/Coll. Christophe L ; **120** © 1987 Sally Morgan/NGA ; **121 h** © Droits Réservés ; **b, reprise 123h, 124h** © KPG-Paylers/Shutterstock ; **122** © Vesna Rozman ; **123 b** South East Arts DR ; **124 b, reprise 8mh** © Richard Milnes/Alamy/Photo12 ; **125 h** Short Black Opera DR ; **b** © Rumbalara Films/Coll. Christophe L ; **126 h** The Solomon R. Guggenheim Foundation/Art Resource, New York/Dist. RMN-Grand-Palais, © Judd Foundation, Adagp, Paris 2020 ; **b** © The Metropolitan Museum of Art, New York ; **127, reprise 134** © Cartoon de William O'Brian, 1967/The Cartoonbank ; **128 h** Albright-Knox Art Gallery, image AKAG/Dist. RMN-Grand Palais, © Adagp, Paris, 2020 ; **b, reprise 136hg** © Saint-Louis Art Museum, Gift of Mrs Marcella Louis Brenner/Anne.Truitt.org/Bridgeman Images ; **129, reprise 136bg** : Fred McDarrah/ Getty, © Judd Foundation, Adagp, Paris 2020 ; **130** C&J Wolfers Ltd DR ; **131, reprise 8mb, 136hd** Courtesy of Orange Moutain Music, © Adagp, Paris, 2020 ; **132, reprise 136mg** Tate Photography, Tate Londres/Dist. RMN-Grand Palais, © Adagp, Paris, 2020 ; **133** © 2017 PBS Digital Studios ; **136** hd Philip Glass/Frank Stella DR ; **137 g** Anchor/Penguin Random House DR ; **d** © Cody Schibi ; **138, reprise 146b** © Courtesy of Ted Ellis, www.tellisfineart.com ; **139 g** © Afsushi Nishikima, Netflix, Forward Movement, Harpo Films, Participant Media, Tribeca Productions/Coll. Christophe L ; **b** © Cartoon by Barry Deutsch, Leftycartoons ; **140 h, reprise 148bg** © Cartoon by Story, The Rock River Times, storycartoons.com ; **b, reprise 148hg** © George Stevens Prod/Coll. Christophe L ; **141, reprise 8b** © 20th Century Fox Film Production, Levantine Films, Chernin Entertainment, Fox 2000 Pictures/Coll. Christophe L ; **142** © Ellen M. Krass Prodcutions/Coll. Christophe L ; **143 h** © 2018 Business Insider ; **b, reprise 148bd** © Reginald Duncan/Cranium Creation ; **144, reprise 148hd** © 2014 Cover from Just Mercy by Bryan Stevenson, published by Spiegel and Grau, reprinted by permission of The Random House Group Limited ; **145** © Andrew Harrer/Bloomberg/Getty ; **146 h** © Kristina Bumphrey/StarPix/Rex/Sipa ; **149 h** © Chesnut Ridge Productions, China Wit Media/Coll. Christophe L ; **bg** © CBS/Coll. Christophe L ; **bd** © Bettmann/Getty ; **150-151** Tate Photography, Tate, Londres/Dist. RMN-Grand Palais, © Adagp, Paris 2020 ; **154 g, reprise 164hg** © 2016 British Council ; **d** © 2016 Shakespeare's Globe ; **155 h** © Steve Gacher/Istock ; **bg, reprise 164hd** © Donal Cooper/ Photostage ; **bd** © London News Pictures/Rex/Shutterstock/Sipa ; **156** © PA Images/Abaca ; **157 g** © 2014 Andrew Cullimore ; **d** © 2014 Southbank Center ; **158-159, reprise 164bd** © 2012 Classical Comics, www.classicalcomics.com ; **159 b, reprise 9h** © 2010 Delaware REP ; **160 h** © Mary Evans/Aurimages ; **b, reprise 162b, 164bg** © 2018 Paapa Essiedu, *Hamlet*, Royal Shakespeare Company ; **161** © 2018 From a representation of *As you like it*, Shakespeare's Globe ; **162 h** © 2019 From a representation of *The Taming of the Shrew*, Royal Shakespeare Company ; **165 h** © A New Adventures/Coll. Christophe L ; **m** © Image V&A, Victoria & Albert Museum, Londres/Dist. RMN-Grand Palais ; **b** © Ramona Rosales, 20th Century Fox Film Productin, Amblin Entertainment/Coll. Christophe L ; **166 g, reprise 171m** Picador/PLSClear DR ; **d** © Cover from *Mrs. Dalloway* by Virginia Woolf, reprinted by permission of The Random House Group Limited ; **167** © Paramount Pictures/Coll. Christophe L ; **168** © Print Collector/Hulton Archive/ Getty ; **169, reprise 9mh** © Paramount Pictures/Coll. Christophe L ; **170** © Paramount Pictures/Coll. Christophe L ; **171 h** © United Archives GmbH/Alamy/Photo12 ; **b** © Mirror Productions, Blinder Films, Cutting Edge, Lipsync Productions, Piccadilly Pictures/Coll. Christophe L ; **172, reprise 9mb, 180** © Ellen DeGeneres/AP/Sipa ; **173 h** © Universal History Archive/Christophe L ; **b, reprise 182hg** Christie's/ Bridgeman Images, © The Andy Warhol Foundation for the Visual Arts, Inc./ Licensed by ADAGP, Paris 2020 ; **174, reprise 182b** © Cartoon by David Gothard ; **175 g** WME Agency/WH Allen DR ; **d** © Courtesy of Bobbie Carlyle, sculptor, Loveland, Colorado, USA, wwww.BobbieCarlyleSculpture.com ; **176** © The Granger Collection/Christophe L ; **177, reprise 182hd** © Wendy Red Star, Sargent's Daughter Gallery, New York ; **178, reprise 182md** © John Moran Auctioneers ; **179** © Dan Jackman/KB4/Wenn.com/Sipa ; **183 g** © Regency Enterprises, River Road Entertainment/Coll. Christophe L ; **d** Penguin Classics DR ; **184, reprise 194hg** © LMPC/Getty ; **185 h, reprise 192** © Scott Rudin Productions, Entertainment 360, IAC Films/Coll. Christophe L ; **b** © National Theatre/Brinkhoff/Mögenburg ; **186, reprise 194hd** © Bonhams, London/Bridgeman Images ; **187, reprise 9b** © Sony Pictures Entertainment, Columbia Pictures, New Regency Pictures, Pascal Pictures, Regency Enterprises/Coll. Christophe L ; **188** © Inkley/Shutterstock ; **189 m, reprise 194mg** Penguin India DR ; **b** © Andrew Aitchinson/Corbis/Getty ; **190 h** HarperCollins DR ; **b** © 2019 CBS This Morning ; **191, reprise 194bd** © Nick Wall, Bend it Films, Ingenious Media, Levantine Films, Rakja Films/Coll. Christophe L ; **195 g** © Hat Trick Productions/Coll. Christophe L ; **d** © Fox 2000 Pictures, New Leaf Literary and Media/Coll. Christophe L ; **197** © Pathé Renn Productions, Screen Australia/ Coll. Christophe L ; **200, reprise 208b** © Norrie3699/Shutterstock ; **201, reprise 10h** © Patchamol Jensahienwog/Shutterstock ; **202, reprise 210hg** © The Fine Art Society, London/Bridgeman Images ; **203, reprise 210hd** © The Advertising Archive/Bridgeman Images ; **204, reprise 210bg** © Andrew Fare/Alamy/Photo12 ; **205** The cover of *Shooting An Elephant* by George Orwell (Penguin Books Ltd, 2003) Copyright © Penguin Books, 2003 This collection text copyright © The Estate of Sonia Brownwell Orwell, 2003. ; **206 g, reprise 210bd** © 2005 Régis Wargnier ; **d** © The Greatest Film Never Made (Fiona Banner and La Boca), 2015 Movie poster by artist Fiona Banner in collaboration with designer La Boca exploring Orson Welles' unproduced screenplay for *Heart of Darkness* ; **207** © Reuters ; **208 h** © Hulton Archive/Getty ; **211 g** © Warner Bros/Coll. Christophe L ; **d** © Arte France, Biscuit Films, New Pictures/Coll. Christophe L ; **212, reprise 10mh** © Canongate Books ; **213** © Evgo1977/Shutterstock ; **214** © Luca Tettoni/Bridgeman Images ; **215 h** © Dune Entertainment, Ingenious Media/Coll. Christophe L ; **b** © 2002 PBS ; **216** © Everett/Bridgeman Images ; **217 hg** © Akg-Images ; **hd** © Walt Disney Pictures/Archives du 7ème Art/Photo12 ; **b** © 2014 Rattapallax ; **218, reprise 10mb, 228hd** © Amy Sussman/Getty/AFP ; **219, reprise 228bg** © Trekandshoot/Istock ; **220, reprise 226, 228hg** © New Line Cinema, Axon Fills/ Coll. Christophe L ; **221** © World History Archive/Abaca ; **222** © Orion/The Koball Collection/Aurimages ; **223 h** © Polygram Filmed Entertainment/Coll. Christophe L ; **b** © Pretty Pictures/Coll. Christophe L ; **224 h** HarperCollins UK DR ; **b** © Paramount Vantage, Miramax/Coll. Christophe L ; **225, reprise 228bd** © Walt Disney Studios, Lucas Film/Coll. Christophe L ; **229 g** © Bridgeman Images ; **d** HarperCollins DR ; **230, reprise 10b, 238, 240hg** © Producing organization: T. Schreiber Studio for Theatre and Film, www.tschreiber.org, Directed by Jake Turner, Artist: Jonathan Ashley, jonathanarthurashley.com ; **231** Penguin DR ; **232 h** © Alan Marsh/First Light/AGE ; **b** Warner Music DR ; **233** © Fotovoyager/Istock ; **234, reprise 10b, 238, 240bd** © Fox Searchlight/Aurimages ; **235 h** © George Munday/AGE ; **b** Installation view "Willie Doherty: True Nature," 1999, The Renaissance Society at the Univeristy of Chicago. Photographer Tom Van Eynde. ; **236, reprise 240hd** © 2016 The School of Life ; **237, reprise 240bg** © Mary Swanzy Estate ; **241 h** © Penguin US ; **b** © AF Archive/Alamy/Photo12 ; **243** © 2018 Griselda San Martin ; **246 h** © The Granger Collection/Coll. Christophe L ; **bg** © Eileen Tweedy/Archives Larbor ; **bd** © The Metropolitan Museum of Art, New York ; **247 h** © Bridgeman Images ; **b** © DKimages ; **248 h** © MEPL/Bridgeman Images ; **b** © Costa/Leemage ; **249 h** © Coll. Archives Nathan ; **b** © Bibliothèque nationale de France, Paris ; **250 hg** © Akg-Images ; **hd** © Eileen Tweedy/Archives Larbor ; **b** © Erich Lessing/Akg-Images ; **251 h** © Eileen Tweedy/Archives Larbor ; **b** © MP/Leemage ; **252 hg** © Ruby Films, Lipsync Productions/Coll. Christophe L ; **hd** © The Print Collector/

Heritage Image/Akg-Images ; **b** Costa/Leemage ; **253 h** © Ann Ronan PL/Heritage Image/Coll. Christophe L ; **b** © World History Archive/Akg-Images ; **254 hg** © Bridgeman Images ; **hd** National Trust Photographic Library/Bridgeman Images, © Estate of Vanessa Bell. All Rights Reséved, 2020 ; **b** © Library of Congress/SPL/Akg-Images ; **255 h** © The Stapleton Collection/Bridgeman Images ; **b** The Lowry Collection, Salford, © The Estate of L. S. Lowry. All Rights Reserved/Adagp, Paris 2020 ; **256 hg** © AF Archive/Alamy/Photo12 ; **hd** © Mirrorpix/Bridgeman Images ; **b** © Pictorial Press Ltd/Alamy/Photo12 ; **257 h** © Mirrorpix/Getty ; **b** © Katie Arkell/Gamma-Rapho ; **258 h** © Faber & Faber ; **b** © Alex Bailey, Marco Grob, BBC, HBO, Badwolf, New Line Cinema, Schol/Coll. Christophe L ; **259 h** © Rex Features/Sipa ; **b** © Arte, Alta Films, Channel Four Films/Coll. Christophe L ; **260 h** © The Granger Collection/Christophe L ; **b** © Archives Nathan ; **261 h** © Look & Learn/Bridgeman Images ; **b** © Library of Congress ; **262 h** © Warner Bros, Village Roadshow Pictures/Coll. Christophe L ; **b** © Archives Nathan ; **263 h** © The Granger Collection/Coll. Christophe L ; **b** © MGM/Coll. Christophe L ; **264 h** © Nat Farbman/The Life Picture Collection/Getty ; **b** © Alistair Muir/Rex Features/Sipa ; **265 h** © Bettmann/Getty ; **b** Gevirtz-Mnuchin Purchase Fund, Rose Art Museum/Coll. Archives Larbor, © Adagp, Paris 2020 ; **266 h** © Daryl Cagle/Cagle Cartoon ; **b** © Steffen Kaplan/The New York Times/RÉA ; **267 h** © Michael Lionstar/AP/Sipa ; **b** © Kevin Mazur/WireImage/Getty ; **268 h** © The Granger Collection/Bridgeman Images ; **b** © Mary Evans/Aurimages ; **269 h** © John Blakey ; **b** © Robbie Jack/Corbis/Getty ; **270 h** © North Wind Pictures Archive/Akg-Images ; **b** © Art Gallery of Ontario, Toronto/Bridgeman Images ; **271 h** © Sabena Jane Blackbird/Alamy/Photo12 ; **b** © Indian Horse Productions ; **272 hg** © New Zealand Government ; **hd** © Urban Napflin/Alamy/Photo12 ; **b** © Lebrecht Authors/Bridgeman Images ; **273 h** © Richard Milnes/Shutterstock/Sipa ; **b** © National Gallery of Australia, Gift of Sunday Reed, 1977/Bridgeman Images ; **274 h** © Bridgeman Images/Leemage ; **b** © DeAgostini/Leemage ; **275 h** © Pictorial Press Ltd/Alamy/Photo12 ; **b** © Bridgeman Images/Leemage ; **276 h** © World History Archive/Alamy/Photo12 ; **b** © Walter Dhladhla/AFP ; **277 h** © Jack Vartoogian/Archives Photos/Getty ; **b** © Shareman Media, Slate Films/Coll. Christophe L ; **278 h** © Gandhi Serve India/Akg-Images ; **b** © Illustrated London News **279 h** © Relativity Media/Coll. Christophe L ; **b** © USA Films/Everett Collection/Aurimages ; **291** © Studio Canal, Working Title Films/Coll. Christophe L.

## Crédits textes

**12-15** © Contenus éditoriaux fournis par l'ONISEP : *Coordination : Emmanuel Percq ; Edition : Isabelle Dussouet.* ; **21** metro.co.uk DR ; **22** From The Spook's apprentice by Joseph Delaney, published by Red Fox, reprinted by permission of The Random House Group Limited. © 2014 ; **23** © Benjamin Slade ; **24** © "In Defense of Escapism", M.C. Shaffer, mcshaffer.com, 23 November 2016 ; **25** © 1954 HarperCollins UK ; **26** © 2015 Extract from *The Sherperd's Crown* by Terry Pratchett, reprinted by permission of The Random House Group Limited ; **28-29** © Samantha Shannon, 2019, *The Priory of the Orange Tree*, Bloomsbury Circus, an imprint of Bloomsbury Publishing Plc. ; **32** bbc.co.uk DR ; **34** openculture.com DR ; **45** © 2018 cnbc.org/Jaden Urbi and MacKenzie Signalos ; **47** Penguin Random House DR ; **48** Penguin US DR ; **49** USA Today/Sean Rossman DR ; **50** Little, Brown and Company DR ; **52 -53** Penguin Random House DR ; **57** *Lagoon*, Nnedi Okorafor © text copyright 2014 Nnedi Okorafor, reproduced by permission of Hodder and Stoughton Limited ; **58** © 2016 Hugh Charles O'Connell, "We are change: The Novum as Event in Nnedi Okorafor's Lagoon", published by Cambridge Journal of Postcolonial Literary Inquiry, reproduced with permission of the Licensor through Copyright Clearance Center's RightLinks ; **59** *Lagoon*, Nnedi Okorafor © text copyright 2014 Nnedi Okorafor, reproduced by permission of Hodder and Stoughton Limited ; **60 h** *Lagoon*, Nnedi Okorafor © text copyright 2014 Nnedi Okorafor, reproduced by permission of Hodder and Stoughton Limited ; **m** © Copyright Guardian News & Media Ltd 2019 ; **63** © 2010 National Public Radio, Inc. Excerpt from news report titled "The Mad Hatter's Secret Ingredient: Math" was originally published on npr.org on March 13, 2010, and is used with the permission of NPR. Any unauthorized duplication is strictly prohibited. ; **66-67 b** The extract from *Letters from a Lost Generation. First World War Letters of Vera Brittain and Four Friends*, edited by Alan Bishop and Mark Bostridge (Little, Brown, 1998), and Vera Brittain's "Perhaps", from *Because You Died. Poetry and Prose of the First World War and After* by Vera Brittain, edited and introduced by Mark Bostridge (Virago, 2008) are included by permission of Mark Bostridge and T.J. Brittain-Catlin, Literary Executors for the Estate of Vera Brittain 1970. ; **68** britishlegion.org.uk DR ; **69** Atria Books/Simon & Schuster DR ; **70** HarperCollins Publishers DR ; **72-73** © 1970 The excerpt from Vera Brittain's Testament of Youth is reproduced by permission of Mark Bostridge and T.J. Brittain-Catlin, Literary Executors for the Estate of Vera Brittain ; **76-77 d-78** © 2019 Extract from *Unmarriageable* by Soniah Kamal, published by Allison & Busby Ltd, reproduced with permission of the Licensor through PLSClear. ; **80** © 2019 Soniah Kamal's interview by Seonaid Cruickshank, Speakeasy News ; **83** © 1957 Wylie Agency ; **85** Enhanced Media Publishing DR ; **86** © John Steinbeck, 1939. Copyright renewed John Steinbeck 1967 ; **87** Peter J. Blodgett/time.com DR ; **88** © 2017 Telegraph Media Group Limited, https://www.telegraph.co.uk/films/0/old-man-lawnmower-made-david-lynch-weepmaking-straight-story/ ; **90-91** Pearson DR ; **95 g** gov.uk DR ; **d** © 2019 The Gleaner Company Media Limited ; **96** © 2019 Excerpt by Lydia Figes, Art UK ; **97** Extract from *Wide Sargasso Sea* by John Rhys (Penguin Books 2000) Copyright © Jean Rhys, 1966 Editorial Matter Copyright © Angela Smith, 1997 ; **98** Professor Susheila Nasta/British Library DR ; **99** Pearson Education/Susheila Nasta DR ; **100** © 2000 Bloodaxe Books ; **102-103** Indiana University Press DR ; **106** Penguin Classics DR ; **109** © 2015 George the Poet ; **112 g** Faber and Faber DR ; **m** © 1956 The Observer ; **b** © Copyright Guardian News & Media Ltd 2019 ; **113** Billy Elliot, Text © Melvin Burgess 2001, Reproduced with permission of Chicken House Ltd., All rights reserved ; **114** Variety DR ; **115** © 2016 Salt Publishing ; **121** © Extract from Stolen by Jane Harrison, copyright Jane Harrison, First Published by Currency Press in 1998, Reproduced by permission from Currency Press Pty Ltd, Sydney Australia, www.currency.com.au ; **122** Australian Human Rights Commission DR ; 122 **121** © Extract from Stolen by Jane Harrison, copyright Jane Harrison, First Published by Currency Press in 1998, Reproduced by permission from Currency Press Pty Ltd, Sydney Australia, www.currency.com.au ; **124** © Extract from Stolen by Jane Harrison, copyright Jane Harrison, First Published by Currency Press in 1998, Reproduced by permission from Currency Press Pty Ltd, Sydney Australia, www.currency.com.au ; **127 g** © 1965 By permission of Aram Saroyan ; **d** Ian Daly, "You Call That Poetry?!" Published on poetryfoundation.org in August 2007. Copyright © 2019 by the Poetry Foundaiton. Reprinted by permission of the Poetry Foundation. ; **129 h** © 1965 Judd Foundation ; **b** *Minimal Art*, Daniel Marzona © 2009 TASCHEN GmbH, Hohenzollernring 53, D-50672 Köln, www.taschen.com ; **130** C&J Wolfers Ltd DR ; **131** © Copyright Guardian News & Media Ltd 2019 ; **132** © Copyright Guardian News & Media Ltd 2019 ; **133** © 2012 National Public Radio, Inc. Excerpt from news report titled "Marfa, Texas: An Unlikely Art Oasis In A Desert Town" by Neda Ulaby was originally published on npr.org on August 2, 2012, and is used with the permission of NPR. Any unauthorized duplication is strictly prohibited. ; **135** C&J Wolfers Ltd DR ; **140-141 h** © 1991 George Stevens JR ; **b** © 2018 CNN ; **142** Penguin Random House DR ; **143** NBC News DR ; **144** © 2014 Extract from *Just Mercy* by Bryan Stevenson, published by Spiegel and Grau, reprinted by permission of The Random House Group Limited ; **145** © 2015 US District Judge Carlton Reeves, npr.org ; **147** Penguin Random House DR ; **150-151** Zondervan DR ; **152** © 2019 rollingstone.com ; **167** Picador/PLSClear DR ; **169** Picador/PLSClear DR ; **170** Picador/PLSClear DR ; **173 h** USA Today DR ; **b** The Warhol DR ; **175** WME Agency/WH Allen DR ; **177** Aperture DR ; **178** Shirley Geok-lin Lim, "Learning to love America" from What the Fortune Teller Didn't Say. Copyright © 1998 by Shirley Geok-lin Lim. Reprinted with the permission of The Permissions Company, LLC on behalf of West End Press, Albuquerque, New Mexico. ; **179** From AMERICAN LIKE ME, Reflections on Life Between Cultures by America Ferrera. Copyright © 2018 by America Ferrera. Reprinted with the permission of Gallery Books, a division of Simon & Schuster, Inc. All rights reserved. ; **181** WME Agency/WH Allen DR ; **185** Penguin Random House DR ; **189** Penguin India DR ; **190** HarperCollins DR ; **191** Vintage/Penguin Random House DR ; **192** Faber and Faber DR ; **193** Penguin India DR ; **198** Godine DR ; **200** HarperCollins DR ; **201** © 2010 The History Press Ltd ; **203** © 2019 Tripti Lahiri, "The travel agency of Britain's far-flung 19th-century empire is dead", published by Quartz, reproduced with permission of the Licensor through Copyright Clearance Center ; **205** Extract of *Shooting An Elephant* by George Orwell (Penguin Books Ltd, 2003) Copyright © Penguin Books, 2003 This collection text copyright © The Estate of Sonia Brownwell Orwell, 2003. ; **207** © 2009 National Public Radio, Inc. News report titled "Chinua Achebe: 'Heart Of Darkness' Is Inappropriate" by NPR's All Things Considered staff was originally published on npr.org on October 15, 2009, and is used with the permission of NPR. Any unauthorized duplication is strictly prohibited. ; **209** © 2010 The History Press Ltd ; **213** From Life of pi by Yann Martel (Harcourt, 2001). Copyright © 2001 Yann Martel. With permission of the author ; **214** From *Life of Pi* by Yann Martel (Harcourt, 2001). Copyright © 2001 Yann Martel. With permission of the author ; **215** From *Life of Pi* by Yann Martel (Harcourt, 2001). Copyright © 2001 Yann Martel. With permission of the author ; **216** From *Life of Pi* by Yann Martel (Harcourt, 2001). Copyright © 2001 Yann Martel. With permission of the author ; **219** © 2019 Excerpt from *Ad Age* ; **220** Excerpt(s) from APPALOOSA by Robert B. Parker, copyright © 2005 by Robert B. Parker. Used by permission of G. P. Putnam's Sons, an imprint of Penguin Publishing Group, a division of Penguin Random House LLC. All rights reserved. ; **221** © Copyright Guardian News & Media Ltd 2020 ; **222** © 1988 JABberwocky Literary Agency ; **223** The New York Times DR ; **224** © 1997 Scribner/Simon and Schuster ; **225** Screen Crush DR ; **227** Excerpt(s) from APPALOOSA by Robert B. Parker, copyright © 2005 by Robert B. Parker. Used by permission of G. P. Putnam's Sons, an imprint of Penguin Publishing Group, a division of Penguin Random House LLC. All rights reserved. ; **230** © 2018 Burning eye books ; **231** Joseph O'Connor, SWEET LIBERTY (Vintage, 2009). Copyright © 2020 Joseph O'Connor. Reprinted by permission of the author ; **233** *Generation*, Paula McGrath © Paula McGrath 2015, reproduced by permission of John Murray Press, a division of Hodder and Stoughton Limited ; **234** © 2014 Extract from *Brooklyn* by Colm Toibin, reprinted by permission of The Random House Group Limited ; **235** Chicago Reader DR ; **236 h** The New European DR ; **b** Irish Australian Song Library DR ; **239** © 2014 Extract from *Brooklyn* by Colm Toibin, reprinted by permission of The Random House Group Limited ; **242-243** Extract from "The River Flows North" is reprinted with permission from the publisher of "The River Flows North" by Graciela Limon (© 2009 Arte Público Press – University of Houston) ; **244** Lynn Trimble/The Phoenix New Times DR ; **294-297** © Olivier Jaoui/Directeur de Mission –Admission/Spécialiste de la préparation des étudiants à l'oral et aux entretiens.

---

*L'éditeur et les auteurs remercient Frédéric Monier, professeur d'anglais à Paris (75) pour sa relecture pédagogique.*

**Direction éditoriale :** Marie Lucas
**Édition :** Pauline Gaberel, Seonaid Cruickshank, Cyrielle Massieux
**Relecture :** Seonaid Cruickshank
**Iconographie :** Valérie Delchambre
**Conception de la couverture :** Elise Launay
**Conception de la maquette :** Massimo Miola, Elise Launay
**Cartographie :** AFDEC
**Mise en pages :** Laure Gros, Thomas Winock

FSC www.fsc.org MIXTE Papier issu de sources responsables FSC® C022030

Nathan est un éditeur qui s'engage pour la préservation de son environnement et qui utilise du papier fabriqué à partir de bois provenant de forêts gérées de manière responsable et contrôlée.

N°de projet élève : 102591075
N°de projet spécimen : 10259119
Dépot legal : Avril 2020
Achevé d'imprimer en Italie par Rotolito S.p.A.